BUSINESS ADMINISTRATION CLASSICS 工商管理经典译丛

工商管理
经典译丛

ELEMENTARY STATISTICS

基础统计学

(第4版)

罗恩·拉森(Ron Larson)
贝奇·法伯(Betsy Farber) 著
刘超 译

中国人民大学出版社
·北京·

图书在版编目(CIP)数据

基础统计学：第4版/拉森等著；刘超译. —北京：中国人民大学出版社，2013.12
（工商管理经典译丛）
ISBN 978-7-300-18479-1

Ⅰ.①基… Ⅱ.①拉… ②刘… Ⅲ.①统计学-高等学校-教材 Ⅳ.①C8

中国版本图书馆CIP数据核字（2013）第296984号

工商管理经典译丛
基础统计学（第4版）
罗恩·拉森
贝齐·法伯 著
刘　超　译
Jichu Tongjixue

出版发行	中国人民大学出版社		
社　　址	北京中关村大街31号	**邮政编码**	100080
电　　话	010－62511242（总编室）		010－62511770（质管部）
	010－82501766（邮购部）		010－62514148（门市部）
	010－62515195（发行公司）		010－62515275（盗版举报）
网　　址	http://www.crup.com.cn		
	http://www.ttrnet.com(人大教研网)		
经　　销	新华书店		
印　　刷	涿州市星河印刷有限公司		
规　　格	185 mm×260 mm　16开本	**版　　次**	2014年1月第1版
印　　张	23.75 插页2	**印　　次**	2018年3月第2次印刷
字　　数	558 000	**定　　价**	52.00元

出 版 说 明

随着中国改革开放的深入发展，中国经济高速增长，为中国企业带来了勃勃生机，也为中国管理人才提供了成长和一显身手的广阔天地。时代呼唤能够在国际市场上搏击的中国企业家，时代呼唤谙熟国际市场规则的职业经理人。中国的工商管理教育事业也迎来了快速发展的良机。中国人民大学出版社正是为了适应这样一种时代的需要，从1997年开始就组织策划《工商管理经典译丛》，这是国内第一套与国际管理教育全面接轨的引进版工商管理类丛书，该套丛书凝聚着100多位管理学专家学者的心血，一经推出，立即受到了国内管理学界和企业界读者们的一致好评和普遍欢迎，并持续畅销数年。全国人大常委会副委员长、国家自然科学基金会管理科学部主任成思危先生，以及全国MBA教育指导委员会的专家们，都对这套丛书给予了很高的评价，认为这套丛书为中国工商管理教育事业做了开创性的工作，为国内管理专业教学首次系统地引进了优秀的范本，并为广大管理专业教师提高教材甄选和编写水平发挥了很大的作用。据统计，本丛书现已成为目前国内管理院校和企业培训中采用率最高、影响最大的引进版教材。其中加里·德斯勒的《人力资源管理》获第十二届"中国图书奖"；斯蒂芬·罗宾斯的《管理学》获全国优秀畅销书奖。

进入21世纪后，随着经济全球化和信息化的发展，国际MBA教育在课程体系上进行了重大的改革，从20世纪80年代以行为科学为基础，注重营销管理、运营管理、财务管理到战略管理等方面的研究，到开始重视沟通、创业、公共关系和商业伦理等人文类内容；并且增加了基于网络的电子商务、技术管理、业务流程重组和统计学等技术类内容。另外，管理教育的国际化趋势也越来越明显，主要表现在师资的国际化、生源的国际化和教材的国际化方面。近年来，随着我国MBA和工商管理教育事业的快速发展，国内管理类引进版教材的品种越来越多，出版和更新的周期也在明显加快。为此，我们这套《工商管理经典译丛》也适时更新版本，增加新的内容，同时还将陆续推出新的系列和配套的案例教材、教学参考书，以顺应国际管理教育发展的大趋势。

本译丛入选的书目，都是培生教育出版集团、麦格劳-希尔教育出版公司、圣智学习出版公司、约翰威立出版公司等世界著名的权威出版机构畅销全球的工商管理教材，被世界各国（地区）的著名大学商学院和管理学院所普遍选用，是国际工商管理教育界最具影响力的教材。本丛书的作者，皆为美国管理学界享有盛誉的著名教授，他们的这些教材，经过了美国和世界各地数千所大学和管理学院教学实践的检验，被证明是论述精辟、视野开阔、资料丰富、通俗易懂，又具有生动性、启发性和可操作性的经典之作。本译丛的译者，大多是国内各著名大学的优秀中青年学术骨干，他们大都曾留学欧美，在长期的教学研究和社会实践中积累了丰富的经验，具有较高的翻译水平。

本丛书的引进和运作过程，从市场调研与选题策划、每本书的推荐与论证、对译者翻译水平的考察与甄选、翻译规程与交稿要求的制定、对译者质量的严格把关和控制，到版式、封面和插图的设计等各方面，都坚持高水平和高标准的原则，力图奉献给读者一套译文准确、文字流畅、从内容到形式都保持原著风格的工商管理精品图书。

本丛书参考了国际上通行的 MBA 和工商管理专业核心课程的设置，并充分兼顾了我国管理各专业现行通开课与专业课程设置，以及企业管理培训的要求，故适应面较广，既可用于管理各专业不同层次的教学，又可供各类管理人员培训和个人自学使用。

为了本丛书的出版，我们成立了由中国人民大学、北京大学、中国社会科学院等单位专家学者组成的编辑委员会，德高望重的袁宝华同志、黄达教授和中国人民大学校长纪宝成教授，都给了我们强有力的支持，使本丛书得以在管理学界和企业界产生较大的影响。许多我国留美学者和国内管理学界著名专家教授，参与了原著的推荐、论证和翻译工作，原我社编辑闻洁女士在这套书的总体策划中付出了很多心血。在此，谨向他们致以崇高的敬意并表示衷心的感谢。

愿这套丛书为我国 MBA 和工商管理教育事业的发展，为中国企业管理水平的不断提升继续做出应有的贡献。

中国人民大学出版社

译者序

这是一本很有特色的统计入门书。随着统计知识的普及以及经济、社会的发展，当今社会，无论是经济、财政、金融、保险、营销、会计、管理还是其他商务领域，都需要处理大量的数据信息，统计是商务与经济活动中有力的分析工具和决策方法。正如书名（Elementary Statistics：Picturing the World）所说，本书希望让读者学会、使用基础统计学，从而能够描绘所看到的世界。在这本书里，作者广泛地使用案例分析的方法，通过大量的应用实例，引导人们如何正确地收集数据资料，选择合适的统计方法进行分析，从而获得有意义的结论。不同于一般统计入门教程，本书不仅包括数据收集、描述统计以及概率、统计推断等常用统计基础方法，还包括回归、方差分析、非参数统计等高级统计方法。

本书在写作上有以下特点：

（1）起点低，使用面广，实用性强，强调统计思想的内涵与应用。读者只需具有高中数学知识就可以学习和使用本书。本书尽量采用通俗易懂的语言介绍统计知识，而避免使用复杂烦琐的数学推导。

（2）强调案例分析，通过对数据的统计分析，充分利用图表分析阐述统计思想，介绍统计方法，得到统计结论。书中针对每一个案例都总结了关键概念，便于读者复习提高。

（3）每章安排了许多学习小技巧和注解、对比使用与滥用的例子，以及统计软件的使用方法等内容，强调读者的动手能力，使读者能深入领会统计的应用。在每章末有小结及统计与决策实例，并提供了大量各个社会科学领域的应用习题，还配有许多测试题。

这是一本适用面广的书。当前，在我国的经济管理、人文科学与社会科学等广大领域中，科学地利用统计分析作决策的要求与日俱增。本书语言通俗、流畅，不仅适合作为经济学、管理学、语言文学、心理学等专业的统计学教材，也适合从事商务活动和经济分析的各类人员参考或自学，成为他们提高科学分析与管理能力的实用工具与良师益友。即使对已有大学数学水平的教师和学生，通过浏览此书，仍然可以在直觉推断和形象思维方面有所收获。本书为进一步学习较为深入的统计思想与方法提供了台阶。

要说明的是，由于原书篇幅较大，为适应国内教学和读者阅读的方便，对原书做了一些删减，但在体系结构和内容特色方面都保持了原书的风貌。原书的改编影印版已在 2010 年由中国人民大学出版社出版。

因此，这也是一本迟到的书。在此期间，统计学已经上升为一级学科，社会和读者对统计的需求日益强烈。本书将很好地满足当代学生和广大读者对统计方法在当代信息社会中日益增长而又尚未满足的需求。因此，虽然时隔 3 年才正式出版，但是我们仍然觉得这是一本可以期待的统计入门教材。

本书的翻译分为两个阶段。首先由刘超、王意茹、关菁菁、秦旭、王杰彪给出了翻译初稿。在教学中使用了一段时间之后，再由刘超、吴丹丹、苏孝珊、莫浩男、李垠序分别进行了阅读、修订和补充。最后由刘超负责全部校对。

由于译者水平有限，疏漏和错误在所难免，恳请读者批评指正。希望本书能引起读者对统计的兴趣，不再惧怕统计，并能读懂数据，从统计分析中获益。

前　　言[1]

欢迎来到《基础统计学（第 4 版）》。非常感谢读者对前三版的热烈支持和认可。让我们欣慰的是，前三版教材中我们将理论、教学和设计相结合，说明了统计学怎样描述和刻画这个世界，帮助学生了解统计学并作出明智的决策。

第 4 版的特点

分类丰富　第 4 版共分为四篇：描述统计学、概率与概率分布、统计推断、更多统计推断技术。每一篇都包含统计学的一个大主题。

章节丰富　每一章都以现实生活中的问题来展开。“回顾”通过与前面章节中的主题相结合，告诉学生这一章怎样融入统计学的整体。“预习”通过探索现实背景下的概念，讲述这一章的概要。

章节组成　每一小节都设置有学习目标。学习目标出现在“你应该学什么”中。同样的目标也会体现在整个小节的子标题上。

例子　每一章都有一个或者更多个例子。大多数例子都会给出解释，以向学生展示这个例子在现实生活中应该怎么理解。这附加的一步能促进形成批判思维和提升写作技巧。为方便查阅，这 210 多个例子都有标号和题目。

试一试　每一个例子都会附一个相似的练习“试一试”，这样学生可以马上实践所学的知识。“试一试”的答案在教材的附录中给出，解决方法在学生答案手册中给出，讲座视频里还有“试一试”的解答剪辑。

定义　正式的定义往往会附一个“引导”来解释这一定义在日常生活中的应用。

指南　在本书中，统计公式的介绍是通过对公式应用的逐步引导来实现的。这些引导分为两列，标题为“文字描述”和“公式”。

学习提示　学习提示出现在页脚，告诉我们怎样阅读表格、使用工具或者解释结果。

描述世界　每一小节都包含一个真实生活中的学习小案例，叫做“描述世界”，以说明那些重要的概念和理念。每一个“描述世界”都包括一个问题，可以用在班

---

① 为保留原书概貌，未对前言作任何删减。——译者注

级讨论或小组合作中。这些问题的答案在教师版的注释中给出。

工具实例 许多小节都包含一个实例，来展示这一工具如何运用在计算公式、执行测试或者展示数据中。来自MINITAB，Excel和TI-83/84的视频展示也在此给出。附加的视频展示会在所选章节的结尾处给出，详细的介绍会在随书的技术手册中给出。

见解 这些旁注用来说明一个重要的解释或者联系不同的概念。

习题 第4版包含了超过2 100道习题，以便学生练习计算、做出决策、提供解释和付诸实践。近40%的习题是新的或修订过的。这些习题分为三部分：

- **基础技能训练和术语**。这些习题包括简答题、判断题等，以培养学生的理解能力。
- **应用和解释概念**。这些习题是技能问题或语言问题，从基础技能培养变为更有挑战的解释问题。
- **扩展概念**。这些习题的难度超过了章节中的内容——它们更具有挑战性，不再是后续章所要求掌握的。

本章小结 每一章都有一个本章小结，回答“你学会了什么”这个问题。其中列出的学习目标与小节中的例子相关联。

本章回顾练习 每一个本章小结后都会有一部分回顾练习题。练习题的排序与章节结构相同，所有奇数编号的题目都会在本书附录中给出答案。

本章测验 每一章都会以一个本章测验结束。所有测验的答案会在本书附录中给出。想要寻求更多的帮助，可以在本章测验准备视频中看逐步的视频解说。

小编程实验 选修的小节包含一个小实验，通过练习题鼓励对课程中概念的互动探索，这些题目要求学生撰写总结。随同的小程序包含在相应的文本副本中。

章节案例研究 每一章都有一整页的案例研究，它展示具有真实背景的实际数据及对应的问题，以举例说明这一章中的重要概念。

使用和滥用：现实中的统计 每一章都会提供一个讨论，内容是关于统计技术的应用，并告诫学生一些常见的滥用现象。习题会帮助学生应用他们所学的东西。

现实中的统计——真正的决策 这一部分鼓励学生批判地思考并利用现实世界的数据做出重要的决策。练习题会引导学生解释结果、得出结论。

章节技术工具项目 每一章都有一个使用MINITAB，Excel和TI-83/84的技术工具项目，告诉学生这一技术工具如何应用在大型数据集和真实生活问题中。

累积回顾 在第2，5，8，11章后附有累积回顾，涵盖了教材的每一部分。累积回顾中的习题随机排序，并可能包含多个知识点。所有奇数编号题目的答案会在本书附录中给出。

技术解答 本书附录中的答案以表格的形式给出。当有随机误差时，会给出技术解答。

四舍五入规则 学习技巧中包含四舍五入来引导学生进行计算。

课程覆盖 基于统计学相关教师提出的建议，以下内容是新的或者经过修订的。

- **第1章**，随机选择，调查和抽样的误差，处理，对照组，实验单元，随机分配，重复和混淆变量是新添加的。附加的实验设计包含不同类型的实验，可供实验者反复使用。

- **第 2 章**，在 2.3 集中趋势的度量中新增了差矩等概念。
- **第 3 章**，重组章节主题来体现运算规则。一些新的例子添加到了章节的各处。
- **第 6 章**，添加了点估计的属性。
- **第 7 章**，定义了统计推断的检验效能。
- **第 8 章**，关于样本独立和相依的定义放在了章节中更靠前的位置。
- **第 10 章**，卡方拟合优度检验的范围得到了增强，增加了列联表的边际频率和联合频率。
- **附录 C**，添加了正态概率图。这一讨论关注怎样评估小样本数据集的正态性。

延续了第 3 版的优势

图像化方法　与大多数统计学入门教材相同，我们在开始描述性统计的章节时，会通过不同角度的图表来展示数据。一个不同于其他教材的地方是，我们将图表数据展示贯穿全书。这些图表展示对所有学生都是有益的，尤其是那些可视化的学习资源。

均衡方法　本书保持了计算、决策和概念理解间的平衡，我们提供了许多例子、习题，以及“试一试”那种难度大于简单计算的习题。

多样的实践应用　我们选择那些贴近基础统计学的真实生活应用，目的是想使统计学变得生动活泼，而且对学生来说更加易懂，从而使他们理解学习统计学的重要性和合理性。我们力争使这些应用具有真实性，同时是可接受的。详见本书的应用索引。

数据和源代码行　书中的数据集是以有趣、多样和可解释概念为原则给出的。在超过 240 个数据集中，大多数是附带源链接的真实数据。其他数据集包含的是代表现实生活状况的模拟数据。所有的数据集都包含 20 个或者更多的数据接口类型，这样它就可以符合多种多样的电子数据形式的要求，包括 CD 和网络。在习题中，可用的电子数据用图标（光盘）表示。

灵活的技术工具　书中的大部分公式是供手工计算使用的。不过大部分学生已经了解一些技术工具，比如 MINITAB，Excel 和 TI-83/84，本书对这些技术工具的应用使得课程变得更加灵活。在本课程里可能仅仅需要科学计算，也可能需要频繁地使用复杂的技术工具。无论使用什么技术，我们都确信，你跟我们一样会认为使用技术工具的目的并不是计算，而是增进对基本概念的理解和统计学的应用。

先决条件　我们所做的每一点努力都是为了最小化代数操作量——我们常常从非正式的视角展示公式，在有变量的地方使用或附加文字进行说明。

图表的选择　我们的经验显示，相比“0～z”图，学生认为分布密度函数更容易使用。使用分布密度函数得出曲线下的面积是 5.1 节的主题。不过由于一些老师更喜欢使用“0～z”图，在附录A中提供了这一节的“0～z”图供其选择。

符合标准

MAA，AMATYC，NCTM标准 一本对学生友好的教材应该重视统计学的应用，本书解决了这一问题。我们的经验显示，教师的职责不是生产统计学家，而是为明智的消费者提供统计学报告。有鉴于此，我们编写了一些习题，要求学生解释结果、提供书面报告、寻找模型，并做出决策。

GAISE的建议 关于大学课程中的入门统计教育，美国统计协会建立的统计教育教学评估方针（GAISE）计划有六点建议，这些建议如下：

- 着重培养统计素养并发展统计思维；
- 使用真实数据；
- 强调理解概念而不仅仅是知道程序；
- 培养教室内活跃的学习氛围；
- 使用技术工具提升对概念和数据的理解与分析；
- 通过评估来提升和鉴定学生的学习。

本书中的例子、习题等都遵循了这些建议。

目　录

第Ⅰ篇　描述统计学 ………………………………………………………… 1

第 1 章　统计学导论 ………………………………………………………… 3

1.1　统计概观 ………………………………………………………… 4

1.2　数据分类 ………………………………………………………… 8

1.3　实验设计 ………………………………………………………… 13

第 2 章　描述统计学 ………………………………………………………… 24

2.1　频率分布及其图形 ………………………………………………… 25

2.2　更多图表 ………………………………………………………… 34

2.3　集中趋势的度量 ………………………………………………… 43

2.4　变异性的度量 …………………………………………………… 50

2.5　位置的测量 ……………………………………………………… 62

第Ⅱ篇　概率与概率分布 ……………………………………………………… 73

第 3 章　概　率 ………………………………………………………… 75

3.1　概率与运算的基本概念 ………………………………………… 76

3.2　条件概率和乘法原理 …………………………………………… 86

3.3　加法原理 ………………………………………………………… 92

3.4　关于概率与运算的其他问题 …………………………………… 97

第 4 章　离散概率分布 ……………………………………………………… 106

4.1　概率分布 ………………………………………………………… 107

4.2　二项分布 ………………………………………………………… 114

4.3　更多离散概率分布 ……………………………………………… 124

第 5 章　正态概率分布 ……………………………………………………… 130

5.1　正态分布入门和标准正态分布 ………………………………… 131

5.2　正态分布：计算概率 …………………………………………… 139

5.3　正态分布：计算数值 …………………………………………… 144

5.4 样本分布和中心极限定理 …… 149
5.5 二项分布的正态近似 …… 159

第Ⅲ篇 统计推断 …… 169

第 6 章 置信区间 …… 171
6.1 均值的置信区间(大样本) …… 172
6.2 均值的置信区间(小样本) …… 179
6.3 总体比例的置信区间 …… 184
6.4 方差和标准差的置信区间 …… 190

第 7 章 单样本假设检验 …… 196
7.1 假设检验简介 …… 197
7.2 均值的假设检验(大样本) …… 207
7.3 均值的假设检验(小样本) …… 218
7.4 比例的假设检验 …… 224
7.5 方差和标准差的假设检验 …… 229

第 8 章 两样本的假设检验 …… 240
8.1 检验均值间差异(独立大样本) …… 241
8.2 检验均值间差异(独立小样本) …… 248
8.3 检验均值间差异(相依样本) …… 254
8.4 检验比例间差异 …… 261

第Ⅳ篇 更多统计推断技术 …… 269

第 9 章 相关和回归 …… 271
9.1 相 关 …… 273
9.2 线性回归 …… 285
9.3 回归和预测区间的测量 …… 290
9.4 多元回归 …… 297

第 10 章 卡方检验和 F 分布 …… 302
10.1 拟合优度 …… 303
10.2 独立性 …… 312
10.3 两方差比较 …… 319
10.4 方差分析 …… 326

第 11 章 非参数检验 …… 335
11.1 符号检验 …… 336
11.2 Wilcoxon 检验 …… 343
11.3 Kruskal-Wallis 检验 …… 349
11.4 秩相关 …… 353
11.5 游程检验 …… 357

第 I 篇

描述统计学

Descriptive Statistics

▷▷▷ 第 1 章 统计学导论
▷▷▷ 第 2 章 描述统计学

第1章 统计学导论

回顾

你可能已经熟悉很多统计的实践，比如做调查、收集数据及总体描述等。但你可能不知道收集准确的统计数据常常很难且代价很高。例如，试想统计并描述美国的全部人口这项庞大的工作。如果让你负责人口调查工作，你会怎么做？你如何确保结果是准确的？这些以及更多与之相关的事情都是美国人口普查局的工作职责，它每十年进行一次人口普查。

预习

第 1 章将介绍统计的基本概念及目标。例如，利用统计来构造这样的图：该图显示出 2000—2005 年美国人口增长最快的拥有 10 000 人或更多人口的县，以及前 100 个

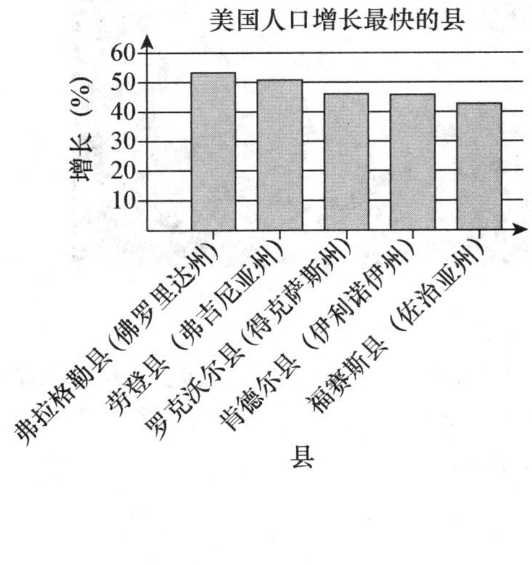

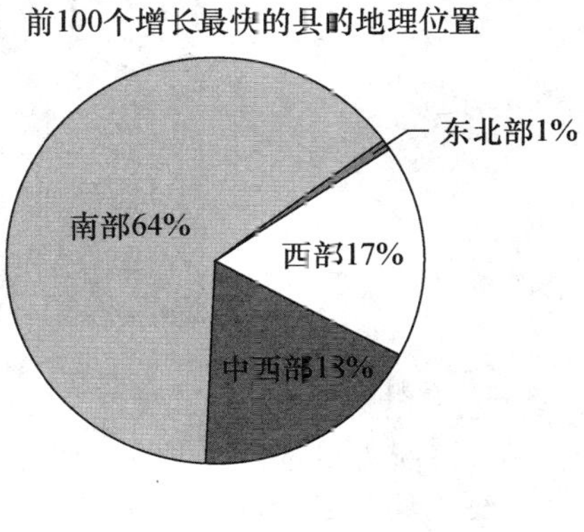

增长最快的县的地理位置。当进行这样的人口普查时，人口普查局向所有的人发出表格，来收集性别、年龄、种族及房产所有权等信息。另有一个包含其他许多项目的长表格，将发给 17%的人，这 17%的人构成一个样本。在本课程中，你将学习如何利用从样本中收集的数据来推断整体的特征。

1.1 统计概观

1.1.1 统计的定义

开始学习这门课程时，你可能会想知道：什么是统计？为什么我应该学习统计？学习统计对我的专业有什么帮助？其实几乎每天你都会与统计打交道。例如，我们来看下面几条来自报纸和杂志的摘录。

- “资料显示，每天吃 3 次全谷物食品的人中风的风险可减少 37%。”（资料来源：Whole Grains Council）
- “美国 1 500 名脊髓损伤的未成年人中，70%是由于交通事故，其中 68%的伤者当时没有系安全带。”（资料来源：UPI）
- “2006 年美国煤炭产量增长了 2.5%，预计 2007 年将下降 3.2%。”（资料来源：Energy Information Administration）

你刚看到的这三条陈述都是建立在**数据**（data）收集的基础之上。

定义

数据（data）由通过观察、计数、测量或问答而得到的信息组成。

有时数据可以用图形呈现。如果你看过《今日美国》（*USA TODAY*），你一定会注意到报纸上一个最受欢迎的栏目——今日美国快照。像这样来呈现信息的图形使读者比较容易理解。

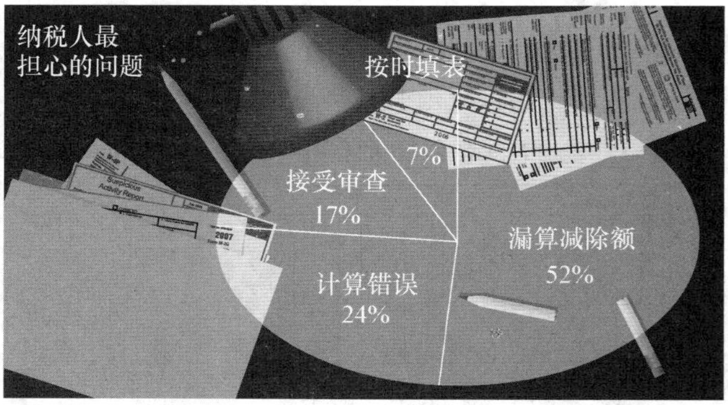

资料来源：turbotarx. com.

统计的应用要追溯到古巴比伦、古埃及之后的古罗马实施的人口普查，当时主要收集关系到国家的事情，例如人的出生和死亡。事实上，统计这个词源于拉丁语 status，意思是“国事”。那么，统计是什么呢？

定义

统计学（statistics）是指为做出决策而对数据进行收集、组织、分析与说明的一门科学。

1.1.2　数据集

在学习统计时你将用到两种类型的数据集，它们分别是总体和样本。

定义

总体（population）是指所有相关的结果、回答、测量或计数的集合。

样本（sample）是总体的一个子集。

样本数据可用来得到关于总体的结论。样本数据必须以适当的方法收集，例如随机选取。如果没有以适当的方式收集，数据将没有价值。

例 1　**区分数据集**

在最近的一项调查中，美国 1 708 名成年人被询问是否认为全球变暖是一个应立即引起政府关注的问题，其中 939 人回答“是”。指出总体和样本，并描述数据集。（资料来源：Adapted form Pew Research Center）

解答：

总体是美国所有成年人的回答，样本是调查中 1 708 名美国成年人的回答。样本是美国所有成年人的回答的一个子集。数据集包含 939 个“是”的回答和 769 个“否”的回答。

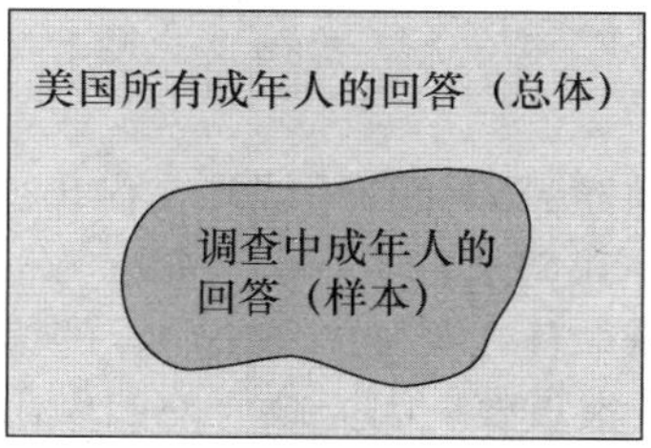

▶试一试 1

美国能源部每周对大约 800 家加油站进行调查，以得出每加仑标准汽油的平均价格。在 2007 年 2 月 12 日，平均价格为每加仑 2.24 美元。指出总体和样本。（资料来源：Energy Information Administration）

a. 指出总体。

b. 指出样本。

c. 指出数据集由什么构成。

一个数据集是总体还是样本通常依赖于实际的情况。比如，在例 1 中，总体是美国所有成年人的回答的集合。而根据调查目的的不同，总体可能是所有住在加利福尼亚的成年人的回答的集合，或者是拥有手机的所有成年人的回答的集合，或者是阅读某一特定报纸的所有成年人的回答的集合。

本课程中常用的两个重要术语是参数值和统计值。

定义

参数值（parameter）是对总体特征的数值描述。

统计值（statistic）是对样本特征的数值描述。

例 2　**区分参数值与统计值**

判断数值是描述总体的参数值还是描述样本的统计值。说明你的理由。

1. 最近一个关于 MBA 样本的调查报告显示，MBA 的平均薪水超过82 000 美元。（资料来源：*The Wall Street Journal*）

2. 毕业于芝加哥大学商学院的 667 名 MBA 的起始薪水比上年增加了 8.5%。

3. 美国食品药品监督管理局对零售店的一个样本进行随机检验，发现 34%的商店没有在合适的温度下储藏鱼。

解答：

1. 均值 82 000 美元是基于总体的一个子集，因此它是样本统计值。

2. 增长率 8.5%是基于所有 667 名 MBA 的起始薪水，因此它是总体参数值。

3. 百分率 34%是基于总体的一个子集，因此它是样本统计值。

▶试一试 2

2006 年，职业棒球队花费 2 326 706 685 美元给队员发薪水。这个数值描述的是总体参数值还是样本统计值？（资料来源：*USA Today*）

a. 判断这个数值是从总体得来的，还是从样本得来的。

b. 指出这个数值是参数值还是统计值。

在本课程中，你将学会如何利用统计来做出明智的决策，特别是那些会对你的生活有很大影响的决策。我们来看美国政府每十年进行一次的人口普查。进行人口普查时，人口普查局想要获取住在美国的每一个人的信息。但显然这是不可能的。人口普查需要保证准确性，这点很重要，因为政府部门做出的很多决策都基于人口普查的信息。例如，在 2010 年人口普查中收集的数据将决定如何安排议会席位及如何分配公共基金。

1.1.3　统计学的分支

统计学有两大分支：**描述统计学**（descriptive statistics）和**推断统计学**（inferential statistics）。

定义

描述统计学（descriptive statistics）是包含组织、概括及展示数据的分支。

推断统计学（inferential statistics）是关于用样本来推断总体特征的分支。“概率”是推断统计学学习中的一个基本工具。

例 3　**描述统计学和推断统计学**

判断哪部分是描述性统计。用推断性统计可以得出什么结论？

1. 科学家对一个由 48 岁男性组成的大样本进行了 18 年的研究。研究显示，对于未婚男性，大约 70%活到 65 岁；对于已婚男性，90%活到 65 岁。（资料来源：*The Journal of Family Issues*）

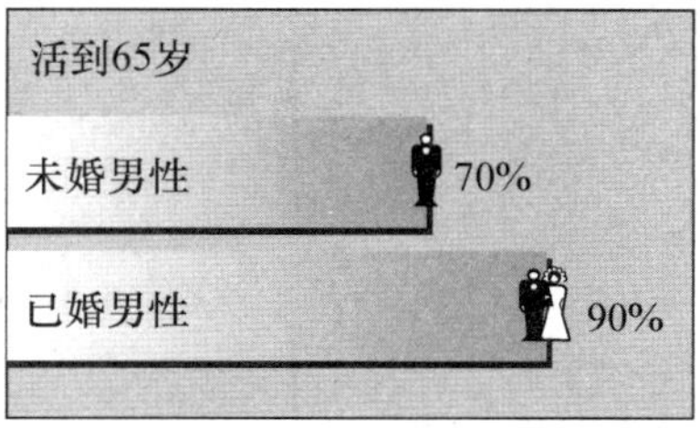

2. 在华尔街分析师的样本中，最近一年内错误预测高科技收益的比例是 44%。（资料来源：*Bloomberg News*）

解答：

1. 描述性统计包含如"对于未婚男性，大约 70%活到 65 岁"和"对于已婚男性，90%活到 65 岁"这样的陈述。从研究中得出的一个可能的推断是：结婚会使男性寿命更长。

2. 描述性统计包含如"在华尔街分析师的样本中，最近一年内错误预测高科技收益的比例是 44%"这样的陈述。从研究中得到的一个可能的推断是：股票市场难以预测，甚至对专家而言也是如此。

▶试一试 3

国际民意研究公司（Opinion Research Corporation International）对 1 017 名男性和女性进行了调查。调查显示，76%的女性和 60%的男性以前做过身体检查。（资料来源：*Men's Health*）

a. 找出调查中描述性的方面。

b. 从这个调查中可以得出怎样的推断？

这两个分支的应用将贯穿本课程的始终。本课程的一个主要内容就是如何用样本统计值来推断不可知的总体参数值。

练习 1.1

□ 基础技能训练和术语

1. 样本与总体有什么关系？

3. 参数值与统计值有什么不同？

判断　对于习题 5，7，判断陈述是否正确。如果错误，请写出正确的陈述。

5. 统计值是描述总体特征的数值。

7. 人口普查局不可能获得所有美国人口的调查数据。

数据集分类　在习题 11，13 中，判断数据集是总体还是样本。说明你的理由。

11. 众议院每个成员的年龄。

13. 从某一体育场的 42 000 名观众中抽

取 500 名进行调查。

图表分析 在习题 17，19 中，用维恩图判断总体和样本。

17.

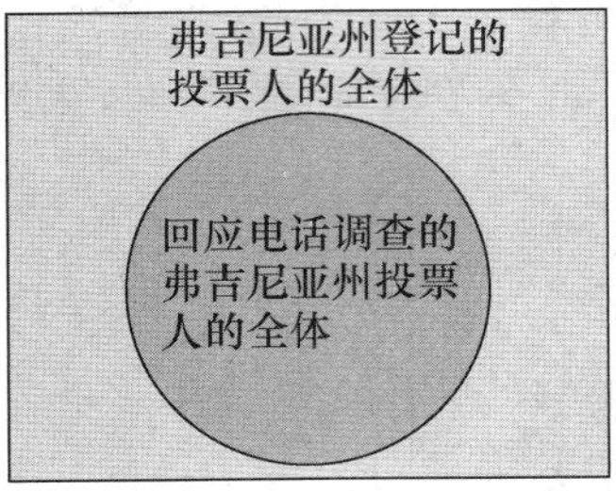

19.

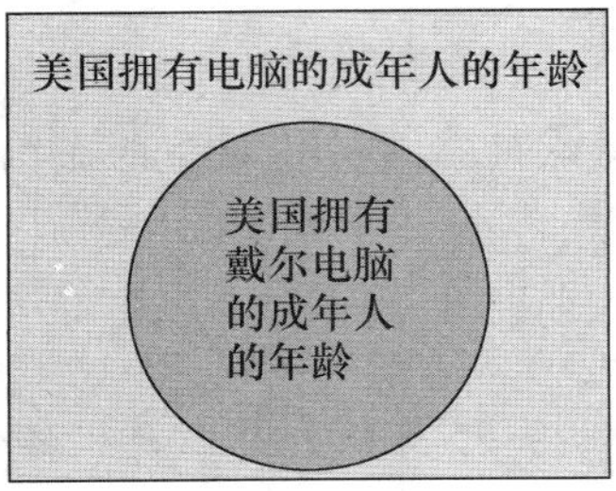

□ 应用和解释概念

识别总体和样本 在习题 21，23 中，指出总体和样本。

21. 一个对美国 1 000 名成年人的调查显示，12%的人更喜欢在冬季休假。（资料来源：*Rasmussen Reports*）

23. 一个对美国 1 906 个家庭的调查显示，13%的家庭拥有高清电视机。

区分参数值和统计值 在习题 29，31 中，判断数值是参数值还是统计值。说明你的理由。

29. 某公司 1 200 名会计师中 35 人的平均年薪是 68 000 美元。

31. 兴登堡飞艇上的 97 名乘客中 62 人在爆炸中幸存。

□ 扩展概念

39. **指出文章中的数据集** 在报纸或杂志上找一篇描述调查的文章。

（a）指出调查中使用的样本。

（b）样本的总体是什么？

41. **住在佛罗里达州** 一项研究显示，住在佛罗里达州的退休者比其他地方的退休者有更好的记忆力。

（a）根据研究的结果做出一个推断。

（b）这类推理有什么问题？

1.2 数据分类

1.2.1 数据的类型

做一项研究时，了解其中所涉及的数据的类型是很重要的。所研究数据的性质将决定使用何种统计方法。在本节中，你将学习如何通过类型和衡量尺度来分类数据。数据集由两种类型的数据组成：定性数据和定量数据。

定义

定性数据（qualitative data）由属性、标签或非数值型的项组成。

定量数据（quantitative data）由数值型的项或计数组成。

例 1 **通过类型分类数据**

下表给出了一些车辆的基本价格。哪些数据是定性数据，哪些数据是定量数据？说明你的理由。（资料来源：Ford Motor Company）

型号	基本价格（美元）
Fusion 14 S	17 795
F-150 XL	18 710
Five Hundred SEL	23 785
Escape XLT Sport	24 575
2007 Explorer Sport Trac Limited	26 775
Freestar SEL	27 500
Crown Victoria LX	28 830
Expedition XLT	35 480

解答：

上表中显示的信息可以分成两个数据集。一个数据集包含车辆的型号，另一个数据集包含对应型号车辆的基本价格。型号是非数值型的项，因此是定性数据。基本价格是数值型的项，因此是定量数据。

▶试一试 1

下表给出了一些美国城市的人口。哪些数据是定性数据，哪些数据是定量数据？（资料来源：U. S. Census Bureau）

城市	人口数
克利夫兰	452 208
底特律	886 671
休斯敦	2 016 582
拉斯维加斯	545 147
波特兰	533 427
托皮卡	121 946

a. 指出每个数据集的内容。

b. 判断每个数据集是否包含数值型或非数值型的项。

c. 列举定性数据和定量数据。

1.2.2　衡量尺度

数据的另一个特征是它的衡量尺度。衡量尺度决定哪种统计计算是有意义的。四种衡量尺度按照从低级到高级的顺序，依次是定类、定序、定距和定比。

定义

定类衡量尺度（nominal level of measurement）的数据仅是定性的。这种尺度的数据用名称、标签或性质来分类，不能做数学计算。

定序衡量尺度（ordinal level of measurement）的数据是定性的或定量的。这种尺度的数据可以按次序排列或排名，但数据项间的差是没有意义的。

例 2　通过尺度分类数据

下面给出两个数据集。说明哪个数据集是由定类尺度的数据组成的，哪个数据集是由定序尺度的数据组成的？说明你的理由。（资料来源：Nielsen Media Research）

排名前五位的电视节目 （2007 年 2 月 12—18 日）
1. 美国偶像——周二
2. 美国偶像——周三
3. 实习医生格蕾
4. 豪斯医生
5. 犯罪现场调查

匹兹堡网络联盟	
WTAE	美国广播公司（ABC）
WPXI	美国全国广播公司（NBC）
KDKA	美国哥伦比亚广播公司（CBC）
WPGH	福克斯广播公司（FOX）

解答：

第一个数据集列出了前五名电视节目的排名次序。数据由名次 1，2，3，4，5 组成。名次可以按顺序列出，因此这些数据是定序尺度的。同时注意到 1～5 的名次间的差是没有数学意义的。第二个数据集由匹兹堡每个网络公司的电台呼号组成。电台呼号简化了网络公司的名称，因此这些数据是定类尺度的。

▶试一试 2

考虑以下数据集。对于每一个数据集，判断数据是定类尺度的还是定序尺度的。

1. NBA 太平洋赛区的最终名次。
2. 电话号码集。

a. 指出每个数据集表示什么。

b. 指出数据的衡量尺度，并解释你的答案。

另两个较高级的衡量尺度仅由定量数据组成。

定义

定距衡量尺度（interval level of measurement）的数据可以排序，并可以计算数据项间的差，这些差是有意义的。定距尺度中，一个零的项只是简单代表一个位置，不是绝对零。

定比衡量尺度（ratio level of measurement）的数据与定距尺度的数据类似。不同的是，定比尺度中一个零的项表示绝对零。两个数值可以计算比例，使得一个数值可以用另一个数值的倍数来表示。

绝对零（inherent zero）表示一个也没有。例如，所存的钱的数目可以是零美元。这里，零表示没有钱，它就是一个绝对零。0℃的温度不代表没有温度，0℃的温度只是简单地表示一个位置，它不是绝对零。

为了区分定距尺度的数据和定比尺度的数据，我们需要判断"两倍一样多"这个表达在数据环境中是否有意义。例如，2 美元相当于两倍的 1 美元，因此这个数据是定比尺度的。而 2℃并不相当于两倍 1℃的温度，所以这些数据是定距尺度的。

例 3　通过尺度分类数据

下面给出两个数据集。哪个数据集是由定距尺度的数据组成的，哪个数据集是由定比尺度的数据组成的？说明你的理由。（资料来源：Major League Baseball）

纽约扬基队在世界大赛中获胜的年份
1923，1927，1928，1932，1936，1937，1938，1939，1941，1943，1947，1949，1950，1951，1952，1953，1956，1958，1961，1962，1977，1978，1996，1998，1999，2000

2006 年美国职业棒球大联盟联赛球队本垒打总数	
巴尔的摩	164
波士顿	192
芝加哥	236
克利夫兰	196
底特律	203
堪萨斯城	124
洛杉矶	159
明尼苏达	143
纽约	210
奥克兰	175
西雅图	172
坦帕湾	190
得克萨斯	183
多伦多	199

解答：

两个数据集都包含定量数据。首先来看纽约扬基队在世界大赛中获胜的年份。显然在其中可以找到日期间的差。例如，最后一次获胜距第一次的时间是 2000－1923＝77（年）。但是不能用其中一年的倍数来表示另一年。因此，这些数据是定距尺度的。再看第二个表中本垒打总数的数据，你可以找到数据的差并算出比例。通过数据，可以看到底特律队比西雅图队多打出 31 个本垒打，而芝加哥队打出的本垒打次数差不多是堪萨斯城队的 2 倍。因此，这些数据是定比尺度的。

▶试一试 3

判断下面的数据是定距尺度的还是定比尺度的。

1. 一个正在运动的运动员的体温（华氏温度）。
2. 一个正在运动的运动员的心率（每分钟次数）。
a. 指出每个数据集描绘什么。
b. 指出数据的衡量尺度，并解释你的答案。

下表总结了每个衡量尺度中哪些运算是有意义的。确定一个数据集的衡量尺度时，应先套用最高级的尺度。

衡量尺度	对数据分类	对数据排序	数据值作差	一个数据是否可以由另一个的倍数表示
定类尺度	是	否	否	否
定序尺度	是	是	否	否
定距尺度	是	是	是	否
定比尺度	是	是	是	是

四种衡量尺度总结如下。

	数据集的例子	有意义的运算
定类尺度 （定性数据）	广播电台播放的音乐的类型 流行 现代摇滚 现代爵士 说唱	进行分类 例如，广播电台播放的一首歌可以划归所示的四种类型之一
定序尺度 （定性数据或定量数据）	美国电影协会影视等级划分 G 大众级 PG 普通级，建议在父母陪伴下观看 PG-13 普通级，不适于13岁以下儿童 R 限制级 NC-17 17岁以下禁止观看	进行分类和排序 例如，PG等级比G等级有更严格的限制
定距尺度 （定量数据）	加利福尼亚州萨克拉门托的月平均温度（℉） 1月 46.3　7月 75.4 2月 51.2　8月 74.8 3月 54.5　9月 71.7 4月 58.9　10月 64.4 5月 65.5　11月 53.3 6月 71.5　12月 45.8 （资料来源：National Climatic Data Center）	进行分类，排序，并计算数值间的差 例如，71.5−65.5＝6（℉） 因此，6月的平均温度比5月的平均温度高6℉。
定比尺度 （定量数据）	加利福尼亚州萨克拉门托的月平均降雨量（英寸） 1月 3.8　7月 0.1 2月 3.5　8月 0.1 3月 2.8　9月 0.4 4月 1.0　10月 0.9 5月 0.5　11月 2.2 6月 0.2　12月 2.5 （资料来源：National Climatic Data Center）	进行分类，排序，计算数值间的差，并计算数值的比 例如，$\frac{1.0}{0.5}=2$，即4月降雨量是5月降雨量的2倍

练习 1.2

基础技能训练和术语

1. 哪种衡量尺度的数据可以是定性的?

判断　对于习题 3，5，判断陈述是否正确。如果错误，请写出正确的陈述。

3. 定序尺度的数据只能是定量的。

5. 定类尺度的数据比定序尺度的数据可以进行更多形式的计算。

数据集分类　在习题 7，9 中，判断数据是定性的还是定量的。

7. 电话簿中的电话号码。

9. MP3 播放器中歌曲的长度。

应用和解释概念

按尺度分类数据　在习题 13，15 中，判断数据是定性的还是定量的，并指出数据集的衡量尺度。说明你的理由。

13. **足球**　下面列出的是 2007 年 1 月公布的大学足球赛决赛前五名的足球队。(资料来源：*Associated Press*)

1. 佛罗里达州立大学
2. 俄亥俄州立大学
3. 路易斯安那州立大学
4. 南加利福尼亚大学
5. 博伊西州立大学

15. **最佳销售员**　下面是一家公司过去 6 年里最佳销售员所在的地区。

东南地区　西北地区　东北地区

东南地区　西南地区　西南地区

图表分析　在习题 19，21 中，指出图中横轴所示数据的衡量尺度。

19. **全球变暖会导致更剧烈的厄尔尼诺现象吗**

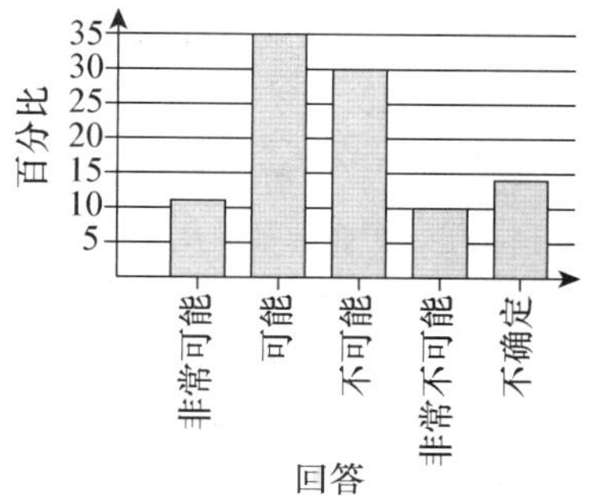

资料来源：Yankelovich for the National Representatives Science Foundation，American Meteorological Society.

21. **第 110 届国会参会人员的性别**

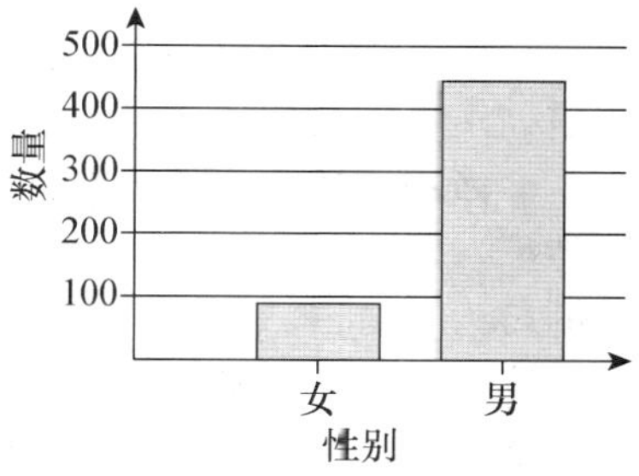

资料来源：U. S. House of Representatives，Office of the Clerk.

扩展概念

25. **论述**　什么是绝对零？举出三个有绝对零的数据集的例子和三个没有绝对零的数据集的例子。

1.3　实验设计

1.3.1　一项统计研究的设计

每项统计研究的目标都是收集数据，然后利用数据得出结论。利用统计研究的结果而作出的任何决策都依赖于获得数据的过程。如果过程有缺陷，那么所作的决策将是不可信的。

尽管你可能从不用做统计研究，但很可能你必须解释它的结果。在解释一项研究的结果之前，你应该判断结果是否有效。也就是说，你要熟悉怎样设计一项统计研究。

指南

设计一项统计研究

1. 确定相关的变量（关注焦点）和研究的总体。
2. 设计详细的数据收集计划。如果应用抽样，那么要确保样本对于总体是有代表性的。
3. 收集数据。
4. 用描述性统计方法描述数据。
5. 解释数据，并利用推断统计作出关于总体的决策。
6. 确定可能的误差。

1.3.2 数据收集

有一些方法可以用来收集数据。通常，研究的焦点决定了收集数据的最好方法。下面列出收集数据的四种方法的简要总结。

- **做观察研究** 在**观察研究**（observational study）中，研究者观察并衡量总体的特征，但不改变存在条件。例如，一个研究者进行观察研究，观察并记录3岁孩子的行为。（资料来源：*Pediatrics Magazine*）
- **做实验** **做实验**（experiment）时，需对总体的一部分进行**处理**（treatment）并观察反应。总体的另一部分则作为**对照组**（control group），不进行处理。在多种情况下，需要给对照组中的研究对象（有时也称为**实验单元**（experimental unit））使用**安慰剂**（placebo）（无害且没有副作用，但看起来像真的治疗一样）。将治疗组的反应和对照组进行比较和研究。例如，在一个实验中，治疗组的糖尿病患者每日食用肉桂，对照组不食用。40天后，食用肉桂的糖尿病患者患心脏病的危险降低，而对照组没有变化。（资料来源：*Diabetes Care*）
- **采用模拟** **模拟**（simulation）就是利用数学或物理模型来仿造一种情况或过程的条件。收集数据常常涉及电脑的使用。模拟使你可以研究实际中无法得到的或者实际生活中较危险的情况，通常能节省时间和金钱。例如，汽车制造商应用仿制品来模拟撞车对人的影响。本课程中，你将有机会在电脑上用应用程序来模拟统计过程。
- **实施调查** **调查**（survey）就是对总体的一个或多个特征进行调查研究。通常通过提问的方式进行调查。调查的常用方式主要有采访、邮件或电话。在设计一项调查时，很重要的一点是确保问题的表达不会产生误解。例如，设计一项对女物理学家的样本进行的调查，来看她们选择职业的主要原因是不是财务稳定。在设计这项调查时，可以列出一些可能的原因，然后让样本中的每个人选择一项。

例 1　**确定数据收集的方法**

我们来看下面的统计研究。每项研究分别采用了哪种方法来收集数据？说明你的理由。

1. 一项关于改变飞行航程对飞行事故数量的影响的研究。
2. 一项关于食用燕麦片在降低血压方面的作用的研究。
3. 一项关于4年级学生怎样解题的研究。
4. 一项关于美国民众对美国总统的支持率的研究。

解答：

1. 因为创造这种情况是不实际的，所以用模拟的方法。
2. 这项研究是想要衡量一种治疗（食用燕麦片）对病人的作用，因此应该用实验的方法。
3. 因为需要观察和衡量总体的一部分特征，故应该做观察研究。
4. 可以设计这样的调查问卷："你支持总统吗？"

▶试一试 1

在下面的统计研究中，每项研究分别采用了哪种方法来收集数据？

1. 研究锻炼对减轻抑郁症的作用。
2. 研究毕业一年内找到工作的大学毕业生的成功经验。

a. 指出研究的焦点。
b. 指出研究的总体。
c. 选择合适的数据收集方法。

1.3.3 实验设计

为了得到有意义的无偏结果，实验应该非常仔细地设计并执行。很重要的一点是要了解应该采取什么步骤保证实验结果有效。好的实验设计的三个关键要素是：对照、随机和重复。

由于实验结果会被各种各样的因素毁坏，控制这些影响因素是很重要的。混淆变量的定义如下。

定义

当一个实验者不能区分不同因素对变量的作用时，就会出现**混淆变量**（confounding variable）。

例如，为了吸引更多的顾客，一家咖啡店的店主尝试用比较明亮的颜色装修店铺。同时，附近一个大商场盛大开业。如果咖啡店的生意增加了，并不能判断这是因为新颜色的装修还是新商场的开业。咖啡店颜色和商场的影响混淆了。

另一个会影响实验结果的因素叫做安慰剂效应。**安慰剂效应**（placebo effect）是出现了类似安慰剂的效果但事实上并没有接受任何药物治疗。为了帮助控制或最小化安慰剂效应，可以采用**盲法**（blinding）。

定义

盲法（blinding）是使实验对象不知道是在接受治疗还是在使用安慰剂的方法。在**双盲实验**（double-blind experiment）中，实验对象和实验者都不知道实验对象是在接受治疗还是在使用安慰剂。实验者在收集完所有数据后才会知道。这种实验设计更受研究者喜欢。

另一种用来保证获得无偏结果的方法是随机。

定义

随机（randomization）就是随机分配实验对象到不同治疗组的过程。

在**完全随机设计**（completely randomized design）中，实验对象被随机分配到不同的治疗组。在某些实验中，实验者可能必须用到**区组**（block），即有相似特征的实验对象的组。一种常用的实验设计是**随机区组设计**（randomized block design）。采用随机区组设计时，应该将相似特征的对象分成区组，然后在每个区组中，随机分配对象到治疗组。例如，一个检测新型减肥饮料效果的实验者可能首先将实验对象按年龄分类，例如分为 30～39 岁年龄段、40～49 岁年龄段和 50 岁及以上年龄段。然后在每个年龄段内，随机分配实验对象到治疗组或对照组。

另一种实验设计是**配对设计**（matched-pairs design），即实验对象根据相似点进行配对。一对中的一个实验对象随机选择接受一种治疗，另一个实验对象接受另一种治疗。例如，两个实验对象可能根据年龄、地理位置或者特殊的体型特征配对。

实验设计的另一个重要部分是样本大小。为了提高实验结果的正确性，必须重复。

定义

重复（replication）就是拥有庞大的实验对象群的实验的重复。

例如，设计实验来测试一种流感病毒疫苗。在实验中，10 000 个人接种疫苗，另 10 000 个人接受安慰剂。因为样本大，疫苗的效果很容易观测。但是，如果实验的对象没有（根据年龄和性别）进行选择以保证两个组是相似的，那么结果将没有什么价值。

例 2　分析实验设计

一家公司想要测试一种帮助人们戒烟的新型口香糖的效果。指出下面给出的实验设计的潜在问题和建议的改善方法。

1. 公司找到 10 名成年的严重吸烟者。其中 5 人给新型口香糖，另 5 人给安慰剂。两个月后，发现 5 名用了新型口香糖的实验对象成功戒烟。

2. 公司找来 1 000 名成年的严重吸烟者。实验对象根据性别分区组。女性接受新型口香糖，男性接受安慰剂。两个月后，女性组中有明显数量的实验对象成功戒烟。

解答：

1. 样本不够大，不能保证实验结果的正确性。实验必须重复以提高正确性。

2. 分的区组不相似。新型口香糖可能对女性有更好的效果，或者相反。实验对象可以按照性别分组，但之后在每个组中，应该随机分配对象到治疗组或对照组。

▶试一试 2

使用例 2 中的信息，假设公司找来 240 名成年的严重吸烟者。实验对象被随机分配到治疗组或对照组，并给每个对象观看关于吸烟危害的 DVD 专题节目。4 个月后，治疗组的大部分实验对象成功戒烟。

a. 指出实验设计的潜在问题。

b. 设计可以如何改进？

1.3.4　采样方法

总体调查（census）是对某个总体的计数或衡量。进行总体调查可以提供全部信息，但是经常很难实施。**抽样调查**（sampling）是对总体的一部分进行计算或衡量，在统计学习中更常应用。为了收集无偏数据，调查者必须确保样本可以很好地代表总体。必须使用恰当的抽样方法以确保对总体的推断是有效的。当研究基于错误的数据时，结果是不可信的。即使采用最好的抽样方法，也可能产生**抽样误差**（sampling error）。抽样误差是指样本的结果与总体的结果间的差异。学习推断统计时，你将学习控制这些抽样误差的方法。

随机抽样（random sample）是指总体的每一个元素都有相同的机会被抽取。**简单随机抽样**（simple random sample）是指每个相同大小的可能样本有相同的机会被抽取。收集简单随机样本的一种方法是给总体的每一个元素分配一个不同的数字，然后利用附录 B* 的随机数表。将对应表中随机数的总体元素的回答、计数或衡量选入样本。计算器和电脑软件经常用来产生随机数。

表 1　　**随机数表**

92630	78240	19267	95457	53497	23894	37708	79862
79445	78735	71549	44843	26104	67318	00701	34986
59654	71966	27386	50004	05358	94031	29281	18544
31524	49587	76612	39789	13537	48086	59483	60680
06348	76938	90379	51392	55887	71015	09209	79157

说明：此表为附录 B 中表 1 的一部分。

例如，为了使用简单随机抽样来计算居住在西岗镇的家庭的人口数量，你可以给每个家庭分配不同的数字，利用一个工具或随机数表来产生抽样的数字，然后计算每个被选中家庭的人口数量。

* 本教材中的附录 A，B，C 可登录中国人民大学出版社工商管理分社的网站（www.rcjg.com.cn）阅读或下载。——译者注

例 3 　**应用简单随机抽样**

你的学校目前有 731 名选修统计课的学生。你希望建立一个有 8 个学生的样本来回答一些调查问题。选择一些学生构成简单随机样本。

解答：

给选课的每个学生分配数字 1～731。随机选择一个开始位置，然后 3 个一组读取数字（因为 731 是三位数）。例如，如果你从表中第 3 行第 2 列开始，那么得到的数字如下：

719|66　2|738|6　50|004|　053|58　9|403|1　29|281|　185|44

忽略比 731 大的数字，所要的第一组 8 个数分别是 719，662，650，4，53，589，403 和 129。对应这些数字的学生将组成样本。

▶试一试 3

一个公司雇用了 79 个人。选择 5 个人的简单随机样本进行调查。

a. 随机选择一个开始位置。

b. 2 个一组读取数字。

c. 写下 5 个随机数。

当选择样本元素时，应该判断每次抽取时总体元素是否相同。如果是，那么抽样过程称为有放回的（with replacement）。如果不是，那么抽样过程称为无放回的（without replacement）。

还有其他一些常用的抽样方法。它们都有各自的优缺点。

- **分层抽样**　当抽样对于从总体的每个部分得到元素很重要时，应该使用分层抽样。根据研究的焦点，将总体的元素分为两个或多个部分，叫做层（strata），每层的元素都有相似的特征，如年龄、性别、种族或政治偏好。然后从每层中随机选取构成样本。使用分层抽样可以保证总体的每个部分都被很好地代表。例如，要收集西岗镇家庭的人口数量的分层样本，你需要将家庭分成不同的社会经济水平，然后从每层随机选择家庭。

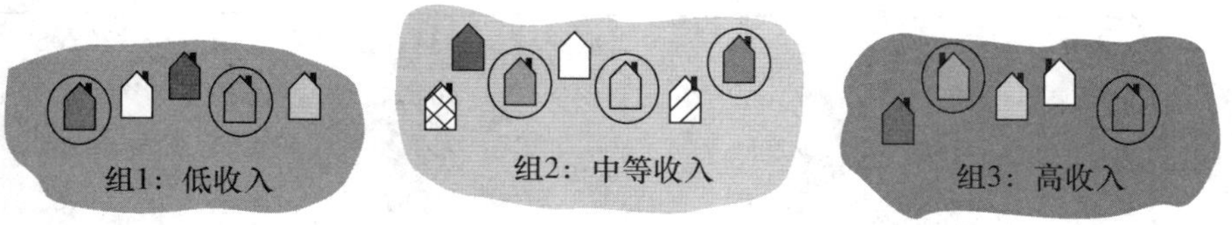

分层抽样

- **整群抽样**　当总体自然而然地分成一些子群，且每个都有相似的特征时，采用整群抽样可能更合适。为了选取一个整群样本，需要把总体分为一些组，叫做群（clusters），然后在一个或多个（但不是全部）群里选取全部的元素。相同课程的不同章节或者一个银行不同的分支都是群的例子。例如，为了收集西岗镇家庭的人数的整群样本，要将家庭按照邮编分成组，然后选择一个或多个组的全部家庭，但不是全部邮编，并计算每个家庭的人数。在应用整群抽样时，要注意确保所有群都有相似的特征。例如，如果一个群有更大部分的高收入人群，那么数据可能不能很好地代表总体。

西岗镇的邮区

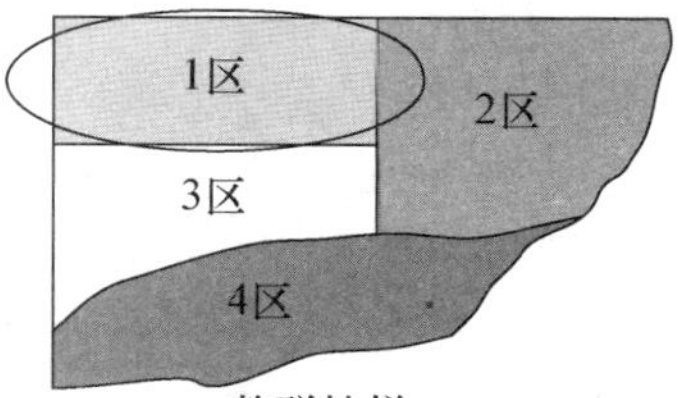

整群抽样

● **系统抽样**　系统抽样是给总体的每个元素分配一个数字的抽样。总体的元素按某种方式排序，随机选择一个开始的数字，然后从开始数字起每隔相同距离选取样本元素（例如选取第 3 个，第 5 个或第 100 个元素）。例如，为了收集西岗镇家庭的人数的系统样本，应该给每个家庭分配不同的数字，然后随机选择一个开始数字，并每隔 100 个家庭抽选 1 个样本，计算每个家庭的人数。系统抽样的优点是应用简单。然而在数据规则变化的情况下，应该避免使用这种抽样方法。

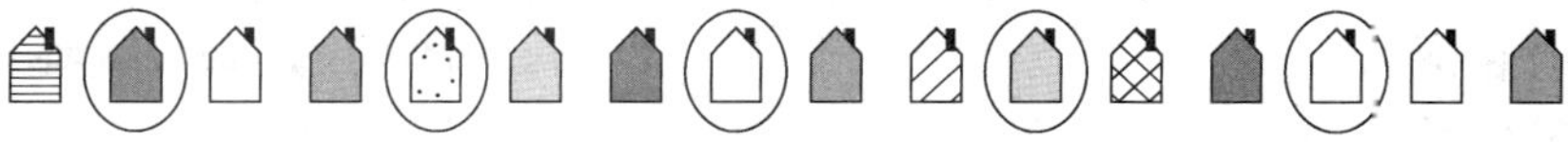

系统抽样

一种常常导致研究偏差的抽样方法是**方便抽样**（convenience sample）。一个方便样本仅由总体的一些可得的元素组成。

例 4　指出抽样方法

假设你在做一项研究来确定你所在学校的学生对于干细胞研究的观点。说明下面各项选取样本时采用的抽样方法。

1. 随机选择一个班级，然后调查班里的每个学生。

2. 将学生按照专业分类，然后在每个专业中随机选择一些学生进行调查。

3. 给每个学生分配一个数字，然后产生一些随机数。调查那些与随机数对应的学生。

解答：

1. 每个班级是自然产生的子群（一个群），且调查班级的每个学生，因此这是整群抽样。

2. 将学生总体分层（按专业），样本是从每个专业中选取的，因此这是分层抽样。

3. 每个大小相同的样本被选中的可能性相同，且每个学生被选中的可能性相同，因此这是简单随机抽样。

▶试一试 4

假设你在做一项研究来确定你所在学校的学生对于干细胞研究的观点。说明下面各项选取样本时采用的抽样方法。

1. 选择所有上统计课的学生。

2. 给每个学生分配一个数字，选择一个开始数字，然后每隔25个学生抽取1人进行调查。

a. 判断样本是怎样选取的。

b. 指出对应的抽样方法。

练习1.3

□ 基础技能训练和术语

1. 观察研究与实验有什么不同？

3. 描述两种产生随机数的方法。

判断 对于习题5，7，判断陈述是否正确。如果错误，请写出正确的陈述。

5. 在随机区组设计中，有相似特征的实验对象分为一组，然后在每个区组中，随机分配对象到治疗组。

7. 采用系统抽样保证了总体中每组的元素都会被抽样。

决定数据收集的方法 在习题11，13中，决定采用哪种方法来收集数据。说明你的理由。

11. 一项关于用脂肪替代物做成的薯条（薯片）对人体消化系统的影响的研究。

13. 一项关于在大城市病毒传播速度的研究。

□ 应用和解释概念

15. **过敏药物** 一个制药公司想要实验一种新型抗过敏药物的效果。公司找了250名30～35岁严重过敏的女性。实验对象被随机分成两组。一组给了新型抗过敏药物，另一组给了看起来像新型抗过敏药物的安慰剂。6个月后，研究并比较实验对象的症状。

(a) 确定实验中的实验单位。

(b) 本实验中用了多少种治疗方法？

(c) 说出本实验设计存在的潜在问题，并给出改善方法。

(d) 这个实验可以怎样设计为双盲实验？

指出抽样方法 在习题17，19中，指出所用的抽样方法，并讨论偏差（如果有的话）的可能来源。说明你的理由。

17. 采用随机拨号的方法，实验者找来了1 599个人并询问阻碍他们锻炼的因素（比如照顾孩子）。（资料来源：Yankelovich Partners，Inc. for Shape Up America!）

19. 在一所大学里调查从图书馆走出的学生，研究者共询问了358名学生的饮酒习惯。

选择总体调查或抽样调查 决定应采用总体调查还是抽样调查。如果用抽样调查，应采用什么抽样方法。说明你的理由。

29. 一个公司50名员工的平均薪水。

识别偏差 在习题31，33中，判断调查问题是否有偏差。如果问题是有偏差的，给出更好的表达。

31. 为什么喝果汁对你有益？

33. 你晚上平均睡几个小时？

□ 扩展概念

37. **开放性问题与封闭性问题** 调查问题的两种类型分别是开放性问题和封闭性问题。开放性问题允许任何类型的回答；而封闭性问题仅允许选择一些固定的答案。下面给出一个开放性问题和一个有几个可能性选择的封闭性问题的例子。分别列出开放性问题与封闭性问题的优缺点。

开放性问题 可以采取什么措施促使学生吃健康食物？

封闭性问题 你怎样促使学生吃健康食物？

1. 开设必修营养课程。

2. 食堂只提供健康食物，禁止不健康食物。

3. 食堂提供更多的健康食物，并提高不健康食物的价格。

39. 给出一个可能发生混淆的实验的例子。

本章测验

1. 指出下述研究中的总体和样本。

对372个患有焦虑症的病人进行研究，找出饮用咖啡与焦虑症的联系。

2. 判断下列数值是参数值还是统计值。

(a) 在对798名网络使用者进行的调查中，19%的人说他们在家使用无线上网。(资料来源：Pew Internet and American Life Project)

(b) 某次投票中，一个公司里84%的雇员为大楼里新出售的机器投票。

(c) 对1 000名美国人的调查显示，仅有40%的人备有紧急救护资金。(资料来源：Consumer Federation of American)

3. 判断数据是定性的还是定量的。

(a) 一组邮政编码。

(b) 化学课的期末考试成绩。

4. 说明每个数据集的衡量尺度，并说明你的理由。

(a) 一个管辖区内各个警察所获的奖章数量。

(b) 本财政年度每季度蜡烛制造商出售蜡烛的数量。

(c) 波士顿马拉松比赛参赛者的出生年份。

5. 确定下面每项研究中你将使用的数据收集方法。说明你的理由。

(a) 研究关于维生素C和铁的低摄入对成年人领导水平的影响。

(b) 你家附近500英里范围内的人的年龄。

6. 构造一个实验来检验一种新型药物对高血压的作用。实验者找来320个年龄在35～50岁之间的高血压患者参加这个实验。实验对象按年龄分成相同的组。从每个组中随机选取实验对象进入治疗组或对照组。这个实验采用的是什么类型的实验设计？

7. 指出以下每项研究中采用的抽样方法。说明你的理由。

(a) 一名新闻记者去一个露营地询问人们对空气污染的感受。

(b) 为了保证质量，每隔10台机器选取1台进入集合列进行精确测量。

(c) 在一所大学里做一项关于对吸烟的态度的研究。学生按年级分类（大一、大二、大三、大四），然后从每个年级随机选取样本并访问。

8. 习题7中可能导致偏差的是哪种抽样方法？

现实中的统计——真实的决策

假设你是研究公司的一名研究员。你的公司得到一个项目：为航空旅行行业出版物做一项研究。这个出版物的编辑想知道他们的读者对航空旅行的看法，例如对机票、服务、保险、舒适度、经济增长与安全等的看法。他们还想知道出于商务原因而航空旅行的成年人的想法。

编辑已经给了你读者的资料和20个他们想要问的问题（下面两个表格给出了之前所做研究中的两个问题）。若要联系所有的读者将花费太大的代价，因此你需要确定一种方式来联系全部读者中有代表性的一个样本。

你怎样获得机票

回答	百分比
旅行社	35.1%
直接从航空公司购买	20.9%
网上购买，通过航空公司的网页	21.0%
网上购买，通过其他旅行网站	18.5%
其他方式	4.5%

资料来源：Resource Systems Group.

有多少同事、朋友或家人与你一同旅行

回答	百分比
1 独自旅行	48.7%
2 与 1 个人一同旅行	29.7%
3 与 2 个人一同旅行	7.1%
4 与 4 个人一同旅行	7.7%
5 与 4 个人一同旅行	3.0%
6 更多（与 5 个或更多的人一同旅行）	3.8%

资料来源：Resource Systems Group.

□ 练　习

1. 你将怎么做

(a) 对于本研究，你将采用哪种抽样方法来选择样本？为什么？

(b) 按照 (a) 中的方法得到的样本对于总体具有代表性吗？

(c) 描述数据收集的方法。

(d) 找出你的研究中可能存在的偏差和漏洞。

2. 数据分类

(a) 对于本研究你希望收集到哪种类型的数据：定性的、定量的，还是两者都要？为什么？

(b) 你认为研究中的数据应是什么尺度的？为什么？

(c) 本研究中收集的数据是一个总体还是一个样本？

(d) 数据的数值型描述是参数值还是统计值？

3. 别人是怎么做的

资源系统组做了一项类似的研究，他们采用一个网络调查，向 1 000 个人发出参与调查的邀请，并得到 621 个完整的调查回复。

(a) 说明通过网络调查收集数据的一些可能误差。

(b) 将习题 1 中你收集数据的方法与该方法做比较。

统计学历史——大事年表

贡献者	时间	贡献
约翰·格朗特 (John Graunt，1620—1674)	17 世纪	17 世纪早期研究了关于伦敦死亡率的记录。第一次从大量的数据中做出广泛的统计观测（第 2 章），他的工作奠定了现代统计的基础。
布莱斯·帕斯卡 (Blaise Pascal，1623—1662) 皮埃尔·德·费马 (Pierre deFermat，1601—1665)		帕斯卡和费马研究了基本概率问题（第 3 章），尤其是游戏和赌博的问题。
皮埃尔·拉普拉斯 (Pierre Laplace，1749—1827)	18 世纪	研究了概率（第 3 章），他的功劳是将概率用于确定的数学关系。
卡尔·弗里德里希·高斯 (Carl Friedrich Gauss，1777—1855)		通过天文学来研究回归（第 9 章）和最小二乘法。为了纪念他的贡献，有时将标准分布称为高斯分布。

续前表

贡献者	时间	贡献
兰伯特·凯特勒 (Lambert Quetelet, 1796—1874)	19 世纪	用描述性统计（第 2 章）来分析犯罪和死亡率数据，研究了人口普查方法。描述了关于人类特点例如身高的标准分布。
弗朗西斯·高尔顿 (Francis Galton, 1822—1911)		用相关和回归（第 9 章）研究了人类的基因变异。他的重要成果是中心极限定理（第 5 章）。
卡尔·皮尔逊 (Karl Pearson, 1857—1836)	20 世纪	用相关（第 9 章）研究了自然选择，形成了第一个统计的理论体系，并推动了卡方分析的发展（第 6 章）。
威廉·戈塞特 (William Gosset, 1876—1937)		研究了酿酒的过程，并发展 t 检验来检验与小样本相关的问题。
查尔斯·斯皮尔曼 (Charles Spearman, 1863—1945)		第一批用因素分析发展智能检验的英国心理学家之一。
罗纳德·费舍尔 (Ronald Fisher, 1890—1962)		研究了生物和自然选择，并发展了 ANONA（第 10 章），强调实验设计的重要性（第 1 章），第一个说明原假设和备择假设（第 7 章）。
弗兰克·魏氏 (Frank Wilcoxon, 1892—1965)	20 世纪（后期）	用统计来研究植物病理学的生物化学家。他介绍了两样本的检验（第 8 章），引领非参数统计学发展的方向。
约翰·杜克 (John Tukey, 1915—2000)		第二次世界大战后在普林斯顿大学工作，介绍了探测数据分析技术，例如茎叶图（第 2 章）。也曾在贝尔实验室工作，在推断统计方面很出名。
戴维·肯德尔 (David Kendall, 1918—)		曾在普林斯顿大学和剑桥大学工作，是应用可能性和数据分析方面的权威（第 2 章和第 3 章）。

第 2 章
描述统计学

回顾

在第 1 章中，我们学习了有很多方法可以用来收集数据。研究者往往必须通过研究样本数据来分析总体，但是偶尔也可能采集到所给总体的全部数据。例如，下面的数据展示了 2006 赛季美国大学体育总会 1A 区所有 119 个橄榄球队达阵得分的次数。

89，68，65，61，63，63，61，61，59，60，54，55，54，49，53，55，59，50，52，48，53，46，55，57，48，47，48，46，44，50，55，48，45，44，46，46，47，41，39，41，45，44，45，43，42，42，48，43，40，39，44，37，40，45，43，37，38，38，36，34，37，36，35，35，35，40，31，34，35，39，38，32，35，32，32，32，33，33，33，32，34，31，31，30，34，32，31，27，32，26，28，29，28，29，31，27，29，28，27，30，25，23，24，26，22，25，20，21，21，22，21，24，21，17，15，18，18，15，15

预习

在第 2 章中，我们将学习组织和描述数据集的方法。我们的目标是通过描述趋势、均值和方差，使数据更容易理解。比如，在展示美国大学体育总会 1A 区所有 119 个橄榄球队达阵得分的次数的原始数据中，很难看出任何模式或特征。这里有一些方法可以用来组织和描述数据。

制作频率分布。

分组	频率
15～24	16
25～34	34
35～44	30
45～54	23
55～64	13
65～74	2
75～84	0
85～94	1

画直方图。

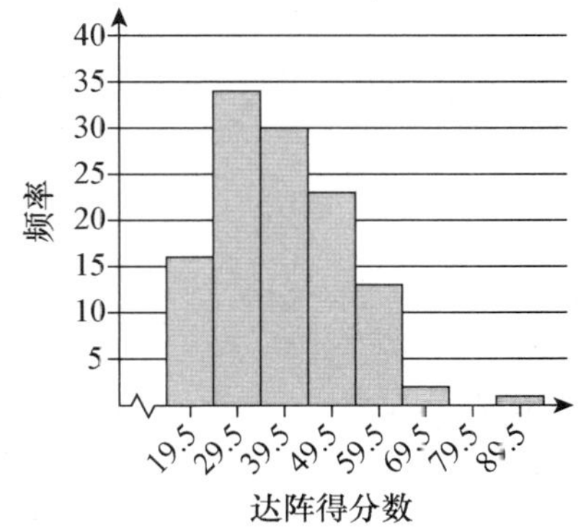

$$均值=\frac{15+15+15+17+18+\cdots+63+65+68+89}{119}$$

$$=\frac{4\ 624}{119}$$

$$\approx 38.9$$ ← 得出均值。

$$极差=89-15$$

$$=74$$ ← 得出极差。

2.1 频率分布及其图形

2.1.1 频率分布

有很多种方法可以用来组织和描述一个数据集。当你组织和描述一个数据集时，所需要关注的重要数字有它的**中心值**（center）、**变异系数**（variability）（或者扩展情况）以及**形状**（shape）。在 2.3 节中有关于分布的中心值及其形状的测度的内容。

当一个数据集有许多条目时，就会很难看出一个确定的模式。在本节，我们将会学习如何通过将数据分为各个类别并形成一个频率分布来组织数据集。我们同时还会学习如何用频率分布来构造图像。

定义

频率分布（frequency distribution）就是这样一个图表，它用落在每一个分组的数据的数目来显示不同分组的**条目**（classes or intervals）。一个分组的**频率 *f***（frequncy *f*）就是整个数据集在这一分组的条目数。

在下面这个频率分布中，有 6 个分组。这 6 个分组中每一个的频率分别是 5，8，6，8，5，4。每一个分组都有一个**分组下限**（lower class limit）和**分组上限**（upper class limit），分组下限就是属于这一分组的最小数字，分组上限就是属于这一分组的最大数字。在下面的频率分布中，分组下限分别是 1，6，11，16，21，26。而分组上限分别是 5，10，15，20，25，30。**分组宽度**（class width）就是一组连续分组的分组下限（或者上限）之间的距离。举个例子，在下面的频率分布中，分组宽度是 6－1＝5。

频率分布

分组	频率
1～5	5
6～10	8
11～15	6
16～20	8
21～25	5
26～30	4

最大数和最小数之间的差异称为**极差**（range）。在上面的频率分布中，最大数是 29，最小数是 1。那么极差就是 29－1＝28。我们将在 2.4 节学习更多关于极差的知识。

指南

根据一个数据集构建频率分布

1. 决定包含在频率分布中的分组数目。分组数目应该在 5～20 之间；否则，很难发现任何模式。

2. 像下面提到的那样来确定分组宽度。求出数据集的极差，用各个分组的数目去除极差。

3. 确定分组极限。你可以用最小的数据作为第一个分组的分组下限。将前一类别的分组下限加上分组宽度就能得到下一分组的分组下限。同样能得到第一个分组的分组上限。记住各个分组不能重叠。确定其余各分组的分组上限。

4. 为每一个落在适当分组的数据制作相符标记。

5. 计算相符标记，确定每一类别的频率。

例 1　**根据一个数据集构建频率分布**

以下数据集罗列了 50 个互联网用户在最近一次上网过程中花费在互联网上的分钟数。试构建一个有 7 个分组的频率分布。

50	40	41	17	11	7	22	44	28	21	19	23	37	51	54	42	86
41	78	56	72	56	17	7	69	30	80	56	29	33	46	31	39	20
18	29	34	59	73	77	36	39	30	62	54	67	39	31	53	44	

解答：

1. 在本题中，分组数（7）已经给定了。

2. 最小的数据是 7 而最大的数据是 86，所以极差是 86－7＝79。将极差除以分组数，可以得到分组宽度。

分组宽度＝79/7≈11.29＝12

3. 最小的数据就是第一分组的分组下限。而为了找出其他 6 组的分组下限，需要将分组宽度加到前一个分组的分组下限上。第一分组的分组上限是 18，它是根据比第二分组的分组下限小一点得到的。其他分组的分组上限分别是 18＋12＝30，30＋12＝42，如此等等。这样，所有 7 个分组的分组上下限都已经得到。

4. 为每一个落在适当分组的数据制作相符标记。举个例子，51 这个数据是在 43～54 这一分组里的，所以在这一组里做一相符标记。继续下去直到你给所有的 50 个数据都作了相符标记。

5. 每一组的相符标记的数目就是那一组的频率。

频率分布在下图中显示。在第一分组 7～18 中有 6 个标记。所以，第一组的频率是 6。注意频率总数也就是样本数据的总数是 50。总数记为 $\sum f$，$\sum$ 是希腊字母 sigma 的大写。

互联网使用情况（分钟数）的频率分布

在线时间 → 分组；组内样本数 → 频率

分组	标记	频率
7～18	卌 |	6
19～30	卌 卌	10
31～42	卌 卌 |||	13
43～54	卌 |||	8
55～66	卌	5
67～78	卌 |	6
79～90	||	2
		$\sum f=50$

验证频率总和与样本总数是否相等

▶试一试 1

使用本章开篇处的达阵得分数据集构建一个频率分布。使用 8 个分组。

a. 确定分组数目。

b. 找到最小数据和最大数据，并确定分组宽度。

c. 确定每一组的上下限。

d. 为每一数据制作相符标记。

e. 得出每一组的频率。

在构建了频率分布以后，你可以让它再包含其他一些特性来使你对数据有一个更好的理解。以下特性（中点、相对频率以及每一组的累积频率）可以作为附加列包含在表格里。

定义

一个分组的**中点**（midpoint）就是这一分组的分组下限与分组上限加总除以 2。中点有时也称为分组标记。

中点＝(分组下限＋分组上限)/2

一个分组的**相对频率**（relative frequency）就是落在这一分组内的数据的百分比。要确定一个分组的相对频率，就要把频率 f 除以样本量 n。

相对频率＝分组频率/样本量＝f/n

一个分组的**累积频率**（cumulative frequency）就是这一分组及其之前所有分组的频率加总。最后一个分组的累积频率就是样本量 n。

找到第一个分组的中点后，可以通过将前一分组的中点加上分组宽度来得到其余分组的中点。举个例子，如果第一个分组的中点是 12.5，而分组宽度是 12，那么其他中点分别是

12.5＋12＝24.5

↓

24.5＋12＝36.5

↓

36.5＋12＝48.5

↓

48.5＋12＝60.5

如此重复。

你可以将相对频率写作分数、十进制，或百分比。所有分组的相对频率总和一定等于 1 或 100％。

例 2　寻找中点、相对频率以及累积频率

使用例 1 中构建的频率分布，寻找每一分组的中点、相对频率以及累积频率，并找出模式。

解答：

前三个分组的中点、相对频率、累积频率按以下方式计算：

分组	频率	中点	相对频率	累积频率
7～18	6	(7＋18)/2＝12.5	6/50＝0.12	6
19～30	10	(19＋30)/2＝24.5	10/50＝0.2	6＋10＝16
31～42	13	(31＋42)/2＝36.5	13/50＝0.26	16＋13＝29

其余的中点、相对频率、累积频率都在下面的频率分布中显示。

互联网使用情况（分钟数）的频率分布

在线时间 → 分组；组内样本数 → 频率；用户比例 → 相对频率

分组	频率	中点	相对频率	累积频率
7～18	6	12.5	0.12	6
19～30	10	24.5	0.2	16
31～42	13	36.5	0.26	29
43～54	8	48.5	0.16	37
55～66	5	60.5	0.1	42
67～78	6	72.5	0.12	48
79～90	2	84.5	0.04	50
	$\sum f=50$		$\sum \frac{f}{n}=1$	

解释：

在该数据集中有很多模式。例如，互联网使用者花费在网络上的最普遍的时间跨度是 31～42 分钟。

▶试一试 2

使用试一试 1 中构建的频率分布，寻找每一分组的中点、相对频率以及累积频率，并找出模式。

a. 使用公式找到每一个中点、相对频率、累积频率。

b. 计算相应的结果。

c. 描述数据集的模式。

2.1.2　频率分布图

有时，通过频率分布图更加容易确定数据集的模式。频率直方图就是这样一种分布图。

定义

频率直方图（frequency histogram）就是表现数据集的频率分布的条形图。一个频率直方图有以下几点性质：

1. 横坐标是定量的，并衡量数据值。
2. 纵坐标衡量每一分组的频率。
3. 连续的条形必须相连。

由于条形图的连续条形必须相连，因此条形必须从组边界而不是上下极限值开始和结束。**组边界**（class boundaries）就是分布于不同的组而没有形成间隔的数据的数量。你可以将横坐标设定为中点或者组边界。

例 3　**构建一个频率直方图**

为例 2 中的频率分布构建频率直方图，并说明所得出的模式。

解答：

首先找到组边界。第一组的上限与第二组的下限之间的距离是 19－18＝1。这个距离的一半就是 0.5。所以，第一组的下边界和上边界分别是：

第一组的下边界＝7－0.5＝6.5

第一组的上边界＝18＋0.5＝18.5

其他分组的边界在下图中显示。用分组的中点或组边界作为横坐标，并选择可能的频率值作为纵坐标，你可以构建如下直方图。

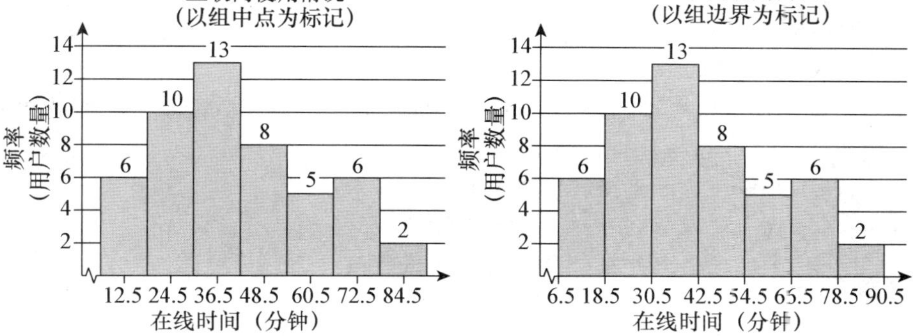

解释：

不管从哪一个直方图，你都可以看出超过一半的互联网使用者在最近的一次使用中花费了 19～54 分钟在互联网上。

▶试一试 3

使用试一试 1 中的频率分布构建一个频率直方图，这个频率直方图必须表现 1A 区橄榄球队达阵得分的数量，并描述其模式。

a. 寻找组边界。

b. 选择合适的横坐标和纵坐标。

c. 使用频率分布确定每一条形的高度。

d. 描述数据的模式。

另一种做出频率分布图的方式是频率折线图。**频率折线图**（frequency polygon）就是注重频率的连续变化的线图。

例 4　构建一个频率折线图

为例 2 中的频率分布制作频率折线图。

解答：

构建频率折线图时，使用与例 3 中以组中点为标记的直方图相同的横纵坐标。然后找出代表每一分组中点与频率的点，并从左到右按顺序连接这些点。因为折线图必须在横轴开始和结束，所以将左边延伸到离第一组中点一个分组宽度的位置，并将右边延伸到离最后一个组中点一个分组宽度的位置。

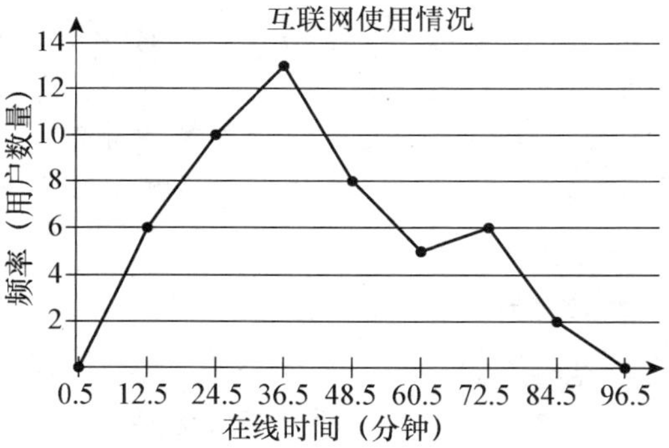

解释：

你可以看出互联网使用者每组的频率上升到 36.5 分钟这一点后开始下降。

▶试一试 4

使用试一试 1 中的频率分布构建频率折线图。这个频率折线图必须表现 1A 区橄榄球队达阵得分的数量，并描述其模式。

a. 选择合适的横坐标和纵坐标。

b. 找出表现每一组中点和频率的点。

c. 连接这些点并在必要时对两边进行延伸。

d. 描述数据的模式。

相对频率直方图（relative frequency histogram）与相对应的频率直方图具有相同的形状和横坐标。不同之处在于其纵坐标衡量的是相对频率而不是频率。

例 5 构建一个相对频率直方图

为例 2 中的频率分布构建一个相对频率直方图。

解答：

相对频率直方图如下图所示。这个直方图的形状与例 3 中所构建的频率直方图的形状是一样的。唯一的不同在于它的纵坐标衡量的是相对频率。

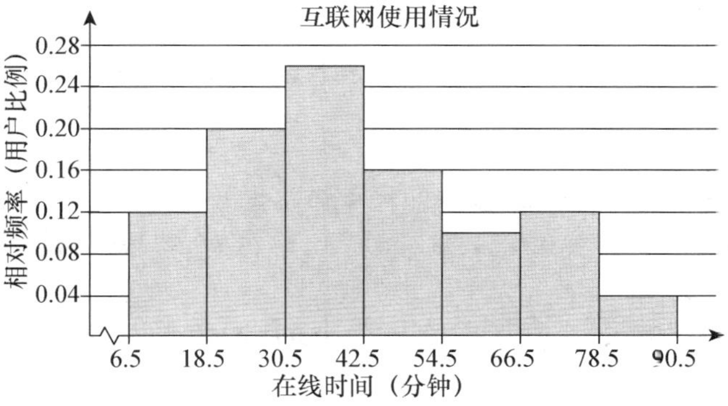

解释：

从上图中，你一眼就可以看出的信息是 0.2 或者 20% 的互联网使用者花费在互联网上的时间在 18.5～30.5 分钟之间。而这在频率直方图中是不明显的。

▶试一试 5

用试一试 1 中的频率分布构建相对频率直方图，这个相对频率直方图必须表现 1A 区橄榄球队达阵得分的数量。

a. 使用与频率直方图中一样的横坐标。

b. 修改纵坐标来反映相对频率。

c. 使用相对频率确定每一个条形的高度。

如果想要描述与某一确定数值相等或小于它的数值，你可以通过构建累积频率分布图来轻易地完成。

定义

累积频率分布图（cumulative frequency graph）就是在每一组的上边界表现每一组的累积频率的线图。上边界标记在横坐标轴上，而累积频率标记在纵坐标轴上。

指南

构建一个累积频率分布图

1. 构建一个包含累积频率的频率分布。

2. 指定其横纵坐标，横坐标由每一组的上边界组成，而纵坐标用来衡量累积频率。

3. 找出能够代表每组上边界及其相对应的累积频率的点。

4. 从左到右按顺序连接这些点。

5. 该图必须从第一组的下边界开始（累积频率为0），在最后一组的上边界结束（累积频率与样本量一致）。

例6 构建一个累积频率分布图

制作例2中频率分布的累积频率分布图。估计有多少互联网使用者在其最近一次使用中花费在网络上的时间少于等于60分钟。同样，用该图来估计什么时候使用量增加最大。

解答：

使用累积频率分布，你可以构建如下累积频率分布图，组上边界、频率以及累积频率如图所示。注意此图从6.5开始而在90.5结束，在6.5这点累积频率为0，而在90.5这点累积频率是50。

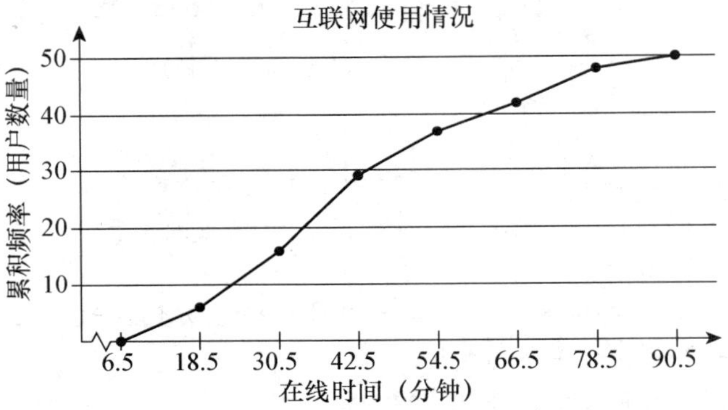

解释：

从这个累积频率分布图中，我们可以发现有大约40个互联网使用者在其最近一次使用中花费的时间少于等于60分钟。很明显最大的增长出现在30.5分钟与40.5分钟之间，因为这两点之间的线段斜率最大。

另一种类型的累积频率分布图使用百分比而不是频率作为纵坐标轴（见2.5节例5）。

▶试一试6

用试一试1中的频率分布构建累积频率分布图，这个累积频率分布图必须表现1A区橄榄球队达阵得分的数量，并估计得到少于等于44个达阵得分的球队数量。

a. 确定横纵坐标。

b. 找出代表组上边界和累积频率的点。

c. 作图。

d. 估计达阵得分少于等于44的球队数量。

e. 解释所得结果。

例 7　使用技术工具构建频率直方图

用计算器或计算机为例 2 中的频率分布构建一个频率直方图。

解答：

MINITAB，Excel，以及 TI-83/84 都有作直方图的功能，试着作出如下所示的频率直方图。

MINITAB

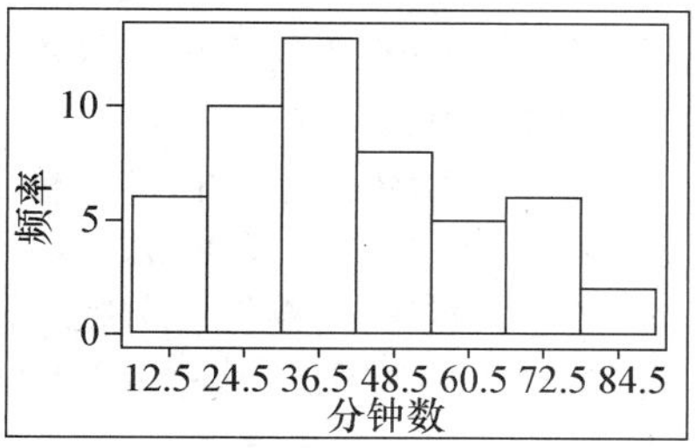

Excel

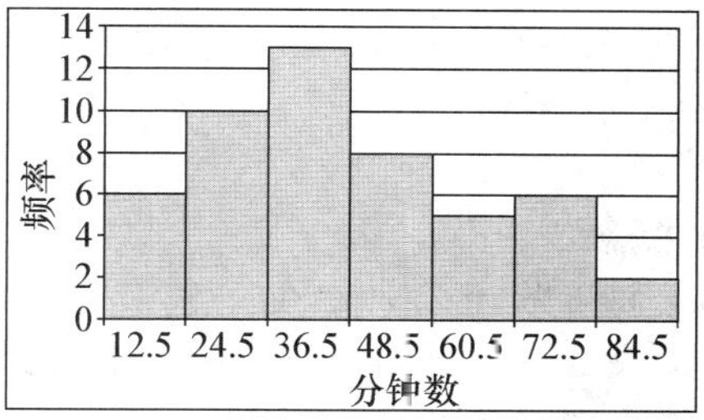

TI-83/84

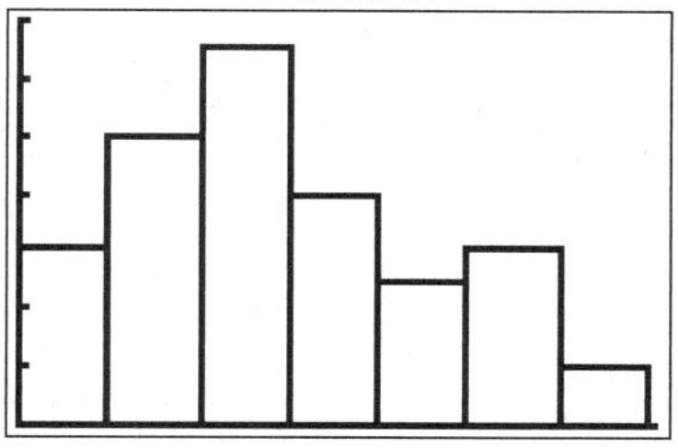

▶试一试 7

用计算器或计算机构建一个频率直方图，这个频率直方图必须表现出 1A 区橄榄球队达阵得分的数量。请使用 8 个分组。

a. 输入数据。

b. 构建直方图。

练习 2.1

□ 基础技能训练和术语

1. 使用频率分布来表现数据集有哪些好处？

3. 组极限与组边界之间有什么不同？

□ 应用和解释概念

构建频率分布　在习题 27 中，用所给出的分组数为数据集构建频率分布。在图中要包含中点、相对频率以及累积频率，并确定分别具有最大频率和最小频率的组。

27. **新闻阅读时间**

分组数：5

数据集：一天中用于阅读新闻的时间

7	39	13	9	25	8	22	0	2	18
2	30	7	35	12	15	8	6	5	29
0	11	39	16	15					

构建频率分布以及频率直方图　在习题 29 中，用所给出的分组数为数据集构建

频率分布和频率直方图，并描述其模式。

29. **销售情况**

分组数：6

数据集：7 月公司所有销售代表的销售情况

2 114 2 468 7 119 1 876 4 105
3 183 1 932 1 355 4 278 1 030
2 000 1 077 5 835 1 512 1 697
2 478 3 981 1 643 1 858 1 500
4 608 1 000

□ 扩展概念

43. **你会做什么** 你在一家银行工作，并且负责决定一台自动柜员机每天的现金存入量。你不想存入太多（安全起见），也不能存入太少（免得顾客取不到钱生气）。下面是一组每天取款情况的 30 天的记录。

72 84 61 76 104 76 86 92
80 88 98 76 97 82 84 67
70 81 82 89 74 73 86 81
85 78 82 80 91 83

a. 使用 8 个分组为数据集构建一个相对频率直方图。

b. 如果每天存入 9 000 美元，那么一个月有多大的可能会出现现金取完的情况，解释你的理由。

c. 如果希望出现现金取完情况的概率是 10%，那么你应该每天存入多少美元？解释你的理由。

45. **论述** 当一个频率直方图的分组数增加时，会发生什么情况？用下面所列出的数据和技术工具来作出分组数分别为 5，10，20 的频率直方图。哪一个图能够最好地表现数据？

2 7 3 2 11 3 15 8 4 9
10 13 9 7 11 10 1 2 12 5
6 4 2 9 15

2.2 更多图表

2.2.1 定量数据集图表

在 2.1 节，我们学习了显示定量数据集的一些传统作图方法。接下来我们将学习一种新的作图方法，这种方法称为**茎叶配对作图法**（stem-and-leaf plot）。茎叶配对作图法是**探索性数据分析**（exploratory data analysis）的好例子，它由约翰·杜克在 1977 年提出。

在茎叶配对作图法中，每一个数被分成**茎**（stem）（举个例子，条目最左边的数字）和**叶**（leaf）（举个例子，条目最右边的数字）。原先数据集中有多少条目，就必须有多少叶。茎叶图与直方图类似，但又具有自身的优点，即依然包含原始数据。它的另一个优点是提供了给数据排序的简单方法。

例 1 **构建一个茎叶图**

下面是一个大学宿舍一楼所有移动电话使用者上个月发送短信的数目。

155 159 144 129 105 145 126 116 130 114 122 112 112
142 126 118 118 108 122 121 109 140 126 119 113 117
118 109 109 119 139 139 122 78 133 126 123 145 121
134 124 119 132 133 124 129 112 126 148 147

解答：

数据是从最低 78 到最高 159，所以你应该使用的茎值是从 7 到 15。为了构建这个图，将这些茎值列在纵坐标左边。对于每一个数据，将叶值写在其茎值的右边。举个例子，数据 155 具有茎值 15 和叶值 5。由此产生的茎叶点将是无序的。为了得到有序的茎叶图，要将叶值重新按照从左到右依次递增的顺序排列一遍。包含一个说明以确定数据的价值是很重要的。

短信发送数量

说明：15 | 5=155

7	8
8	
9	
10	5 8 9 9 9
11	6 4 2 2 8 8 9 3 7 8 9 9 2
12	9 6 2 6 2 1 6 2 6 3 1 4 4 9 6
13	0 9 9 3 4 2 3
14	4 5 2 0 5 8 7
15	5 9

无序茎叶图

短信：发送数量

说明：15 | 5=155

7	8
8	
9	
10	5 8 9 9 9
11	2 2 2 3 4 6 7 8 8 8 9 9 9
12	1 1 2 2 2 3 4 4 6 6 6 6 6 9 9
13	0 2 3 3 4 9 9
14	0 2 4 5 5 7 8
15	5 9

有序茎叶图

解释：

从有序茎叶图中可以得出结论，超过 50％的移动电话用户发送短信数量在 110～130 条之间。

▶试一试 1

使用茎叶图来组织前述达阵得分数量。你能得出什么结论？

a. 列出所有可能的茎值。

b. 在茎值右边列出每一个数据的叶值，并包含说明。

c. 重写一遍，让叶值有序排列。

d. 得出结论并进行解释。

例 2　构建变异茎叶图

利用具有两行茎值的茎叶图表示例 1 中给出的数据。你能得出什么结论？

解答：

构建像例 1 中那样的茎叶图，不同的是现在要对每一个茎值写两遍。把叶值 0，1，2，3，4 写在茎值第一行，把 5，6，7，8，9 写在茎值第二行，从而重新构建如下所示的茎叶图。

短信发送数量（说明：15 | 5＝155）

茎	叶
7	
7	8
8	
8	
9	
9	
10	
10	5 8 9 9 9
11	4 2 2 3 2
11	6 8 8 9 7 8 9 9
12	2 2 1 2 3 1 4 4
12	9 6 6 6 6 9 6
13	0 3 4 2 3
13	9 9
14	4 2 0
14	5 5 8 7
15	
15	5 9

无序茎叶图

短信发送数量（说明：15 | 5＝155）

茎	叶
7	
7	8
8	
8	
9	
9	
10	
10	5 8 9 9 9
11	2 2 2 3 4
11	6 7 8 8 8 9 9 9
12	1 1 2 2 2 3 4 4
12	6 6 6 6 6 9 9
13	0 2 3 3 4
13	9 9
14	0 2 4
14	5 5 7 8
15	
15	5 9

有序茎叶图

解释：

从图中可以得出结论，大部分移动电话用户发送短信数量在 105～135 条之间。

▶试一试 2

使用双行茎值，将你在试一试 1 中构建的茎叶图重写一遍。

a. 把每一个茎值列两遍。

b. 使用适当的茎值顺序罗列所有的叶值。

你同样可以用散点图来为定性数据作图。在**散点图**（dot plot）中，每一个数据都用在横轴上的点来表示。就像茎叶图一样，散点图可以让你看见数据如何分布，确定特殊数据，以及确定不寻常数据的价值。

例 3　构建一个散点图

用散点图来组织例 1 中给出的短信发送数量。

155	159	144	129	105	145	126	116	130	114	122	112	112	142
126	118	118	108	122	121	109	140	126	119	113	117	118	109
109	119	139	139	122	78	133	126	123	145	121	134	124	119

132　123　124　129　112　126　148　147

解答：

由于每一个数据都包含在散点图中，因此横坐标轴要包含 70～160 的数。为了表示一个数，在横轴的相应位置画点。如果数据是重复的，就在原有点的上面再画一个点。

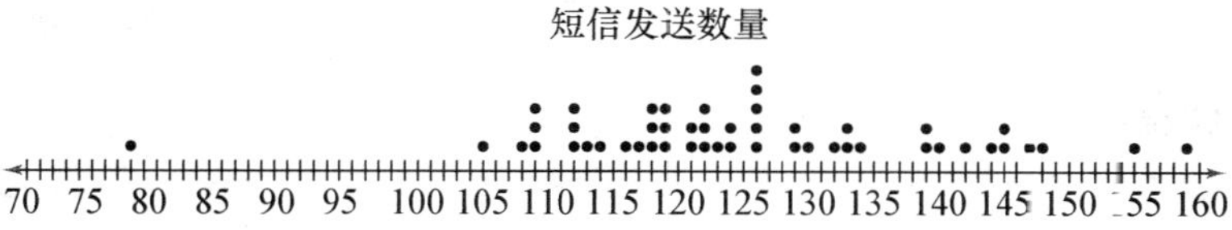

解释：

从散点图中我们可以看到，最集中的部分在 105～148 之间。频率最大点是 126，同样你也可以看出 78 是一个不寻常的点。

▶试一试 3

使用散点图来组织前述达阵得分数量。你能从图中得出什么结论？

a. 选择合适的横坐标轴。

b. 通过画点将每一个数据表现出来。

c. 描述数据的模式。

技术工具同样可以用来构建茎叶图和散点图。通过 MINITAB 为短信数量所作的散点图如下所示。

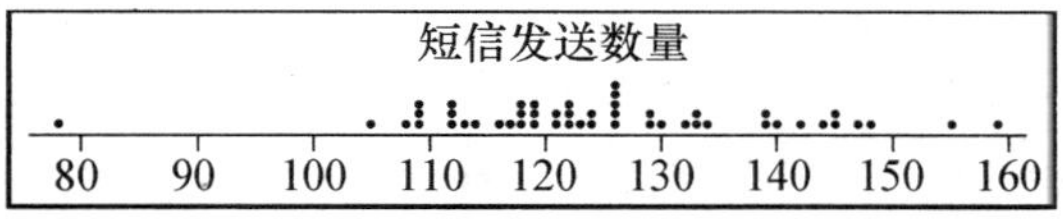

2.2.2　定性数据集图表

饼图提供了一种简便的方式来表现定性数据，以将其表现为总体的百分比。一个**饼图**（pie chart）就是将一个圆根据类别划分为几个部分。每一个部分的比例与其各自的频率是相对应的。许多情况下，你可以通过技术工具来构建或解释饼图。

例 4　　**构造饼图**

2005 年交通事故中丧生的司机和乘客数量列示如下。试用一个饼图来组织数据。你能得出什么结论？（资料来源：U. S. Department of Transportation，National Highway Traffic Safety Administration）

解答：

首先确定各个类别的相对频率或百分比。然后用与每一类别相对应的圆心角来构建饼图。为了确定圆心角，将 360°乘以每一类别的相对频率。举个例子，汽车的圆心角是 360°×0.49≈176°。

	频率	相对频率	圆心角
汽车	18 440	0.49	176°
卡车	13 778	0.37	133°
摩托车	4 553	0.12	43°
其他	823	0.02	7°

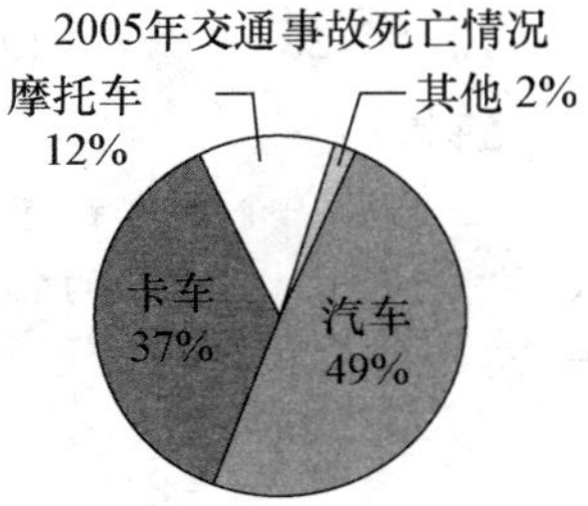

解释：

从饼图中我们可以看出，在交通事故中，最致命的是那些与汽车有关的交通事故。

▶试一试 4

1995 年交通事故中丧生的司机和乘客数量列示如下。试用饼图来组织这些数据，并将其与 2005 年的数据进行比较。（资料来源：U. S. Department of Transportation, National Highway Safety Administration）

1995 年交通事故死亡情况

车辆类型	死亡数
汽车	22 423
卡车	10 216
摩托车	2 227
其他	425

a. 确定所有类别的相对频率。

b. 使用圆心角确定每一个类别的相对比例。

c. 将其与 2005 年的数据进行比较。

另一种为定性数据作图的方法是帕累托图。**帕累托图**（Pareto chart）就是以每一个条形的高度来表现频率或相对频率的竖直条形图。条形要按高度从高到低排列，高度最高的条形在最左边。这样的排列顺序有助于强调最重要的数据。它在商业上使用频繁。

例 5　构建帕累托图

最近几年，零售业在存货缩水方面损失了近 4 100 万美元。存货缩水就是由于破损、盗窃等各种原因导致的存货损失。存货缩水的原因主要有管理失误（780 万美元）、员工盗窃（1 560 万美元）、高价买入（1 470 万美元）以及供应商欺诈（290 万美元）。如果你是一个零售商，你会认为主要是哪一种原因导致存货缩水的？（资料来源：National Retail Federation and Center for Retailing Education, University of Florida）

解答：

以频率为纵坐标轴，你可以构建如下帕累托图。

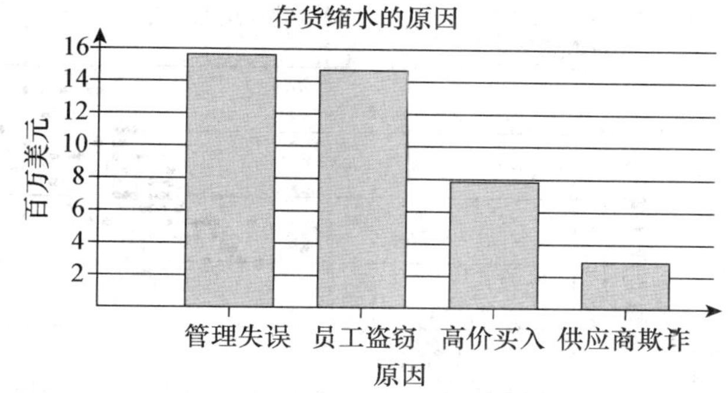

解释：

通过上图我们可以看出，首先要重视的存货缩水的原因是员工盗窃和高价买入。

▶试一试 5

北美商业改进局每年都接到顾客的很多投诉。最近一年，收到如下投诉：

- 7 792 次投诉关于家装公司；
- 5 733 次投诉关于电脑零售和服务店；
- 14 668 次投诉关于汽车经销商；
- 9 728 次投诉关于汽车修理商；
- 4 649 次投诉关于干洗店。

使用帕累托图组织这些数据，并找出哪方面的投诉是最多的。（资料来源：Council of Better Business Bureaus）

a. 确定每一个数据的频率或相对频率。

b. 根据频率或相对频率将条形按顺序排列。

c. 得出结论并进行解释。

2.2.3　配对数据集图表

当一个数据集中的每一个数据都对应于第二个数据集中的数据而存在时，这两个数据称为**配对数据集**（paired data sets）。举个例子，假设一个数据集包含一个项目的成本，而第二个数据集包含这个项目在不同成本情况下的销售金额。由于每一个成本都是与销售金额对应的，因此数据集是配对的。为配对数据集作图的一种方法是使用**散点图**（scatter plot），在散点图中有序对画在平面坐标上，它可以显示两个定量变量之间的联系。

例 6　　**解释散点图**

英国统计学家罗纳德·费雪（Ronald Fisher）提出了一种称为费雪的鸢尾数据集的著名数据集。这个数据集描述了不同的物理特征，比如第三类鸢尾花的花瓣长度和花瓣宽度。在如下所示的散点图中，花瓣长度来自第一个数据集，花瓣宽度来自第二个数据集。当花瓣长度增加时，对于花瓣宽度来说，发生了什么？（资料来源：Fisher，R. A.，1936）

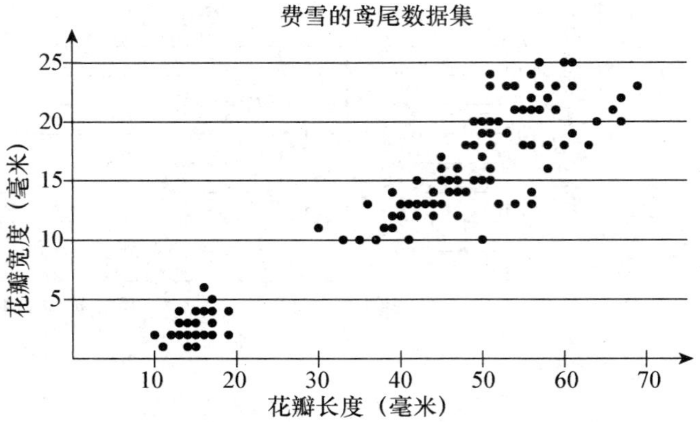

解答：

横坐标轴显示花瓣长度，纵坐标轴显示花瓣宽度。散点图中的每一个点代表了每一朵花的花瓣长度和花瓣宽度。

解释：

从散点图中我们可以看出，随着花瓣长度的增加，花瓣宽度也随之增加。

▶试一试 6

10 名员工的工龄和薪水列在下表中，使用散点图为其作图，你能得出什么结论？

工龄	薪水（美元）
5	32 000
4	32 500
8	40 000
4	27 350
2	25 000
10	43 000
7	41 650
6	39 225
9	45 100
3	28 000

a. 标记横纵坐标轴。

b. 为配对数据集中的数据画点。

c. 描述数据的模式。

在第 9 章中，我们将学习更多关于散点图以及分析散点图的知识。

由一段时期内固定间隔的时间组成的数据集称为**时间序列**（time series）。一个月内每天测量的降水量就是时间序列的例子。你可以用**时间序列图**（time series chart）来为时间序列作图。

例 7　构建时间序列图

下表列出了移动电话用户数量以及移动电话用户 1995—2005 年的每月平均账

单。为移动电话用户数量构建一个时间序列图。你能得出什么结论？（资料来源：Cellular Telecommunications & Internet Association）

年份	用户数量（百万）	每月平均账单（美元）
1995	33.8	51.00
1996	44.0	47.70
1997	55.3	42.78
1998	69.2	39.43
1999	86.0	41.24
2000	109.5	45.27
2001	128.4	47.37
2002	140.8	48.40
2003	158.7	49.91
2004	182.1	50.64
2005	207.9	49.98

解答：

用横坐标轴表示时间，用纵坐标轴表示用户数量，然后给配对数据画点，并用线段连接这些点。

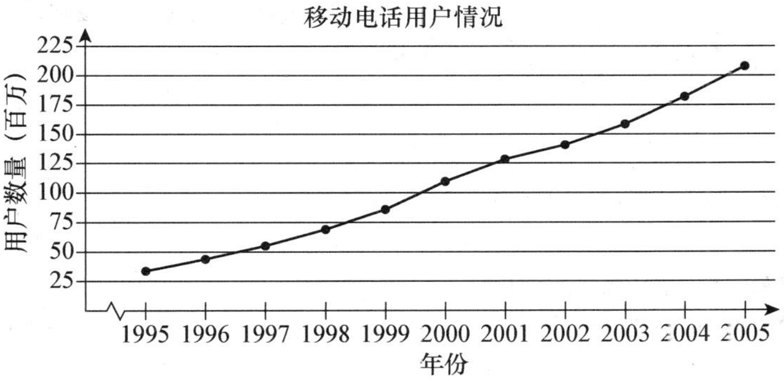

解释：

这个图显示了移动电话用户数量自 1995 年以来一直在增长，且在最近快速增长。

▶试一试 7

使用上表为 1995—2005 年移动电话用户每月平均账单作出时间序列图。你能得出什么结论？

a. 标记横纵坐标轴。

b. 为配对数据画图，并用线段连接这些点。

c. 描述数据的模式。

练习 2.2

□ 基础技能训练和术语

1. 写出表示定量数据的作图方法和表示定性数据的作图方法。

3. 在表现数据方面，茎叶图与散点图有什么相似之处？

□ 应用和解释概念

图表分析 在习题 13，15 中，你能得出什么结论？

13.

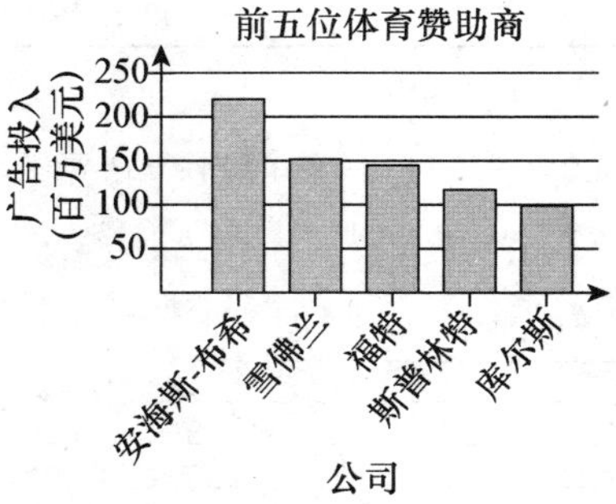

资料来源：Nielsen Media Research.

15.

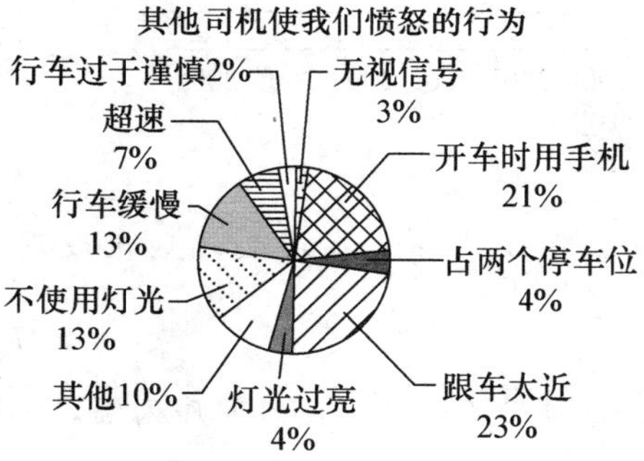

资料来源：Adapted from Reuters/Zogby.

□ 扩展概念

一个错误的图 在习题 33 中：

(a) 解释为什么图是错的。

(b) 重新作图使其正确。

33.

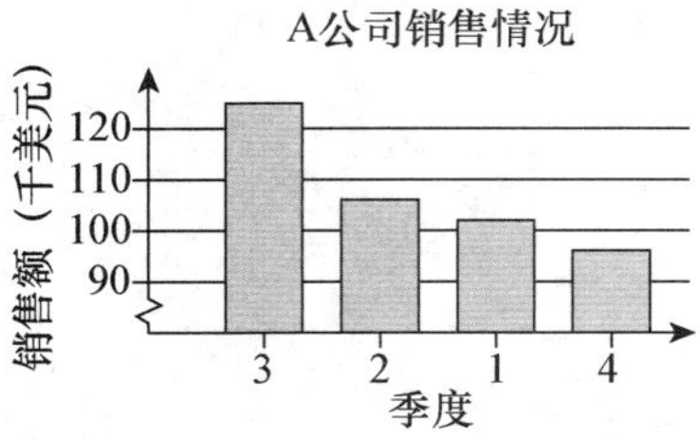

35. **律师事务所的薪水** **背靠背茎叶图**（back-to-back stem-and-leaf plot）通过对不同数据集使用相同的茎值来对两个数据集进行比较。第一个数据集的叶值排在一边，第二个数据集的叶值排在另一边。下面的背靠背茎叶图显示了两家小型律师事务所所有律师的薪水（千美元）。

律师事务所 A		律师事务所 B
5 0	9	0 3
8 5 2 2 2	10	5 7
9 9 7 0 0	11	0 0 5
1 1	12	0 3 3 5
	13	2 2 5 9
	14	1 3 3 3 9
	15	5 5 5 6
	16	4 9 9
9 9 5 1 0	17	1 2 5
5 5 5 2 1	18	9
9 9 8 7 5	19	0
3	20	

说明：5 | 19 | 0＝律师事务所 A 195 000 美元和律师事务所 B 190 000 美元

(a) 律师事务所 A 的最高薪水和最低薪水分别是多少？律师事务所 B 呢？

(b) 每家律师事务所拥有多少律师？

(c) 比较两家律师事务所律师薪水的分布，你注意到什么？

2.3　集中趋势的度量

2.3.1　均值、中位数和众数

在 2.1 节和 2.2 节，我们学习了关于定量数据的图形表示。在 2.3 节和 2.4 节，我们将学习怎样用描述中心和数据集变化的数据来对图表进行补充。

集中趋势的度量（measure of central tendency）就是表现数据集的典型和中心的值。最频繁使用的度量集中趋势的三个指标是均值、中位数以及众数。

定义

一个数据集的**均值**（mean）就是所有数据加总后再除以数据的数量所得到的值。可以使用下面的公式来确定均值。

总体均值：$\mu = \sum x/N$

样本均值：$\bar{x} = \sum x/n$

式中，小写希腊字母 μ 代表总体均值；$\bar{x}$ 代表样本均值；N 代表总体中的个体数目；n 代表样本中的个体数目；希腊字母 $\sum$ 表示数值的加总。

例 1　**确定样本均值**

下面是从伊利诺伊州芝加哥到墨西哥坎昆的往返机票价格（美元）的样本，请问机票价格的均值是多少？

872　432　397　427　388　782　397

解答：

所有机票价格的加总是

$$\sum x = 872 + 432 + 397 + 427 + 388 + 782 + 397 = 3\,695$$

为了求得均值，需要将加总得到的数再除以机票价格种数。

$$\bar{x} = \sum x/n = 3\,695/7 \approx 527.9$$

所以，所有机票价格的均值是 527.9 美元。

▶试一试 1

一个部门雇员的年龄如下所示。请问平均年龄是多少？

34　27　50　45　41　37　24　57　40　38　62　44　39　40

a. 对所有数据求总和。

b. 将总和除以雇员数。

c. 得出结论并进行解释。

定义

数据集的**中位数**（median）就是当数据集中的所有数据按顺序排列时处于最中间的数。中位数通过将数据集分为两个相等的部分来对数据集的中心进行衡量。如果数据集有奇数个数据，那么中位数就在数列的中心。如果数据集有偶数个数据，那么中位数就是两个中心数的平均值。

例 2 **确定中位数**

确定例 1 中机票价格的中位数。

解答：

要求中位数，首先需要对数据进行排列。

388　397　397　427　432　782　872

由于有 7 个数，因此中位数在第四位的中间位置。所以，机票价格的中位数是 427 美元。

▶试一试 2

一次摇滚音乐会的歌迷年龄如下所示，试求出中位数。

24　27　19　21　18　23　21　20　19　33　30　29　21　18　24　26　38
19　35　34　33　30　21　27　30

a. 对数据进行排序。

b. 确定中位数。

c. 得出结论并进行解释。

例 3 **确定中位数**

在例 2 中，432 美元的机票价格不再有效，那么请问剩余机票价格的中位数是多少？

解答：

将剩余机票的价格进行排序。

388，397，397，427，782，872

由于有 6 个数，因此中位数是中间两个数的平均值。

$$中位数=(397+427)/2=412$$

所以，剩余机票价格的中位数是 412 美元。

▶试一试 3

一部 MP3 播放器的价格如下所示。试确定其价格中位数。

80　250　200　150　270　140　70　100　130　160

a. 对数据进行排序。

b. 求出中间两个数的平均值。

c. 得出结论并进行解释。

定义

一个数据集的**众数**（mode）就是出现频率最大的数。如果没有哪一个数是重复的，那么这个数据集就没有众数。如果有两个数出现了同样的频率，那么这两个数都是众数，而这个数据集就称为**双峰数据集**（bimodal）。

例 4　　**确定众数**

在例 1 所给出的数据集中确定其众数。

解答：

将数据进行排列以帮助寻找众数。

388　397　397　427　432　782　872

从这个有序数据集中，可以看到数据 397 出现了两次，而其他数据都只出现了一次。所以，这个数据集的众数就是 397。

▶试一试 4

为一个小镇居民的年龄确定众数，数据如下。

25，5，18，12，60，44，24，22，2，7，15，39，58，53，36，42，
16，20，1，5，39，51，44，23，3，13，37，56，58，13，47，23，
1，17，39，13，24，0，39，10，41，1，48，17，18，3，72，20，3，
9，0，12，33，21，40，68，25，40，59，4，67，29，13，18，19，
13，16，41，19，26，68，49，5，26，49，26，45，41，19，49

a. 将数据进行排序。

b. 确定哪个数或哪些数出现频率最大。

c. 得出结论并进行解释。

例 5　　**确定众数**

在一次政治辩论会上，参会人员被询问他们支持哪一个政党，答案显示在下表中。试求所有答案的众数。

所支持政党	频率
民主党	34
共和党	56
其他	21
未回答	9

解答：

出现最大频率的回答是共和党。所以，共和党就是众数。

▶试一试 5

在一次调查中，美国公民被询问是否将会出现女总统。在所有回答中，171 个回答“是”，45 个回答“不是”，还有 24 个回答“我不知道”。所有回答中，哪一个是众数呢？

a. 确定出现频率最大的回答。

b. 得出结论并进行解释。

均值、中位数、众数都是描述数据集中的典型数据，各自都有优点和缺点。均值是比较可靠的，因为它将所有的数据都考虑了进去。但是，当数据集中出现离群数据时，均值就会受到影响。

定义

离群数据（outlier）就是那些与数据集中其他数据相差很远的数据。

一个数据集可能出现一个或更多的离群数据，导致分布出现**差距**（gaps）。从那些包含离群数据的数据集中所得出的结论往往是错误的。

例6　比较均值、中位数以及众数

找出如下所示的一个班级的学生年龄样本的均值、中位数、众数。哪一个集中趋势的度量指标能最好地描述数据集？该数据集中有没有离群数据？

一个班级的学生年龄						
20	20	20	20	20	20	21
21	21	21	22	22	22	23
23	23	23	24	24	65	

离群数据（65）

解答：

均值 $\bar{x}=\sum x/n=475/20\approx 23.8$（岁）

中位数 $=(21+22)/2=21.5$（岁）

众数：出现频率最大的数是20岁

解释：

均值把每一个数都考虑了进去，但是却受到了离群数据65的影响。中位数也把每一个数都考虑了进去，也受到了离群数据65的影响。在这种情况下，众数是存在的，但它并不能反映集中趋势。有时，使用一个图比较有利于决定哪一个集中趋势度量指标能够最好地描述数据集。直方图显示了数据的分布，以及均值、中位数、众数的位置。在这种情况下，显然中位数能够最好地描述数据集。

一个班级的学生年龄

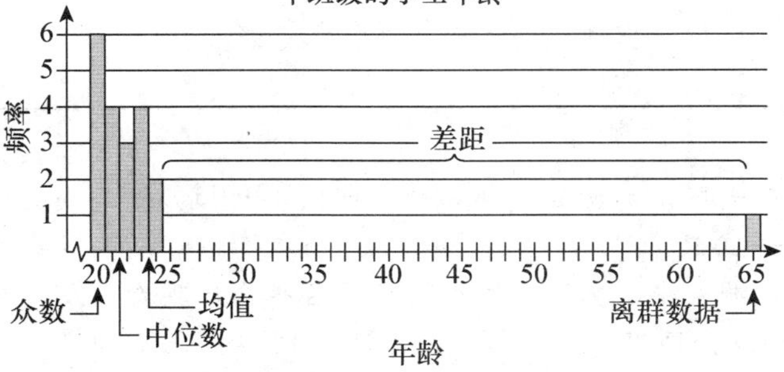

▶试一试6

把65从数据集中剔除。然后重新完成这个例子。离群数据的消失将会如何影响这些指标？

a. 找出均值、中位数、众数。

b. 将这几个集中趋势度量指标与例6中的进行比较。

2.3.2 加权均值和频率分布的均值

有时数据集包含一些数据，它们对均值的影响比其他数据要大。要找出这些数据，你必须先求出加权均值。

定义

加权均值（weighted mean）就是那些数据有不同权数的数据集的均值。加权均值的计算公式为

$$\bar{x}=\sum(x\cdot w)/\sum w$$

式中，w 是每一个数据 x 的权重。

例 7　**确定加权均值**

你在班上的成绩取决于以下五个方面：50%来自小测试，15%来自期中考试成绩，20%来自期末考试成绩，10%来自计算机实验作业，5%来自平时作业。你的成绩是 86（小测试平均分），96（期中考试成绩），82（期末考试成绩），98（计算机实习作业）以及 100（平时作业）。那么你的加权平均分是多少？如果等级 A 最低要求是 90 分，你能得到 A 吗？

解答：

首先在下表中组织分数和权重。

来源	分数 x	权重 w	xw
小测试平均分	86	0.50	43.0
期中考试成绩	96	0.15	14.4
期末考试成绩	82	0.20	16.4
计算机实习作业	98	0.10	9.8
平时作业	100	0.05	5.0
		$\sum w=1$	$\sum(x\cdot w)=88.6$

$$\bar{x}=\sum(x\cdot w)/\sum w=88.6/1=88.6$$

你这个学期的加权平均分是 88.6，所以不能得到 A。

▶试一试 7

你的期末考试成绩由于发生了判卷错误而由 82 变成了 98，那么这种情况下你的加权平均分是多少？

a. 将每一个分数乘以权重，并对其进行加总。

b. 求出加权平均分。

c. 得出结论并进行解释。

如果数据是通过频率分布显示的，那么你可以通过如下方法求得近似均值。

定义

一个样本的**频率分布的均值**（mean of a frequency distribution）可以用以下方式来近似：

$$\bar{x} = \sum(x \cdot f)/n$$

式中，x 和 f 分别是各个组的中点和频率；$n = \sum f$。

指南

确定频率分布的均值

文字描述	公式
1. 确定每一分组的中点。	x = (分组下限 + 分组上限)/2
2. 算出各个组中点和频率的加总。	$\sum(x \cdot f)$
3. 算出频率加总。	$n = \sum f$
4. 确定频率分布的均值。	$\bar{x} = \sum(x \cdot f)/n$

例 8　**确定频率分布的均值**

使用下表中的频率分布来近似求出互联网使用者最近一次上网时间的均值。

组中点 x	频率 f	$(x \cdot f)$
12.5	6	75.0
24.5	10	245.0
36.5	13	474.5
48.5	8	388.0
60.5	5	302.5
72.5	6	435.0
84.5	2	169.0
	$n=50$	$\sum = 2\,089.0$

解答：

$$\bar{x} = \sum(x \cdot f)/n = 2\,089/50 \approx 41.8$$

所以，花费在网络上的平均时间大约是 41.8 分钟。

▶试一试 8

使用频率分布来近似求出 1A 区所有橄榄球队达阵得分的均值。

a. 找出各个组的中点。

b. 算出各个组中点和频率的加总。

c. 算出频率加总。

d. 确定频率分布的均值。

2.3.3　分布的形状

一个图能够揭示频率分布的很多特点，其中之一就是分布的形状。

> **定义**
>
> 当频率分布的竖直线通过分布图的中间并且所得到的两边如同镜子内外那样相似时，该频率分布就是**对称**（symmetric）的。
>
> 当频率分布中的数据或分组有相等或近似的频率时，我们把它称为**均匀分布**（uniform or rectangular）。均匀分布同样是对称的。
>
> 如果一个频率分布的“尾巴”在一边比另一边伸长过多，我们把它称为偏斜的频率分布。如果它的“尾巴”延伸向左边，我们就称其为**左偏**（skewed left or negatively shewed）的。如果它的“尾巴”延伸向右边，那么就称其为**右偏**（skewed right or positively shewed）的。

当一个频率分布是对称的并且是单峰的，那么此时均值、中位数以及众数是一样的。如果一个频率分布是左偏的，那么此时均值小于中位数，并且中位数也往往小于众数。如果频率分布是右偏的，那么此时均值大于中位数，并且中位数也往往大于众数。经常出现的频率分布如下所示。

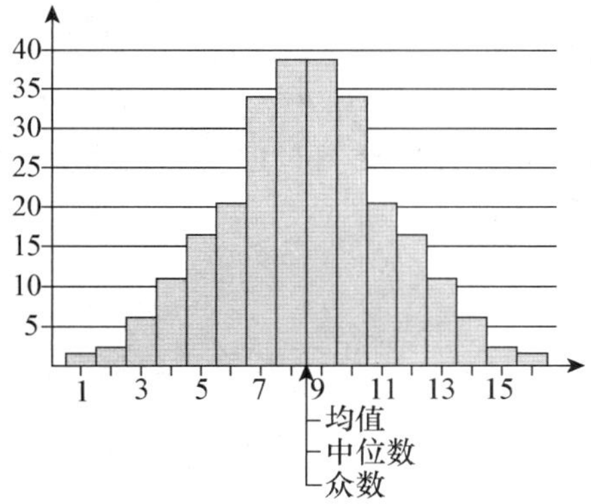

对称分布

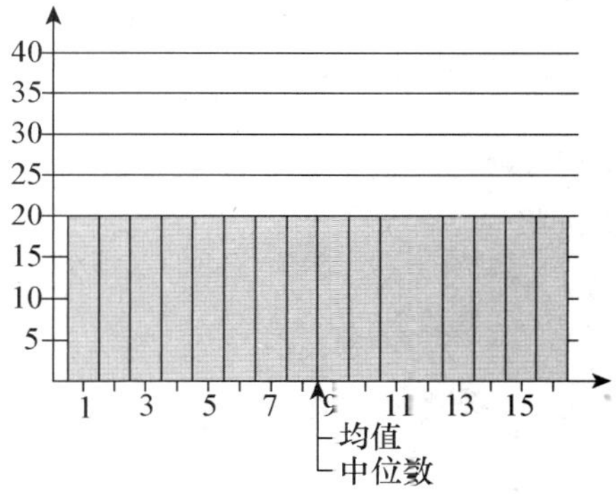

均匀分布

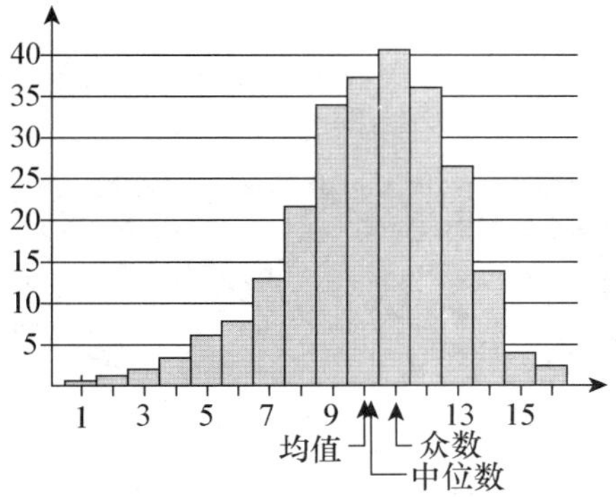

左偏分布

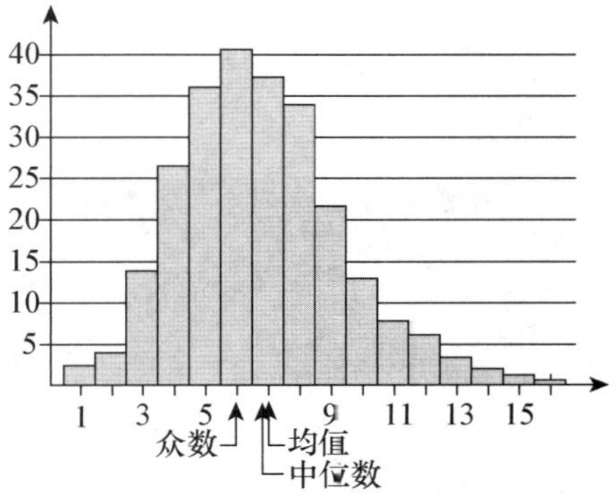

右偏分布

均值往往落在分布偏斜的方向。举个例子，当一个分布是左偏的，那么均值就在中位数的左边。

练习 2.3

基础技能训练和术语

判断 对于习题1，3，5，判断陈述是否正确，如果错误，请写出正确的陈述。

1. 均值是一个非常容易受一些特殊数据（离群数据）影响的集中趋势度量指标。

3. 一些定量数据集没有中位数。

5. 当每一个数据分组都有相同的频率时，这个频率分布是右偏的。

7. 构建一个均值不能作为数据集典型代表的数据集。

应用和解释概念

确定并讨论均值、中位数以及众数 在习题 17，19 中，如果可以的话，确定其均值、中位数、众数。如果有些无法找到部分指标或者某些指标无法代表数据的中心，请解释为什么。

17. **越野车** 13 辆越野车样本的最大座位数量如下：

6 6 9 9 6 5 5 5 7 5 5 5 8

19. **运动汽车** 7 种运动汽车从时速 0 加速到 60 公里所需要的时间（秒）如下：

3.7 4.0 4.8 4.8 4.8 4.8 5.1

扩展概念

57. **高尔夫** 高尔夫球场 9 个洞的距离（码）如下：

336 393 40 522 147 5 177 375 360

(a) 确定数据的均值和中位数。

(b) 将这些数据转换为英尺，然后重新完成第一步。

(c) 将你在（b）中所取得的结果与你在（a）中所取得的结果进行比较。你能发现什么？

(d) 使用你在（c）中的发现来解释当距离用英尺测量时如何快速求出均值和中位数。

2.4 变异性的度量

2.4.1 极差

在这一部分，你将会学到用不同的方法来测量数据集的变化。最简单的测量就是极差。

定义

数据集的**极差**（range）是指集合中最大数和最小数的差值。

极差＝最大数－最小数

例 1 求数据集的极差

两个公司分别雇用了 10 名毕业生。下表是每名毕业生的起薪。求出 A 公司起薪的极差。

A 公司的起薪（千美元）

薪水	41	38	39	45	47	41	44	41	37	42

B 公司的起薪（千美元）

薪水	40	23	41	50	49	32	41	29	52	58

解答：

为了找到最高薪水与最低薪水，将数据排序。

37　38　39　41　41　41　42　44　45　47

最低薪水 → 37；47 ← 最高薪水

极差＝最高薪水－最低薪水＝47－37＝10

所以 A 公司起薪的极差是 10，或者 10 000 美元。

▶试一试 1

a. 确定最高和最低的薪水。

b. 求极差。

c. 与例 1 对比一下答案。

2.4.2 偏差、方差和标准差

作为一种变异性度量，极差很容易计算。但是，它的不足是它的计算只用到了数据集中的两个元素。用到数据集中所有元素的两个变异性变量是方差和标准差。在了解这些变异性度量之前，你需要知道数据集中每个元素的偏差是什么。

定义

数据集中数 x 的**偏差**（deviation）就是这个数与均值 μ 的差。

x 的偏差$=x-\mu$

例 2　求数据集的偏差

求出例 1 中 A 公司每个起薪的偏差。

解答：

平均起薪 $\mu=415/10=41.5$。为了求出每个起薪与均值有多少偏差，从起薪中减去 41.5。例如，41 的偏差是 41－41.5＝0.5。

（41 为 x，41.5 为 μ）

下表列出了 A 公司起薪的偏差。

A 公司起薪的偏差

起薪 x（千美元）	偏差 $x-\mu$（千美元）
41	－0.5
38	－3.5
39	－2.5

续前表

起薪 x（千美元）	偏差 $x-\mu$（千美元）
45	3.5
47	5.5
41	−0.5
44	2.5
41	−0.5
37	−4.5
42	0.5
$\sum x = 415$	$\sum(x-\mu) = 0$

▶试一试 2

求出例 1 中 B 公司起薪的偏差。

a. 求出数据集的均值。

b. 从每个起薪中减去均值。

在例 2 中，我们注意到所有偏差的总和是 0 。所以对于任何数据集，求偏差的均值是没有意义的。为了克服这个问题，可以对每个偏差求平方。每个偏差的平方加总起来，称为**平方和**（sum of squares），记作 SS_x。在一个数据集中，偏差平方的均值称为**总体方差**（population variance）。

定义

含有 N 个数的数据集的**总体方差**（population variance）为：

$$总体方差 = \sigma^2 = \frac{\sum(x-\mu)^2}{N}$$

定义

含有 N 个数的数据集的总体方差的平方根称为**总体标准差**（population standard deviation）。

$$总体标准差 = \sigma = \sqrt{\sigma^2} = \sqrt{\frac{\sum(x-\mu)^2}{N}}$$

指南

求方差和标准差

文字描述	公式
1. 求数据集的均值。	$\mu = \frac{\sum x}{N}$
2. 求每个数的偏差。	$x-\mu$
3. 求偏差的平方。	$(x-\mu)^2$
4. 求偏差的平方和。	$SS_x = \sum(x-\mu)^2$

5. 除 N 得总体方差。

$$\sigma^2 = \frac{\sum (x-\mu)^2}{N}$$

6. 算出总体方差的平方根得标准差。

$$\sigma = \sqrt{\frac{\sum (x-\mu)^2}{N}}$$

例 3

求标准差

求出例 1 中 A 公司起薪的方差和标准差。

解答：

下表给出了计算 SS_x 的步骤。

A 公司起薪的平方和

起薪 x	偏差 $x-\mu$	方差 $(x-\mu)^2$
41	−0.5	0.25
38	−3.5	12.25
39	−2.5	6.25
45	3.5	12.25
47	5.5	30.25
41	−0.5	0.25
44	2.5	6.25
41	−0.5	0.25
37	−4.5	20.25
42	0.5	0.25
	$\sum = 0$	$SS_x = 88.5$

$$SS_x = 88.5 \quad N = 10 \quad \sigma^2 = \frac{88.5}{10} \quad \sigma = \sqrt{8.85} \approx 3.0$$

所以，方差大约是 8.9，标准差大约是 3.0。

▶试一试 3

求例 1 中 B 公司起薪的标准差。

a. 算出均值和偏差。

b. 将偏差求平方并相加得到平方和。

c. 除 N 得总体方差。

d. 算出总体方差的平方根。

e. 给出标准差。

定义

含有 n 个元素的数据集的**样本方差**（sample variance）和**样本标准差**（sample standard deviation）求法如下：

$$\text{样本方差} = s^2 = \frac{\sum (x-\bar{x})^2}{n-1}$$

$$\text{样本标准差} = s = \sqrt{s^2} = \sqrt{\frac{\sum (x-\bar{x})^2}{n-1}}$$

指南

求样本方差和样本标准差

文字描述	公式
1. 求样本的均值。	$\overline{x}=\dfrac{\sum x}{n}$
2. 求偏差。	$x-\overline{x}$
3. 求偏差的平方。	$(x-\overline{x})^2$
4. 求偏差的平方和。	$\sum (x-\overline{x})^2$
5. 除 $n-1$ 得样本方差。	$s^2=\dfrac{\sum (x-\overline{x})^2}{n-1}$
6. 开方得样本标准差。	$s=\sqrt{\dfrac{\sum (x-\overline{x})^2}{n-1}}$

例 4　求样本标准差

例 1 中给出的起薪来自 A 公司的芝加哥分公司和 B 公司的芝加哥分公司，每个公司还有几个其他分支。你打算用芝加哥分公司的起薪来估计更多人的薪水。求出 A 公司的芝加哥分公司起薪的样本标准差。

解答：

$$SS_x=88.5 \quad n=10 \quad s^2=\frac{88.5}{9}\approx 9.8 \quad s=\sqrt{\frac{88.5}{9}}\approx 3.1$$

所以，样本方差大约是 9.8，样本标准差大约是 3.1。

▶试一试 4

求出 B 公司的芝加哥分公司起薪的样本标准差。

a. 求出平方和。

b. 除 $n-1$ 得样本方差。

c. 求出平方根得样本标准差。

例 5　通过技术工具求标准差

迈阿密中心商业区的办公室租金如下表所示。用计算器或者计算机求出样本均值和样本标准差。（资料来源：Adapted from Cushman & Wakefield Inc.）

办公室租金（美元/年·平方英尺）		
35.00	33.50	37.00
23.75	26.50	31.25
36.50	40.00	32.00
39.25	37.50	34.75
37.75	37.25	36.25
27.00	35.75	26.00

续前表

办公室租金（美元/年・平方英尺）		
37.00	29.00	40.50
24.50	33.00	38.00

解答：

MINITAB，Excel 和 TI-83/84 都能计算样本均值和样本标准差。试着使用这些技术工具来求出样本均值和样本标准差。

MINITAB

Descriptive Statistics

Variable	N	Mean	Median	TrMean	StDev
Rental Rates	24	33.73	35.38	33.88	5.09

Variable	SE Mean	Minimum	Maximum	Q1	Q3
Rental Rates	1.04	23.75	40.50	29.56	37.44

EXCEL

	A	B
1	Mean	33.72917
2	Standard Error	1.038864
3	Median	35.375
4	Mode	37
5	Standard Deviation	5.089373
6	Sample Variance	25.90172
7	Kurtosis	−0.74282
8	Skewness	−0.70345
9	Range	16.75
10	Minimum	23.75
11	Maximum	40.5
12	Sum	809.5
13	Count	24

TI-83/84

1-Var Stats

$\bar{x}$=33.72916667

Σx=809.5

Σx^2=27899.5

Sx=5.089373342

σx=4.982216639

n=24

▶试一试 5

西雅图中心商业区的办公室租金如下。用计算器或者计算机求出样本均值和样本标准差。（资料来源：Adapted from Cushman & Wakefield Inc.）

40.00	43.00	46.00	40.50	35.75	39.75	32.75
36.75	35.75	38.75	38.75	36.75	38.75	39.00
29.00	35.00	42.75	32.75	40.75	35.25	

a. 输入数据。

b. 计算样本均值和样本标准差。

2.4.3 推断标准差

计算标准差时需要注意，它是传统意义上计算一个数字与均值差别的方法。数据分布得越广泛，标准差越大。

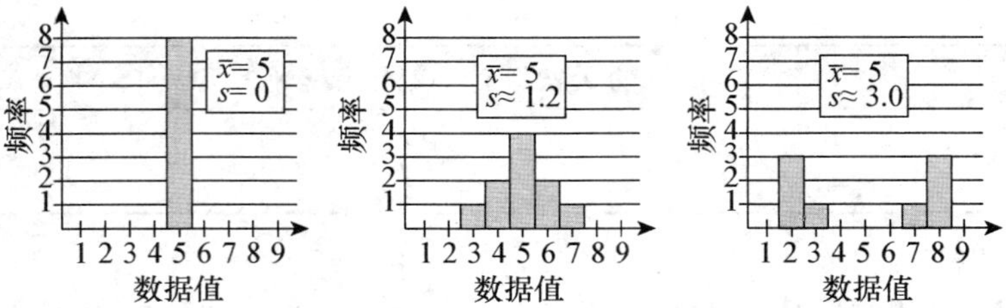

例 6　估算标准差

不用计算器，估算下列数据集的标准差。

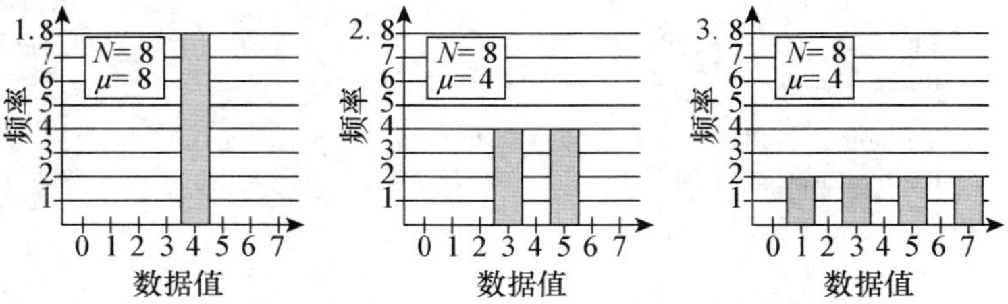

解答：

1. 8 个数都是 4，所以差别为 0，意思是 $\sigma=0$。

2. 8 个数的差别是±1，所以标准差应该是 1 。通过计算得 $\sigma=1$。

3. 8 个数的差别是±1 或者±3，所以标准差应该大约是 2 。通过计算得 $\sigma\approx2.4$。

▶试一试 6

写出一个有 10 个数的数据集，均值是 10，标准差大约是 3。

a. 先写出一个有 5 个数的数据集，其中有 3 个小于 10；再写出一个有 5 个数的数据集，其中有 3 个大于 10。

b. 计算标准差，检查 σ 是否接近 3。

现实生活中的很多数据分布基本都是铃形对称的。随后我们将详细学习这些分布。但是，接下来我们将学习的经验法则会让你知道标准差作为一种测量差异的方法是多么有价值。

美国20~29岁女性的身高

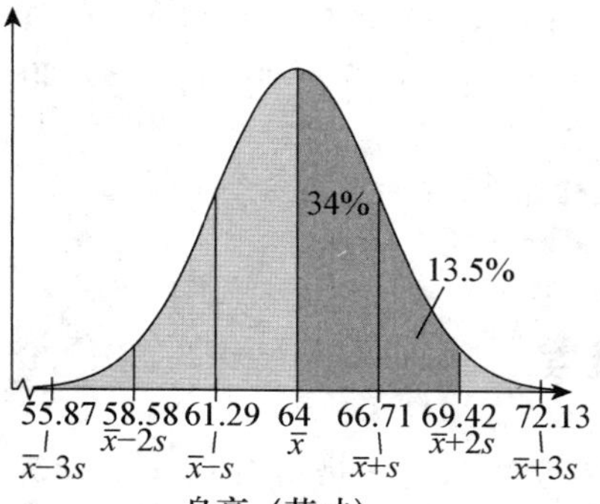

身高（英寸）

经验法则（或者 68—95—99.7 法则）

对于铃形分布，标准差有以下特点：

1. 大约 68%的数据分布在与均值相差一个单位标准差内。
2. 大约 95%的数据分布在与均值相差两个单位标准差内。
3. 大约 99.7%的数据分布在与均值相差三个单位标准差为。

例 7 使用经验法则

国家健康统计中心进行了一项统计，样本中美国 20～29 岁女性的平均身高是 64 英寸，标准差为 2.71 英寸。估计身高在 64～69.42 英寸之间的女性所占的比例。

解答：

女性身高的分布如下图所示。因为分布是铃形的，可以使用经验法则。平均身高是 64 英寸，加上两个标准差，可以得到

$$\bar{x}+2s=64+2(2.71)=69.42$$

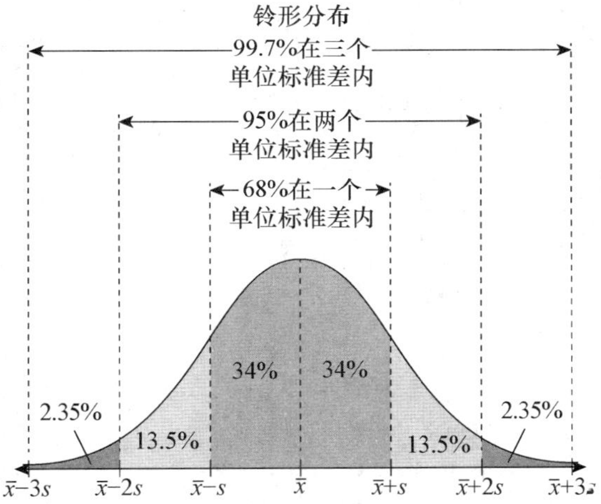

因为 69.42 比均值多两个单位标准差，身高在 64～69.42 英寸之间的女性占比是 34%＋13.5%＝47.5%。

解释：

47.5%的女性身高在 64～69.42 英寸之间。

▶试一试 7

估计身高在 61.29～64 英寸之间的女性比例。

a. 计算 61.29 和 64 之间有多少单位标准差。

b. 用经验法则来估计 $\bar{x}-s$ 和 $\bar{x}$ 之间的数据占多大比例。

c. 得出结论并进行解释。

经验法则只适用于铃形分布。如果分布不是铃形的，或者不知道分布的形状，该怎么办？下面给出的定理适用于所有不平均分布的数据。它是以我罗斯统计学家切比雪夫的名字命名的。

切比雪夫定理

与均值相差 k 个单位标准差的数字所占的比例至少是 $1-\frac{1}{k^2}$。

- $k=2$：在任何数据集中至少 $1-\frac{1}{2^2}$（75%）的数据位于与均值相差两个单位标准差内。
- $k=3$：在任何数据集中至少 $1-\frac{1}{3^2}$（88.9%）的数据位于与均值相差三个单位标准差内。

例 8

使用切比雪夫定理

阿拉斯加和佛罗里达的年龄分布如下图所示，请确定哪个是阿拉斯加，哪个是佛罗里达。令 $k=2$，将切比雪夫定理应用到佛罗里达的数据中，能得到什么？

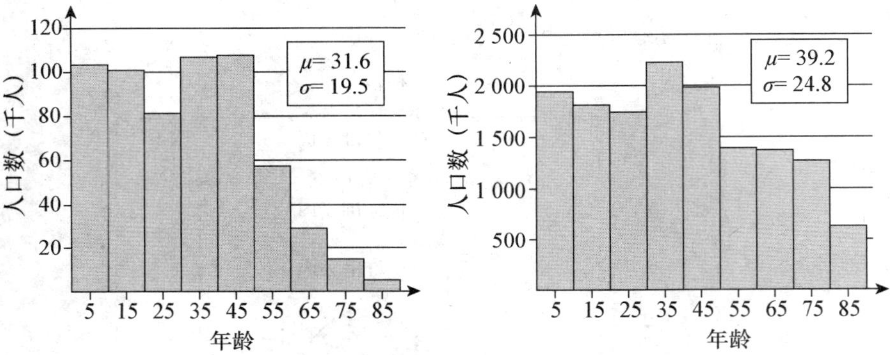

解答：

右边的柱状图是佛罗里达的年龄分布。这样判断是因为人口更多、更老。将左边的均值减掉两个单位标准差会降到 0 以下，因为 $\mu-2\sigma=39.2-2\times24.8=-10.4$。将右边的均值加上两个单位标准差为 $\mu+2\sigma=39.2+2\times24.8=88.8$。根据切比雪夫定理，可以说至少 75% 的佛罗里达人年龄在 0～88.8 岁之间。

▶试一试 8

令 $k=2$，将切比雪夫定理应用到阿拉斯加的数据中。

a. 从均值中减掉两个单位标准差。

b. 给均值加上两个单位标准差。

c. $k=2$ 时应用切比雪夫定理得出结论并进行解释。

2.4.4 数据集的标准差

在 2.1 节中我们学到，大型数据集最好用频率分布来表示。用于频率分布的样本标准差的方程是：

$$\text{样本标准差}=s=\sqrt{\frac{\sum(x-\bar{x})^2 f}{n-1}}$$

式中，$n=\sum f$，是数据集中数据的个数。

例 9　求数据集的标准差

从一个地区的住户中随机挑选一些家庭作为样本。其家中孩子的数量如下表所示。求样本均值和样本标准差。

50 个家庭的孩子数量				
1	3	1	1	1
1	2	2	1	0
1	1	0	0	0
1	5	0	3	6
3	0	3	1	1
1	1	6	0	1
3	6	6	1	2
2	3	0	1	1
4	1	1	2	2
0	3	0	2	4

解答：

这些数据可以看做 50 个单独的数字，可以用公式求均值和标准差。不过由于有很多重复的数字，用频率分布更容易。

x	f	xf
0	10	0
1	19	19
2	7	14
3	7	21
4	2	8
5	1	5
6	4	24
	$\sum=50$	$\sum=91$

$x-\bar{x}$	$(x-\bar{x})^2$	$(x-\bar{x})^2f$
−1.8	3.24	32.40
−0.8	0.64	12.16
0.2	0.04	0.08
1.2	1.44	10.08
2.2	4.84	9.68
3.2	10.24	10.24
4.2	17.64	70.56
		$\sum=145.40$

$$\bar{x}=\frac{\sum xf}{n}=\frac{91}{50}\approx 1.8$$

用平方和来求样本标准差。

$$s=\sqrt{\frac{\sum(x-\bar{x})^2f}{n-1}}=\sqrt{\frac{145.4}{49}}\approx 1.7$$

所以，样本均值是 1.8 个孩子，标准差是 1.7 个孩子。

▶试一试 9

将数据集中 3 个 6 改成 3 个 4。这个变化将会怎样影响样本均值和样本标准差？

a. 写出频率分布的前三列数字。
b. 求出样本均值。
c. 完成频率分布的后三列数字。
d. 求出样本标准差。

当一个频率分布有等级时，你可以使用每一级的中点来估计样本均值和样本标准差。

例 10 使用等级的中点

下图是一项调查的结果，即关于 100 个成年人每年用于旅游的花费。做一个数据频率分布，然后估计样本均值和样本标准差。（资料来源：Adapted from Travel Industry Association of America）

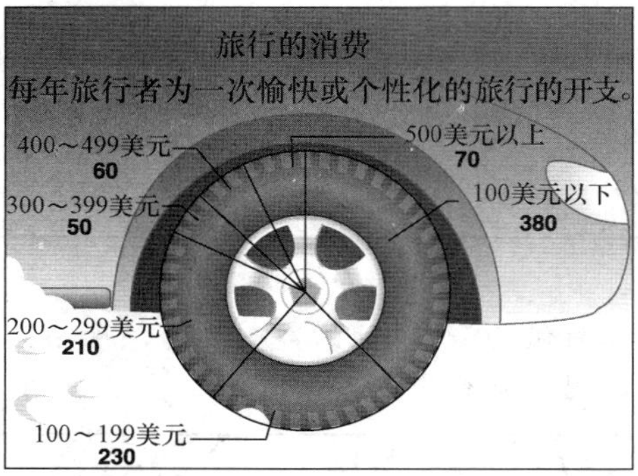

解答：

使用频率分布组织整理数据。

分组	x	f	xf
0～99	49.5	380	18 810
100～199	149.5	230	34 385
200～299	249.5	210	52 395
300～399	349.5	50	17 475
400～499	449.5	60	26 970
500+	599.5	70	41 965
		$\sum = 1\,000$	$\sum = 192\,000$

$x-\bar{x}$	$(x-\bar{x})^2$	$(x-\bar{x})^2 f$
−142.5	20 306.25	7 716 375.0
−42.5	1 806.25	415 437.5
57.5	3 306.25	694 312.5
157.5	24 806.25	1 240 312.5
257.5	66 306.25	3 978 375.0
407.5	166 056.25	11 623 937.5
		$\sum = 25\,668\,750.0$

$$\bar{x} = \frac{\sum xf}{n} = \frac{192\,000}{1\,000} = 192$$

用平方和来求样本标准差。

$$s = \sqrt{\frac{\sum (x-\bar{x})^2 f}{n-1}} = \sqrt{\frac{25\,668\,750}{999}} \approx 160.3$$

所以，样本均值是每年 192 美元，样本标准差大约是每年 160.3 美元。

▶试一试 10

在频率分布中，599.5 代表 500 美元这一级或者更多。如果用 650 代表这一级，那么均值和标准差会有什么变化？

a. 写出频率分布的前四列数字。

b. 求出样本均值。

c. 完成频率分布的后三列数字。

d. 求出样本标准差。

练习 2.4

□ 基础技能训练和术语

在习题 1 中，求总体数据集的极差、均值、方差和标准差。

1. 12　9　7　5　7　8　10　4　11　6

在习题 3 中，求样本数据集的极差、均值、方差和标准差。

3. 17　8　13　18　15　9　10　11　6

□ 应用和解释概念

13. **图表推理**　两个数据集的均值都是 165 。一个的标准差是 16，另一个的标准差是 24，进行区分并解释原因。

(a) 茎	叶	(b) 茎	叶
12	8 9　说明：12|8=128	12	
13	5 5 8	13	1
14	1 2	14	2 3 5
15	0 0 6 7	15	0 4 5 6 8
16	4 5 9	16	1 1 2 3 3 3
17	1 3 6 8	17	1 5 8 8
18	0 8 9	18	2 3 4 5
19	6	19	0 2
20	3	20	

15. **论述**　描述总体标准差和样本标准差的区别。

□ 扩展概念

45. **变异系数**　**变异系数**（coefficient of variation）描述了作为均值百分比的标准差。因为没有单位，所以可以比较不同单位数据的变异系数。

$$CV=\frac{标准差}{均值}\times 100\%$$

下表列出了一支篮球队队员的身高和体重。求每个数据集的变异系数。你能得出什么结论？

身高	体重
72	180
74	168
68	225
76	201
74	189
69	192
72	197
79	162
70	174
69	171
77	185
73	210

47. **缩放数据**　一个公司中雇员的样本年薪如下所示：

42　36　48　51　39　39　42　36　48
33　39　42　45

(a) 求出样本均值和样本标准差。

(b) 样本中每个员工获得 5% 的加薪，求出修改后数据集的样本均值和样本标准差。

(c) 为了计算月薪，将每个原始薪水除以 12。求出样本均值和样本标准差。

(d) 从 (a)，(b)，(c) 中可以推出什么结论？

2.5　位置的测量

2.5.1　四分位数

在这一部分，我们将学习怎样使用分位数确定数据集中某个数的位置。**分位数**（fractiles）将数据集分成均等的部分。例如，中位数就将一个数据集分成均等的两部分。

定义

三个**四分位数**（quartiles），Q_1，Q_2，Q_3，把一个数据集分成均等的四份，大约 1/4 的数小于 Q_1，大约一半的数小于 Q_2（第二个四分位数和数据集的中位数一样），大约 3/4 的数小于 Q_3。

例 1　求数据集的四分位数

进入 CPR 训练课程的 15 位雇员的考试分数如下。求出 Q_1，Q_2 和 Q_3。

13　9　18　15　14　21　7　10　11　20　5　18　37　16　17

解答：

首先，数一下数据个数，找出中位数 Q_2。一找到 Q_2，就能将数据集分成两半。Q_1 和 Q_3 分别是前半部分和后半部分的中位数。

前半部分：5　7　9　10　11　13　14

15

后半部分：16　17　18　18　20　21　37

Q_1 = 10，Q_2 = 15，Q_3 = 18

解释：

大约 1/4 的雇员得 10 分或更少，一半得 15 分或更少，3/4 得 18 分或更少。

▶试一试 1

本章开篇部分列出了 1A 区橄榄球队达阵得分的数据，求出 Q_1，Q_2 和 Q_3。

a.　排列数据。

b.　求出中位数 Q_2。

c.　求出 Q_1 和 Q_3。

例 2　使用技术工具求四分位数

25 家文学艺术学院的学费（千美元）如下。用计算器或者计算机求 Q_1，Q_2 和 Q_3。

23　25　30　24　20　22　21　15　25　23　30　25　30　20　23　29　20
19　22　23　29　23　28　22　28

解答：

MINITAB，Excel 和 *TI*-83/84 都能计算四分位数。试着使用这些技术工具来求

出学费的 Q_1，Q_2 和 Q_3。由下图可知，$Q_1=21.5$，$Q_2=23$，$Q_3=28$。

MINITAB

Descriptive Statistics

Variable	N	Mean	SE Mean	TrMean	StDev
Tuition	25	23.960	0.788	24.087	3.942

Variable	Minimum	Q1	Median	Q3	Maximum
Tuition	15.000	21.500	23.000	28.000	30.000

EXCEL

	A	B	C	D
1	23			
2	25		Quartile(A1:A25,1)	
3	30		22	
4	23			
5	20		Quartile(A1:A25,2)	
6	22		23	
7	21			
8	15		Quartile(A1:A25,3)	
9	25		28	
10	24			
11	30			
12	25			
13	30			
14	20			
15	23			
16	29			
17	20			
18	19			
19	22			
20	23			
21	29			
22	23			
23	28			
24	22			
25	28			

TI-83/84

1-Var Stats
↑n=25
minX=15
Q_1=21.5
Med=23
Q_3=28
maxX=30

解释：

1/4 的学院学费为 21 500 美元或更少，一半的学院学费为 23 000 美元或更少，大约 3/4 的学院学费为 28 000 美元或更少。

▶试一试 2

25 所大学的学费如下。用计算器或者计算机求出 Q_1，Q_2 和 Q_3。

20　26　28　25　31　14　23　15　12　26　29　24　31　19　31　17　15
17　20　31　32　16　21　22　28

a. 输入数据。

b. 计算 Q_1，Q_2 和 Q_3。

c. 可以得出什么结论？

求出数据集的四分位数后，可以求数据集的四分位数间距。

定义

一个数据集的**四分位数间距**（interquartile range，IQR）是 Q_3 和 Q_1 的差。

四分位数间距(IQR)$=Q_3-Q_1$

例 3

求四分位数间距

求例 1 中所给的 15 个测试分数的四分位数间距。可以得出什么结论？

解答：

从例 1 中可以知道，$Q_1=10$ 和 $Q_3=18$，所以四分位数间距是

$$\text{IQR}=Q_3-Q_1=18-10=8$$

解释：

在数据集中间部分的得分变化最多是 8 分。

▶试一试 3

利用 1A 区橄榄球队达阵得分的数据，求出四分位数间距。

a. 求出 Q_1 和 Q_3。

b. 用 Q_3 减 Q_1。

c. 得出结论。

四分位数间距是一种测量变化的方法，告诉我们中间 50%的数变化多少。它还可以用来判定离群数。任何数据如果在 Q_1 左边超过 1.5 个四分位数间距或者在 Q_3 右边超过 1.5 个四分位数间距就认为是离群数。例如，在例 1 中四分位数间距是$18-10=8$，所以，Q_3 右边 1.5 个四分位数间距就是 $Q_3+1.5\times8=18+12=30$。因为 $37>30$，37 是离群数。

另一个四分位数的重要应用是用箱形图展示数据集。**箱形图**（box-and-whisker plot）是一种探索性数据分析的工具，它强调数据集的重要特点。为了画一个箱形图，需要了解以下内容：

1. 最小数。
2. 第三个四分位数 Q_3。
3. 第一个四分位数 Q_1。
4. 最大数。
5. 中位数 Q_2。

这五个数字称为数据集的**五数总结**（five-number summary）。

指南

画箱形图

1. 求出数据集的五数总结。
2. 建一个水平轴扩展数据集的范围。
3. 在水平轴上列出五个数字。
4. 在 Q_1 和 Q_3 之间的水平轴上画一个方框，并在框中 Q_2 处画一条垂直的线。
5. 从箱子到最大数和最小数画须。

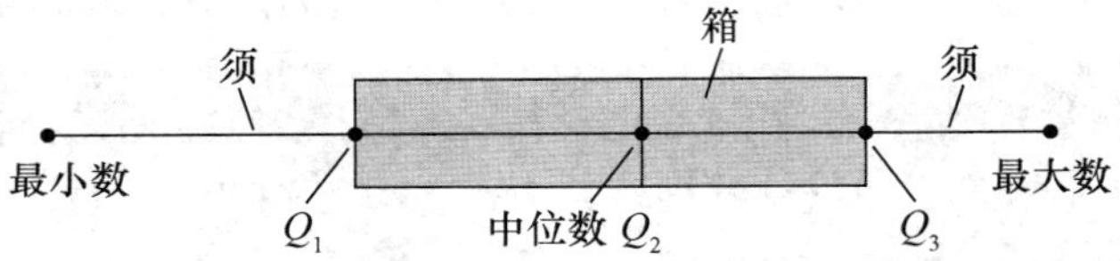

例 4　**画箱形图**

画一个箱形图代表例 1 中给出的 15 个分数。你可以得出什么结论?

解答:

测试分数的五数总结如下。用这五个数字，可以画出如下的箱形图。

最小数＝15　Q_1＝10　Q_2＝15　Q_3＝18　最大数＝37

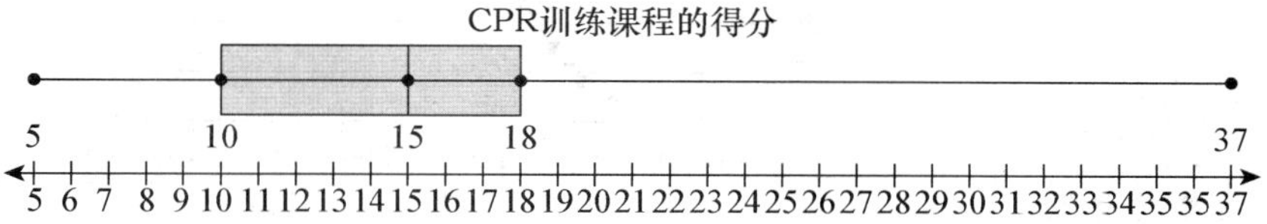

解释:

可以得出如下结论：一半得分都在 10～18 之间；通过观察右边须的长度，你也可以推出 37 可能是个离群数。

▶试一试 4

画一个箱形图代表 1A 区橄榄球队达阵得分的情况。

a. 求出数据集的五数总结。

b. 建一个水平轴并在上面列出五个数。

c. 画一个方框、一条竖线和须。

d. 得出结论。

2.5.2　百分位数和其他分位数

除了用四分位数来确定位置，也可以用百分位数和十分位数。分位数可以总结如下：

分位数	总结	符号
四分位数	将集合分成 4 等份	Q_1，Q_2，Q_3
十分位数	将集合分成 10 等份	D_1，D_2，D_3，…，D_9
百分位数	将集合分成 100 等份	P_1，P_2，P_3，…，P_{99}

百分位数经常用于教育和健康相关领域，以将一个组的一个人与其他人进行对比。它也可以用来鉴定非常高或者非常低的数值。例如，考试的分数和孩子的身高经常用百分位数表示。第 95 个百分位数及其以上的数据非常高，而第 5 个百分位数及其以下的数据非常低。

例 5　**推出百分位数**

下图代表了最近一年适龄学生大学入学考试（SAT）累积得分的频率分布。哪个分数代表了第 72 个百分位数？你是怎样推出的？（资料来源：*College Board Online*）

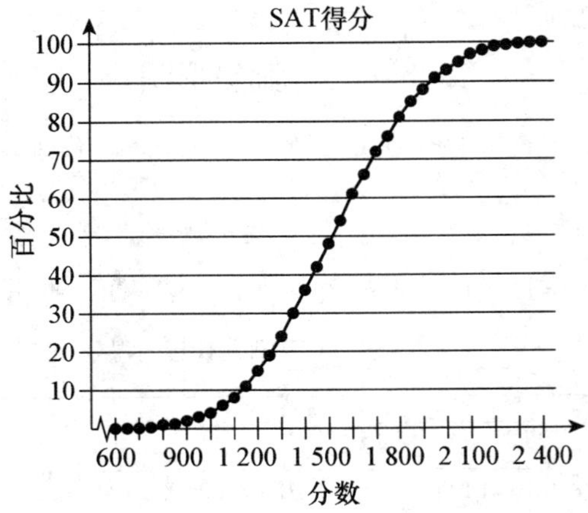

解答：

从图中可以看出，第 72 个百分位数对应 1 700。

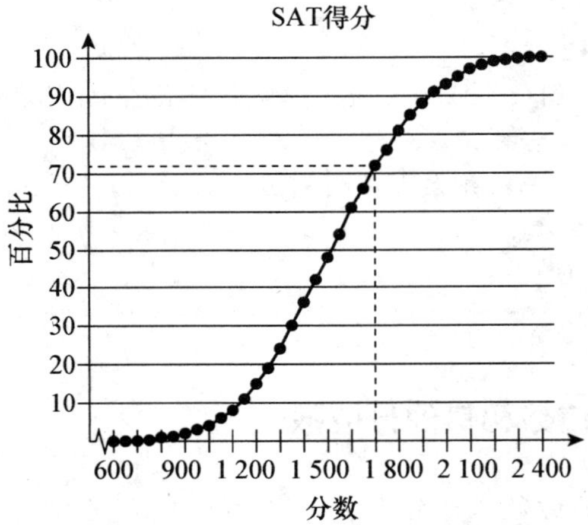

解释：

这意味着 72%的学生得分为 1 700 分或以下。

▶试一试 5

1A 区橄榄球队达阵得分的累积频率分布图如下所示。一支球队达阵得分 40 对应的百分位数是多少？

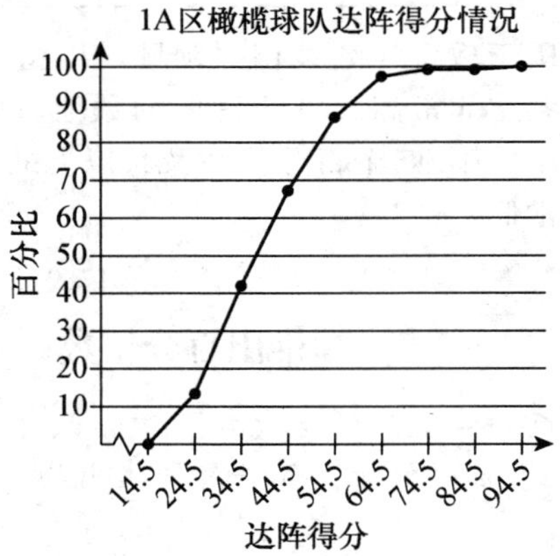

a. 利用图表求出达阵得分的百分位数。

b. 得出结论并进行解释。

2.5.3 标准分

知道了均值和标准差，就可以用标准分求数据集中数据的位置。

定义

标准分（standard score），或者 **z 分**（z-score），代表了标准差的数据。可以用以下公式求出 z 分：

$$z=\frac{\text{数值}-\text{均值}}{\text{标准差}}=\frac{x-\mu}{\sigma}$$

一个 z 分可以是正数、负数，也可以是 0。如果 z 是负数，对应的 x 值低于均值。如果 z 是正数，对应的 x 值大于均值。如果 $z=0$，对应的 x 值等于均值。z 分可以用来确定铃形分布数据集中的离群数。

例 6　　**求 z 分**

高速公路上的平均车速是 56 英里/小时，标准差是 4 英里/小时。测得三辆车在高速公路上的车速分别是 62 英里/小时、47 英里/小时、56 英旦/小时。求出每个速度对应的 z 分。你能推出什么结论？

解答：

每个速度对应的 z 分如下：

$x=62$　　$x=47$　　$x=56$

$z=\frac{62-56}{4}=1.5$　　$z=\frac{47-56}{4}=-2.25$　　$z=\frac{56-56}{4}=0$

解释：

从 z 分可以推出每小时 62 英里的速度比均值多 1.5 个单位标准差，每小时 47 英里的速度比均值低 2.25 个单位标准差，每小时 56 英里的速度等于均值。如果速度的分布接近铃形，每小时 47 英里的速度通常认为较慢，因为它对应-2.25 的 z 分。

▶试一试 6

一个城市每个家庭每月的平均账单是 70 美元，标准差是 8 美元。求 60 美元、71 美元和 92 美元对应的 z 分。你可以推出什么？

a. 识别出非标准正态分布的 μ 和 σ。

b. 将每个值转变成 z 分。

c. 得出结论并进行解释。

当一个分布接近铃形时，根据经验法则可知 95%的数据位于均值附近 2 个单位标准差内。所以，当这种分布的数据转变成 z 分时，大约 95%的 z 分落在-2～2 之间。

这个范围之外的 z 分通常认为只有 5%的可能性出现。所以，根据经验法则，一个小于 −3 的 z 分和大于 3 的 z 分出现是不平常的，这种情况的发生概率大约是 0.3%。

在例 6 中，你可以使用 z 分在同一个数据集中比较数据，也可以将不同数据集的数据进行比较。

例 7 　**比较不同数据集的 z 分**

2007 年，45 岁的惠特克因为出演《末代独裁》获得奥斯卡最佳男主角奖。61 岁的米伦因为出演《女王》获得奥斯卡最佳女主角奖。最佳男主角历次获奖者的平均年龄是 43.7 岁，标准差是 8.8 岁。最佳女主角历次获奖者的平均年龄是 36 岁，标准差是 11.5 岁。求出惠特克和米伦的年龄所对应的 z 分，然后比较结果。

解答：

惠特克、米伦的年龄所对应的 z 分如下：

惠特克：$z=\dfrac{x-\mu}{\sigma}=\dfrac{45-43.7}{8.8}\approx 0.15$

米伦：$z=\dfrac{x-\mu}{\sigma}=\dfrac{61-36}{11.5}\approx 2.17$

惠特克的年龄比均值多 0.15 个单位标准差，而米伦的年龄比均值多 2.17 个单位标准差。

解释：

米伦年龄对应的 z 分比均值多 2 个多单位标准差，所以可以认为是不正常的。相比其他最佳女主角，她相对老了一点。而惠特克的年龄只是比其他最佳男主角的平均年龄稍微大一点。

▶试一试 7

2007 年，72 岁的阿金因为出演《阳光小美女》获得奥斯卡最佳男配角奖。25 岁的哈德森因为出演《追梦女孩》获得奥斯卡最佳女配角奖。最佳男配角历次获奖者的平均年龄是 50.1 岁，标准差是 13.9 岁。最佳女配角历次获奖者的平均年龄是 39.7 岁，标准差是 14 岁。求阿金、哈德森的年龄所对应的 z 分，然后比较结果。

a. 识别出非标准正态分布的 μ 和 σ。

b. 将每个值变成 z 分。

c. 比较所得结果。

练习 2.5

□ 基础技能训练和术语

在习题 1 中求出三个四分位数并画出数据的箱形图。

1. 4　7　7　5　2　9　7　6　8　5　8　4　1　5　2　8　7　6　6

3. 一支球队平均每场比赛的得分代表了所有球队一个赛季的第一个四分位数。关于球队每场比赛的得分可以得出什么结论？

判断　对于习题 7，9，判断陈述是否正确，如果错误，请写出正确的陈述。

7. 第二个四分位数是数据集的中位数。

9. 第 50 个百分位数等于 Q_1。

□ 应用和解释概念

图表分析　在习题 11，13 中用箱形图来确定：

(a) 最小数；

(b) 最大数；

(c) 第一个四分位数；

(d) 第二个四分位数；

(e) 第三个四分位数；

(f) 四分位数间距。

11.

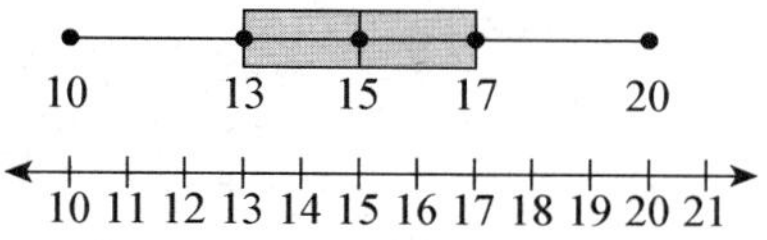

13.

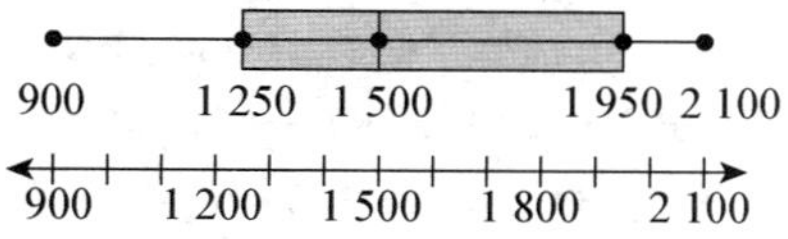

解释图表　在习题 17，19 中，使用箱形图判断分布是对称的、左偏的、右偏的，还是都不是。

17.

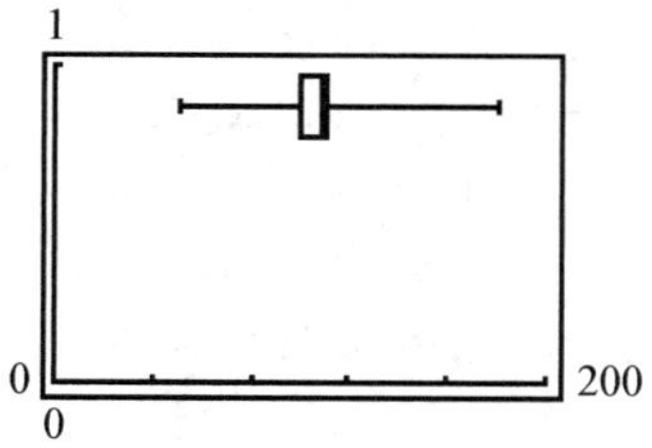

19.

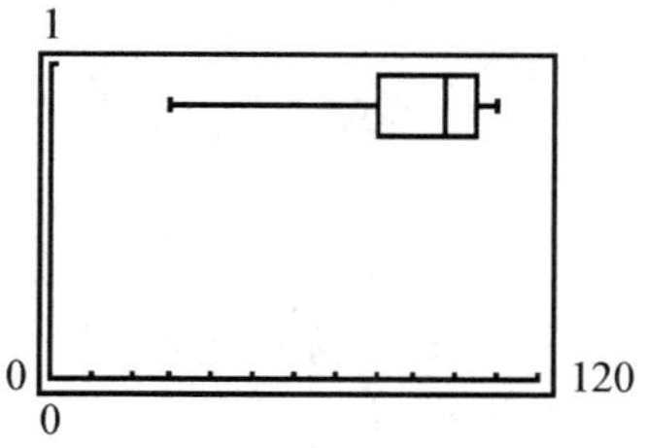

寻找分位数并画图　在习题 23，25 中，使用计算器或者计算机找出数据集的四分位数，并画出箱形图。

23. **观看电视**　一个 28 人的样本每天观看电视的小时数如下：

2	4	1	5	7	2	5	4	4	2	3	6
4	3	5	2	0	3	5	9	4	5	2	1
3	6	7	2								

25. **航空距离**　一个样本中 22 架飞机起降的滑行距离（英里）如下：

2.8	2.0	3.0	3.0	3.2	5.9
3.5	3.6	1.8	5.5	3.7	5.2
3.8	3.9	6.0	2.5	4.0	4.1
4.6	5.0	5.5	6.0		

图表分析　在习题 29 中，中点 A，B，C 已经标记在直方图中。请把它们与对应的 z 分相匹配。如果有的话，哪一个 z 分是异常的？

29. 中点 A，B，C 标在了图上，将它们分别与对应的 z 分配合。如果有的话，哪个 z 分被认为不寻常？

$z=0$

$z=2.14$

$z=-1.43$

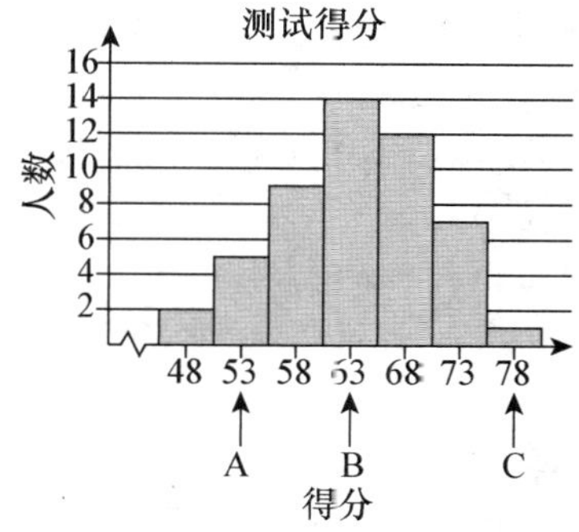

□ 扩展概念

43. **主管的年龄**　一个有 100 人样本的主管的年龄如下：

31	62	51	44	61	47	49	45	40
52	60	51	67	47	63	54	59	43
63	52	50	54	61	41	48	49	51
54	39	54	47	52	33	53	74	33
53	68	44	40	60	42	50	48	42
42	36	57	42	48	55	51	54	42
27	43	43	41	54	49	49	47	51
28	54	36	36	41	60	55	42	59
35	65	48	56	82	39	54	49	61

56 57 32 38 48 64 51 45 46
62 63 59 63 32 47 40 37 49
57

（a）排列数据并找出第一个、第二个和第三个四分位数。

（b）画一个代表数据集的箱形图。

（c）得出结论并进行解释。

（d）根据这个例子，你期望在什么年龄成为主管？解释原因。

（e）如果有的话，哪个年龄层被认为不同寻常？解释原因。

中间的四分位数 数据集中还有一个位置称为中间的四分位数。可以通过使用下面的公式来求出一个数据集的中间的四分位数。

$$\text{中间的四分位数}=\frac{Q_1+Q_2}{2}$$

在习题45中，找出中间的四分数位。

45\. 23 36 47 33 34 40 39 24
32 22 38 41

本章测验

1\. 以下数据是25个人每周的运动时间（分钟）。

108 139 120 123 120 132 123
131 131 157 150 124 111 101
135 119 116 117 127 128 139
119 118 114 127

（a）分5组描述数据的频率分布情况，包括组极限、组中点、组边界、相对频率、累积频率。

（b）在相同坐标轴上画出数据的频率直方图和频率多边形。

（c）画出数据的相对频率直方图。

（d）从偏斜和均匀方面描述分布的形状。

（e）画出数据的箱形图。

（f）画出数据的累积频率分布图。

2\. 用频率分布公式近似计算习题1中数据的样本均值和标准差。

3\. 美国体育用品销售量（10亿美元）由4部分组成：服装（11.7）、鞋类（15.7）、器材（15.7）、休闲用品（38.5）。画出数据的饼图和帕累托图。（资料来源：National Sporting Goods Association）

4\. 护士的周薪（美元）数据如下：

774 446 1 019 795 908 667 444
960

（a）确定均值、中位数、众数，哪个统计量能更好地描述周薪的一般情况？

（b）确定极差、方差和标准差，解释它们在实际生活中的含义

5\. 房屋价格的均值为155 000美元，标准差为15 000美元。数据呈铃形分布，确定两个价格使95%的房屋价格落在它们的区间内。

6\. 利用习题5的样本统计量计算z分来确定下面哪个房屋价格数据是异常值。

（a）200 000美元　（b）550 00美元

（c）175 000美元　（d）122 000美元

7\. 美国职业棒球大联盟2006赛季各球队赢得比赛的次数如下：（资料来源：Major League Baseball）

97 87 86 70 61 96 95 90 78
62 93 89 80 78 97 85 79 78
71 83 82 80 75 67 66 88 88
76 76 76

（a）确定四分位数。

（b）确定四分位数间距。

（c）画出箱形图。

现实中的统计——真实的决策

你是一家报纸的消费者调查记者。现在收到了一些来自读者的信件和邮件，他们都

表示担心自己的汽车保险消费。其中一位读者是这样写的：

> “我认为，平均来讲，我们城市的司机需要支付比其他城市的司机更多的汽车保险费。”

编辑要求你调查汽车保险费并写一篇相应的报道。你得到了如下图所示的数据（你的城市为 A）。这组数据显示了包括你所在城市在内的 4 个规模相同城市的汽车保险消费情况，所有的数据均由随机抽样得到。（得到的汽车保险消费样本包括：综合，碰撞，人身伤害，财产损失，未保险驾车人。）

4 个城市中随机选取 10 个人的车险消费（美元）

城市 A	城市 B	城市 C	城市 D
2 465	2 514	2 030	2 345
1 984	1 600	1 450	2 152
2 545	1 545	2 715	1 570
1 640	2 716	2 145	1 850
1 983	1 987	1 600	1 450
2 302	2 200	1 430	1 745
2 542	2 005	1 545	1 590
1 875	1 945	1 792	1 800
1 920	1 380	1 645	2 575
2 655	2 400	1 368	2 016

资料来源：Adapted from Runzheimer International.

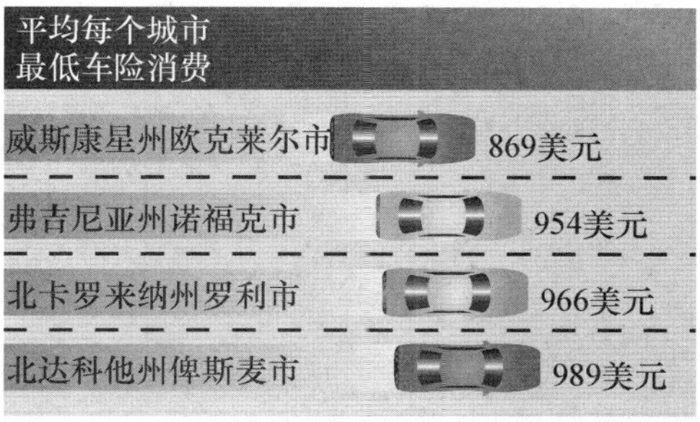

□ 练　习

1. 你会怎么做

(a) 你怎样调查这些保险费用？

(b) 你会使用什么统计手段？

2. 展示数据

(a) 你会用哪类图表来展示数据？为什么？

(b) 构造 (a) 中提到的表格。

(c) 基于 (b) 中的信息，它是否显示你们城市 (A) 的平均车险消费高于其他城市？请解释。

3. 度量数据

(a) 你会用本章中提到的哪些统计数据来分析车险数据？

(b) 计算 (a) 中提到的统计数据。

(c) 将你在 (b) 中得到的结果和习题 2 中的图表进行比较。你的结果是否支持习题 2 的结论？请解释。

4. 讨论数据

(a) 你会告诉读者什么？你们城市的平均车险消费是否高于其他城市？

(b) 你会怎么解释不同城市间车险消费不同的原因？

第Ⅱ篇 概率与概率分布

Probability & Probability Distributions

▷▷▷ 第3章 概 率
▷▷▷ 第4章 离散概率分布
▷▷▷ 第5章 正态概率分布

第3章 概 率

回顾

在第1章与第2章中，我们学习了如何收集与描述数据。一旦收集到并描述出数据，我们就可以运用这些写出总结，从而得到结论，再进一步做出决策。下面让我们来看一个游戏“是否交易”，竞争者参与游戏并做出1 000 000美元之内的交易决定。通过收集并分析数据，我们可以判定赢得1 000 000美元的机会有多大。

每次游戏有26个密封的箱子，箱子中所放的金额在0.1～1 000 000美元之间。参与者每人选择一个箱子，在游戏结束之前他们均不知道该箱子中的金额。在每一轮游戏中，一定数目的箱子会打开并计算金额。每一轮结束时，“银行家”依据未打开箱子中的美元数决定用多少钱来交换参与者各自持有的箱子。参与者可以选择与银行家交换或者继续进行下一轮游戏。如果其他所有箱子均被打开参与者仍不愿意交换，他将赢得自己箱子中的钱。

预习

在第3章中，我们将学习如何判定事件发生的概率。比如，在上述游戏中，参与者选择的第一个箱子中有1 000 000美元的概率是1/26，因为在游戏刚开始时26个箱子中只有一个有1 000 000美元。下表显示了当装有1 000 000美元的箱子尚未打开时，参与者所选的箱子中装有1 000 000美元的概率。

游戏轮数		1	2	3	4	5	6	7	8	9
打开的箱子总数	0	6	11	15	18	20	21	22	23	24
概率	1/26	1/20	1/15	1/11	1/8	1/6	1/5	1/4	1/3	1/2

我们还可以得到参与者选择的箱子中至少含有100 000美元的概率。（7个箱子

中至少有 100 000 美元。）

$$箱子中至少有 100\,000 美元的概率=\frac{7}{26}\approx 0.269$$

于是，用 1 减去箱子中至少有 100 000 美元的概率，我们可以得到箱子中少于 100 000 美元的概率。

$$\begin{aligned}箱子中少于 100\,000 美元的概率&=1-箱子中至少有 100\,000 美元的概率\\&=1-\frac{7}{26}=\frac{19}{26}\approx 0.731\end{aligned}$$

因此，参与者选择的箱子中至少有 100 000 美元的概率约为 0.269 或 26.9%，箱子中少于 100 000 美元的概率约为 0.731 或 73.1%。

3.1 概率与运算的基本概念

3.1.1 概率实验

当气象预报员说下雨的概率是 90%或医生说手术成功的概率是 35%时，他们是在说明特定事件发生的可能性或概率。类似于“你应该去打高尔夫”或“你应该做手术”这样的决定通常基于这些概率。

在之前的章节中我们学习了统计学的描述性分支。由于概率是推断性统计的基础，因此在进入统计学的第二分支——推断性统计之前，学习概率是十分必要的。

定义

概率实验（probability experiment）是一种获得特定结果（计算、度量、反应）的动作或试验。一个概率实验中单一实验的结果称为**实验结果**（outcome）。概率实验的所有可能结果构成的集合称为**样本空间**（sample space）。一个**事件**（event）是样本空间的子集，它可能包含一个或多个实验结果。

例 1 **确定概率实验的样本空间**

一个概率实验由抛硬币和掷骰子组成，试确定实验结果的数量以及样本空间。

解答：

抛硬币的结果有两种可能：正面（H）和背面（T）。在每一种情况下又有六种掷骰子的结果：1，2，3，4，5，6。一种按顺序列出实验结果的方法就是**树图**（tree diagram）。

抛硬币和掷骰子实验的树图

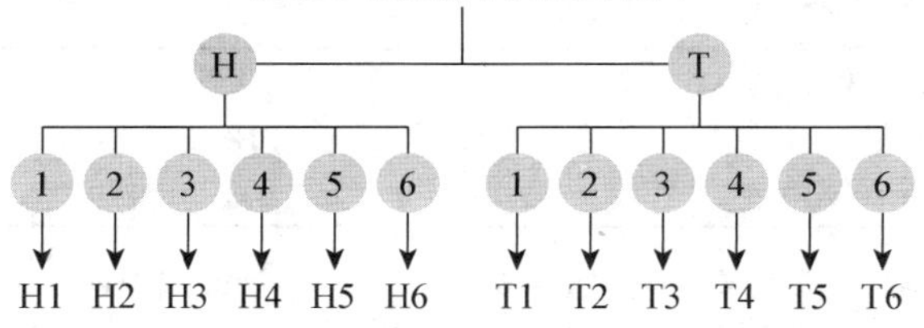

通过上图可以得到样本空间有 12 个元素。

{H1,H2,H3,H4,H5,H6,T1,T2,T3,T4,T5,T6}

▶试一试 1

确定下列概率实验的结果数量以及样本空间。

1. 某调查收集被调查者对美国议员的任期是否应该有期限的意见。被调查者的回答分为同意有期限、不同意有期限和不发表观点三种。概率实验记录被调查者的答案和性别。

2. 一个概率实验包括上述调查中被调查者的回答与党派（民主党、共和党、其他）。

a. 通过对每个可能的调查结果，形成分支画出树图。

b. 在每个调查结果分支末端画出每个可能的概率实验结果，形成新的分支。

c. 确定样本空间中实验结果的数量。

d. 列出样本空间。

在本章中我们还将学习如何计算概率或事件发生的可能性。事件通常用大写字母表示，如 A，B，C。事件如果仅包含单一结果，则称为**简单事件**（simple event）。在例 1 中，事件“硬币为正面，骰子显示 3”是一个简单事件，可以用 $A=\{\text{H3}\}$ 表示。相对地，事件“硬币为正面，骰子显示偶数”不是简单事件，因为它包括三种可能的实验结果：$B=\{\text{H2, H4, H6}\}$。

例 2 **判定简单事件**

确定每个事件的实验结果的数量，判定是否为简单事件并解释原因。

1. 质量控制过程中，随机从当天生产的机器组件的一组中选取一个，事件 A 为被选出的是有缺陷的产品。

2. 掷骰子，事件 B 为掷出的数字最小为 4。

解答：

1. 事件 A 仅有一种结果：被选出的是有缺陷的产品，因此为简单事件。

2. 事件 B 有三种可能结果：掷出 4，5 或 6。由于事件有多于一种可能的结果，因此不是简单事件。

▶试一试 2

询问一个学生的年龄。判定下列事件是否为简单事件：

1. 事件 C：学生的年龄介于 18～23 岁之间，包含 18 岁和 23 岁。

2. 事件 D：学生的年龄是 20 岁。

a. 确定实验结果的数量。

b. 判定事件是否为简单事件。

3.1.2 基本运算规则

在一些事例中，事件可以通过很多不同方式发生且不能一一写出。当这些事件发生时，可以使用基本运算规则（fundamental counting principal）。基本运算规则可用于计算两个或多个事件有多少种方式顺序发生。

基本运算规则

如果某一事件有 m 种方式发生，而第二个事件有 n 种方式发生，那么这两个事件就有 $m \cdot n$ 种方式顺序发生。这个规则可扩展至计算任意个事件顺序发生的方式总数。

总的来说，事件顺序发生的方式总数是由一个事件的发生方式数与其他事件的发生方式数相乘得到的。

例 3　**使用基本运算规则**

你要购买一辆新车，可选择的生产厂商、车的大小和颜色如下所示。

生产厂商：福特，通用汽车，本田

车的大小：小轿车，中型车

车的颜色：白色（W），红色（R），黑色（B），绿色（G）

共有多少种不同的方法选择一辆车？使用树图检验你的答案。

解答：

生产厂商有 3 种选择，车的大小有 2 种选择，车的颜色有 4 种选择。使用基本运算规则可以得到选择方式的总数为：

$$3\times2\times4=24$$

通过树图，可以清晰地看出为何有 24 种选择。

车辆选择的树图

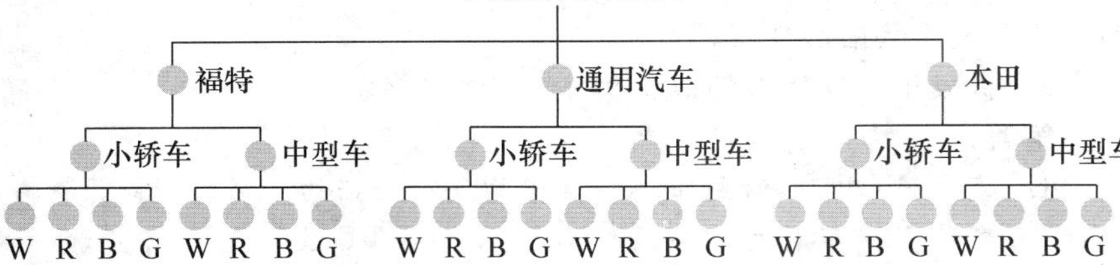

▶试一试 3

你的选择现在增加了丰田、大型车、棕褐色或灰色的车。那么选择一辆车共有多少种方式？

a. 确定每个事件有多少种发生方式。

b. 使用基本运算规则。

c. 使用树图检验你的结果。

例 4　**使用基本运算规则**

某种汽车的安全系统密码由四位数字组成。每个数字可以是 0～9 中的任意一个。

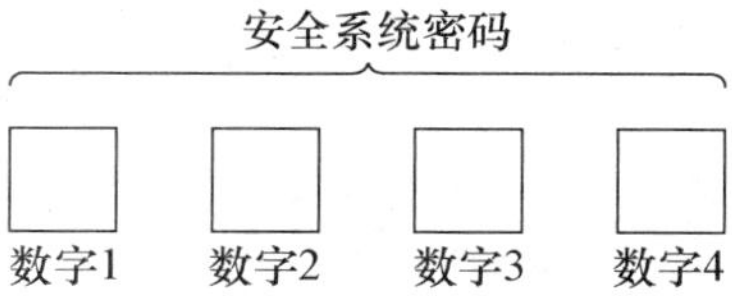

在以下情况下，密码共有多少种可能的组合？

1. 数字不可重复出现。
2. 数字可以重复出现。
3. 数字可以重复出现，但第一位不能是 0 或 1。

解答：

1. 由于每个数字仅能出现一次，因此第一位有 10 种选择，第二位有 9 种选择，第三位有 8 种选择，第四位有 7 种选择。使用基本运算规则可以得到密码共有 $10\times9\times8\times7=5\,040$ 种可能。

2. 由于数字可以重复，则每一位都有 10 种选择。因此，共有 $10\times10\times10\times10=10^4=10\,000$ 种可能的密码。

3. 由于第一位不能是 0 或 1，因此第一位有 8 种选择，另外三个数位各有 10 种选择，因此密码共有 $8\times10\times10\times10=8\,000$ 种可能性。

▶试一试 4

共有多少种汽车牌照当其包含：

1. 可重复的 6 个英文字母？
2. 无重复的 6 个英文字母？
3. 可重复的 6 个英文字母，但首字母不能为 A，B，C 或 D？

a. 确定每个事件并计算每个事件的实验结果有多少种可能。

b. 使用基本运算规则。

3.1.3 概率的类型

用于计算概率的方法依赖于概率的类型。共有三种概率：古典概型、经验概率与主观概率。事件 E 将要发生的概率写作 $P(E)$。

定义

古典概率（classical or theoretical probability）用于样本空间中的样本点以等概率出现时。事件 E 的古典概率为：

$$P(E)=\frac{\text{事件 }E\text{ 中的样本点数}}{\text{样本空间中的样本点总数}}$$

例 5 **写出古典概率**

掷一个六面的骰子，写出以下事件的概率。

1. 事件 A：掷出数字 3。
2. 事件 B：掷出数字 7。

3. 事件 C：掷出的数字小于5。

解答：

掷骰子的样本空间包含6个样本点：{1，2，3，4，5，6}。

1. 事件 A 只有一种结果 $A=\{3\}$。因此

$$P(\text{掷出数字 }3)=\frac{1}{6}\approx 0.167$$

2. 由于7不在样本空间内，因此事件 B 不会发生。

$$P(\text{掷出数字 }7)=\frac{0}{6}=0$$

3. 事件 C 有四种可能的结果 $C=\{1, 2, 3, 4\}$。因此

$$P(\text{掷出的数字小于 }5)=\frac{4}{6}=\frac{2}{3}\approx 0.667$$

▶试一试 5

从一副牌（不包括大小王）中拿出一张牌，确定下列事件发生的概率。

1. 事件 D：拿出方块7。
2. 事件 E：拿出的牌花色是方块。
3. 事件 F：拿出的牌是方块、红桃、梅花或黑桃。

a. 确定样本空间中的样本点个数。

b. 确定事件的实验结果有多少种可能。

c. 使用基本运算规则。

当一个实验重复多次后，将形成有规律的参数。这些参数使我们能够确定经验概率。经验概率可用于事件的实验结果非等概率发生的情况下。

定义

经验（统计）概率（empirical (statistical) probability）是基于概率实验的观测结果得出的。事件 E 的经验概率是事件 E 的相对频率。

$$P(E)=\frac{\text{事件 }E\text{ 发生的频率}}{\text{总频率}}=\frac{f}{n}$$

例 6

确定经验概率

某公司做了一个网上随机调查，研究人们是否认为交通拥堵在现代社会中是一个问题。320人参与了调查，频率分布如下所示。请问下一个参与调查的人认为交通拥堵是一个严重问题的概率是多少？

回答	频率
是一个严重问题	123
是一个中等问题	115
不是问题	82
	$\sum f=320$

解答：

事件的实验结果为“是一个严重问题”。事件的频率是 123。由于总的频率为 320，因此下一个参与调查的人认为交通拥堵是一个严重问题的经验概率是

$$P(\text{严重问题})=\frac{123}{320}=0.384$$

▶试一试 6

一家保险公司判定，100 个索赔者中有 4 个是欺诈者。那么下一个索赔者是欺诈者的概率是多少？

a. 定义事件，确定事件的频率。

b. 确定实验的总频率。

c. 确定相对频率。

当提高概率实验重复的次数时，经验概率（相对频率）将接近实验的理论概率。这就是**大数定律**（low of large numbers）。

大数定律

当一个实验不断重复时，事件的经验概率将会不断接近理论（实际）概率。

下面举一个例子：假如我们想确定抛硬币抛出正面的概率。如果抛 10 次只有 3 次是正面，可得到经验概率是 3/10。由于抛的次数太少，得到的经验概率不能代表理论概率：1/2。但如果抛上千次，那么得到的经验概率将非常接近理论概率或实际概率。

下面的散点图显示了抛硬币 150 次的结果，可以看到，随着次数的增加，经验概率离理论概率 0.5 越来越近。

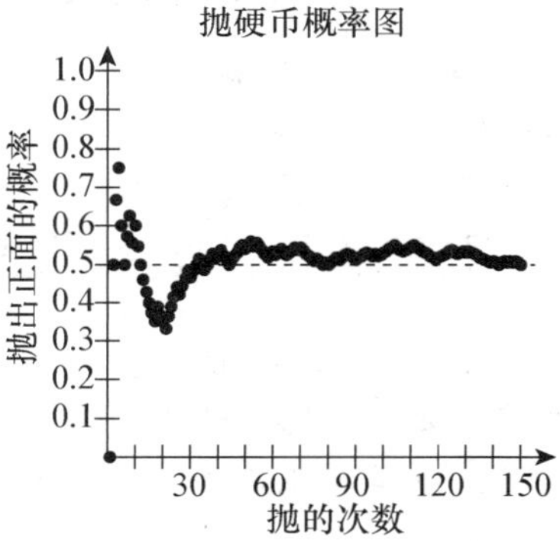

例 7 使用频率分布确定概率

调查某公司 1 000 个员工的年龄，频率分布如下所示。

员工年龄	频率
15～24 岁	54
25～34 岁	366

续前表

员工年龄	频率
35～44 岁	233
45～54 岁	180
55～64 岁	125
65 岁及以上	42
	$\sum f=1\,000$

如果随机再挑选一个员工，那么他的年龄在 25～34 岁之间的概率是多少？

解答：

事件是选出一个年龄在 25～34 岁之间的员工。在调查中，该事件的频率是 366。由于总频率为 1 000，因此选出的员工年龄在 25～34 岁之间的概率是

$$P(25\sim 34\text{ 岁})=\frac{366}{1\,000}=0.366$$

▶试一试 7

确定再挑选出的员工年龄为 15～24 岁的概率。

a. 确定事件的频率。

b. 确定总频率。

c. 确定事件的相对频率。

第三种概率类型是**主观概率**（subjective probability）。主观概率来自直觉、受过训练的猜测以及估计。比如，给出病人的健康和患病程度，医生感觉到病人有 90% 的概率可以完全康复；商业分析家得出，某个公司的员工罢工的概率是 0.25。

例 8　判断概率的类型

判断下列概率属于古典概率、经验概率还是主观概率？

1. 你将在 30 岁结婚的概率是 0.5。
2. 一个随机选取的选民将投票给共和党人的概率是 0.45。
3. 买一张彩票赢得 1 000 美元的概率是 1/1 000。

解答：

1. 这个概率更像是基于受过训练的猜测，因此是主观概率。
2. 这个概率是基于样本为选民的调查，因此为经验概率。
3. 由于事件的实验结果是等概率的，因此为古典概率。

▶试一试 8

基于之前的计算，哥伦比亚河的大马哈鱼成功通过水坝的概率是 0.85。这个概率是古典概率、经验概率还是主观概率？（资料来源：Army Corps of Engineers）

a. 定义事件。

b. 判定概率是否要求已知所有可能结果，是否由实验结果估计得出，是否为受过训练的猜测。

c. 得出结论。

概率不可能为负数或大于 1。因此，事件 E 的概率从 0 到 1，并包含 0 和 1。

概率的范围

概率的范围为从 0 到 1，并包含两端。

$$0 \leqslant P(E) \leqslant 1$$

如果事件发生的概率为 1，那么该事件必然发生。如果事件发生的概率为 0，那么该事件一定不会发生。概率 0.5 则代表一个事件发生和不发生的概率相等。

下图显示了概率的范围及意义。

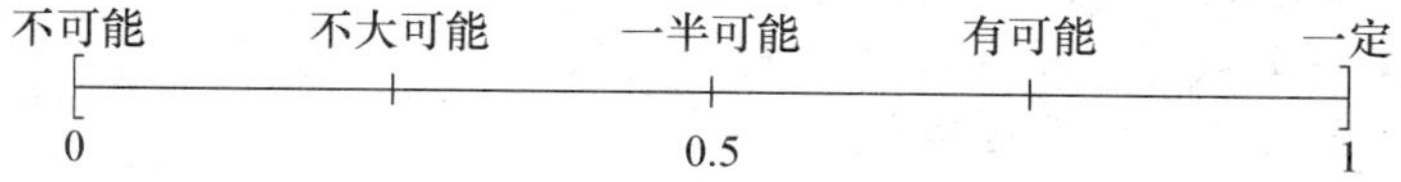

如果一个事件发生的概率为 0.05 或更小，那么其为罕见事件。罕见事件发生的概率非常小。在后面学习推断统计时我们将详细定义罕见事件。

3.1.4 互补事件

样本空间所有样本点的概率总和为 1 或 100%，由这个事实得出的一个重要结果是：已知事件 E 的概率，就可以确定事件 E 的补。

定义

事件 E 的补（complement of event E）是样本空间中所有不在事件 E 内的样本点的集合，记为 E'。

例如，掷骰子实验中如果事件 E 为“掷出的数字最小为 5”，则事件 E 的补为“掷出的数字小于 5”。记为 $E=\{5, 6\}$ 和 $E'=\{1, 2, 3, 4\}$。

使用事件的补的定义以及样本空间所有样本点的概率总和为 1，可以得到以下公式：

$$P(E)+P(E')=1 \quad P(E)=1-P(E') \quad P(E')=1-P(E)$$

可以用维恩图来说明样本空间、事件 E 及其补 E' 的关系。

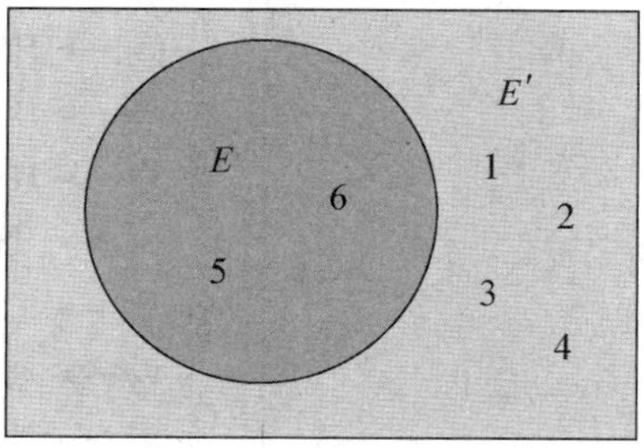

例 9 **确定事件的补的概率**

使用例 7 中的频率分布确定随机挑选出的员工年龄不在 25～34 岁之间的概率。

解答：

从例 7 中可知

$$P(25\sim34\text{ 岁})=\frac{366}{1\,000}=0.366$$

因此员工年龄不在25～34岁之间的概率为：

$$P(\text{不为 }25\sim34\text{ 岁})=1-\frac{366}{1\,000}=\frac{634}{1\,000}=0.634$$

▶试一试9

使用例7中的频率分布确定随机挑选出的员工年龄不在45～54岁之间的概率。

a. 确定随机选出的员工年龄在45～54岁之间的概率。

b. 用1减去上面得到的结果。

c. 得出结论并进行解释。

3.1.5 概率的应用

例10 **使用树图**

一个概率实验包括抛硬币和转转盘（见下图）。转盘指针停在每个数字上的概率相等。使用树图确定下列事件的概率。

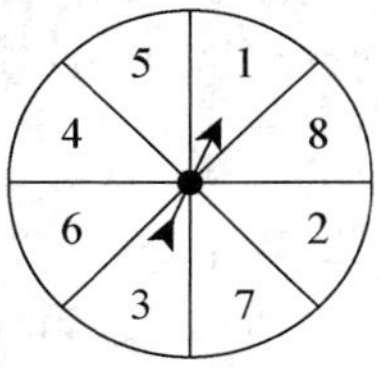

抛硬币和转转盘实验的树图

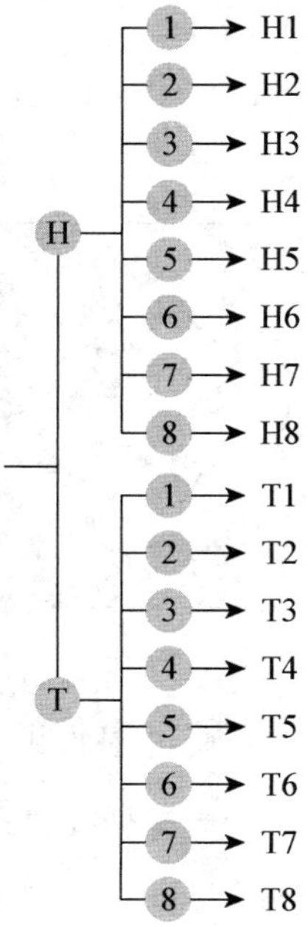

1. 事件 A：硬币抛出背面且转盘指针指向奇数。

2. 事件 B：硬币抛出正面或转盘指针指向大于 3 的数。

解答：

由树图可知，共有 16 种结果。

1. 事件 A 共有 4 种可能结果，$A=\{T1, T3, T5, T7\}$。因此

$$P(\text{硬币抛出背面且转盘指针指向奇数})=\frac{4}{16}=\frac{1}{4}=0.25$$

2. 事件 B 共有 13 种可能结果，$B=\{H1, H2, H3, H4, H5, H6, H7, H8, T4, T5, T6, T7, T8\}$。因此

$$P(\text{硬币抛出正面或转盘指针指向大于 3 的数})=\frac{13}{16}\approx 0.813$$

▶试一试 10

确定硬币抛出背面且转盘指针指向小于 6 的数的概率。

a. 确定可能结果的总数。

b. 确定事件可能结果的数目。

c. 确定事件的概率。

例 11 使用基本运算规则

假如你的学号是 8 位数字，每一位可以是 0～9 的数字且允许重复。随机产生的一个 8 位数是你的学号的概率为多少？

解答：

由于每一位数字均可重复，则每一位都有 10 个可能的数字。使用基本运算规则，共有 $10\times10\times10\times10\times10\times10\times10\times10=10^8=100\ 000\ 000$ 个可能的学号。

但这些学号中只有一个与你的相符，因此随机产生的一个 8 位数是你的学号的概率为 1/100 000 000。

▶试一试 11

假如你的学号包含 9 位数字，前两位是毕业年份的最后两位，其他数字可以是 0～9 的数字且允许重复。随机产生剩下的 7 位数字时能得出你的学号的概率为多少？

a. 假如你将在 2012 年毕业，确定可能的学号的总数。

b. 确定随机产生你的学号的概率。

练习 3.1

□ 基础技能训练和术语

1. 判定下列哪些数字不能代表事件的概率，并解释理由。

(a) 0

(b) 0.001

(c) −1

(d) 50%

(e) 745/1 262

(f) 45/31

3. 使用基本运算规则时，计算的对象是什么？

□ 应用和解释概念

天气情况 假如你正在计划 10 月到西

雅图旅行 3 天，使用下面的树图回答问题。

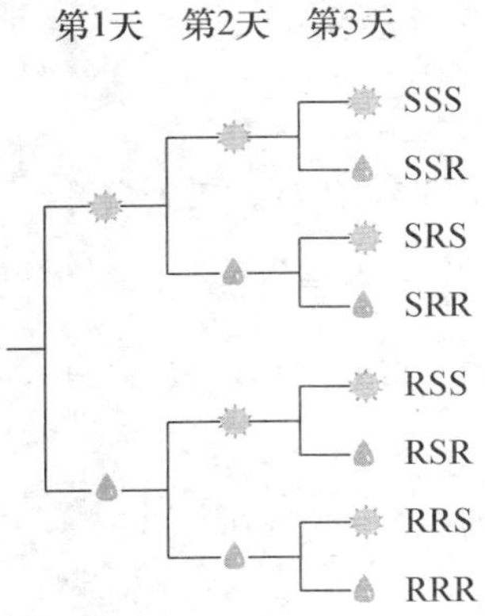

37. 列出样本空间。

39. 列出事件“只有一天下雨”的实验结果。

☐ **扩展概念**

63. **投掷骰子** 投掷两个骰子并记录两数之和。

(a) 列出所有可能的两数之和并确定每个和出现的概率。

(b) 使用工具模拟投掷骰子 100 次并记录结果，列出每个和出现的概率。

(c) 比较 (a) 和 (b) 的结果，解释二者的异同。

可能性 在习题 65 中，利用以下信息：在赌博中，获胜的机会通常写作可能性而不是概率。**成功的可能性** (odds of winning) 是成功结果数与失败结果数之比。**失败的可能性** (odds of losing) 是失败结果数与成功结果数之比。比如，如果成功结果数为 2，失败结果数为 3，则成功的可能性是 2∶3 或 2/3。（注：成功的概率是 2/5。）

65. 某事件发生的可能性为 4∶5，请确定：

(a) 事件发生的概率；

(b) 事件不发生的概率。

3.2 条件概率和乘法原理

3.2.1 条件概率

在这一节中我们将学习如何确定两个事件顺序发生的概率。在这之前，我们必须知道如何确定条件概率。

定义

条件概率 (conditional probability) 是给定一个事件已经发生后，另一个事件发生的概率。给定事件 A 已经发生，那么事件 B 发生的条件概率记为 $P(B \mid A)$。

例 1 **确定条件概率**

1. 从一副牌（去掉大小王共 52 张）中顺序选出两张，已经选出第一张牌为 K，确定第二张牌是 Q 的概率（假设已选出的 K 不被放回）。

2. 下表显示了儿童智商的测试结果和是否存在特殊基因。

	存在特殊基因	不存在特殊基因	总计
高智商	33	19	52
正常智商	39	11	50
总计	72	30	102

给定儿童有这种特殊基因，确定这样的儿童具有高智商的概率。（资料来源：*Psychological Science*）

解答：

1. 由于第一张牌是K且不被放回，还剩51张牌，其中4张是Q，因此

$$P(B|A)=\frac{4}{51}\approx 0.078$$

所以给定第一张牌为K，第二张牌是Q的概率约为0.078。

2. 共有72个儿童体内含有这种特殊基因。因此样本空间为这72个儿童，其中33个有高智商，如下表所示。

	存在特殊基因
高智商	33
正常智商	39
总计	72

$$P(B|A)=\frac{33}{72}\approx 0.458$$

因此给定儿童有该特殊基因，其具有高智商的概率约为0.458。

▶试一试1

1. 确定儿童体内不含特殊基因的概率。
2. 给定儿童为正常智商，确定这样的儿童体内不含特殊基因的概率。

a. 确定样本空间和样本点的个数。

b. 用事件可能结果的数量除以样本空间中的样本点个数。

3.2.2 独立与非独立事件

在一些实验中，一个事件不会影响另一事件的发生概率。比如，当你掷一个骰子和抛一枚硬币时，掷骰子的结果不会影响硬币抛出正面的概率。这两个事件就是独立的。两个或多个事件的独立问题对研究者来说是非常重要的，尤其是在商业、医药以及心理学领域。我们可以使用条件概率判断事件是否相互独立。

定义

如果一个事件的发生不影响另一事件的发生，那么这两个事件就是**相互独立**（independent）的。如果 $P(B|A)=P(B)$ 或 $P(A|B)=P(A)$，那么事件 A 和事件 B 相互独立。不独立的事件是**相互依存**（dependent）的。

为了确定 A，B 是否相互独立，首先要计算 $P(B)$，即事件 B 发生的概率。然后计算给定 A 发生时事件 B 发生的概率：$P(B|A)$。如果这两个值相等，那么两个事件相互独立。如果 $P(B)\neq P(B|A)$，那么 A，B 不相互独立。

例2　判断事件是否相互独立

1. 从一副牌（52张）中选一张K（A），不放回，然后选出一张Q（B）。

2. 抛一枚硬币抛出正面（A），然后掷一个骰子掷出数字6（B）。

3. 开车时速超过85英里每小时（A），然后发生车祸（B）。

解答：

1. $P(B|A)=4/51$，$P(B)=4/52$，事件A的发生会改变事件B的发生概率，因此两个事件不是相互独立的。

2. $P(B|A)=1/6$，$P(B)=1/6$，事件A的发生不影响事件B的发生概率，因此两个事件相互独立。

3. 驾车时速超过每小时85英里时，发生车祸的概率会大大提高。因此两个事件不是相互独立的。

▶试一试2

确定下列事件是否相互独立：

1. 每天抽一包烟（A），加剧肺气肿——一种慢性肺病（B）。

2. 经常锻炼（A），平均绩点达到4.0（B）。

a. 判断第一个事件的发生是否影响第二个事件发生的概率。

b. 陈述事件是否相互独立。

3.2.3 乘法原理

要确定两个事件顺序发生的概率，可以使用乘法原理。

事件A和B发生概率的乘法原理

两个事件A和B将会顺序发生的概率为：

$$P(AB)=P(A)\cdot P(B|A)$$

如果事件A和B独立，那么该原则可以简化为$P(AB)=P(A)\cdot P(B)$。这个简化的规则可以扩展至任意数量的独立事件。

例3　使用乘法原理计算概率

1. 无放回地从一副牌（52张）中选出两张，那么第一张为K、第二张为Q的概率是多少？

2. 抛一枚硬币和掷一个骰子。抛出正面和掷出数字6的概率是多少？

解答：

1. 由于第一张牌不放回，两事件不独立。

$$P(\text{KQ})=P(\text{K})\cdot P(\text{Q}|\text{K})=\frac{4}{52}\times\frac{4}{51}=\frac{16}{2\,652}\approx 0.006$$

因此第一张为K、第二张为Q的概率约为0.006。

2. 事件相互独立。

$$P(\text{H}6)=P(\text{H})\cdot P(6)=\frac{1}{2}\times\frac{1}{6}=\frac{1}{12}\approx 0.083$$

因此抛出正面和掷出数字 6 的概率约为 0.083。

▶试一试 3

1. 一条大马哈鱼成功通过水坝的概率是 0.83，那么两条大马哈鱼成功通过水坝的概率是多少？

2. 无放回地从一副牌（52 张）中选出两张，两张都是红桃的概率是多少？

a. 判断事件是否相互独立。

b. 使用乘法原理。

例 4 使用乘法原理计算概率

1. 抛一枚硬币和掷一个骰子，确定抛出背面和掷出数字 2 的概率。

2. 一种特殊的膝关节手术成功的概率为 0.85，确定三个膝关节手术同时成功的概率。

3. 确定三个膝关节手术都不成功的概率。

4. 至少有一个膝关节手术成功的概率是多少？

解答：

1. $P(\mathrm{T})=1/2$，无论硬币是否抛出背面，$P(2)=1/6$，两事件独立。

$$P(\mathrm{T}2)=P(\mathrm{T})\cdot P(2)=\frac{1}{2}\times\frac{1}{6}=\frac{1}{12}\approx 0.083$$

因此抛出背面和掷出数字 2 的概率约为 0.083。

2. 每个膝关节手术成功的概率为 0.85，一个手术成功的概率与其他手术是独立的。

$$P(3\text{ 个手术都成功})=0.85\times 0.85\times 0.85\approx 0.614$$

因此，三个膝关节手术都成功的概率约为 0.614。

3. 一个膝关节手术成功的概率为 0.85，则一个手术失败的概率为 1−0.85=0.15。

$$P(3\text{ 个手术都失败})=0.15\times 0.15\times 0.15\approx 0.003$$

因此，三个膝关节手术都不成功的概率约为 0.003。

4. “至少有一个”是指有一个或者多个。事件“至少一个成功”的补是“没有一个成功”。使用补集的计算规则：

$$P(\text{至少有一个成功})=1-P(\text{没有一个成功})\approx 1-0.003=0.997$$

因此，至少有一个膝关节手术成功的概率约为 0.997。

▶试一试 4

假设膝关节手术成功的概率提高到 0.9。

1. 确定三个膝关节手术都成功的概率。

2. 确定三个手术中至少有一个成功的概率。

a. 判定要计算事件的概率还是事件的补的概率。

b. 使用乘法原理计算概率。如果需要，使用补集的运算规则。

例 5 使用乘法原理计算概率

2007 年，超过 15 000 个美国高年级医学院学生申请住院医师实习项目。其中

93%找到了住院医师实习的职位。找到职位的74%的学生进入的是他们的第一或第二志愿的项目。医学院学生根据自己的偏好对项目进行排名，而项目导师也同样进行这样的排名。当学生的偏好列表和项目导师的偏好列表重叠时，学生即被该项目选中。（资料来源：National Resident Matching Program）

1. 随机选择一个学生，这个学生找到住院医师实习职位且该职位为此学生的第一或第二志愿的概率是多少?

2. 随机选择一个学生，这个学生找到住院医师实习职位但该职位不为此学生的第一或第二志愿的概率是多少?

3. 随机选择一个学生，这个学生找到住院医师实习职位且该职位为此学生的第一或第二志愿是否为小概率事件?

解答：

令 A={得到住院医师实习项目职位}，B={满足第一或第二志愿}，所以 $P(A)=0.93$，$P(B|A)=0.74$。

1. 事件不是独立发生的。

$$P(AB)=P(A)\cdot P(B|A)=0.93\times 0.74\approx 0.688$$

因此随机选择的学生找到住院医师实习职位且该职位为此学生的第一或第二志愿的概率约为0.688。

2. 为了得到所求概率，需要计算事件的补。

$$P(B'|A)=1-P(B|A)=1-0.74=0.26$$

因此随机选取的学生找到住院医师实习职位但该职位不为此学生的第一或第二志愿的概率为0.26。

3. 随机选取的学生找到住院医师实习职位且该职位为此学生的第一或第二志愿不是小概率事件。

▶试一试 5

在一个陪审团中，65%的人是女性。在这65%的人中，1/4的人在健康的环境下工作。

1. 从陪审团中随机选出一人，她是女性且在健康环境下工作的概率是多少?
2. 从陪审团中随机选出一人，她是女性但不在健康环境下工作的概率是多少?

a. 定义事件 A 和事件 B。
b. 使用乘法原理写出公式并计算概率，如果需要，使用补集的运算规则。
c. 计算概率。

练习 3.2

□ 基础技能训练和术语

1. 独立事件与非独立事件之间的区别是什么?

判断 对于习题3，判断陈述是否正确，如果错误，请写出正确的陈述。

3. 如果两个事件不独立，则 $P(A|B)=P(B)$。

对事件分类 判断事件属于独立事件还是非独立事件，阐述原因。

5. 从一副牌（52张）中取出一张K，

放回，再拿出一张 Q。

7. 掷一个骰子，然后再掷一次，使两次的和为 7。

对事件分类 定义研究中的两个事件，判断事件是否独立并解释原因。

9. 研究发现，沮丧的人发生与呼吸有关的睡眠障碍的概率是正常人的 5 倍。（资料来源：*Journal of Clinical Psychiatry*）

11. 研究发现，阿斯巴甜——一种人造增甜剂，不会导致记忆衰退。（资料来源：Food and Drug Administration）

□ 应用和解释概念

13. **BRCA 基因** 人群中 1/8 的女性患有乳腺癌。研究表明，600 个女性中有一人携带 BRCA 突变基因，10 个携带该基因的女性中有 8 个患乳腺癌。（资料来源：Susan G. Komen Breast Cancer Foundation）

(a) 随机选择一个女性，假定她携带 BRCA 突变基因，那么她患乳腺癌的概率是多少？

(b) 随机选择一个女性，她携带 BRCA 突变基因并会发展为乳腺癌的概率是多少？

(c) 事件携带 BRCA 突变基因和事件患乳腺癌是否独立？说明原因。

乳腺癌与BRCA突变基因

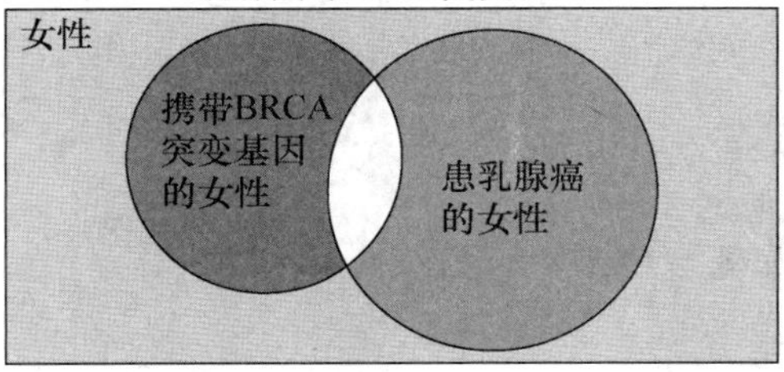

15. **暑假出游** 下表列出的调查显示了 146 个家庭被问及是否拥有电脑、今年是否会利用暑假出游的结果。

		今年暑假出游		
		是	否	总计
拥有电脑	是	46	11	57
	否	55	34	89
	总计	101	45	146

(a) 随机选取的家庭今年暑假不出游的概率是多少？

(b) 随机选取的家庭拥有电脑的概率是多少？

(c) 随机选取一家庭，给定拥有电脑，则该家庭暑假出游的概率是多少？

(d) 随机选取的家庭今年暑假出游同时又拥有电脑的概率是多少？

(e) 事件拥有电脑和事件今年暑假出游是否独立？说明理由。

17. **辅助生殖技术** 一项研究发现 35% 的辅助生殖技术（ART）会导致怀孕，由该技术怀孕后 28%会生育多胞胎。（资料来源：National Center for Chronic Disease Prevention and Health Promotion）

(a) 求随机的 ART 导致怀孕并且生育多胞胎的概率。

(b) 求随机的 ART 导致怀孕但没有生育多胞胎的概率。

(c) 随机的 ART 导致怀孕并且生育多胞胎是不同寻常的吗？请解释。

□ 扩展概念

根据**贝叶斯定理**（Bayes's theorem），给定事件 B，事件 A 发生的概率为：

$$P(A|B)=\frac{P(A)\cdot P(B|A)}{P(A)\cdot P(B|A)+P(A')\cdot P(B|A')}$$

使用该定理计算下面的 $P(A|B)$。

31. $P(A)=\frac{2}{3}$，$P(A')=\frac{1}{3}$，$P(B|A)=\frac{1}{5}$，$P(B|A')=\frac{1}{2}$。

33. $P(A)=0.25$，$P(A')=0.75$，$P(B|A)=0.3$，$P(B|A')=0.5$。

3.3　加法原理

3.3.1　互斥事件

在 3.2 节中，我们学会了如何计算事件 A 和 B 顺序发生的概率。这样的概率记为 $P(AB)$。在这一节中，你将学会如何计算两个事件中至少一个发生的概率，记做 $P(A \cup B)$，且依赖于事件是否互斥。

定义

如果事件 A，B 不能同时发生，则两事件**互斥**（mutually exclusive）。

下面的维恩图表明了互斥事件、非互斥事件的关系。

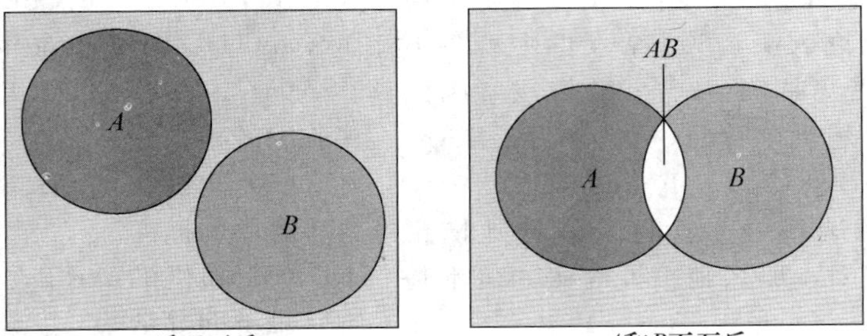

A和B互斥　　　　A和B不互斥

例 1　　互斥事件

判断下列事件是否互斥，并说明理由。

1. 事件 A：骰子掷出 3。

事件 B：骰子掷出 4。

2. 事件 A：随机选出一个男学生。

事件 B：随机选出一个学护理专业的学生。

3. 事件 A：随机选一个献血者其血型为 O 型。

事件 B：随机选一个女性献血者。

解答：

1. 第一个事件只有一种结果 3，第二个事件也只有一种结果 4。两个事件不能同时发生，因此两事件互斥。

2. 因为学生可以是学护理专业的男生，因此两事件不互斥。

3. 由于献血者可以是 O 型血的女性，因此两事件不互斥。

▶试一试 1

判断事件是否互斥。

1. 事件 A：随机从一副牌（52 张）中抽取一张 J。

事件 B：随机从一副牌（52 张）中抽取一张带人脸的牌。

2. 事件 A：随机选择一个 20 岁的学生。

事件 B：随机选择一个蓝眼睛的学生。

3. 事件 A：随机选择一辆福特汽车。

事件 B：随机选择一辆丰田汽车。

a. 判断下面的阐述哪一个是正确的。

- 事件 A 和事件 B 不能同时发生。
- 事件 A 和事件 B 没有共同的可能结果。
- $P(AB)=0$。

b. 得出结论。

3.3.2 加法原理

加法原理

事件 A 或 B 发生的概率为：

$$P(A\cup B)=P(A)+P(B)-P(AB)$$

如果事件 A 和 B 互斥，该原理可以简化为 $P(A\cup B)=P(A)+P(B)$。这个简化后的原理可以扩展至任意多个互斥事件。

总的来说，计算一个事件或另一个事件发生的概率，就是将单个事件的发生概率相加再减去事件同时发生的概率。

例 2　使用加法原理计算概率

1. 从一副牌（52 张）中抽出一张，计算是 4 或 A 的概率。
2. 掷骰子，计算掷出小于 3 的数或掷出奇数的概率。

解答：

1. 如果一张牌为 4，那么就不可能是 A。因此两事件互斥，如下图所示。

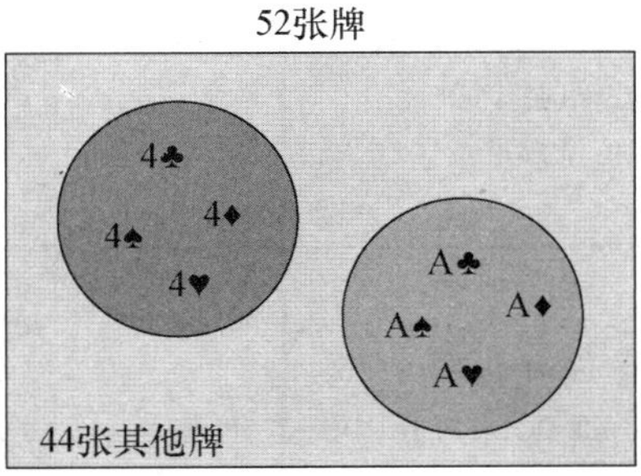

选出一张 4 或 A 的概率为：

$$P(4\cup \mathrm{A})=P(4)+P(\mathrm{A})=\frac{4}{52}+\frac{4}{52}=\frac{8}{52}=\frac{2}{13}\approx 0.154$$

2. 由于 1 是两个事件共同的可能结果，因此两事件不互斥，如下图所示。

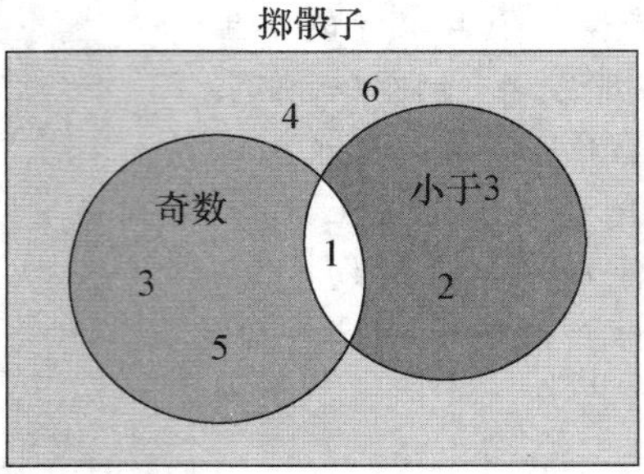

因此掷出小于 3 的数或掷出奇数的概率为：

$$P(\text{小于 3 或为奇数}) = P(\text{小于 3}) + P(\text{奇数}) - P(\text{小于 3 且为奇数})$$
$$= \frac{2}{6} + \frac{3}{6} - \frac{1}{6} = \frac{4}{6} = \frac{2}{3} \approx 0.667$$

▶试一试 2

1. 掷骰子，计算掷出 6 或掷出奇数的概率。
2. 从一副牌（52 张）中抽出一张，计算是带人脸的或红桃的概率。

a. 判断事件是否互斥。

b. 计算 $P(A)$，$P(B)$，如果需要，计算 $P(AB)$。

c. 使用加法原理计算概率。

例 3　计算互斥事件的概率

下面的频率分布显示了销售量和过去 3 年中一个销售代表达到每个销售量水平所需的时间。那么这个销售代表下个月达到 75 000～124 999 美元的概率是多少？

销售量（美元）	时间（月）
0～24 999	3
25 000～49 999	5
50 000～74 999	6
75 000～99 999	7
100 000～124 999	9
125 000～149 999	2
150 000～174 999	3
175 000～199 999	1

解答：

定义事件 A 和事件 B。

A：月销售量在 75 000～99 999 美元之间。

B：月销售量在 100 000～124 999 美元之间。

由于事件 A，B 互斥，下个月达到 75 000～124 999 美元的概率为：

$$P(A \cup B) = P(A) + P(B) = \frac{7}{36} + \frac{9}{36} = \frac{16}{36} = \frac{4}{9} \approx 0.444$$

▶试一试 3

这个销售代表下个月销售量为 0～49 999 美元的概率是多少？

a. 定义事件 A 和 B。

b. 证明 A 和 B 互斥。

c. 计算每个事件的概率。

d. 使用加法原理计算概率。

例 4 使用加法原理计算概率

一个血库对 5 天内捐献的血液按血型分类，分类标准包括 Rh 阴性和阳性。捐献者的选择是随机的。

1. 计算捐献者血型为 O 型或 A 型的概率。
2. 计算捐献者血型为 B 型或 Rh 阴性的概率。

		血型				
		O	A	B	AB	总计
Rh 因子	阳性	156	139	37	12	344
	阴性	28	25	8	4	65
	总计	184	164	45	16	409

解答：

1. 由于捐献者的血型不能同时为 A 型和 O 型，因此两事件互斥。基于加法原理，捐献者血型为 O 型或 A 型的概率为：

$$P(\text{O 型或 A 型})=P(\text{O 型})+P(\text{A 型})=\frac{184}{409}+\frac{164}{409}=\frac{348}{409}\approx 0.851$$

2. 由于捐献者的血型可以同时为 B 型和 Rh 阴性，因此两事件不互斥。根据加法原理，捐献者血型为 B 型或 Rh 阴性的概率为：

$$P(\text{B 型或 Rh 阴性})=P(\text{B 型})+P(\text{Rh 阴性})-P(\text{B 型和 Rh 阴性})$$
$$=\frac{45}{409}+\frac{65}{409}-\frac{8}{409}=\frac{102}{409}\approx 0.249$$

▶试一试 4

1. 计算捐献者血型为 B 型或 AB 型的概率。
2. 计算捐献者血型为 O 型或 Rh 阳性的概率。

a. 判断是否为互斥事件。

b. 使用加法原理。

3.3.3 概率的总结

概率类型及概率原理	概括	公式
古典概率	样本空间中的样本点个数已知且等概率出现	$P(E)=\frac{\text{事件 }E\text{ 中的样本点数}}{\text{样本空间中的样本点总数}}$
经验概率	样本空间中样本点出现的频率由经验估计得出	$P(E)=\frac{\text{事件 }E\text{ 发生的频率}}{\text{总频率}}=\frac{f}{n}$

续前表

概率类型及概率原理	概括	公式
概率的范围	事件的概率在 0 和 1 之间，包含 0 和 1	$0 \leqslant P(E) \leqslant 1$
互补事件	事件 E 的补是样本空间中所有不在事件 E 中的样本点的集合，记做 E'	$P(E')=1-P(E)$
乘法原理	乘法原理用于计算两个事件顺序发生的概率	$P(AB)=P(A)\cdot P(B\|A)$ $P(A\,B)=P(A)\cdot P(B)$ 独立事件
加法原理	加法原理用于计算两个事件中至少一个发生的概率	$P(A\cup B)=P(A)+P(B)-P(AB)$ $P(A\cup B)=P(A)+P(B)$ 互斥事件

例 5

结合原理计算概率

使用下图计算随机选择一个新秀，不是跑卫或外接球手的概率是多少？

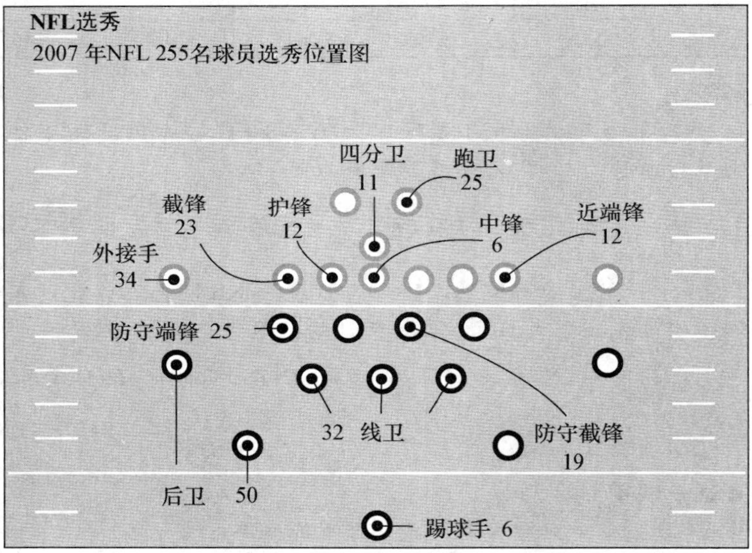

资料来源：NFL. com.

解答：

定义事件 A，B。

A：入选新秀是跑卫。

B：入选新秀是外接手。

这两个事件互斥，因此入选新秀是带球后卫或外接球员的概率是

$$P(A\cup B)=P(A)+P(B)=\frac{25}{255}+\frac{34}{255}=\frac{59}{255}\approx 0.231$$

通过计算 $P(A\cup B)$ 的补得到入选新秀不是带球后卫或外接球员的概率为：

$$1-P(A\cup B)=1-\frac{59}{255}=\frac{196}{255}\approx 0.769$$

▶试一试 5

计算随机选择一个入选新秀不是线卫或四分卫的概率是多少？

a. 计算是线卫或四分卫的概率。

b. 计算事件的补。

练习 3.3

基础技能训练和术语

1. 如果两事件互斥，为什么 $P(AB)=0$？

判断 对于习题 3，5，判断陈述是否正确，如果错误，请写出正确的陈述。

3. 如果两事件互斥，那么它们没有共同的样本点。

5. 事件 A 或 B 将发生的概率是 $P(A\cup B)=P(A)+P(B)-P(A\cup B)$。

应用和解释概念

13. **审计** 在 52 周中，一家公司付了 18 周的加班费，并雇用了 9 周的临时助理。在 5 周中，该公司支付加班费并雇用临时助理。

(a) 事件“选择一周包含加班费”和事件“选择一周雇用临时助理”是否互斥？请解释原因。

(b) 如果审计员随机检查一周的薪水账册，账册中包含加班费或雇用临时助理费用的概率是多少？

15. **纸箱缺陷** 某生产纸箱的公司发现生产出一个有穿孔的纸箱的概率是 0.05，生产出一个有缺角的纸箱的概率是 0.08，生产出一个有穿孔且有缺角的纸箱的概率是 0.004。

(a) 事件“生产出一个有穿孔的纸箱”和事件“生产出一个有缺角的纸箱”是否互斥，并解释原因。

(b) 如果质量检测员随机选一个纸箱，那么这个纸箱有穿孔或缺角的概率是多少？

扩展概念

27. **论述** 独立事件和互斥事件是否有关系？对下列问题作出判断并举例。

(a) 两个事件不相互独立但互斥。

(b) 两个事件独立且互斥。

(c) 两个事件不独立且不互斥。

(d) 两个事件独立且不互斥。

三个事件的加法原则 计算事件 A，B 或 C 将发生的概率 $P(A\cup B\cup C)$，有加法原则：

$$P(A\cup B\cup C)$$
$$=P(A)+P(B)+P(C)-P(AB)$$
$$-P(AC)-P(BC)+P(ABC)$$

下图中，白色区域代表 $P(A\cup B\cup C)$。

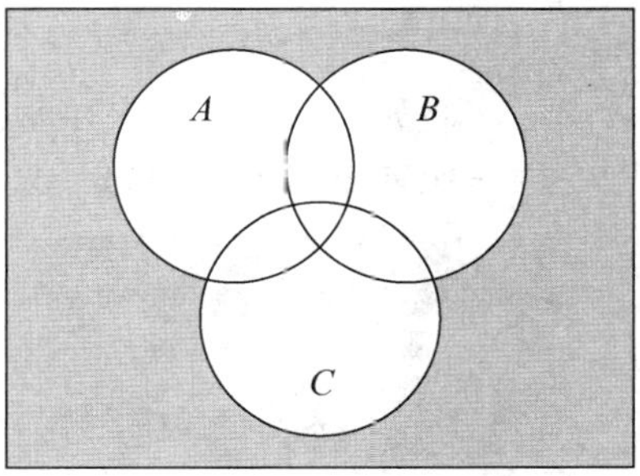

根据已知条件计算 $P(A\cup B\cup C)$。

29. $P(A)=0.38$，$P(B)=0.26$，$P(C)=0.14$，$P(AB)=0.12$，$P(AC)=0.03$，$P(BC)=0.09$，$P(ABC)=0.01$。

3.4 关于概率与运算的其他问题

3.4.1 排列

在 3.1 节中，我们学习了基本运算规则，并运用其计算两个或多个事件顺序发生有多少种方式。在本节中，我们将学习计算某一事件发生概率的其他方法。一个基本运算规则的重要应用是计算 n 个物品顺序安排或排列有多少种方式。

定义

一个**排列**（permutation）是按某顺序放置物品。n 个物品有 $n!$ 种不同排列。

n 的阶乘（n factorial）的定义如下：

$$n! = n \cdot (n-1) \cdot (n-2) \cdot (n-3) \cdots 3 \cdot 2 \cdot 1$$

特例：$0!=1$。下面列出一些 $n!$ 的例子：$1!=1$，$2!=2\times1=2$，$3!=3\times2\times1=6$，$4!=4\times3\times2\times1=24$。

例1 计算 n 个物品的排列数目

一个 9×9 的数独格，要在每个格子中填上 1～9 中的某个数字，并保证每一行、每一列和每个 3×3 的格子中都包含 1～9。那么 9×9 的数独格第一行有多少种不同的填写方法？

解答：

排列的数量为 $9!=9\times8\times7\times6\times5\times4\times3\times2\times1=362\,880$。因此数独格第一行有 362 880 种不同的填写方法。

▶试一试1

MLB 中部赛区中的队伍有：芝加哥小熊队、休斯敦太空人队、匹兹堡海盗队、辛辛那提红人队、密尔沃基酿酒人队、圣路易斯红雀队。最终名次有多少种可能？

a. 计算共有多少支队伍，确定 n。

b. 计算 $n!$。

假如要从一些物品中取出一部分并按某种顺序排列，这种做法称为**从 n 个物品中一次取出 r 个的排列**（permutation of n objects taken r at a time）

从 n 个物品中一次取出 r 个的排列

从 n 个不同物品中一次取出 r 个的排列数目是

$${}_nP_r=\frac{n!}{(n-r)!}$$

式中，$r\leqslant n$。

例2 计算${}_nP_r$

无重复的三位密码有多少种？

解答：

为了组成无重复的三位密码，需要先从 10 个数字中选出 3 个，因此 $n=10$，$r=3$。

$${}_nP_r={}_{10}P_3=\frac{10!}{(10-3)!}=\frac{10!}{7!}=\frac{10\cdot9\cdot8\cdot\cancel{7}\cdot\cancel{6}\cdot\cancel{5}\cdot\cancel{4}\cdot\cancel{3}\cdot\cancel{2}\cdot\cancel{1}}{\cancel{7}\cdot\cancel{6}\cdot\cancel{5}\cdot\cancel{4}\cdot\cancel{3}\cdot\cancel{2}\cdot\cancel{1}}=720$$

因此无重复的三位密码有 720 种。

▶试一试 2

一位心理学家列出了她的研究科目的 8 种活动。如果一个研究科目包含第一个、第二个以及第三个活动，有多少种可能？

a. 计算 $n!$ 和 $(n-r)!$（列出因子并消去）。

b. 写出结果。

例 3　从 n 个物品中一次取出 r 个的排列

43 辆赛车参加 2007 年德通纳海滩 500（Daytona 500）比赛。比赛的前三名有多少种可能？（资料来源：NASCAR. com）

解答：

需要从 43 辆赛车中选出 3 辆，因此 $n=43$，$r=3$。由于顺序是至关重要的，因此比赛前三名的可能情况有

$$_nP_r={}_{43}P_3=\frac{43!}{(43-3)!}=\frac{43!}{40!}=43\times42\times41=74\ 046$$

▶试一试 3

某公司的董事会包含 12 名成员，其中有一位董事长、一位副董事长、一位秘书、一位会计。安排这些职位有多少种方法？

a. 确定总数 n 和选出的数目 r。

b. 计算 $_nP_r$。

有些情况下，需要安排的物品可能有些是相同的。比如，一些字母中包含 4 个 A，2 个 B，1 个 C，排列这些字母有多少种方式？使用之前的公式你会发现有 $_7P_7=7!$ 种可能。但由于一些字母是相同的，不是所有序列都是不同的。共有多少不同的排列？计算公式如下。

可区别的排列

可区别的排列（distinguishable permutations）：n 个物品，其中 n_1 个是同一种，n_2 个是另一种，以此类推。可区别的排列数为：

$$\frac{n!}{n_1!\cdot n_2!\cdot n_3!\cdots n_k!}$$

式中，$n_1+n_2+n_3+\cdots n_k=n$。

例 4　可区别的排列

某建筑承包商计划建设一片住宅，包括 6 栋平房、4 栋二层楼房和 2 栋错层式住宅。共有多少种安排住宅的方式？

解答：

这片住宅共有 12 栋房子，第一种（平房）有 6 栋，第二种（二层楼房）有 4 种，第三种（错层式住宅）有 2 栋。因此，排列方式共有

$$\frac{12!}{6!\times4!\times2!}=\frac{12\times11\times10\times9\times8\times7\times6!}{6!\times4!\times2!}=13\,860$$

解释：

共有 13 860 种不同的方式安排住宅。

▶试一试 4

某承包商计划种植 6 棵橡树、9 棵枫树和 5 棵白杨树。在一片土地上均匀种植，共有多少种不同的种植方法？

a. 计算总数 n 和每一类的数目 n_1，n_2，n_3。

b. 计算$\dfrac{n!}{n_1!\cdot n_2!\cdot n_3!\cdots n_k!}$。

3.4.2 组合

假如需要从 5 张 CD 中选 3 张购买，共有 10 种选择方式：

ABC，ABD，ABE，ACD，ACE，ADE，BCD，BCE，BDE，CDE

在每种选择中，顺序是无关紧要的（ABC 和 BAC 是一样的）。从 n 个物品中选出 r 个，不考虑顺序，称为**从 n 个物品中一次选出 r 个的组合**（combination of n objects taken r at a time）

从 n 个物品中一次选出 r 个的组合

一个组合是从 n 个物品中一次选出 r 个，记为${}_nC_r$。组合的数目为：

$${}_nC_r=\frac{n!}{(n-r)!\ r!}$$

例 5 **计算组合的数量**

某州政府交通运输部门计划建设一段州级高速公路，共收到 16 份投标书。州政府打算雇用 4 家公司承担该项目，共有多少种选择方法？

解答：

州政府需要从 16 家公司中选择 4 家，因此 $n=16$，$r=4$。由于无须考虑顺序，有

$${}_nC_r={}_{16}C_4=\frac{16!}{(16-4)!\ 4!}=\frac{16!}{12!\ 4!}=\frac{16\times15\times14\times13\times12!}{12!\times4!}=1\,820$$

解释：

从 16 家公司中选择 4 家总有 1 820 种不同组合。

▶试一试 5

一位公司经理计划从 20 名员工中选出 3 人组成一个咨询委员会，共有多少种选择方式？

a. 确定总数 n 和需选出的人数 r。

b. 计算$_nC_r$。

c. 得出结论。

运算规则总结如下。

运算规则	文字描述	公式
基本运算规则	如果一个事件有 m 种方式发生，另一事件有 n 种方式发生，则两事件顺序发生有 $m\cdot n$ 种方式	$m\cdot n$
排列	按顺序安排 n 个不同物品的方式数目	$n!$
	从 n 个不同物品中一次拿出 r 个的排列数目，$r\leqslant n$	$_nP_r=\frac{n!}{(n-r)!}$
	n 个物品可区别的排列数目，其中 n_1 个是同一种，n_2 个是另一种，以此类推	$\frac{n!}{n_1!\cdot n_2!\cdot n_3!\cdots n_k!}$
组合	从 n 个物品中一次选出 r 个的组合数目，不考虑顺序	$_nC_r=\frac{n!}{(n-r)!r!}$

3.4.3 运算规则的应用

例 6 **计算概率**

一个学习顾问委员会包含 17 名成员，其中有 1 名委员会主席、1 名秘书、1 名网站管理员。每个成员担任 3 个职位的机会均等，随机选择 3 名成员安排到这 3 个职位，正确的概率是多少？

解答：

只有一种最佳选择结果，因此有

$$_{17}P_3=\frac{17!}{(17-3)!}=\frac{17!}{14!}=17\times 16\times 15=4\ 080$$

正确任命 3 个职位的概率是

$$P(\text{选择 3 名成员})=\frac{1}{4\ 080}\approx 0.000\ 2$$

▶试一试 6

一个学习顾问委员会包含 20 名成员，其中有 1 名委员会主席、1 名秘书。每个成员担任 2 个职位的机会均等，随机选择 2 名成员，正确安排这 2 个职位的概率是多少？

a. 确定任命 2 个职位有多少种方式。

b. 计算正确选择 2 个成员的概率。

例 7 **计算概率**

假如有 11 个字母，其中 1 个 M，4 个 I，4 个 S，2 个 P。如果这些字母随机按顺序排列，则组成 Mississippi 的概率是多少？

解答：

只有一个最佳答案，但有 $\frac{11!}{1!\cdot 4!\cdot 4!\cdot 2!}=34\ 650$ 种不同的字母排列。因此，拼出 Mississippi 的概率为：

$$P(\text{Mississippi})=\frac{1}{34\ 650}\approx 0.000\ 029$$

▶试一试 7

假如有 6 个字母，其中 1 个 L，2 个 S，2 个 T，1 个 R。如果这些字母随机按顺序排列，则组成 letter 的概率是多少？

a. 确定最佳答案的数目和不同排列的数目。

b. 用最佳答案的数目除以不同排列的数目。

例 8　计算概率

计算从一副牌（52 张）中抽出 5 张方块的概率是多少？（在扑克中，这是方块同花。）

解答：

从 13 张方块中选出 5 张的可能方式有 ${}_{13}C_5$ 种，从一副牌中抽出 5 张的可能情况有 ${}_{52}C_5$ 种，因此，抽出 5 张方块的概率是

$$P(\text{方块同花})=\frac{{}_{13}C_5}{{}_{52}C_5}=\frac{1\ 287}{2\ 598\ 960}\approx 0.000\ 5$$

▶试一试 8

计算从一副牌（54 张，包含大小王）中抽出 5 张方块的概率是多少？在本例中，大小王可代替任何一张牌。

a. 计算从 15 张方块中选出 5 张有多少种方式。

b. 计算选出 5 张牌有多少种方式。

c. 用 a 的结果除以 b 的结果。

例 9　计算概率

一家食品生产厂欲分析一个包含 400 粒玉米仁的样本中的毒素。在这个样本中，3 个玉米仁具有高危险度的毒素。如果从样本中随机选出 4 个玉米仁，那么只有 1 个含有高危险毒素的概率是多少？

解答：

从 3 个含毒素玉米仁中选出 1 个的方法有 ${}_3C_1$ 种，从 397 个不含毒素的玉米仁中选出 3 个的方法有 ${}_{397}C_3$ 种。因此，使用基本运算规则可得选出 1 个含毒素的玉米仁和 3 个不含毒素的玉米仁的方式。

$${}_3C_1\cdot{}_{397}C_3=3\times 10\ 349\ 790=31\ 049\ 370$$

从 400 个玉米仁中选出 4 个的方式有 ${}_{400}C_4=1\ 050\ 739\ 900$ 种，因此，随机选出的 4 个玉米仁中只有 1 个含有高危险毒素的概率是

$$P(1\text{个有毒玉米仁})=\frac{{}_3C_1 \cdot {}_{397}C_3}{{}_{400}C_4}=\frac{31\ 049\ 370}{1\ 050\ 739\ 900}\approx 0.029\ 6$$

▶试一试 9

一个陪审团包含 5 位男性和 7 位女性，从中随机选择 3 位，则 3 位均为男性的概率是多少？

a. 计算从 5 名男性中选出 3 位和从 7 位女性中选出 0 位分别有多少种方式。

b. 计算从 12 名成员中选择 3 位有多少种方式。

c. 用 a 的计算结果除以 b 的计算结果。

练习 3.4

□ 基础技能训练和术语

1. 当计算从 n 个不同物品中一次拿出 r 个的排列数目时，计算的是什么？给出例子。

判断　对于习题 3，5，判断陈述是否正确，如果错误，请写出正确的陈述。

3. 组合是按顺序排列物品。

5. 如果用从 11 个物品中一次取出 3 个的排列数目除以 3!，将得到从 11 个物品中一次取出 3 个的组合数目。

□ 应用和解释概念

19. **航天飞机上的菜单**　宇航员平均每天需要摄入 3 000 卡路里。一餐一般包含 1 个主菜、1 种蔬菜、2 种不同甜点。宇航员可以从 10 种主菜、8 种蔬菜和 13 种甜点中选择。一共有多少种不同的选择方式？（资料来源：NASA）

21. **安全密码**　A，B，C，D，E，F 六个字母组成密码有多少种方式？

23. **彩票数字选择**　彩票有 52 个不同数可选，选择 6 个数共有多少种不同的方式（不考虑顺序）？

□ 扩展概念

NBA 选秀　在习题 53，55 中，使用下列信息。

NBA 使用抽签来决定来年头三号新秀权的归属，未能进入季后赛的 14 支球队才有资格参加抽签。编号为 1～14 的 14 个乒乓球放在一个圆桶中，每个球队都安排有一个四个数的组合以和乒乓球代表的组合对应，比如 3，8，10，12。从圆桶中抽出四个球以决定头三号新秀权的归属，抽出球的顺序并不重要。所有的四个数组合都被电脑安排给各个队伍，除了一个组合，而当这个组合抽出时，球将会放回桶中并进行新一次的抽签。比如，当 A 队的组合为 3，8，10，12，而恰好抽出的球上的数字为该组合，那么 A 队就赢得了第一选择权。

第一选择权确定后，抽签将继续以确定第二、第三选择权。之后的顺序由输球场次决定。

53. 如果不考虑顺序，则从 1～14 中选出四个数有多少种方式？有多少个四个数的集合安排给了 14 支队伍？

55. 计算每个队伍赢得第一选择权的概率是多少。

本章测验

1. 下表显示了美国 2004 年学位获得者按性别和学位分组的人数（单位：千人）。（资料来源：National Center for Education Statistics）

		性别		
		男	女	总计
学位	大专	260	405	695
	学士	595	804	1 399
	硕士	230	329	559
	博士	25	23	48
	总计	1 110	1 561	2 671

随机选择一个在 2004 年获得学位的人，计算如下情况的概率。

(a) 获得学士学位。

(b) 已知是位女性，获得学士学位。

(c) 已知是位男性，获得学士学位。

(d) 获得大专或学士学位。

(e) 已知是位男性，获得博士学位。

(f) 是位女性或获得硕士学位。

(g) 是位男性且获得大专学位。

(h) 已知获得学士学位，是位女性。

2. 判断以下两个事件是否互斥，然后判断它们是否独立，并给出理由。

事件 A：一位高尔夫选手在四回合比赛获得最佳的回合成绩。

事件 B：他输了这次比赛。

3. 150 台电视机有 3 台不合格，计算购买 3 台电视机时出现如下结果的概率。

(a) 没有不合格品。

(b) 全部都是不合格品。

(c) 至少有一台合格。

4. 计算习题 3 中出现如下结果的概率。

(a) 没有不合格品。

(b) 全部都是不合格品。

(c) 至少有一台合格。

5. 一个仓库安全系统的访问密码由 6 位组成，其中第 1 位不能为 0，最后一位必须是偶数，则可以设置多少种不同的密码？

6. 办公室主任、副主任、秘书和会计将从 30 位求职者中选出，则有多少种方案可供选择？

现实中的统计——真实的决策

你就职于经营乐透彩票的娱乐公司，乐透彩票号码由 5 个白球号码和 1 个红球号码组成，白球号码从 55 个号码中选出，红球号码从 42 个号码中选出，只有玩家所买彩票的 5 个白球号码和 1 个红球号码完全猜中才能赢得头奖，其他奖项如下所示。

奖项设置

匹配	奖项	近似概率
5 白球，1 红球	头奖	1/146 107 962
5 白球	100 000 美元	1/3 563 609
4 白球，1 红球	5 000 美元	1/584 432
4 白球	100 美元	1/14 254
3 白球，1 红球	100 美元	1/11 927
3 白球	7 美元	1/291
2 白球，1 红球	7 美元	1/745
1 白球	4 美元	1/127
1 红球	3 美元	1/69

资料来源：Multi-State Lottery Association.

哪些州玩乐透

乐透彩票遍及29个州、华盛顿特区和美属维京群岛

美属维京群岛

资料来源：Multi-State Lottery Association.

假设你在公司的咨询部门工作，需要处理来自媒体和玩家的问题。你收到如下邮件：

> 你列出的仅红球匹配的概率为1/69，从统计课上我学到概率是满足条件的事件数和总事件数的比值，你能给我解释下为什么仅红球匹配的概率为1/69吗？

利用在本章学习的概率知识回答这个问题。

□ 练 习

1. 如何入手

(a) 怎么理解仅红球匹配这个问题?

(b) 会用到本章哪些概率统计方法?

2. 回答问题

给出仅红球匹配的概率问题的答案并解释,解释中应包括概率计算所用的公式。

3. 其他问题

你收到的另一个问题是乐透中奖的概率如何确定。乐透中奖的概率为1/37,请解释并给出证明。

第 4 章
离散概率分布

回顾

在第 1 章到第 3 章中，我们学习了如何收集、描述数据以及如何计算事件的概率。这些技能在很多职业中都会用到。例如，气象条件的数据可用来分析并预测世界各地的天气。5 000 个气象站、800～1 100 个气象气球站、2 000 艘船、600 架飞机，一些极地轨道和同步卫星以及各种数据收集装置共同工作，以提供用于预报天气的气象数据。即使有这些数据，气象学家也不能完全准确地预报天气，他们给气象条件赋予概率。比如，气象学家认为有 40%的可能性将会下雨（基于相似天气条件下的相关数据）。

预习

在第 4 章中，我们将学习如何建立并运用概率分布。了解概率分布的形状、中心以及方差将使你能够在推断统计中做出正确判断。假如你是位气象学家，现需要

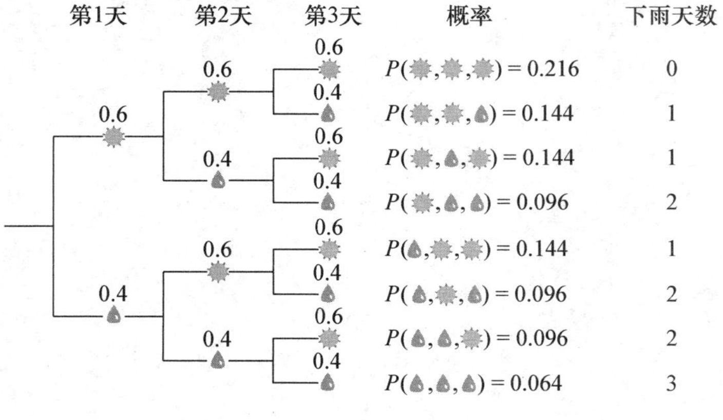

作出3天的天气预测。假设一天下雨与另一天下雨是独立事件，你已经判断出3天中每天下雨的概率都是40%（不下雨的概率是60%），则下雨的天数为0，1，2，3天的概率分别是多少？为了解决这个问题，可以建立一个所有可能结果的分布。

使用加法原理和树图中的概率，可以确定下雨天数为0～3的概率，并可以运用这些信息画出概率分布图。

概率分布		
下雨天数	事件数	概率
0	1	0.216
1	3	0.432
2	3	0.288
3	1	0.064

下雨天数图

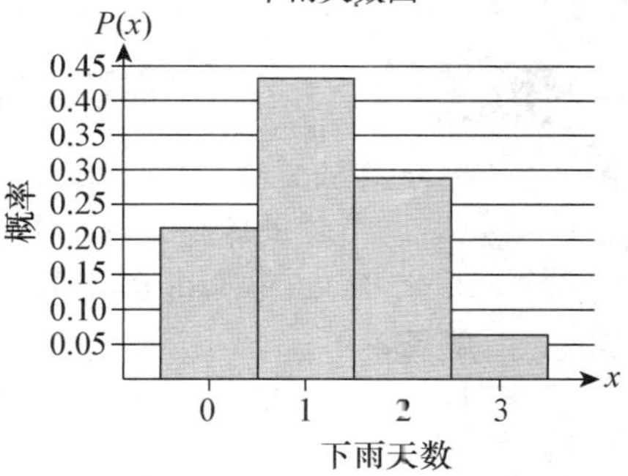

4.1 概率分布

4.1.1 随机变量

概率实验的结果通常是一个计数或测度，事件的结果称为随机变量。

定义

随机变量 *x*（random variable x）代表与概率实验结果相关的数值。

随机一词代表了 x 由机会决定。随机变量 x 有两种类型：离散和连续。

定义

如果变量是**离散**（discrete）的，则它的值为有限或可数，可以一一列出。

如果变量是**连续**（continuous）的，则它是不可数的，代表数轴上的一个区间。

假设你负责一项研究推销员一天打电话的数目的调查，随机变量 x 的可能值为0，1，2，3，4等，由于结果的可能值集合{0，1，2，3，…}可列，因此 x 为离散型随机变量，并可以用数轴上的点代表这些值。

打电话的数目（离散）

x 的值仅能为1，2，3，…

另一个研究该问题的方法是计算推销员一天内打电话的时长（以小时计算）。由于打电话的时长可能是从0～24的任意值（包括分数和小数），x 为连续型随机变量。可以用数轴上的一段区间代表 x 的值，但不能列出所有可能值。

打电话的时长（连续）

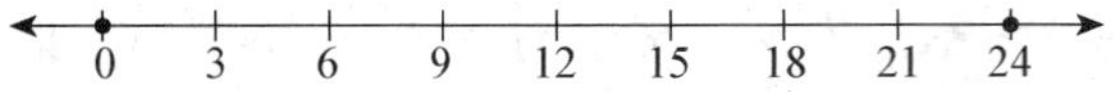

x 可以是 0～24 之间的任意值

当一个随机变量是离散型时，可以列出所有可能的假设值，但是，列出连续型随机变量的所有可能值是不可能的。

例 1　离散型随机变量和连续型随机变量

判断随机变量 x 是离散型还是连续型，并解释原因。

1. x 代表道琼斯工业平均指数的股份，在给定的某天股价上涨。
2. x 代表一个 32 盎司的容器中的水量。

解答：

1. 股价上涨的股份数量是可数的。

   $\{0,1,2,3,\cdots,30\}$

   因此，x 为离散型随机变量。
2. 容器中的水量可以是从 0～32 盎司的任意值，因此 x 为连续型随机变量。

▶试一试 1

判断随机变量 x 是离散型还是连续型。

1. x 代表完成一个测试的时间长度。
2. x 代表一支乐队在摇滚音乐节上演唱的歌曲数目。

a. 判断 x 代表的是计数型数据还是数值型数据。

b. 得出结论并进行解释。

由于离散型随机变量和连续型随机变量采用不同的分析技术，因此区分二者是非常重要的。本章的后面部分将着重讨论离散型随机变量及其分布。之后的章节将学习连续型随机变量的分布。

4.1.2 离散概率分布

离散型随机变量的每个值都可安排一个概率值。通过列出随机变量每个值的概率，就形成了概率分布。

定义

离散概率分布（discrete probability distribution）列出了每个随机变量的可能值以及概率。概率分布必须满足以下条件。

文字描述	公式
1. 离散型随机变量每个值的概率为从 0～1 的值，包含 0 和 1。	$0\leqslant P(x)\leqslant 1$
2. 所有概率的总和为 1。	$\sum P(x)=1$

由于概率代表相对频率，离散概率分布可以用相对频率直方图表示。

指南

构建离散概率分布

令 x 为离散型随机变量，可能值为 x_1，x_2，…，x_n。

1. 得出可能值的频率分布。
2. 计算频率总数。
3. 用各个可能值的频率除以总频率。
4. 检查每个概率值是否为包含 0，1 在内的 0～1 之间的值，且总和为 1。

例 2　构建并画出离散概率分布

一位心理学家负责一个包含 150 个员工的人格测验。给每个人从 1～5 打分，1 代表十分消极，5 代表十分积极，3 代表适中，结果如下表所示。构建随机变量 x 的概率分布，然后画出分布的直方图。

分数 x	1	2	3	4	5
频率 $P(x)$	24	33	42	30	21

解答：

用各个分数的频率除以总频率以得出随机变量每个值的概率。

$$P(1)=\frac{24}{150}=0.16\quad P(2)=\frac{33}{150}=0.22\quad P(3)=\frac{42}{150}=0.22$$

$$P(4)=\frac{30}{150}=0.20\quad P(5)=\frac{21}{150}=0.14$$

离散概率分布如下表所示。

x	1	2	3	4	5
$P(x)$	0.16	0.22	0.28	0.20	0.14

$$0\leqslant P(x)\leqslant 1\qquad \sum P(x)=1$$

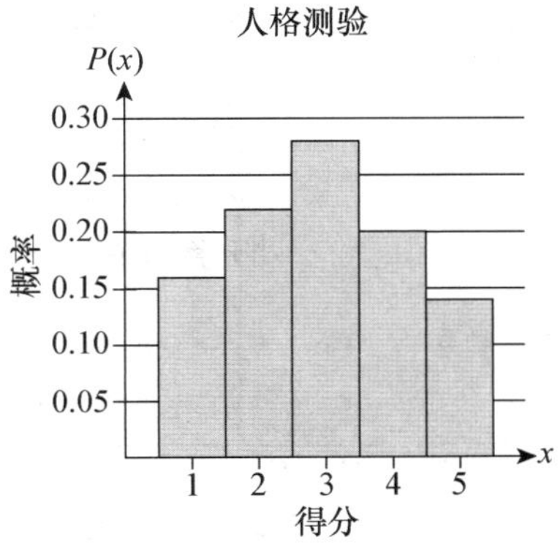

每个条形的宽度是 1，每个条形的面积等于每个可能值的概率。一个事件的概率与事件所有可能结果的面积总和相符。比如，事件“得 2 分或 3 分”的概率等于第二个和第三个条形的面积之和。

$$1\times0.22+1\times0.28=0.22+0.28=0.50$$

解释：

可以看出分布是大致对称的。

▶试一试 2

一家公司追踪100天试用期内新员工每天的销售量。一个新员工的销售量如下表所示，构建并画出该概率分布。

每天销售量 x	0	1	2	3	4	5	6	7
天数 f	16	19	15	21	9	10	8	2

a. 确定每个可能值的概率。

b. 组合概率以构建概率分布。

c. 画出概率分布的直方图。

例 3　检验概率分布

检验下表所示分布是否为概率分布。

下雨天数 x	0	1	2	3
概率 $P(x)$	0.216	0.432	0.288	0.064

解答：

如果该分布为概率分布，则每个概率在0～1之间，包含0，1。同时概率之和为1。

1. 每个概率在0～1之间。

2. $\sum P(x)=0.216+0.432+0.288+0.064=1$。

解释：

由于两个条件都满足，该分布为概率分布。

▶试一试 3

检验在试一试2中构建的分布是否为概率分布。

a. 检验每个概率在0～1之间，包含0，1。

b. 检验概率之和为1。

c. 得出结论。

例 4　概率分布

判断各分布是否为概率分布。

1.

x	5	6	7	8
$P(x)$	0.28	0.21	0.43	0.15

2.

x	1	2	3	4
$P(x)$	1/2	1/4	5/4	−1

解答：

1. 每个概率在0～1之间，但概率之和为1.07，大于1。因此不是概率分布。

2. 概率之和为 1，但 $P(3)$ 和 $P(4)$ 不在 0～1 之间。因此不是概率分布，概率不能为负或大于 1。

▶试一试 4

判断以下分布是否为概率分布，并解释原因。

1.

x	5	6	7	8
$P(x)$	1/16	5/8	1/4	1/16

2.

x	1	2	3	4
$P(x)$	0.09	0.36	0.49	0.06

a. 检验各个概率是否在 0～1 之间。

b. 检验所有概率之和是否为 1。

c. 得出结论。

4.1.3 均值、方差和标准差

可以通过均值计算概率分布的中心，也可以使用方差和标准差计算离散度。离散型随机变量的均值定义如下。

离散型随机变量的均值

离散型随机变量的**均值**（mean）为：

$$\mu = \sum xP(x)$$

每个 x 与其对应概率相乘，并将结果相加。

随机变量的均值代表概率实验的“理论均值”，有时它并不是一个可能的结果。当实验进行足够多次时，所有事件结果的均值将接近随机变量的均值。

例 5　计算概率分布的均值

例 2 中讨论的人格测验结果如下表所示，计算分数的均值并得出结论。

x	1	2	3	4	5
$P(x)$	0.16	0.22	0.28	0.20	0.14

解答：

使用下表计算结果。可见，分数的均值约为 2.9，分数 3 代表一个人的性格既不消极也不积极，均值略小于 3。

x	$P(x)$	$xP(x)$
1	0.16	$1\times0.16=0.16$
2	0.22	$2\times0.22=0.44$
3	0.28	$3\times0.28=0.84$
4	0.20	$4\times0.20=0.80$
5	0.14	$5\times0.14=0.70$
	$\sum P(x)=1$	$\sum xP(x)=2.94$

解释：

可以得出结论，性格的平均水平既不是非常积极，也不是非常消极，略接近于积极。

▶试一试 5

计算试一试 2 中概率分布的均值，可以得出什么结论？

a. 计算各个随机结果和其概率相乘的结果。

b. 计算结果的总和。

c. 得出结论。

尽管随机变量概率分布的均值描述了事件的一个典型结果，但并未给出关于离散度的任何信息。为了研究事件结果的变化，可以使用随机变量概率分布的方差和标准差。

离散型随机变量的标准差

离散型随机变量的**方差**（variance）是

$$\sigma^2=\sum(x-\mu)^2P(x)$$

标准差（standard deviation）是

$$\sigma=\sqrt{\sigma^2}=\sqrt{\sum(x-\mu)^2P(x)}$$

例 6　计算方差和标准差

例 2 中讨论的人格测验结果如下表所示，计算概率分布的方差和标准差。

x	1	2	3	4	5
$P(x)$	0.16	0.22	0.28	0.20	0.14

解答：

从例 5 中我们得知，分布的均值 $\mu=2.94$，使用下表计算结果。

x	$P(x)$	$x-\mu$	$(x-\mu)^2$	$P(x)(x-\mu)^2$
1	0.16	−1.94	3.764	0.602
2	0.22	−0.94	0.884	0.194
3	0.28	0.06	0.004	0.001
4	0.20	1.06	1.124	0.225
5	0.14	2.06	4.244	0.594
	$\sum P(x)=1$			$\sum P(x)(x-\mu)^2=1.616$

因此方差为：

$$\sigma^2=1.616\approx1.6$$

标准差为：

$$\sigma=\sqrt{\sigma^2}=\sqrt{1.616}\approx1.3$$

解释：

大多数数据偏离均值不大于 1.3。

▶试一试 6

计算试一试 2 中构建的概率分布的方差和标准差。

a. 对每个 x，通过均值计算偏差的平方并与对应的 x 的概率相乘。

b. 计算 a 中结果的总和以求得方差。

c. 计算方差的平方根以求得标准差。

d. 得出结论。

4.1.4 期望

随机变量的均值代表上千次实验预期将发生的值，也称为期望。

定义

离散型随机变量的**期望值**（expected value）等于随机变量的均值。

$$\text{期望值} = E(x) = \mu = \sum xP(x)$$

虽然概率值不可为负，但随机变量的期望可以为负。

例 7　　**计算期望**

1 500 张彩票以每张 2 美元的价格售出，设有 4 种奖：500 美元、250 美元、150 美元和 75 美元。买一张彩票，你的收益的期望是多少?

解答：

为了计算每个奖项的收益，从奖项金额中减去彩票价格。例如，获得 500 美元，收益是 500－2＝498（美元）；获得 250 美元，收益是 250－2＝248（美元）。

写出所有可能收益的概率分布。

收益 x	498 美元	248 美元	148 美元	73 美元	－2 美元
概率 $P(x)$	1/1 500	1/1 500	1/1 500	1/1 500	1 496/1 500

然后使用概率分布计算期望。

$$\begin{aligned}E(x) &= \sum xP(x)\\ &= 498\times\frac{1}{1\,500}+248\times\frac{1}{1\,500}+148\times\frac{1}{1\,500}+73\times\frac{1}{1\,500}+(-2)\times\frac{1\,496}{1\,500}\\ &= -1.35(\text{美元})\end{aligned}$$

解释：

由于期望为负，因此预期每买一张彩票将损失 1.35 美元。

▶试一试 7

2 000 张彩票以每张 5 美元的价格售出，设有 4 种奖：2 000 美元、1 000 美元、500 美元和 250 美元。买一张彩票，你的收益的期望是多少?

a. 计算每个奖项的收益。

b. 写出可能的收益的概率分布。

c. 计算期望。

d. 得出结论。

练习 4.1

基础技能训练和术语

1. 什么是随机变量？给出一个离散型随机变量和一个连续型随机变量的例子。

3. 一个会计师盈亏分析的期望为 0，解释其中的含义。

判断 对于习题 5，7，判断陈述是否正确。如果错误，请写出正确的陈述。

5. 很多应用中，连续型随机变量代表计数型数据，离散型随机变量代表数值型数据。

7. 随机变量的均值代表概率实验的“理论均值”，有时它并不是一个可能的结果值。

应用和解释概念

21. **员工测试** 一家公司给新员工做心理测试，随机变量 x 代表可能的测试分数。使

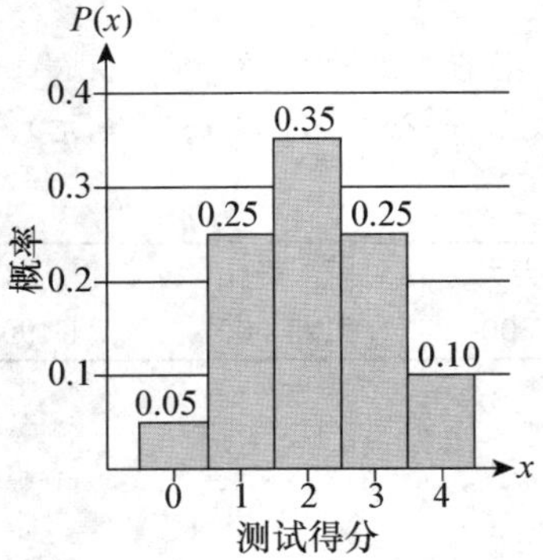

用直方图计算随机从测试样本中选择一个员工得分大于 2 的概率和得分小于 4 的概率。

计算缺失的概率 在习题 23 中，计算缺失的概率分布中的概率值。

23. **受抚养子女** 一位社会学家调查了小镇中的家庭。随机变量 x 代表家庭中抚养子女的数目。

x	0	1	2	3	4
$P(x)$	0.07	0.20	0.38	?	0.13

扩展概念

随机变量的线性变换 对一个随机变量 x，一个新的随机变量 y 可以通过**线性变换**(linear transformation) 产生：$y=a+bx$，a，b 为常数。如果随机变量 x 有均值 μx 和方差 σ^2，则有

$$\mu_y=a+b\mu_x \quad \sigma_y^2=b^2\sigma_x^2 \quad \sigma_y=|b|\sigma_x$$

47. 一家公司员工的年薪均值为 36 000 美元，年底时，每个员工获得 1 000 美元奖金和 5%的提成（在薪资基础上）。新的员工年薪是多少（包括奖金和提成）？

4.2 二项分布

4.2.1 二项试验

很多概率实验的结果都可以归为两种：成功和失败。比如，当一个篮球运动员

罚球时，结果有两种：罚中和未罚中。这样的概率实验称为二项试验。

定义

二项试验（binomial experiment）是满足下列条件的概率实验：

1. 实验重复固定次数，且每次实验相互独立。
2. 每次实验只有两种可能结果：成功（S）和失败（F）。
3. 每次实验成功的概率 $P(S)$ 相等。
4. 用随机变量 x 表示成功的实验次数。

二项试验中的符号如下：

符号	文字描述
n	实验重复的次数
$p=P(S)$	单一实验的成功概率
$q=Q(F)$	单一实验的失败概率（$q=1-p$）
x	随机变量 x 代表 n 次实验中成功的次数：$x=0$，1，2，3，…，n

下面我们来看一个二项试验的简单例子。从一副牌（52 张）中抽出一张，记录是否为梅花，之后放回。重复试验 5 次，$n=5$。每次试验的结果可分为两类：S=选出梅花，F=选出其他花色，成功和失败的概率分别为：

$$p=P(S)=1/4 \quad q=Q(F)=3/4$$

随机变量 x 代表 5 次试验中选到梅花的数量，因此可能取值为 0，1，2，3，4，5。例如 $x=2$，则 5 次试验中有 2 次选出梅花，3 次选出其他花色。$x=2$ 的一个例子如下所示。由于 x 的所有可能值可列，因此为离散型随机变量。

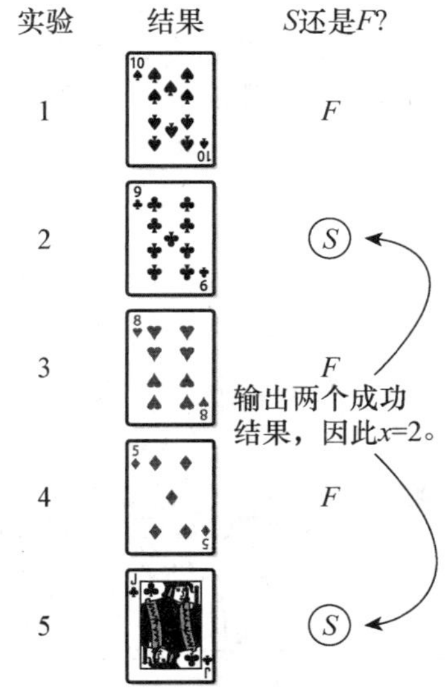

例 1

二项试验

判断实验是否为二项试验。如果是，写出 n，p，q 的值并列出 x 的所有可能值。

如果不是，解释原因。

1. 一个手术有 85%的成功率。一位医生为 8 位病人做这个手术，随机变量代表成功手术的数量。

2. 一个瓶子中有 5 个红色玻璃球、9 个蓝色玻璃球和 6 个绿色玻璃球。无放回地随机拿出 3 个，随机变量代表其中红色球的数量。

解答：

1. 由于满足二项试验的 4 个条件，该实验为二项试验。每个手术都代表一个实验，共有 8 次手术，各个手术之间相互独立。手术结果只有两种：成功或失败。成功的概率为 0.85，随机变量 x 代表成功手术的数量。

$$n=8$$
$$p=0.85$$
$$q=1-0.85=0.15$$
$$x=0,1,2,3,4,5,6,7,8$$

2. 实验不能满足二项试验的所有条件，因此不是二项试验。每次选出一个球代表一次实验，拿出红球为成功。第一个球拿出时，成功的概率为 5/20。但由于是不放回的，后来的实验成功概率不再是 5/20。因此，各次实验间不独立且每次实验的成功概率不相同。

▶试一试 1

判断下面的实验是否为二项试验。如果是，写出 n，p，q 的值并列出 x 的所有可能值。如果不是，解释原因。

假如你参加一个包含 10 道选择题的测验，每道题有 4 个选项，但只有一个是正确的。为了完成测验，从每道题的答案中随机选择一个，随机变量代表答对选择题的数目。

a. 判断实验是什么，实验成功的含义是什么。

b. 判断实验是否满足二项试验的 4 个条件。

c. 得出结论并确定 n，p，q 和 x 的所有可能值。

4.2.2 二项概率公式

有很多方法可以确定二项试验中 n 次实验成功 x 次的概率，其中一种是使用树图和乘法原理，另一种是使用二项分布公式。

二项分布公式

在二项试验中，n 次实验成功 x 次的概率为：

$$P(x)={}_nC_x p^x q^{n-x}=\frac{n!}{(n-x)!x!}p^x q^{n-x}$$

例 2　**计算二项概率**

退行性变病人的膝盖微骨折手术的成功率为 75%，有三个病人接受了该手术，计算其中两个手术成功的概率。(资料来源：Illinois Orthopaedic and Sportsmedicine Centers)

解答：

方法 1：画出树图并使用乘法原理。

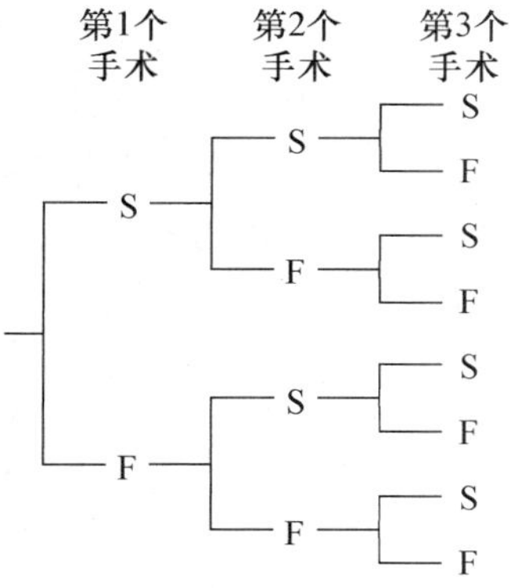

结果	成功次数	概率
SSS	3	$\frac{3}{4}\cdot\frac{3}{4}\cdot\frac{3}{4}=\frac{27}{64}$
SSF	2	$\frac{3}{4}\cdot\frac{3}{4}\cdot\frac{1}{4}=\frac{9}{64}$
SFS	2	$\frac{3}{4}\cdot\frac{1}{4}\cdot\frac{3}{4}=\frac{9}{64}$
SFF	1	$\frac{3}{4}\cdot\frac{1}{4}\cdot\frac{1}{4}=\frac{3}{64}$
FSS	2	$\frac{1}{4}\cdot\frac{3}{4}\cdot\frac{3}{4}=\frac{9}{64}$
FSF	1	$\frac{1}{4}\cdot\frac{3}{4}\cdot\frac{1}{4}=\frac{3}{64}$
FFS	1	$\frac{1}{4}\cdot\frac{1}{4}\cdot\frac{3}{4}=\frac{3}{64}$
FFF	0	$\frac{1}{4}\cdot\frac{1}{4}\cdot\frac{1}{4}=\frac{1}{64}$

两个手术成功有三种情况，每种的成功概率为 9/64，因此两个手术成功的概率为 $3\times 9/64\approx 0.422$。

方法 2：使用二项分布公式。

在这个二项试验中，$n=3$，$p=3/4$，$q=1/4$，$x=2$。两个手术成功的概率为：

$$P(\text{两个手术成功})=\frac{3!}{(3-2)!2!}\left(\frac{3}{4}\right)^2\left(\frac{1}{4}\right)^1=3\times\frac{9}{16}\times\frac{1}{4}=3\times\frac{9}{64}$$

$$=\frac{27}{64}\approx 0.422$$

▶试一试 2

从一副牌（52 张）中有放回地抽出一张，重复 5 次，计算 3 次抽出梅花的概率。

a. 定义实验、成功和失败。

b. 定义 n，p，q 和 x。

c. 使用二项概率公式。

通过列出 x 的所有可能值和对应概率，可以建立**二项概率分布**（binomial probability distribution）。

例 3　建立二项概率分布

一项调查研究了美国工人期望的退休收入来源，结果如下图所示。随机选择 7 个工人并询问他们是否期望退休收入来自社会保障。建立期望退休收入来自社会保障的工人的二项概率分布。

解答：

从图中可看到 25% 的工人期望退休收入来自社会保障。因此 $p=0.25$，$q=0.75$。由于 $n=7$，x 的可能值为 0，1，2，3，4，5，6，7。

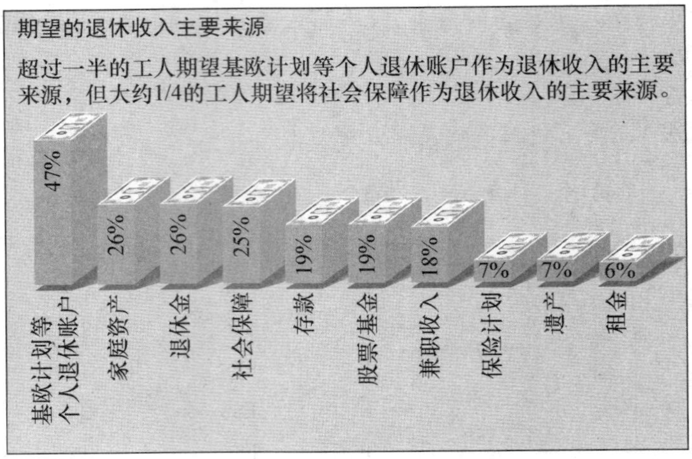

资料来源：The Gallup Organization.

$$P(0)={}_7C_0(0.25)^0(0.75)^7=1(0.25)^0(0.75)^7\approx 0.1335$$
$$P(1)={}_7C_1(0.25)^1(0.75)^6=7(0.25)^1(0.75)^6\approx 0.3115$$
$$P(2)={}_7C_2(0.25)^2(0.75)^5=21(0.25)^2(0.75)^5\approx 0.3115$$
$$P(3)={}_7C_3(0.25)^3(0.75)^4=35(0.25)^3(0.75)^4\approx 0.1730$$
$$P(4)={}_7C_4(0.25)^4(0.75)^3=35(0.25)^4(0.75)^3\approx 0.0577$$
$$P(5)={}_7C_5(0.25)^5(0.75)^2=21(0.25)^5(0.75)^2\approx 0.0115$$
$$P(6)={}_7C_6(0.25)^6(0.75)^1=7(0.25)^6(0.75)^1\approx 0.0013$$
$$P(7)={}_7C_7(0.25)^7(0.75)^0=1(0.25)^7(0.75)^0\approx 0.0001$$

所有概率均在 0～1 之间，概率之和为 1.000 1≈1。

▶试一试 3

随机选择 7 个工人并询问他们是否期望退休收入来自社会保障。建立期望退休收入来自社会保障的工人的二项概率分布。

a. 定义实验、成功和失败。

b. 定义 n，p，q 和 x 的可能值。

c. 对每个 x 的值使用二项概率公式。

d. 使用表格表示概率分布满足的性质。

4.2.3 计算二项概率

在例 2 和例 3 中，我们使用二项概率公式计算概率。一种计算二项概率更有效的方法是使用计算机。比如，可以使用 MINITAB，Excel 和 TI-83/84 计算二项概率。

例 4　使用计算机计算二项概率

一项最新的研究结果显示，59%的美国家庭使用煤气烤架烧烤。如果随机选择 100 个家庭，其中 65 个家庭使用煤气烤架烧烤的概率是多少？（资料来源：Greenfield Online for Weber-Stephens Products Company）

解答：

MINITAB，Excel 和 TI-83/84 中均有功能可以计算二项概率。尝试使用这些技术工具，你得到的结果应该与以下结果相似。

MINITAB

```
Probability Distribution Function

 Binomial with n = 100 and p = 0.590000

      x        P(X=x)
    65.00   0.0391072
```

TI-83/84

```
binompdf(100,0.59,65)
       0.0391071795
```

EXCEL

	A	B	C	D
1	BINOMDIST(65,100,0.59,FALSE)			
2				0.039107

可见，65 个家庭使用煤气烤架烧烤的概率是 0.04。

▶试一试 4

一项最新的研究结果显示，71%的美国人吃热狗时使用一种以上的配料。如果随机选择 250 人，其中 178 人使用一种以上配料的概率是多少？使用计算机计算概率。（资料来源：ICR Survey Research Group for Hebrew International）

a. 确定 n，p，x。

b. 计算二项概率。

c. 得出结论。

例 5　使用公式计算二项概率

一项调查显示，有 41%的美国女性在闲暇时间选择读书。随机选出 4 个美国女性，并询问其在闲暇时间是否会选择读书，计算：

1. 两个人回答“是”的概率；
2. 至少两人回答“是”的概率；
3. 最多两人回答“是”的概率。（资料来源：Louis Harris & Associates）

解答：

1. $n=4$，$p=0.41$，$q=0.59$，$x=2$，两个人回答“是”的概率为：

$$P(2)={}_4C_2(0.41)^2(0.59)^2=6(0.41)^2(0.59)^2\approx 0.351$$

2. 为了计算至少两人回答“是”的概率，需要计算 $P(2)$，$P(3)$，$P(4)$ 之和。

$$P(2)={}_4C_2(0.41)^2(0.59)^2=6(0.41)^2(0.59)^2\approx 0.351\ 094$$
$$P(3)={}_4C_3(0.41)^3(0.59)^1=4(0.41)^3(0.59)^1\approx 0.162\ 654$$
$$P(4)={}_4C_4(0.41)^4(0.59)^0=1(0.41)^4(0.59)^0\approx 0.028\ 258$$

因此，至少两人回答“是”的概率为：

$$P(x\geqslant 2)=P(2)+P(3)+P(4)\approx 0.351\ 094+0.162\ 654+0.028\ 258$$
$$\approx 0.542$$

3. 为了计算最多两人回答“是”的概率，需要计算 $P(0)$ 与 $P(1)$ 之和。

$$P(0) = {}_4C_0(0.41)^0(0.59)^4 = 1(0.41)^0(0.59)^4 \approx 0.121\,174$$
$$P(1) = {}_4C_1(0.41)^1(0.59)^3 = 4(0.41)^1(0.59)^3 \approx 0.336\,822$$

因此，最多两人回答“是”的概率为：

$$P(x<2) = P(0) + P(1) \approx 0.121\,174 + 0.336\,822 \approx 0.458$$

▶试一试 5

一项调查显示，有 21%的美国男性在闲暇时间选择钓鱼。随机选出 5 个美国男性，并询问其在闲暇时间是否会选择钓鱼，计算：

1. 两个人回答“是”的概率；
2. 至少两人回答“是”的概率；
3. 最多两人回答“是”的概率。（资料来源：Louis Harris & Associates）

a. 确定每种情况下的 x 值。

b. 计算每个 x 的二项概率，如果需要，计算概率之和。

c. 得出结论。

使用二项概率公式计算二项概率是一个乏味冗长的过程，为了简化这一过程，可以使用二项概率表格。附录 B 中的表 2 列出了不同 n，p 值的二项概率。

例 6　使用表格计算二项概率

大约 30%的成年上班族上下班乘车单程所花时间少于 15 分钟，随机选择 6 个成年人，其中 3 人上下班乘车单程所花时间少于 15 分钟的概率是多少？（资料来源：U. S. Census Bureau）

解答：

附录 B 中表 2 的一部分如下所示，使用 $n=6$，$p=0.3$ 的分布，可确定 $x=3$ 时的概率。

		p												
n	***x***	**.01**	**.05**	**.10**	**.15**	**.20**	**.25**	**.30**	**.35**	**.40**	**.45**	**.50**	**.55**	**.60**
2	0	.980	.902	.810	.723	.640	.563	.490	.423	.360	.303	.250	.203	.160
	1	.020	.095	.180	.255	.320	.375	.420	.455	.480	.495	.500	.495	.480
	2	.000	.002	.010	.023	.040	.063	.090	.123	.160	.203	.250	.303	.360
3	0	.970	.857	.729	.614	.512	.422	.343	.275	.216	.166	.125	.091	.064
	1	.029	.135	.243	.325	.384	.422	.441	.444	.432	.408	.375	.334	.288
	2	.000	.007	.027	.057	.096	.141	.189	.239	.288	.334	.375	.408	.432
	3	.000	.000	.001	.003	.008	.016	.027	.043	.064	.091	.125	.166	.216
6	0	.941	.735	.531	.377	.262	.178	.118	.075	.047	.028	.016	.008	.004
	1	.057	.232	.354	.399	.393	.356	.303	.244	.187	.136	.094	.061	.037
	2	.001	.031	.098	.176	.246	.297	.324	.328	.311	.278	.234	.186	.138
	3	.000	.002	.015	.042	.082	.132	.185	.236	.276	.303	.312	.303	.276
	4	.000	.000	.001	.006	.015	.033	.060	.095	.138	.186	.234	.278	.311
	5	.000	.000	.000	.000	.002	.004	.010	.020	.037	.061	.094	.136	.187
	6	.000	.000	.000	.000	.000	.000	.001	.002	.004	.008	.016	.028	.047

因此，随机选择 6 个成年人，其中 3 人上下班乘车单程所花时间少于 15 分钟的

概率是 0.185。

▶试一试 6

45%的美国小公司拥有网站，随机选择 10 个小公司，使用表格计算其中 4 个拥有网站的概率是多少？（资料来源：Hewlett-Packard Company）

a. 定义实验、成功和失败的含义。

b. 确定 n，p，x。

c. 使用附录 B 中的表 2 确定二项概率。

d. 得出结论。

4.2.4　画出二项分布

在 4.1 节中，我们学习了如何绘制离散概率分布的分布图。由于二项分布也为离散概率分布，因此可以使用同样的程序画出分布图。

例 7　**画出二项分布**

59%的美国家庭装有有线电视。随机选择 6 个家庭并询问是否装有有线电视，构建随机变量 x 的概率分布，并画出分布图。（资料来源：Kagan Research，LLC）

解答：

为了构建二项分布，需要计算每个 x 值的概率。$n=6$，$p=0.59$，$q=0.41$，可以得到以下结果。

x	0	1	2	3	4	5	6
$P(x)$	0.005	0.041	0.148	0.283	0.306	0.176	0.042

可以使用直方图绘制概率分布图。

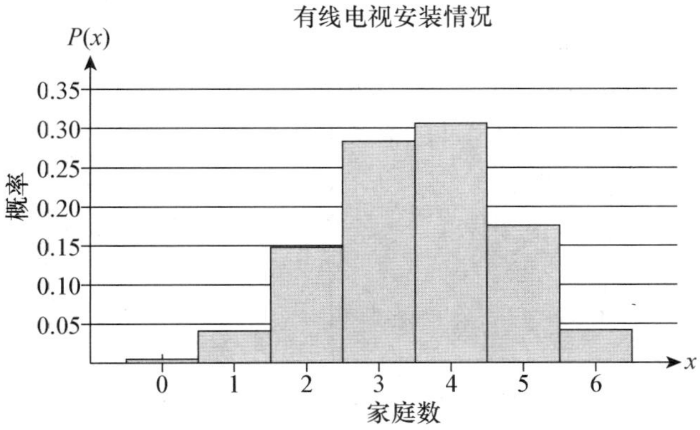

解释：

从直方图中可以看出没有家庭或只有一个家庭装有有线电视的概率非常小，即非常罕见。

▶试一试 7

62%的美国家庭拥有电脑，随机选择 6 个家庭并询问是否拥有电脑，构建随机变

量 x 的概率分布，并画出分布图。（资料来源：U. S. Department of Commerce）

a. 计算随机变量 x 每个值对应的二项概率。

b. 将 x 的值和相应概率一一对应并构建二项分布。

c. 使用直方图画出二项分布。

例 7 中的直方图是左偏的。一般而言，$P>0.5$ 的二项分布图是左偏的，$P<0.5$ 的二项分布图是右偏的，$P=0.5$ 的二项分布图是对称的。

另外，如果概率小于或等于 0.05，则事件是小概率事件。

4.2.5 均值、方差和标准差

尽管可以使用 4.1 节中的公式计算离散概率分布的均值、方差和标准差，但二项概率分布的性质使我们有更简单的公式解决问题。

二项分布的总体参数

均值：$\mu=np$

方差：$\sigma^2=npq$

标准差：$\sigma=\sqrt{npq}$

例 8　计算并解释均值、方差和标准差

在宾夕法尼亚州匹兹堡市，一年中 56%的天数是阴天。计算 6 月阴天天数的均值、方差和标准差。说明结果并确定是否有小概率值出现。（资料来源：National Climatic Data Center）

解答：

6 月共有 30 天，$n=30$，$p=0.56$，$q=0.44$，均值、方差和标准差如下所示：

$$\mu=np=30\times0.56=16.8$$

$$\sigma^2=npq=30\times0.56\times0.44\approx7.4$$

$$\sigma=\sqrt{npq}=\sqrt{30\times0.56\times0.44}\approx2.7$$

解释：

6 月平均有 16.8 天为阴天，标准差为 2.7 天。偏离均值两个标准差以上的视为小概率。由于 $16.8-2\times2.7=11.4$，6 月有 11 个阴天是小概率的。同理，$16.8+2\times2.7=22.2$，6 月有 23 个阴天也是小概率的。

▶试一试 8

在加利福尼亚州旧金山市，一年中 44%的天数是晴天。计算 5 月晴天天数的均值、方差和标准差。说明结果并确定是否有小概率值出现。（资料来源：National Climatic Data Center）

a. 定义何谓成功并确定 n，p，q 的值。

b. 使用 n 和 p 计算均值。

c. 使用 n，p，q 的值计算方差。

d. 计算方差的平方根以得出标准差。

e. 得出结论。

练习 4.2

□ 基础技能训练和术语

图表分析 将给出的概率与正确的直方图相对应。所示直方图均代表二项分布，有相同的 n 值和不同的 p 值。

1. $p=0.20$，$p=0.50$，$p=0.80$。

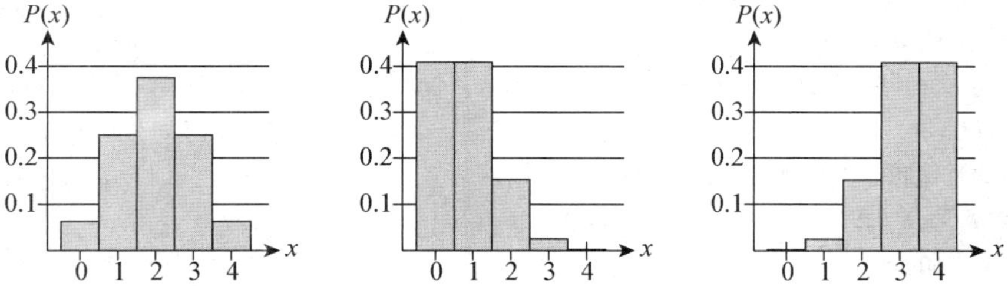

图表分析 将给出的 n 值与正确的直方图相对应。所示直方图均代表二项分布的一部分，有相同的 p 值和不同的 n 值。当 p 值相同而 n 值增大时，将发生什么变化？

3. $n=4$，$n=8$，$n=12$。

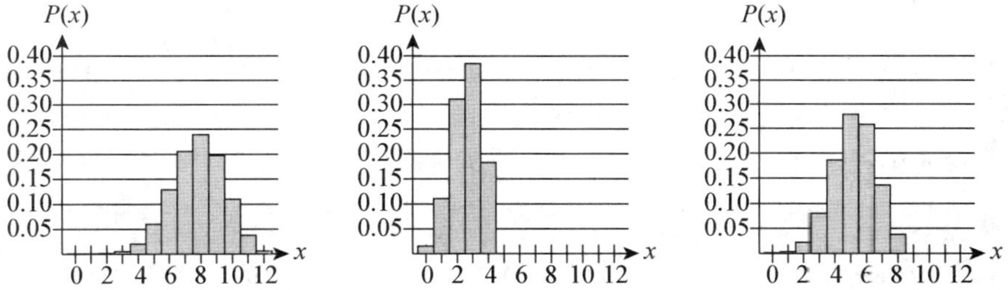

判别并理解二项试验 判断下列陈述是否为二项试验，如果是，定义成功的含义并确定 n，p，q 的值。列出随机变量 x 的所有可能值。如果不是二项试验，解释原因。

7. **苍白病** 苍白病是由于血液中含氧量不足导致的皮肤发蓝。大约 80%的先天性苍白病患儿能够完全康复。某医院正在治疗 5 个先天性苍白病患儿，随机变量代表完全康复的患儿数量。（资料来源：*The World Book Encyclopedia*）

9. **政见调查** 一项调查询问 100 个成年人："减税对经济有助还是有害？" 21%的人认为减税对经济有害。随机选择 15 个参加调查的人，随机变量代表其中认为减税对经济有害的人数。（资料来源：*Rasmussen Report*）

□ 应用和解释概念

计算二项概率 在习题 15，17 中计算概率，如果条件允许，使用计算机。

15. **猜测答案** 参加一个包含 5 道选择题的测验，每道题有 4 个答案，其中一个是正确的。每道题随机猜测一个答案，计算：

(a) 答对 3 道题的概率；

(b) 至少答对 3 道题的概率；

(c) 最多答对 3 道题的概率。

17. **棒球迷** 59%的男性认为自己是棒球迷，随机选择 10 个男性并询问是否认为自己是棒球迷，计算：

（a）8 人认为自己是棒球迷的概率；

（b）至少 8 人认为自己是棒球迷的概率；

（c）最多 8 人认为自己是棒球迷的概率。（资料来源：Gallup Poll）

□ 扩展概念

多项试验　在习题 33 中使用以下信息：

多项试验（multinomial experiment）是一种概率实验，满足以下条件：

1. 实验重复次数为固定的 n 次，各次实验间相互独立。

2. 每次实验有 k 个互斥的结果：E_1，E_2，…，E_k。

3. 每个结果的概率固定。$P(E_1)=p_1$，$P(E_2)=p_2$，$P(E_3)=p_3$，…，$P(E_k)=p_k$，所有概率之和为：

$$p_1+p_2+p_3+\cdots+p_k=1$$

4. x_1 为 E_1 发生的次数，x_2 为 E_2 发生的次数，x_3 为 E_3 发生的次数，以此类推。

5. 随机变量 x 计算 n 次独立实验中 x_1，x_2，x_3 发生的次数。$x_1+x_2+x_3+\cdots+x_k=n$。x 发生的概率为：

$$P(x)=\frac{n!}{x_1!x_2!x_3!\cdots x_k!}p_1^{x_1}p_2^{x_2}p_3^{x_3}\cdots p_k^{x_k}$$

33. **遗传学**　根据遗传学理论，如果高而有色的植物与矮而无色的植物杂交，将形成四种植物：高而有色，高而无色，矮而有色，矮而无色，对应概率为 9/16，3/16，3/16，1/16。如果选择 10 株植物，计算其中 5 株为高而有色，2 株为高而无色，2 株为矮而有色，1 株为矮而无色的概率。

4.3　更多离散概率分布

4.3.1　几何分布

在这一节中，我们将学习两个离散概率分布——几何分布和泊松分布。

很多生活中的行为在成功前都会一直重复。比如，CPA 候选者会一直参加 CPA 考试直至通过，你也有可能一直拨打一个手机号码直至接通。这样的情况可用几何分布代表。

定义

几何分布（geometric distribution）是满足以下条件的关于随机变量 x 的离散概率分布。

1. 实验将重复直至成功。

2. 重复实验之间相互独立。

3. 每个实验成功的概率 p 是固定常数。

第一次成功出现时实验次数为 x 的概率（probability that the first success will occur on trial number x）为：

$$P(x)=p(q)^{x-1}$$

式中，$q=1-p$。

例如，如果第一次成功出现在第三次实验中，结果为 FFS，则概率为 $P(3)=q\cdot q\cdot p$ 或 $P(3)=p\cdot q^2$。

例 1　**使用几何分布计算概率**

根据经验得知通过电话卖出产品的概率为 0.23，计算第四次或第五次打电话才卖出产品的概率。

解答：

为了计算第四次或第五次打电话才卖出产品的概率，需要先计算第四次打电话才卖出产品的概率和第五次打电话才卖出产品的概率，之后求和。由于 $p=0.23$，$q=0.77$，$x=4$，因此

$$P(4)=0.23\times(0.77)^3\approx 0.105\ 003$$

由于 $p=0.23$，$q=0.77$，$x=5$，因此

$$P(5)=0.23\times(0.77)^4\approx 0.080\ 852$$

因此第四次或第五次打电话才卖出产品的概率为：

$$\begin{aligned}P(\text{第四次或第五次打电话才卖出产品})&=P(4)+P(5)\\&\approx 0.105\ 003+0.080\ 852\\&\approx 0.186\end{aligned}$$

▶试一试 1

计算第四次打电话之前卖出产品的概率。

a. 使用几何分布计算 $P(1)$，$P(2)$，$P(3)$。

b. 计算 $P(1)$，$P(2)$，$P(3)$ 之和。

c. 得出结论。

尽管理论上成功有可能不会发生，由于几何分布的 x 值可列：1，2，3，…，因此是离散概率分布。x 越大，$P(x)$ 越接近 0。例如

$$P(50)=0.23\times(0.77)^{49}\approx 0.000\ 000\ 630\ 6$$

4.3.2　泊松分布

在二项试验中我们感兴趣的是在给定实验次数的情况下，计算一定成功次数的概率。假如我们感兴趣的是在一定时间或空间内事件发生一定次数的概率，例如，为确定某员工在一年内请病假 15 天的概率，就需要使用泊松分布。

定义

泊松分布（Poisson distribution）是随机变量 x 的离散概率分布，满足以下条件：

1. 实验需要计算在一定时间、区域或体积内事件发生的次数 x。
2. 每阶段事件发生的次数相同。
3. 每阶段事件发生的次数相互独立。

一个阶段内事件发生 x 次的概率为：

$$P(x)=\frac{\mu^x e^{-\mu}}{x!}$$

式中，e 为接近 2.718 28 的无理数；μ 为每阶段发生事件次数的均值。

例 2 使用泊松分布

在一个十字路口每月发生事故次数的均值为 3，在任意给定的月份在这个路口发生 4 次事故的概率是多少？

解答：

$x=4$，$\mu=3$，则在任意给定的月份在这个路口发生 4 次事故的概率是

$$P(4)=\frac{3^4\times 2.71828^{-3}}{4!}\approx 0.168$$

▶试一试 2

在任意给定的月份在这个路口至少发生 4 次事故的概率是多少？

a. 使用泊松分布计算 $P(0)$，$P(1)$，$P(2)$，$P(3)$，$P(4)$。

b. 计算 $P(0)$，$P(1)$，$P(2)$，$P(3)$，$P(4)$ 之和。

c. 用 1 减去概率之和。

d. 得出结论。

在例 2 中，我们使用公式计算泊松分布的概率，也可以使用表格计算。附录 B 中的表 3 列出了不同 x 和 μ 值下泊松分布的概率。同样也可以使用技术工具，如 MINITAB，Excel 和 TI-83/84。例如，在 TI-83/84 中，DISTR 菜单可以用来计算二项分布、几何分布和泊松分布的概率。

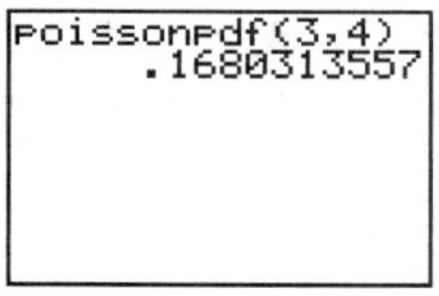

例 3 使用表格计算泊松分布的概率

某项统计显示每英亩区域内平均有 3.6 只兔子。计算在任意给定英亩的区域内有 2 只兔子的概率。

解答：

附录 B 中表 3 的一部分如下所示，使用 $\mu=3.6$，$x=2$ 的分布，结果在下表中已标出。

	μ						
x	3.1	3.2	3.3	3.4	3.5	3.6	3.7
0	.0450	.0408	.0369	.0334	.0302	.0273	.0247
1	.1397	.1304	.1217	.1135	.1057	.0984	.0915
2	.2165	.2087	.2008	.1929	.1850	.1771	.1692
3	.2237	.2226	.2209	.2186	.2158	.2125	.2087
4	.1734	.1781	.1823	.1858	.1888	.1912	.1931
5	.1075	.1140	.1203	.1264	.1322	.1377	.1429
6	.0555	.0608	.0662	.0716	.0771	.0826	.0881
7	.0246	.0278	.0312	.0348	.0385	.0425	.0466
8	.0095	.0111	.0129	.0148	.0169	.0191	.0215
9	.0033	.0040	.0047	.0056	.0066	.0076	.0089
10	.0010	.0013	.0016	.0019	.0023	.0028	.0033

因此，在任意给定英亩的区域内有 2 只兔子的概率为 0.177 1。

▶试一试 3

将 2 000 条褐鳟引入一个小湖，湖的容量为 20 000 立方米。使用表格确定任意给定立方米内有 3 条褐鳟的概率。

a. 计算每立方米内褐鳟的平均数目。

b. 确定 μ 和 x。

c. 使用附录 B 中的表 3 确定泊松分布的概率。

d. 得出结论。

4.3.3 离散概率分布的总结

下表总结了本章中的离散概率分布。

分布	总结	公式
二项分布	二项试验是满足下列条件的概率实验： 1. 实验重复固定次数，且每次实验相互独立。 2. 每次实验只有两种可能结果：成功和失败。 3. 每次实验成功的概率相等。 4. 随机变量 x 代表成功的实验次数。 二项分布的参数为 n 和 p。	$x=n$ 次实验中成功的次数 $p=$单一实验的成功概率 $q=$单一实验的失败概率 $q=1-p$ n 次实验中成功 x 次的概率为： $P(x)={}_nC_x p^x q^{n-x}$ $=\frac{n!}{(n-x)!x!}p^x q^{n-x}$
几何分布	几何分布是满足以下条件的关于随机变量 x 的离散概率分布： 1. 实验将被重复直至成功。 2. 重复实验之间相互独立。 3. 每个实验成功的概率 p 是固定常数。 4. x 代表第一次成功时实验的次数。 几何分布的参数为 p。	$x=$第一次成功时实验的次数 $p=$单一实验的成功概率 $q=$单一实验的失败概率 $q=1-p$ 第一次成功时实验次数为 x 的概率为： $P(x)=p(q)^{x-1}$
泊松分布	泊松分布是满足以下条件的关于随机变量 x 的离散概率分布： 1. 实验需要计算在一定时间、区域或体积内事件发生的次数 x。 2. 每阶段事件发生的次数相同。 3. 每阶段事件发生的次数相互独立。 泊松分布的参数为 μ。	$x=$一个阶段内事件发生的次数 $\mu=$每单位阶段发生事件次数的均值 一个阶段内事件发生 x 次的概率为： $P(x)=\frac{\mu^x e^{-\mu}}{x!}$

练习 4.3

□ 基础技能训练和术语

在习题 1，3 中，运用几何分布和给出的成功概率 p 计算所求。

1. $p=0.60$，计算 $P(2)$。

3. $p=0.09$，计算 $P(6)$。

确定分布情况 确定习题 11 是哪种概率分布：二项、几何或泊松分布。不需要回答题目中的问题，但要证明你的判断。

11. **飞行员测试** 已知：一个学生通过私人飞行驾照笔试的概率是 0.75。问题：一学生第一次没有通过笔试但第二次通过的概率是多少？

□ 应用和解释概念

使用几何分布计算概率 使用几何分布计算所示概率，如果方便，使用技术工具进行计算。

17. **电话推销** 假设通过电话卖出产品的概率是 0.19，计算：

(a) 第五个电话才卖出产品的概率；

(b) 第一个、第二个或第三个电话第一次卖出产品的概率；

(c) 前三个电话都没有卖出产品的概率。

19. **玻璃生产商** 一个玻璃生产商发现每 500 个玻璃制品中有 1 个是扭曲的，计算：

(a) 第一个扭曲的玻璃制品是生产的第十个产品的概率；

(b) 第一个扭曲的玻璃制品是生产的第一个、第二个或第三个产品的概率；

(c) 前十个产品中没有扭曲产品的概率。

□ 扩展概念

25. **近似估计二项分布** 一个汽车生产商发现每 2 500 辆汽车中有 1 辆有特殊的缺陷。

(a) 使用二项分布计算随机选择的 6 000 辆车中，有 4 辆有缺陷的概率。

(b) 当 n 足够大且 p 足够小时，可以使用泊松分布近似二项分布。使用泊松分布计算（a）并与之前的结果进行比较。

几何分布：均值和方差 在习题 27 中，使用下述公式：

$\mu=1/p \quad \sigma^2=q/p^2$

27. **每日抽奖** 一种抽奖活动从标有 0～9 的球中抽出 3 个，赢得抽奖的概率是 1/1 000，令 x 为第一次获胜前参加抽奖的次数。

(a) 计算均值、方差和标准差，并说明结果。

(b) 预期获胜前参加抽奖的次数是多少？假设每次抽奖花费 1 美元，获胜者赢得 500 美元。预期将盈利还是亏损？解释原因。

本章测验

1. 判断随机变量 x 是离散型还是连续型，并给出理由。

(a) x 表示堪萨斯州 5 月发生的龙卷风次数。

(b) x 表示美国一天产生的垃圾数量（磅）。

2. 依照萨菲尔-辛普森飓风量表，下表列出了美国内陆地区不同强度的飓风次数。

强度	飓风次数
1	70
2	41
3	49
4	13
5	3

资料来源：National Hurricane Center.

(a) 建立该数据的概率分布。

(b) 画出该离散概率分布的直方图。

(c) 计算均值、方差、标准差并解释其含义。

(d) 计算飓风强度至少为4的概率。

3. 给8名病人做成功概率为80%的外科手术。

(a) 建立二项分布模型。

(b) 画出该二项分布直方图。

(c) 计算均值、方差、标准差并解释其含义。

(d) 计算恰好只有2名病人手术成功的概率。

(e) 计算少于2名病人手术成功的概率。

4. 一份报纸每页平均有5个印刷错误，计算如下情况的概率。

(a) 该页恰好有5个印刷错误。

(b) 该页印刷错误少于5个。

(c) 该页没有印刷错误。

现实中的统计——真实的决策

疾病预防和控制中心（CDC）按照规定需要出版一份ART报告。ART包括整个人工授精过程，步骤涉及从一名女性的卵巢中取出卵子，在实验室特定环境下与精子结合形成受精卵，然后再移入该女性或其他女性的子宫。

你现在正帮忙准备这份CDC的报告，随机选择10个ART作检查，但是没有一个临床妊娠。你的主任觉得随机选择10个ART不可能没有一个临床妊娠。用下图中的信息和你的概率统计知识去判断主任的观点是否正确。

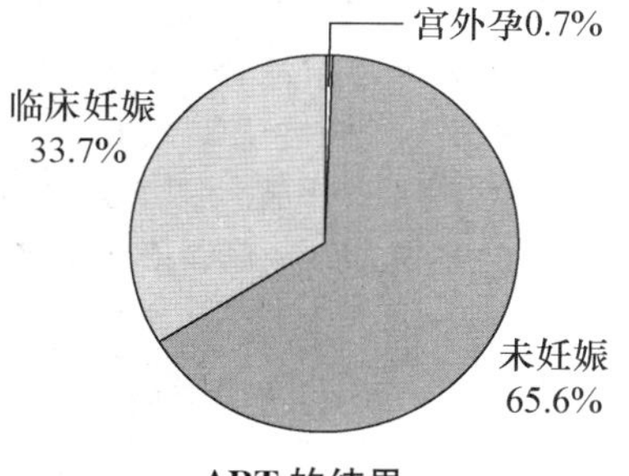

ART的结果

资料来源：Centers for Disease Control and Prevention.

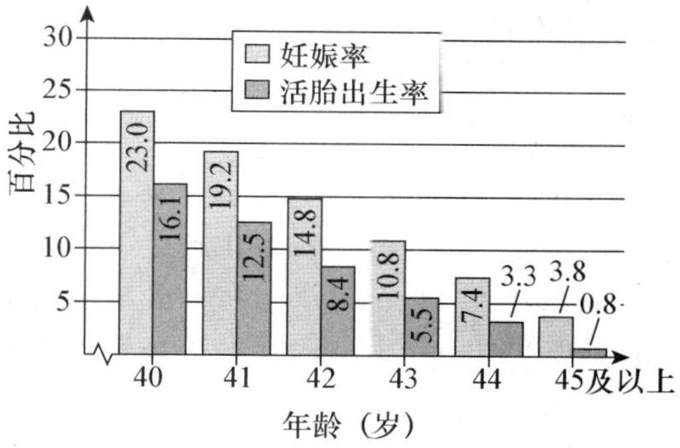

40岁以上女性ART妊娠率和活胎出生率

资料来源：Centers for Disease Control and Prevention.

□ 练　习

1. 如何入手

(a) 如何判断主任的观点正确与否？

(b) 哪种概率分布模型能最好地描述这个情况？临床妊娠数量的概率分布是离散型还是连续型？为什么？

2. 回答问题

给出问题"是否存在随机选择10个ART没有一个临床妊娠的可能"的答案并给出解释，在解释中应该包括合适的概率分布模型和10个ART没有一个临床妊娠的概率计算过程。

3. 可疑的样本？

如果有人跟你说样本选取是随机的，以下哪个样本选取的随机性是可疑的？你相信以下样本是随机选择的吗？为什么？

(a) 40岁女性群体中随机选择10个ART，有8个临床妊娠。

(b) 41岁女性群体中随机选择10个ART，无临床妊娠。

第 5 章
正态概率分布

回顾

在第 1 章到第 4 章中，我们学习了如何收集和描述数据、计算事件的概率和分析离散概率分布，还学习了如果一个样本被用来推断总体，则这个样本应是无偏的。例如，假设要确定牛群中患乳腺炎（被细菌感染以致影响产奶量）的比例，你将如何组织调查？动物卫生局进行这项研究时，随机选取了样本并将结果数据按照品种、居所、卫生、健康、挤奶管理和挤奶设备进行分类。研究的一项结论为红白花奶牛比 Holstein-Friesian 奶牛患乳腺炎的比例更高。

预习

在第 5 章中，我们将学习如何识别正态（铃形）分布并在实际生活中运用它们。假如你为北卡罗来纳动物园工作，现要收集东部箱龟的各种身体特性数据，下列哪些数据呈铃形对称分布：背甲长（顶壳），腹甲长（底部壳），背甲宽，腹甲宽，体重，总长？例如，下列四张图显示了动物园中雄性和雌性东部箱龟的背甲和腹甲长度，不难发现，雄性东部箱龟的背甲长度是铃形分布的，其他三个为左偏的。

雌性东部箱龟的背甲长度

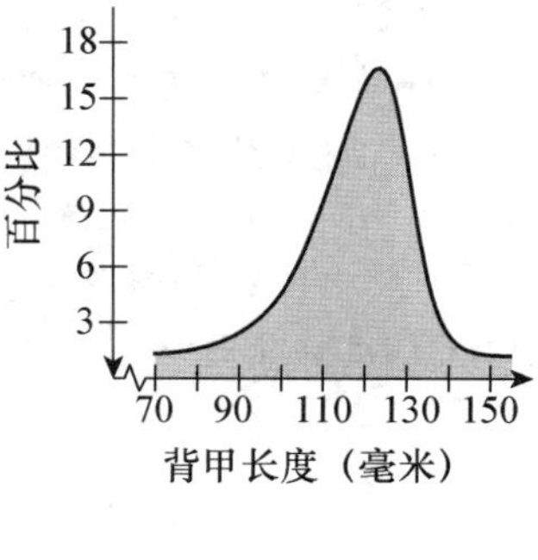

雄性东部箱龟的背甲长度

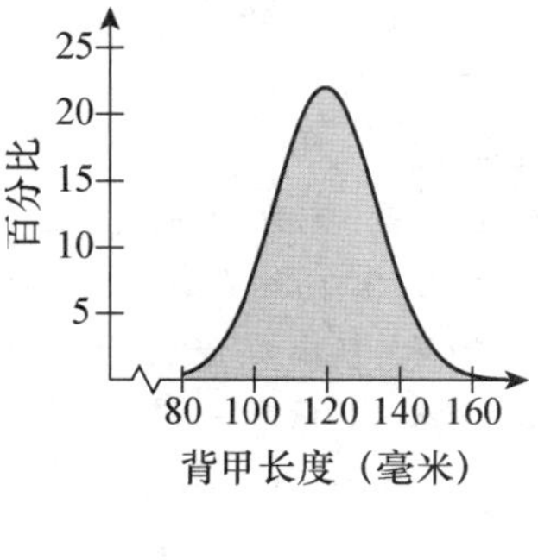

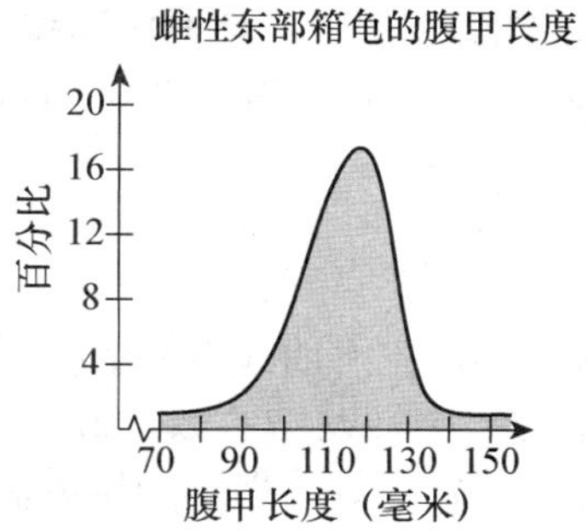

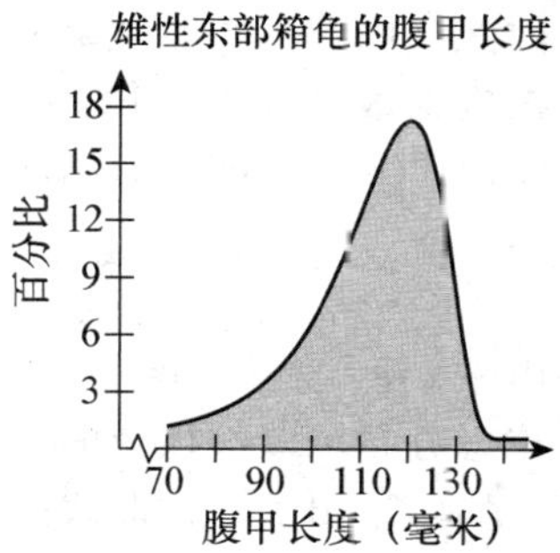

5.1　正态分布入门和标准正态分布

5.1.1　正态分布的性质

在 4.1 节中，我们学习如何了区分离散型随机变量和连续型随机变量，还学习了**连续型随机变量**（continuous random variable）有无限个可能取值，并可用数轴上的一段代表，其概率分布称为**连续概率分布**（continuous probability distribution）。在本章中，我们将学习统计中最重要的连续概率分布——正态分布。正态分布可用于模拟自然、工业和商业中的很多测量。例如，人类的心脏收缩血压、电视机的寿命，甚至住房花费，均为正态分布的随机变量。

指南

正态分布的性质

正态分布（normal distribution）是随机变量 x 的连续概率分布。正态分布的图形称为**正态曲线**（normal curve）。正态分布有如下性质：

1. 均值、中位数和众数是相等的。
2. 正态曲线是铃形的，关于均值对称。
3. 正态曲线下的面积总和为 1。
4. 随着离均值越来越远，正态曲线趋近 x 轴，但永远不会与 x 轴相交。
5. 在 $\mu-\sigma$ 和 $\mu+\sigma$ 之间（在曲线的中间），图形向下弯曲。在 $\mu-\sigma$ 以左和 $\mu+\sigma$ 以右，图形向上弯曲。图形由向下弯曲变成向上弯曲的转折点称为拐点。

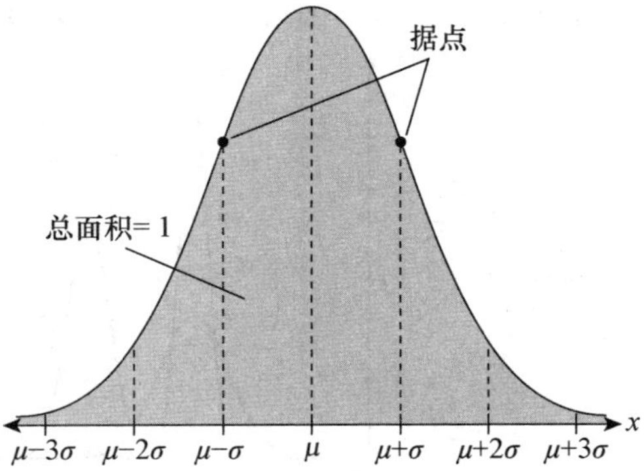

前面我们学过离散概率分布可以用直方图表示。对于连续概率分布，需要使用**分布密度函数**（probability density function，pdf）。均值为 μ，标准差为 σ 的正态曲线可以使用分布密度函数画出。

$$y=\frac{1}{\sigma\sqrt{2\pi}}e^{-(x-\mu)^2/2\sigma^2}$$

由于 e≈2.718，π≈3.14 均为常数，因此正态曲线完全依赖于 μ 和 σ 的值。

正态分布可以有任意的均值和任意的正标准差。参数 μ 和 σ 完全决定了曲线的形状。均值给出了对称曲线的位置，标准差描述了数据是如何传播的。

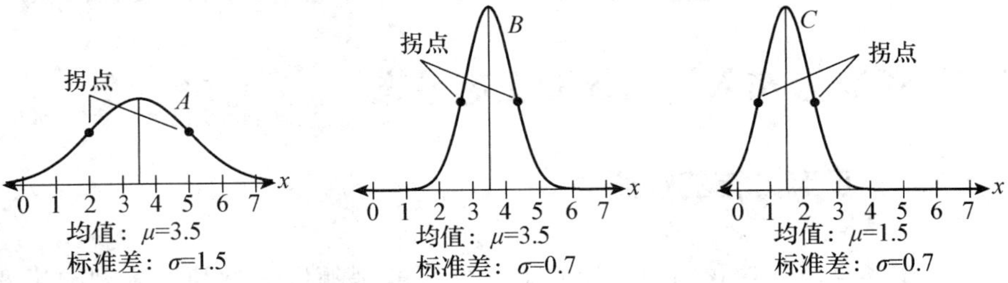

注意：曲线 A 和曲线 B 有相同的均值，曲线 B 和曲线 C 有相同的标准差。每条曲线下的面积之和均为 1。

例 1　理解均值和标准差

1. 哪个正态曲线的均值更大？
2. 哪个正态曲线的标准差更大？

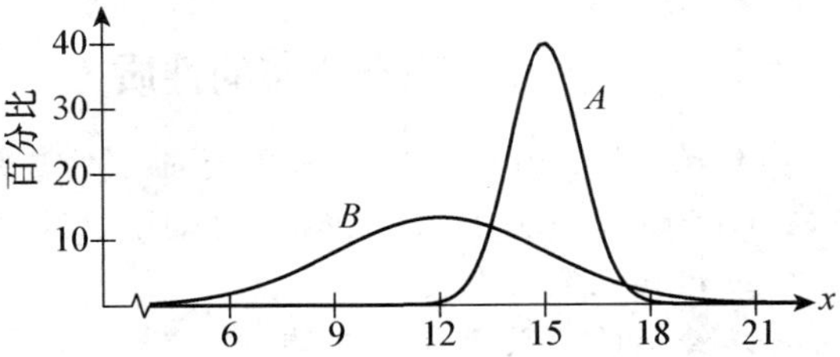

解答：

1. 曲线 A 的对称中心为 $x=15$，曲线 B 的对称中心为 $x=12$，因此曲线 A 的均值更大。
2. 曲线 B 展开得更广，而曲线 A 相对集中，因此曲线 B 的标准差更大。

▶试一试 1

下图所示正态曲线中，哪一个均值最大？哪个标准差最大？证明你的答案。

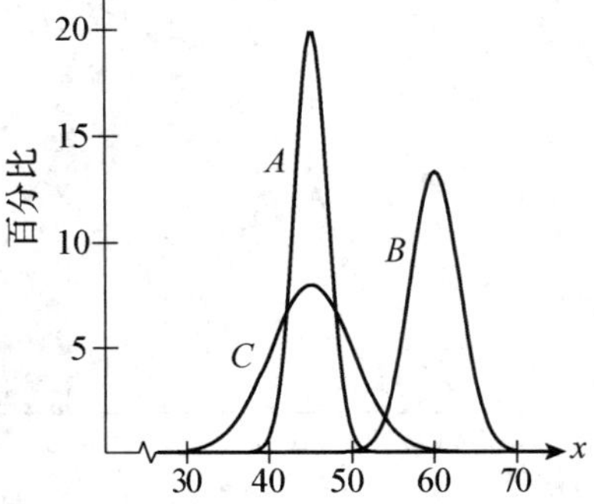

a. 确定每条曲线的对称中心，得出哪条曲线均值最大。

b. 确定哪条曲线展开得更广，得出哪条曲线标准差最大。

例 2　**解释正态分布图**

充分生长的白橡树的高度（英尺）是正态分布的，分布曲线如下所示。请问充分生长的白橡树的高度均值是多少？估计正态分布的标准差。

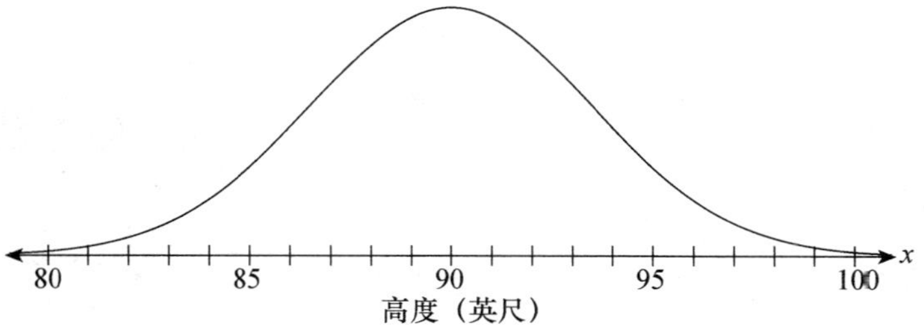

解答：

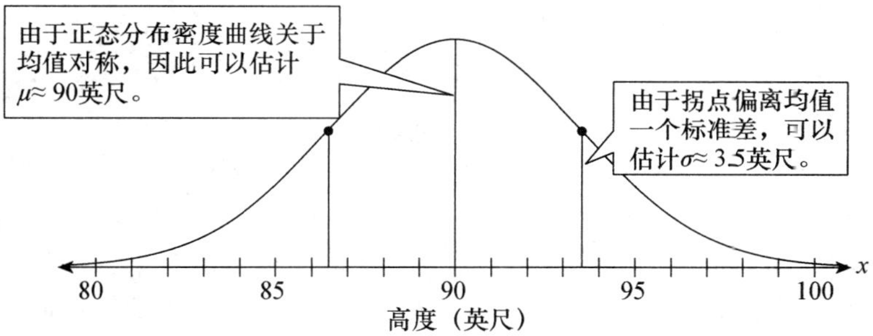

解释：

橡树的高度服从均值为90，标准差约为3.5的正态分布。

▶试一试 2

充分生长的白橡树的直径（英尺）是正态分布的，分布曲线如下所示。请问充分生长的白橡树的直径均值是多少？估计正态分布的标准差。

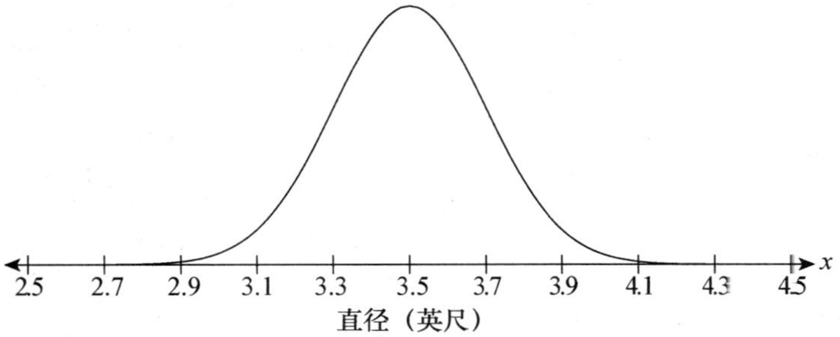

a. 找到对称中心以确定均值。

b. 估计拐点以确定标准差。

5.1.2　标准正态分布

正态分布有无限多个，每个都有各自的均值和标准差。均值为 0，标准差为 1 的正态分布称为**标准正态分布**（standard normal distribution）。标准正态分布的水平刻度与 z 分相对应。在 2.5 节中，我们知道 z 分是位置的度量，表示数值偏离均值的标准差的数目。可以使用下面的公式将 x 的值转换为 z 分。

$$z=\frac{\text{原值}-\text{均值}}{\text{标准差}}=\frac{x-\mu}{\sigma}$$

定义

标准正态分布（standard normal distribution）是均值为 0，标准差为 1 的正态分布。

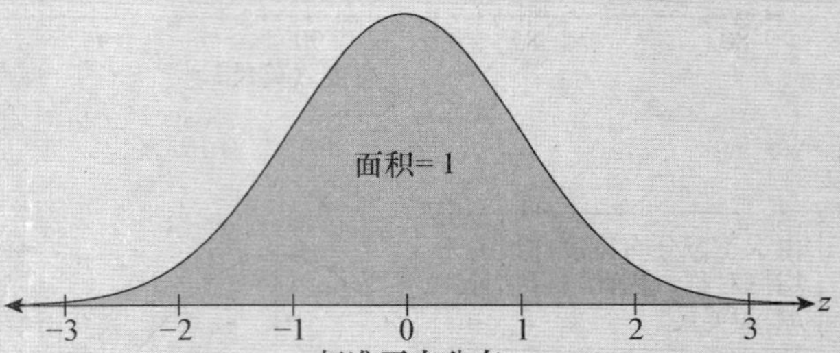

标准正态分布

如果将正态分布中随机变量 x 的值转换为 z 分，结果将是标准正态分布。在相对应的 z 边界下，非标准正态分布曲线下的面积与标准正态分布曲线下的面积相同。

在 2.4 节中，我们学习了当随机变量 x 的值对应于偏离均值 −3，−2，−1，0，1，2，3 个标准差时，如何使用经验法则近似正态曲线下的区域面积。现在，我们将学习如何计算其他对应 x 值下的区域面积。利用公式将 x 值转换为 z 分后，就可以使用附录 B 中的标准正态表格。该表格列出了标准正态曲线下 z 分以左的面积，z 分的范围为 −0.39～0.39。在查表过程中，要注意以下几点。

标准正态分布的性质

1. z 分接近 −0.39 时，面积接近 0。
2. z 分越大，面积越大。
3. $z=0$ 时，面积为 0.500 0。
4. z 分接近 0.39 时，面积接近 1。

例 3　**使用标准正态表格**

1. 计算对应于 z 分为 1.15 左侧的面积。
2. 计算对应于 z 分为 −0.24 左侧的面积。

解答：

1. 为了计算对应于 z 分为 1.15 左侧的面积，要先找到 $z=1.1$ 那一行，再对应 0.05 那一列，找到的数值为 0.874 9，因此对应于 z 分为 1.15 左侧的面积为 0.874 9。

z	.00	.01	.02	.03	.04	.05	.06
0.0	.5000	.5040	.5080	.5120	.5160	.5199	.5239
0.1	.5398	.5438	.5478	.5517	.5557	.5596	.5636
0.2	.5793	.5832	.5871	.5910	.5948	.5987	.6026
0.9	.8159	.8186	.8212	.8238	.8264	.8289	.8315
1.0	.8413	.8438	.8461	.8485	.8508	.8531	.8554
1.1	.8643	.8665	.8686	.8708	.8729	.8749	.8770
1.2	.8849	.8869	.8888	.8907	.8925	.8944	.8962
1.3	.9032	.9049	.9066	.9082	.9099	.9115	.9131
1.4	.9192	.9207	.9222	.9236	.9251	.9265	.9279

2. 为了计算对应于 z 分为 -0.24 左侧的面积，要先找到 $z=-0.2$ 那一行，再对应 0.04 那一列，找到的数值为 0.405 2。因此对应于 z 分为 -0.24 左侧的面积为 0.405 2。

z	.09	.08	.07	.06	.05	.04	.03
−3.4	.0002	.0003	.0003	.0003	.0003	.0003	.0003
−3.3	.0003	.0004	.0004	.0004	.0004	.0004	.0004
−3.2	.0005	.0005	.0005	.0006	.0006	.0006	.0006
−0.5	.2776	.2810	.2843	.2877	.2912	.2946	.2981
−0.4	.3121	.3156	.3192	.3228	.3264	.3300	.3336
−0.3	.3483	.3520	.3557	.3594	.3632	.3669	.3707
−0.2	.3859	.3897	.3936	.3974	.4013	.4052	.4090
−0.1	.4247	.4286	.4325	.4364	.4404	.4443	.4483
−0.0	.4641	.4681	.4721	.4761	.4801	.4840	.4880

▶试一试 3

1. 计算曲线下对应于 z 分为 -2.19 左侧的面积。
2. 计算曲线下对应于 z 分为 2.17 左侧的面积。

定位 z 分并在标准正态表格中找到相应的面积值。

如果表格中没有所求的 z 分，可使用最接近的值。如果恰好在两个值中间，则使用对应的两个面积的均值。

使用以下指南可以帮助你计算标准正态曲线下的各种面积。

指南

计算标准正态曲线下的区域面积

1. 描绘标准正态曲线并将所求面积画上阴影。
2. 根据下列指示计算各种面积。

a. z 分以左的面积：在标准正态表格中找到相应 z 分的面积值。

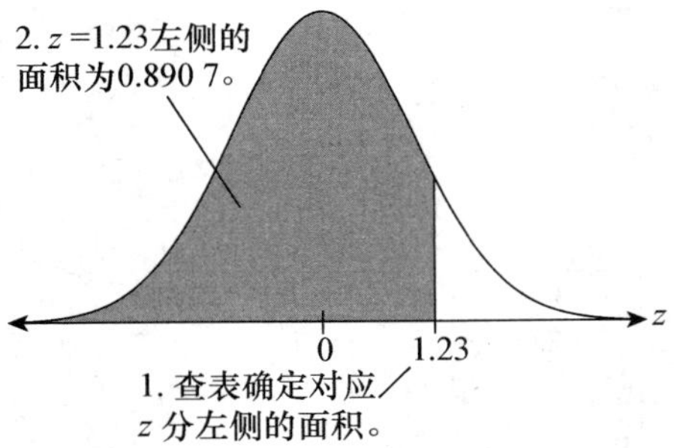

b. z 分右侧的面积：在标准正态表格中找到相应 z 分的面积，用 1 减去该值。

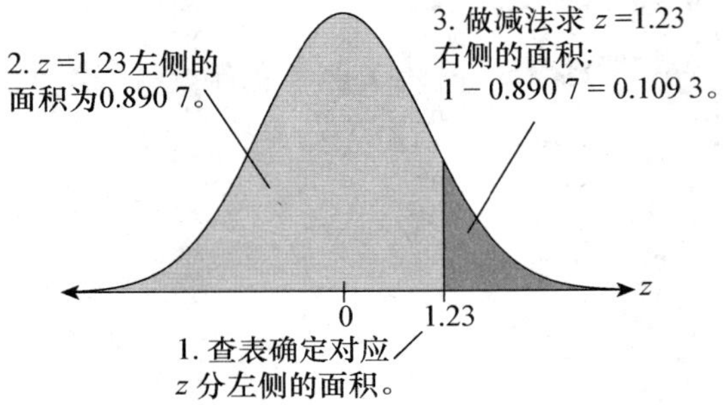

c. 两个 z 分之间的面积：在标准正态表格中分别找到相应 z 分的面积，用较大的面积减去较小的面积。

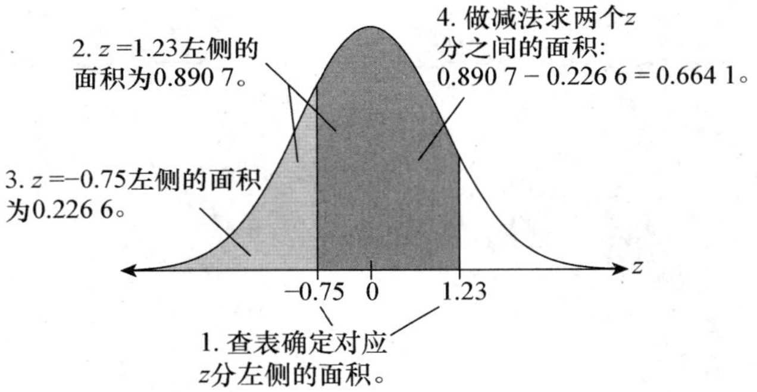

例 4　计算标准正态曲线下的面积

计算标准正态曲线下 $z=-0.99$ 以左的面积。

解答：

标准正态曲线下 $z=-0.99$ 以左的面积如下所示。

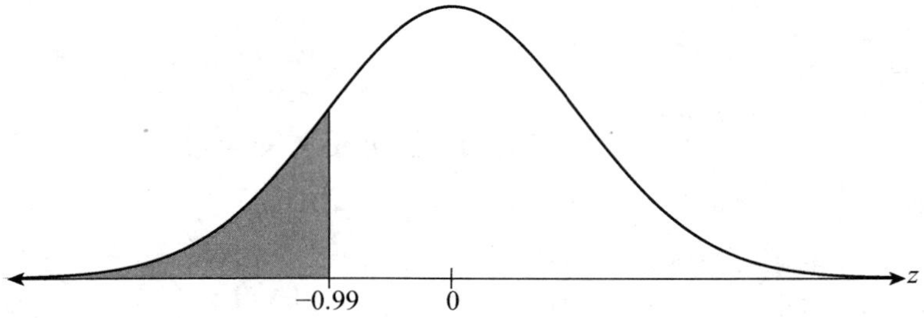

依据标准正态表格，面积为 0.161 1。

▶试一试 4

计算标准正态曲线下 $z=2.13$ 以左的面积。

a. 画出标准正态曲线，用阴影标出所求面积。

b. 使用标准正态表格找到对应于 $z=2.13$ 的面积值。

例 5　计算标准正态曲线下的面积

计算标准正态曲线下 $z=1.06$ 以右的面积。

解答：

标准正态曲线下 $z=1.06$ 以右的面积如下所示。

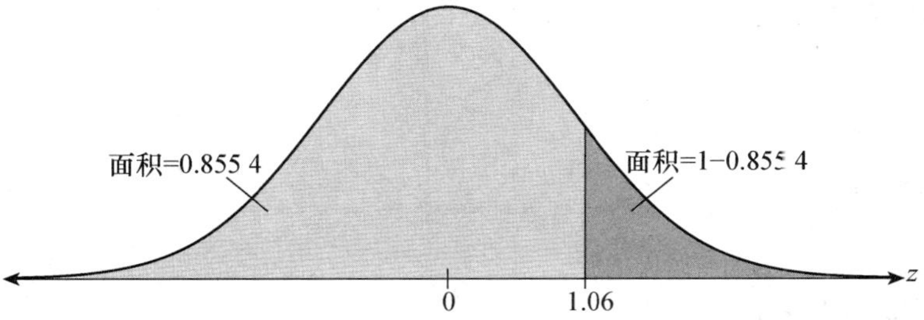

依据标准正态表格，$z=1.06$ 以左的面积为 0.855 4。由于由线下区域的总面积为 1，因此标准正态曲线下 $z=1.06$ 以右的面积为 $1-0.855\ 4=0.144\ 6$。

▶试一试 5

计算标准正态曲线下 $z=-2.16$ 以右的面积。

a. 画出标准正态曲线，用阴影标出所求面积。

b. 使用标准正态表格找到对应于 $z=-2.16$ 的面积值。

c. 用 1 减去查到的面积值。

例 6　计算标准正态曲线下的面积

计算标准正态曲线下 $z=-1.5$ 和 $z=1.25$ 之间的面积。

解答：

标准正态曲线下 $z=-1.5$ 和 $z=1.25$ 之间的面积如下所示。

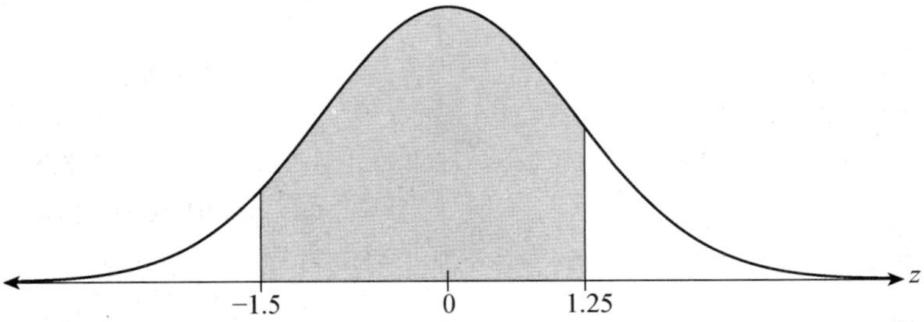

依据标准正态表格，$z=-1.5$ 以左的面积为 0.066 8，$z=1.25$ 以左的面积为 0.894 4。因此标准正态曲线下 $z=-1.5$ 和 $z=1.25$ 之间的面积为 $0.894\ 4-0.066\ 8=$

0.827 6。

解释：

因此，曲线下 82.76%的面积在 $z=-1.5$ 和 $z=1.25$ 之间。

▶试一试 6

计算标准正态曲线下 $z=-2.16$ 和 $z=-1.35$ 之间的面积。

a. 使用标准正态表格找到 $z=-2.16$ 以左的面积。

b. 使用标准正态表格找到 $z=-1.35$ 以左的面积。

c. 用较大的面积减去较小的面积。

回忆在 2.4 节中所学的内容，使用经验法则：远离均值两个单位标准差以外的值为罕见的。而远离均值三个单位标准差以外的值则为极其罕见的。因此，如果 z 分的值大于 2 或小于 -2，则为罕见的；如果 z 分的值大于 3 或小于 -3，则为极其罕见的。

练习 5.1

□ 基础技能训练和术语

1. 举出三个实际生活中连续型随机变量的例子，其中哪个是正态分布的？为什么？

2. 画出两条具有相同均值和不同标准差的正态曲线，并描述它们的异同。

图表分析 判断下面的图形是否能够表示正态分布的变量，并解释原因。

9.

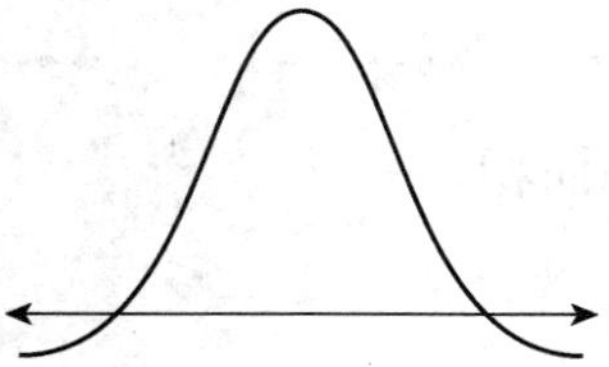

11.

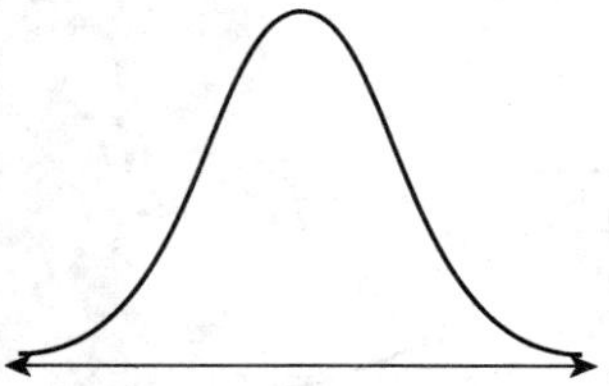

图表分析 判断下面的直方图是否能够表示正态分布的变量，并解释原因。

15.

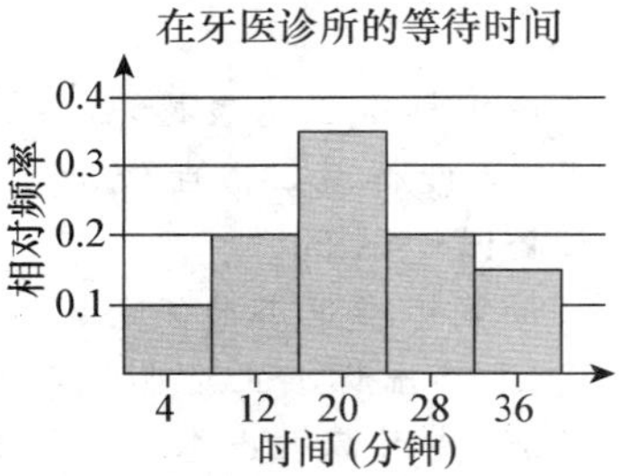

□ 应用和解释概念

41. **生产商的广告** 假如你为一家消费者权益监督刊物工作，现需要检测一家灯泡生产商的广告是否属实。生产商称灯泡的寿命呈正态分布，均值为 2 000 小时，标准差为 250 小时。你测试了 20 个灯泡得到以下寿命数据：

2 210，2 406，2 267，1 930，2 005，
2 502，1 106，2 140，1 949，1 921，
2 217，2 121，2 004，1 397，1 659，
1 577，2 840，1 728，1 209，1 639

(a) 画出数据的频率直方图，分为 5 类。寿命是否为正态分布？为什么？

(b) 计算样本的均值和标准差。

(c) 将你得到的结果与厂家声称的相比较，判断有什么不同。

计算并解释正态分布的 z 分　在习题 43 中，将会给出一个正态分布的均值和标准差、4 个数值和标准正态分布图。

(a) 不转换为 z 分，将 4 个值用 A，B，C，D 标在标准正态分布图上。

(b) 计算每个值对应的 z 分并检查 (a) 中的答案。

(c) 判断 4 个值中是否有罕见的点。

43. **活塞环**　某公司生产汽车用的活塞环，该产品内径服从均值为 93.01 毫米，标准差为 0.005 毫米的正态分布。随机选择的 4 个产品的直径为 93.014 毫米、93.018 毫米、93.004 毫米和 92.994 毫米。

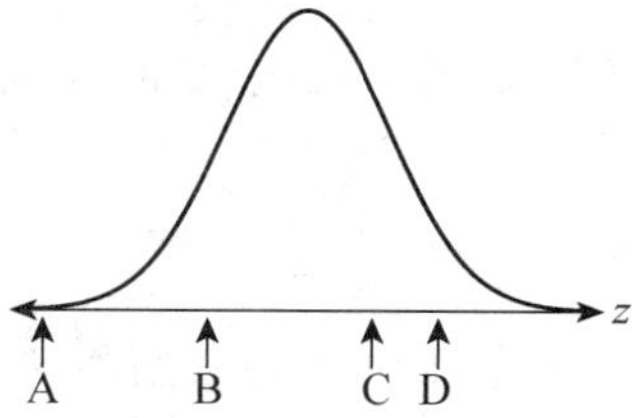

□ **扩展概念**

63. **论述**　画出均值为 60，标准差为 12 的正态曲线，描述你是如何构建该曲线的，并讨论它的特性。

65. **均匀分布**　**均匀分布** (uniform distribution) 也是一种连续分布。例如 $f(x)=1$，$0\leqslant x\leqslant 1$。本例中均值为 0.5，标准差接近 0.29，分布图为一个长宽均为 1 的正方形。一般来说，从 $x=a$ 到 $x=b$ 的均匀分布的密度函数为 $f(x)=\frac{1}{b-a}$，均值为 $\frac{a+b}{2}$，方差为 $\frac{(b-a)^2}{12}$。

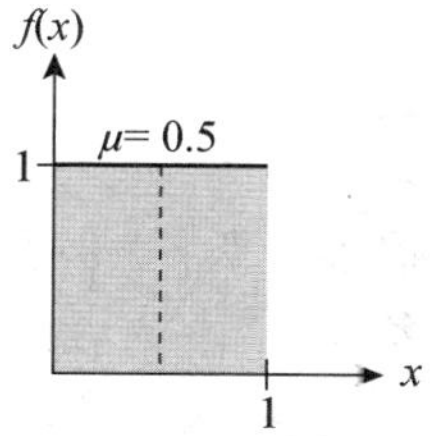

(a) 证明曲线下的面积之和为 1。

(b) 计算 x 落在 0.25～0.5 之间的概率。

(c) 计算 x 落在 0.3～0.7 之间的概率。

5.2　正态分布：计算概率

5.2.1　概率和正态分布

如果随机变量 x 服从正态分布，可以通过计算正态曲线下一段区间的面积求得 x 落入这段区间的概率。首先计算该段区间边界的 z 分，然后使用标准正态表格找到相应的面积。例如，考虑一个 $\mu=500$，$\sigma=100$ 的正态曲线，如下图所示。距离均值一个标准差的 x 值为 $\mu+\sigma=500+100=600$。现考虑一个标准正态曲线，距离均值一个标准差的 z 分为 $\mu+\sigma=0+1=1$。由于 z 分 1 与 x 值 600 相对应，且转换为标准正态曲线没有使面积发生变化，因此两图中的阴影部分面积相等。

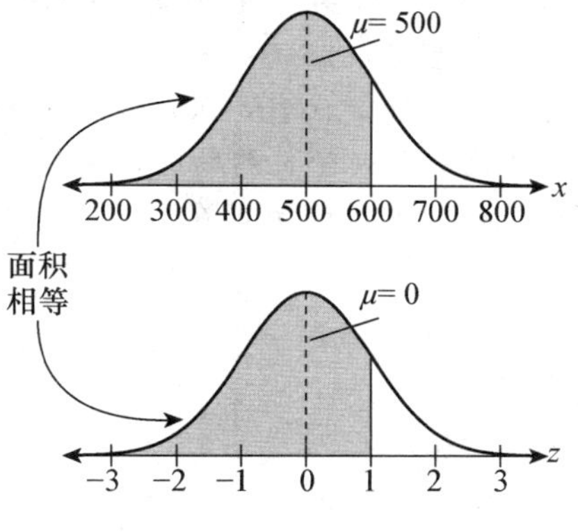

例 1　计算正态分布的概率

一项调查显示，人们平均使用电脑 2.4 年后将其淘汰，标准差为 0.5 年。随机选择一个电脑使用者，计算他 2 年内将电脑淘汰的概率。假设随机变量 x 服从正态分布。

解答：

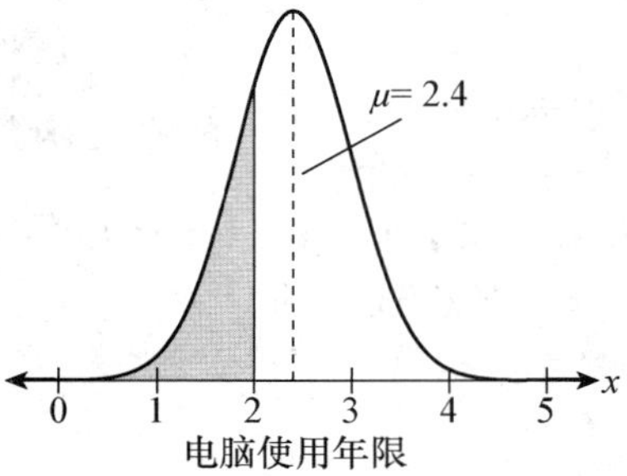

上图为一条 $\mu=2.4$，$\sigma=0.5$ 的正态曲线，阴影部分为 x 小于 2 的区域。2 年对应的 z 分为：

$$z=\frac{x-\mu}{\sigma}=\frac{2-2.4}{0.5}=-0.80$$

依据标准正态表格有 $P(z<-0.8)=0.2119$，因此 2 年内将电脑淘汰的概率为 0.211 9。

解释：

因此，21.19%的电脑拥有者将在 2 年内换新电脑。

▶试一试 1

一辆福特手动挡汽车在城市行驶的平均油耗为 24 加仑/英里（miles per gallon，mpg），标准差为 1.6 mpg。随机选择一辆福特手动挡汽车，则其油耗大于 28 mpg 的概率是多少？假设每英里油耗服从正态分布。（资料来源：Adapted form U. S. Department of Energy）

a. 画出图形。

b. 计算对应于 28 mpg 的 z 分。

c. 计算该 z 分右侧的面积。

d. 得出结论。

例 2　计算正态分布的概率

一项调查显示，人们去超市购物一次平均要花 45 分钟，标准差为 12 分钟。在超市内所花费时间由随机变量 x 代表，服从正态分布。一个购物者进入超市。

（a）计算该购物者花费下列时长购物的概率是多少。

（b）如果有 200 个顾客进入超市，在下列时间段，预期会有多少位顾客停留在超市内？

1. 24～54 分钟。

2. 多于 39 分钟。

解答：

1. （a）

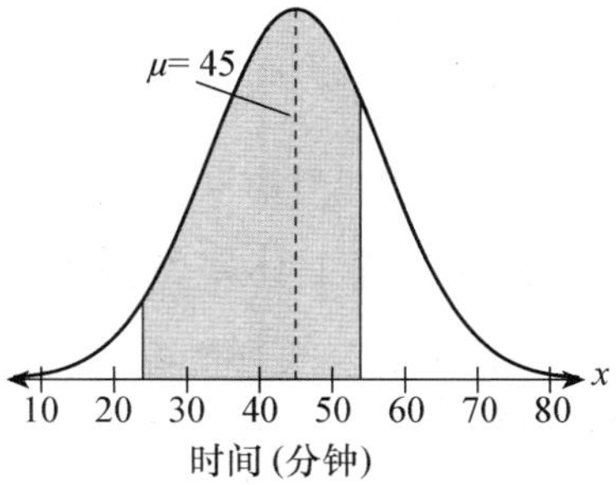

上图为 $\mu=45$ 分钟，$\sigma=12$ 分钟的正态曲线，阴影部分为 x 从 24～54 分钟之间的区域。24 分钟和 54 分钟对应的 z 分分别为：

$$z_1=\frac{24-45}{12}=-1.75 \quad z_2=\frac{54-45}{12}=0.75$$

因此，购物者 24～54 分钟内停留在超市内的概率为：

$$P(24<x<54)=P(-1.75<z<0.75)=P(z<0.75)-P(z<-1.75)$$
$$=0.7734-0.0401=0.7333$$

(b) 73.33%的人会在 24～54 分钟内停留在超市内。如果有 200 个顾客进入超市，则预计在 24～54 分钟内，超市内有 200×0.733 3=146.66（约为 147）人。

2. (a)

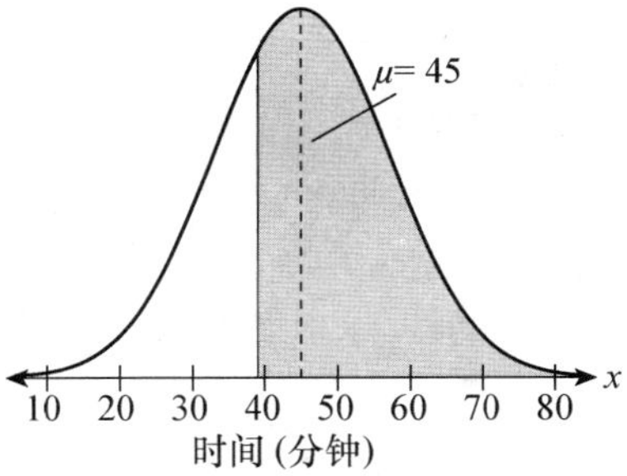

上图为 $\mu=45$ 分钟，$\sigma=12$ 分钟的正态曲线，阴影部分为 x 大于 39 分钟的区域。39 分钟对应的 z 分为 $z=(39-45)/12=-0.5$，因此顾客在超市停留时间大于 39 分钟的概率为：

$$P(x>39)=P(z>-0.5)=1-P(z<0.5)=1-0.3085=0.6915$$

(b) 如果有 200 个顾客进入超市，则预计有 200×0.691 5=138.3（约为 138）人在多于 39 分钟的时间内停留在超市。

▶试一试 2

例 2 中，顾客在超市内花费的时间为 33～60 分钟的概率是多少？

a. 画出图像。

b. 计算对应于 60 分钟和 33 分钟的 z 分。

c. 计算每个 z 分的对应面积，并用较大的面积减去较小的面积。

d. 如果有 150 位顾客进入超市，预计 33～60 分钟之间，有多少位顾客停留在商场内？

另一种计算正态分布概率的方法是使用计算器或者计算机，例如使用 MINITAB，Excel 和 TI-83/84。

例 3　使用技术工具计算正态分布概率

假设美国男性的胆固醇水平服从正态分布，均值为每分升 215 毫克，标准差为每分升 25 毫克。随机选择一名美国男性，则他的胆固醇水平低于每分升 175 毫克的概率是多少？使用技术工具进行计算。

解答：

MINITAB，Excel 和 TI-83/84 都可以直接计算正态分布概率而不用先转换为 z 分。对于每个技术工具，都需要确定均值、标准差和 x 值。

MINITAB

Cumulative Distribution Function

Normal with mean = 215.000 and standard deviation = 25.000 0

x	P(X <= x)
175.0000	0.0548

EXCEL

	A	B	C
1	NORMDIST(175,215,25,TRUE)		
2			0.054799

TI-83/84

normalcdf(0,175,215,25)

0.0547992894

从上面所示结果可以看到，该男性胆固醇水平低于每分升 175 毫克的概率约为 0.054 8，或 5.48%。

▶试一试 3

随机选择一名美国男性，他的胆固醇水平在每分升 190～225 毫克之间的概率是多少？使用技术工具进行计算。

a. 阅读你所选技术工具的使用说明。

b. 输入恰当的数据以获得概率。

c. 得出结论。

例 3 中只显示了使用 MINITAB，Excel 和 TI-83/84 计算正态分布概率的方法，可使用的方法还有很多。

练习 5.2

□ 基础技能训练和术语

计算概率　假设随机变量 x 服从 $\mu=86$，$\sigma=5$ 的正态分布，计算以下概率。

1. $P(x<80)$。

3. $P(x>92)$。

图表分析　假设从下图所代表的总体中随机选择一名成员（样本），计算选出的成员（样本）在阴影内的概率。假设 x 服从正态分布。

7.

SAT 评论性阅读分数

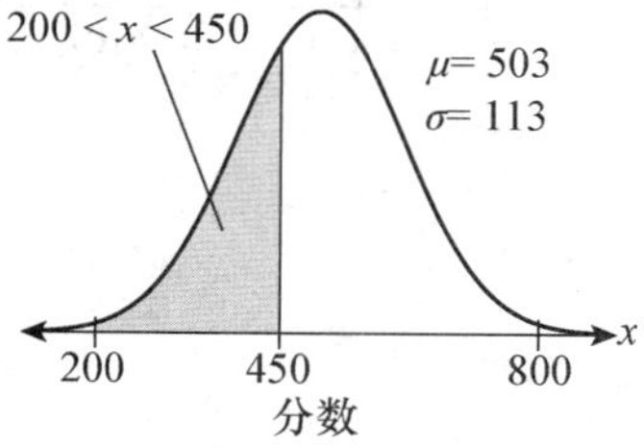

资料来源：College Board Online.

9.

20～34 岁美国女性的总胆固醇水平

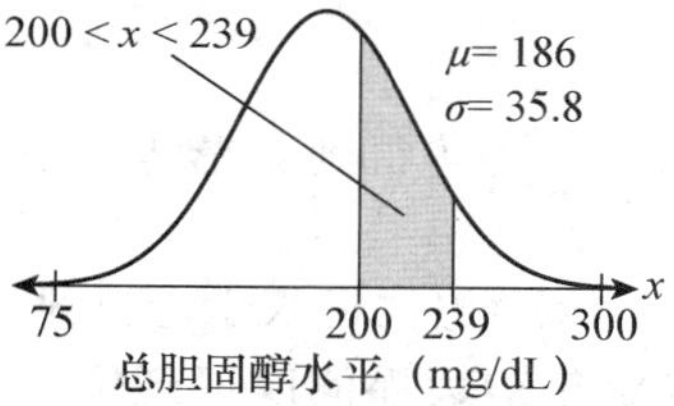

资料来源：Adapted from National Center for Health Statistics.

11.

美国凯美瑞汽车在干燥路面上的制动距离

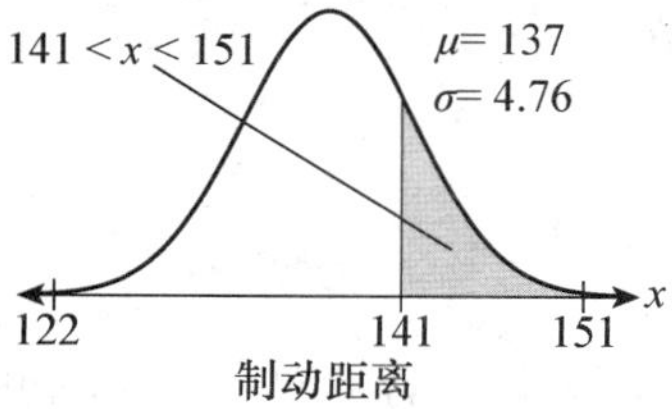

资料来源：Adapted from Consumer Reports.

□ 应用和解释概念

计算概率　计算下列概率，可以使用技术工具。

13. **男性身高**　一项调查研究美国男性的身高。该调查将参与者按年龄分组，20～29 岁组身高服从均值为 69.6 英寸，标准差为 3.0 英寸的正态分布。随机选择一个参与者。（资料来源：Adapted from U.S. National Center for Health Statistics）

（a）计算该参与者身高低于 66 英寸的概率。

（b）计算该参与者身高在 66～72 英寸的概率。

（c）计算该参与者身高高于 72 英寸的概率。

15. **ACT 分数**　近年来，美国中学生 GPA（grade point average）分数在 3.50～4.0 之间的人群，ACT 分数服从均值为 24.2，标准差为 4.3 的正态分布。随机从该人群中选出一个。（资料来源：ACT，Inc.）

（a）计算该学生 ACT 分数低于 17 的概率。

（b）计算该学生 ACT 分数在 20～29 之间的概率。

（c）计算该学生 ACT 分数高于 32 的概率。

□ 扩展概念

控制图　**统计过程控制**（statistical process control，SPC）用于监控并改善统计过程，例如生产一个发动机零件。在 SPC 中，需要收集信息以判断是否满足设备的所有要求，其中要用到的一种工具就是**控制图**（control chart）。当随机变量 x 的测量为正态分布时，控制图可以检查出在统计控制外的过程。所用到的 3 个警示信号如下所示：

（1）有一个点落在距均值 3 个单位标准差以外的区域。

（2）有 9 个连续点落在均值的同一侧。

（3）3 个连续点中至少有 2 个落在距均值 2 个单位标准差以外的区域。

下面两题中所示的控制图中有一些分界线，分别在均值 μ，$\mu\pm2\sigma$ 和 $\mu\pm3\sigma$ 处。判断过程是否在控制范围内，并解释原因。

31. 一个齿轮的设计直径为 3 英寸，标准差为 0.2 英寸。

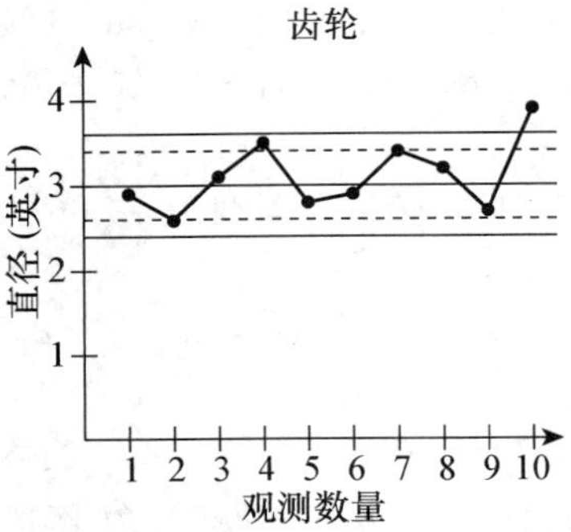

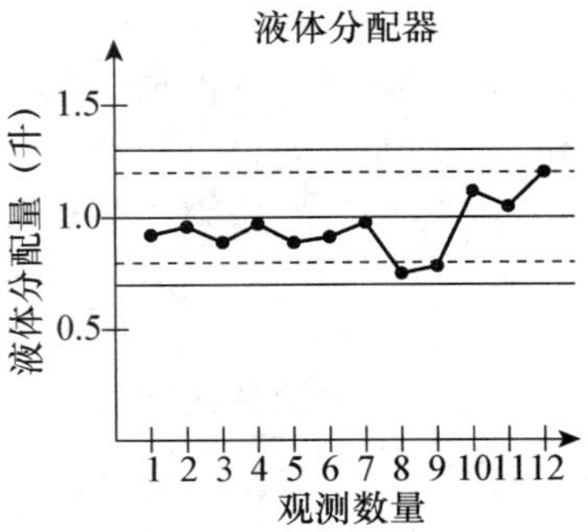

33. 一台液体分配机设计分配量为每瓶 1 升液体，标准差为 0.1 升。

5.3 正态分布：计算数值

5.3.1 计算 z 分

在 5.2 节中我们给出随机变量 x 服从正态分布，为了得到 x 落入一段区间的概率，需要计算正态曲线下这段区间的面积。

假如给出概率，该如何计算 x 值？例如，一所大学想知道入学考试排名前 10% 的学生最低分为多少，或一个医学研究者想要确定年龄边界值以得到位于总体中间 90% 的病人。在本节中，我们就将学习已知正态曲线下的面积值（或概率），如何计算 x 值。

例 1　已知面积求 z 分

1. 计算面积 0.363 2 对应的 z 分。

2. 计算 z 分为多少时，其右侧面积为总面积的 10.75%。

解答：

1. 找到标准正态表格中 0.363 2 的位置。表格的第一行和第一列为对应的 z 分。如下表所示，0.363 2 对应于 $z=-0.3$ 那一行，$z=0.05$ 那一列。因此 z 分为 -0.35。

z	.09	.08	.07	.06	.05	.04	.03
−3.4	.0002	.0003	.0003	.0003	.0003	.0003	.0003
−0.5	.2776	.2810	.2843	.2877	.2912	.2946	.2981
−0.4	.3121	.3156	.3192	.3228	.3264	.3300	.3336
−0.3	.3483	.3520	.3557	.3594	.3632	.3669	.3707
−0.2	.3859	.3897	.3936	.3974	.4013	.4052	.4090

2. 由于右侧面积为 0.107 5，因此左侧面积为 $1-0.1075=0.8925$。通过确定 0.892 5 在标准正态表格中的位置来确定 z 分。如下表所示，0.892 5 对应于 $z=1.2$

那一行，$z=0.04$ 那一列。因此 z 分为 1.24。

z	.00	.01	.02	.03	.04	.05	.06
0.0	.5000	.5040	.5080	.5120	.5160	.5199	.5239
1.0	.8413	.8438	.8461	.8485	.8508	.8531	.8554
1.1	.8643	.8665	.8686	.8708	.8729	.8749	.8770
1.2	.8849	.8869	.8888	.8907	.8925	.8944	.8962
1.3	.9032	.9049	.9066	.9082	.9099	.9115	.9131

▶试一试 1

1. 计算 z 分为多少时，其右侧面积为总面积的 96.16%。
2. 计算 z 分为多少时，$-z$ 到 z 之间的面积为总面积的 95%。

a. 计算面积。

b. 在标准正态表格中找到面积。

c. 找到面积对应的 z 分。

在 2.5 节中，我们学习了百分位数将一个数据集等分为 100 份。可以使用标准正态表格计算 z 分对应的百分位数。如果 x 为第 83 个百分位数 P_{83}，则 83%的数值在 x 之下，17%的数值在 x 之上。

例 2　计算百分位数对应的 z 分

1. P_5
2. P_{50}
3. P_{90}

解答：

1.

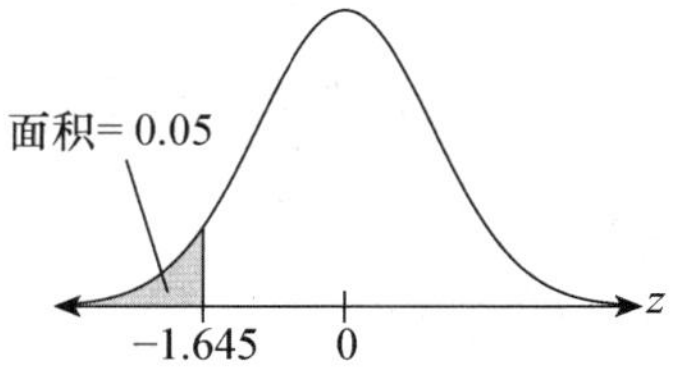

为了计算 P_5 对应的 z 分，需要在标准正态表格中确定面积 0.05（见上图）的位置。表中最接近 0.05 的数值为 0.0495（$z=-1.65$）和 0.0505（$z=-1.64$）。由于 0.05 恰好在两个值之间，因此其对应的 z 分应取 -1.65 和 -1.64 的中间值。因此，面积 0.05 对应的 z 分为 -1.645。

2.

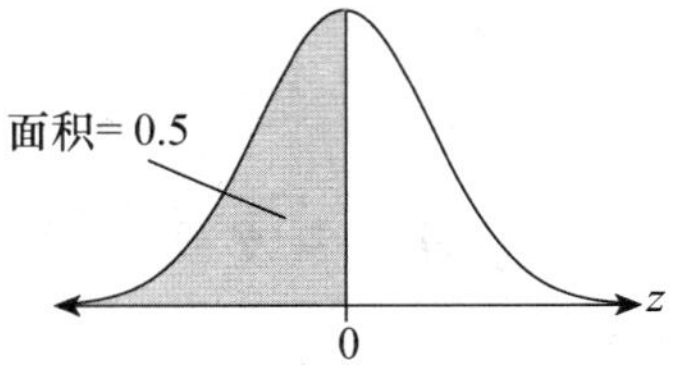

为了计算 P_{50} 对应的 z 分，需要在标准正态表格中确定面积 0.5（见上图）的位置。表中最接近 0.5 的数值为 0.500 0，因此其对应的 z 分为 0.00。

3.

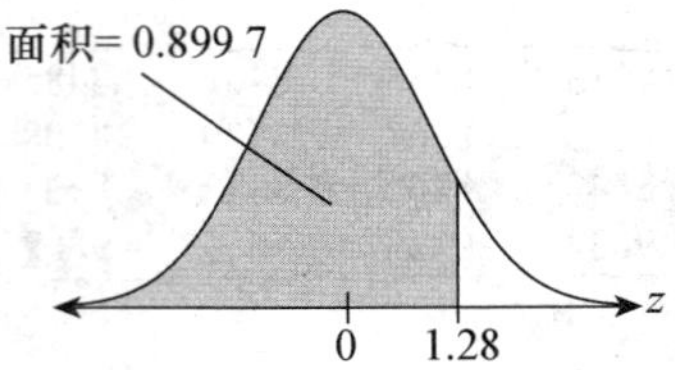

为了计算 P_{90} 对应的 z 分，需要在标准正态表格中确定面积 0.9（见上图）的位置。表中最接近 0.9 的数值为 0.899 7，因此其对应的 z 分为 1.28。

▶试一试 2

计算百分位数对应的 z 分。

1. P_{10}
2. P_{20}
3. P_{99}

a. 将百分位数写为面积，如果需要，画出面积图。

b. 确定面积在标准正态表格中的位置，如果表格中没有该值，则取最接近的值。

c. 定义该面积对应的 z 分。

5.3.2　将 z 分转换为 x 值

为了将 x 值转换为 z 分，可以使用公式

$$z=\frac{x-\mu}{\sigma}$$

该公式用 x 表达 z，而如果针对 x 解方程，则可得到一个新的公式：

$z=\frac{x-\mu}{\sigma}$　以 x 表达 z

$z\sigma=x-\mu$　两边同时乘以 σ

$z\sigma+\mu=x$　两边同时加上 μ

$x=z\sigma+\mu$　左右两边对换

将 z 分转换为 x 值

为了将 z 分转换为给定总体中的数据值 x，可使用公式

$$x=\mu+z\sigma$$

例 3　**计算 z 分对应的 x 值**

一段高速公路上的汽车速度服从正态分布，均值为每小时 67 英里，标准差为每

小时 4 英里。计算对应于 z 分 1.96，−2.33 和 0 的 x 值。

解答：

使用公式 $x=\mu+z\sigma$ 计算 z 分对应的 x 值。

$z=1.96$：$x=67+1.96\times4=74.84$

$z=-2.33$：$x=67+-2.33\times4=57.68$

$z=0$：$x=67+0\times4=67$

解释：

每小时 74.84 英里大于均值，67.68 小于均值，而 67 等于均值。

▶试一试 3

某城市的公共设施账单服从均值为 70 美元，标准差为 8 美元的正态分布。计算对应于 z 分 −0.75，4.29 和 −1.82 的 x 值。

a. 定义非标准正态分布的 μ 和 σ 值。

b. 将 z 分转换为 x 值。

c. 得出结论。

5.3.3 计算给定概率的原数据值

可以使用正态分布计算给定概率的具体数据值（x 值），如例 4 所示。

例 4　**计算具体数据值**

行政部门入职笔试的分数服从均值为 75，标准差为 6.5 的正态分布。为了能够入职，笔试分数需要排在前 5%。则能够入职的最低分是多少？

解答：

图中阴影面积为排在前 5% 的分数。

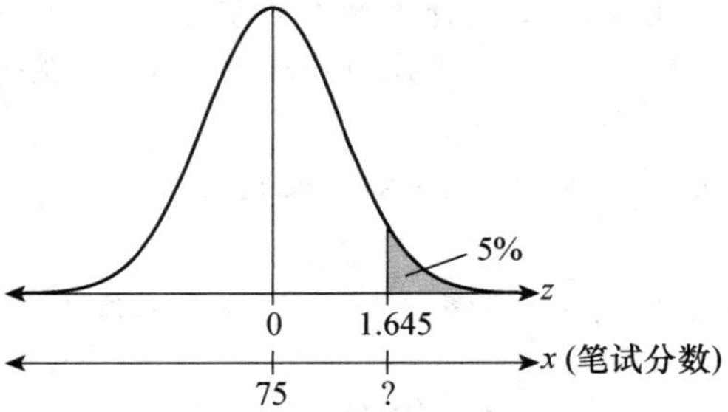

排在前 5% 的分数为大于第 95 个百分位数的任意分数值。为了计算代表第 95 个百分位数的分数值，首先需要计算面积 0.95 对应的 z 分。由标准正态表格可知，最接近 0.95 的面积值为 0.949 5（$z=1.64$）和 0.950 5（$z=1.65$）。由于 0.95 恰好在两值中间，因此 z 分取 1.64 和 1.65 的中间值：1.645。使用公式 $x=\mu+z\sigma$ 可得

$$x=\mu+z\sigma=75+1.645\times6.5\approx85.69$$

解释：

能够入职的最低分数是 86 分。

▶试一试 4

一辆本田雅阁的样本刹车距离服从正态分布。在干燥路面，刹车距离的均值为 142 英尺，标准差为 6.51 英尺。则刹车距离最短的前 1%车辆中，最长的刹车距离是多少？（资料来源：Adapted from *Consumer Reports*）

a. 画出图形。

b. 计算给定面积对应的 z 分。

c. 使用 $x=\mu+z\sigma$ 计算 x。

d. 得出结论。

例 5　计算具体数据值

随机选取一个包含 1 169 名 35～44 岁男性的样本，总胆固醇水平的均值为每分升 210 毫克，标准差为每分升 38.6 毫克。假设总胆固醇水平服从正态分布，计算该样本中总胆固醇水平最低的 1%中，总胆固醇水平的最高值为多少？（资料来源：Adapted from U. S. National Center for Health Statistics）

解答：

总胆固醇水平最低的 1%如下图阴影所示。

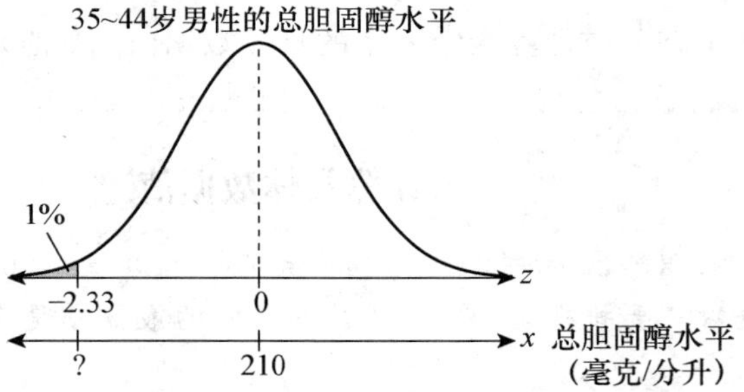

总胆固醇水平最低的 1%是低于第 1 个百分位数的任意水平值。为计算代表第 1 个百分位数的水平值，需要先计算对应面积为 0.01 的 z 分。在标准正态表格中可找到最接近 0.01 的为 0.009 9。因此对应于面积 0.01 的 z 分为 −2.33。使用公式 $x=\mu+z\sigma$ 可得

$$x=\mu+z\sigma=210-2.33\times38.6\approx120.06$$

解释：

划分此样本最低的 1%和最高的 99%的临界值为 120。

▶试一试 5

员工在公司工作的时间服从均值为 11.2 年，标准差为 2.1 年的正态分布。在一次裁员中，工龄最短的 10%将被解雇，计算被解雇的人中最长的工龄是多少？

a. 画出图形。

b. 计算给定面积对应的 z 分。

c. 使用 $x=\mu+z\sigma$ 计算 x。

d. 得出结论。

练习 5.3

基础技能训练和术语

在习题 1，3 中，计算所给面积或百分位数对应的 z 分。如果表格中无该值，使用最接近的 z 分，如果恰在两值中间，使用两个 z 分的中间值。可以使用技术工具。

1. 0.758 0

3. 0.633 1

应用和解释概念

使用正态分布　回答下面两题中关于具体正态分布的问题。

39. **女性身高**　一项对美国女性（20～29 岁）身高的调查发现，身高均值为 64.1 英寸，标准差为 2.71 英寸。（资料来源：Adapted from U. S. National Center for Health Statistics）

(a) 代表第 95 个百分位数的高度是多少？

(b) 代表第一个四分位数的高度是多少？

41. **苹果**　美国每年人均消费苹果量（磅）近似服从正态分布，如下图所示。（资料来源：Adapted from U. S. Department Agriculture）

(a) 代表第 10 个百分位数的每年人均消费苹果量是多少？

(b) 代表第三个四分位数的每年人均消费苹果量是多少？

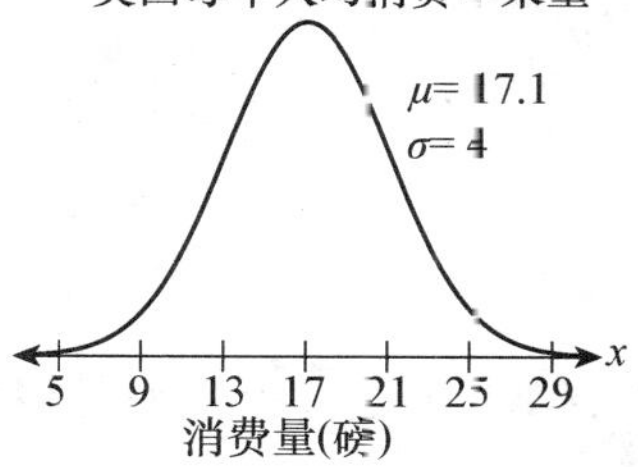

扩展概念

47. **承诺**　假如你所销售的汽车的轮胎寿命服从正态分布，均值为 30 000 英里，标准差为 2 500 英里。如果要承诺免费更换不耐用的轮胎，你将做出什么样的保证以更换约为销售量 10%的轮胎。

49. **自动贩卖机**　一台自动贩卖机往容量为 8 盎司的杯子中注入咖啡，每杯的咖啡量服从正态分布，标准差为 0.03 盎司。允许一次多出 1%的量，则应将咖啡注入量的均值设为多少？

5.4　样本分布和中心极限定理

5.4.1　样本分布

在前面的章节中，我们学习了总体均值和随机变量之间的关系。在本节中，我们将学习总体均值和总体中一个样本的均值之间的关系。

> **定义**
>
> **样本分布**（sampling distribution）是样本的概率分布，是从总体中重复抽出样本量为 n 的样本所形成的样本统计量。如果样本统计量是样本均值，则分布即为**样本均值的抽样分布**（sampling distribution of sample means）。每个样本统计量都有一个抽样分布。

例如维恩图中，长方形表示一个大总体，每个圆形代表一个样本量为 n 的样本。由于进入样本的点可以不同，因此样本均值也不同。样本 1 的均值为 $\bar{x}_1$，样本 2 的均值为 $\bar{x}_2$，以此类推。样本量为 n 的样本，其均值的分布包含 $\bar{x}_1$，$\bar{x}_2$，$\bar{x}_3$，以此类推。如果样本可以重复抽取，则一个总体的样本数量是无限的。

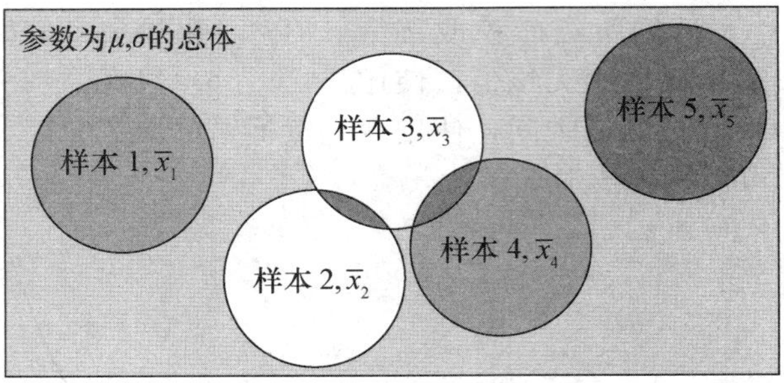

样本均值分布的性质

1. 样本均值的均值 $\mu_{\bar{x}}$ 等于总体均值 μ：

$$\mu_{\bar{x}}=\mu$$

2. 样本均值的标准差 $\sigma_{\bar{x}}$ 等于总体的标准差 σ 除以 n 的平方根：

$$\sigma_{\bar{x}}=\frac{\sigma}{\sqrt{n}}$$

样本均值分布的标准差称为**均值的标准差**（standard error of the mean）。

例 1　样本均值的抽样分布

在 4 张纸条上分别写上 1，3，5，7，然后放入盒中，则总体为 {1，3，5，7}。随机抽出两张纸条，可放回地重复抽取。列出所有样本量 $n=2$ 的可能情况并计算各种情况的均值。这些均值形成了样本均值的抽样分布，计算样本均值的均值、方差和标准差。将你的结果与总体均值 $\mu=4$，方差 $\sigma^2=5$，标准差 $\sigma=\sqrt{5}\approx2.236$ 进行比较。

解答：

列出样本量为 2 的所有 16 个样本并计算各自的均值。

样本	1，1	1，3	1，5	1，7	3，1	3，3	3，5	3，7
样本均值 $\bar{x}$	1	2	3	4	2	3	4	5
样本	5，1	5，3	5，5	5，7	7，1	7，3	7，5	7，7
样本均值 $\bar{x}$	3	4	5	6	4	5	6	7

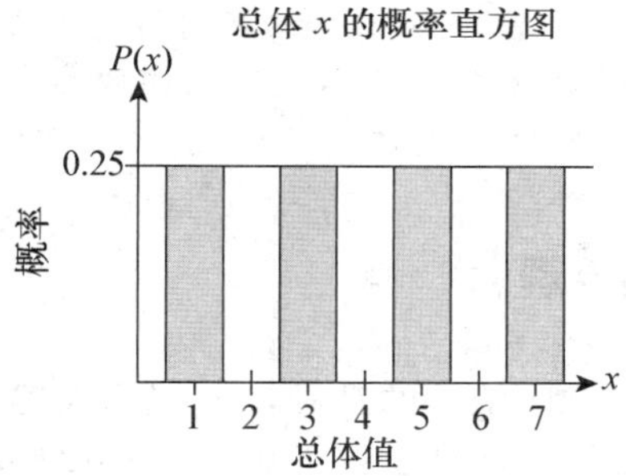

样本均值的概率分布

$\bar{x}$	f	概率
1	1	0.062 5
2	2	0.125 0
3	3	0.187 5
4	4	0.250 0
5	3	0.187 5
6	2	0.125 0
7	1	0.062 5

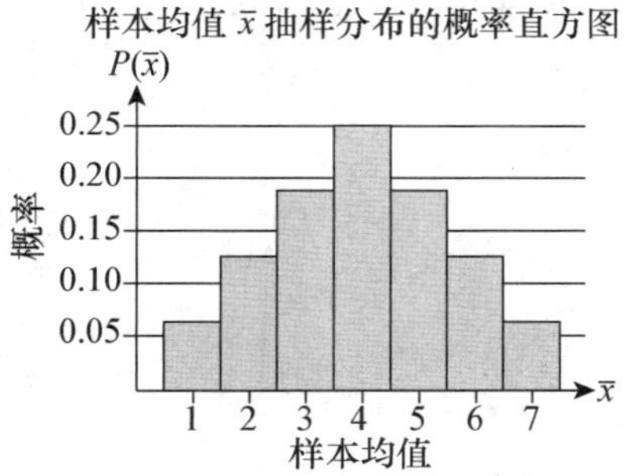

在建立了样本均值的概率分布之后，可以使用直方图画出抽样分布图，如上图所示。可见直方图的形状为铃形且对称，与正态分布非常相似。16 个样本均值的均值、方差和标准差如下所示：

$$\mu_{\bar{x}}=4$$

$$(\sigma_{\bar{x}})^2=\frac{5}{2}=2.5$$

$$\sigma_{\bar{x}}=\sqrt{\frac{5}{2}}=\sqrt{2.5}\approx 1.581$$

结果满足样本分布的性质：

$$\mu_{\bar{x}}=\mu=4$$

$$\sigma_{\bar{x}}=\frac{\sigma}{\sqrt{n}}=\frac{\sqrt{5}}{\sqrt{2}}\approx\frac{2.236}{\sqrt{2}}\approx 1.581$$

▶试一试 1

从总体 {1，3，5，7} 中有放回地抽出 3 个，列出所有可能值。计算样本均值的均值、方差和标准差，并与总体参数进行比较。

a. 列出所有样本量为 3 的可能样本并计算各自的均值。

b. 建立样本均值的概率分布并计算均值、方差和标准差。

c. 与总体的均值、方差和标准差进行比较。

5.4.2 中心极限定理

中心极限定理是推断统计的基础，该理论表述了总体分布和样本分布之间的关系。中心极限定理是一个非常重要的工具，它提供了很多使用样本统计量推断总体均值过程中的信息。

中心极限定理

1. 如果从均值为 μ，标准差为 σ 的总体中抽取样本量为 n （$n\geqslant 30$） 的样本，则样本均值的抽样分布近似正态分布。样本量越大，抽样分布越趋近于正态分布。

2. 如果总体服从正态分布，则不论样本量 n 为何值，样本均值的抽样分布都为正态分布。

样本均值的抽样分布和总体有相同的均值：

$$\mu_{\bar{x}}=\mu$$

样本均值抽样分布的方差是总体方差的 $1/n$，样本均值抽样分布的标准差等于总体标准差除以 n 的平方根。

$$\sigma_{\bar{x}}^2=\frac{\sigma^2}{n}$$

$$\sigma_{\bar{x}}=\frac{\sigma}{\sqrt{n}}$$

样本均值抽样分布的标准差为 $\sigma_{\bar{x}}$，也称为**均值的标准差** （standard error of mean）。

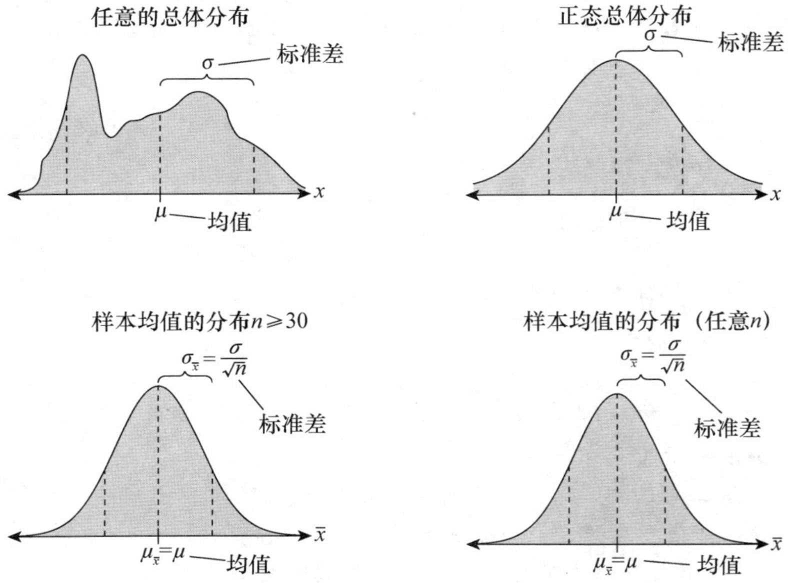

例 2　解释中心极限定理

城市居民的电话费均值为 64 美元，标准差为 9 美元，如下图所示。随机选择一些样本，每个包含 36 个居民的电话费，并计算各个样本的均值。计算抽样分布的均值和均值的标准差，并画出样本均值的抽样分布图。

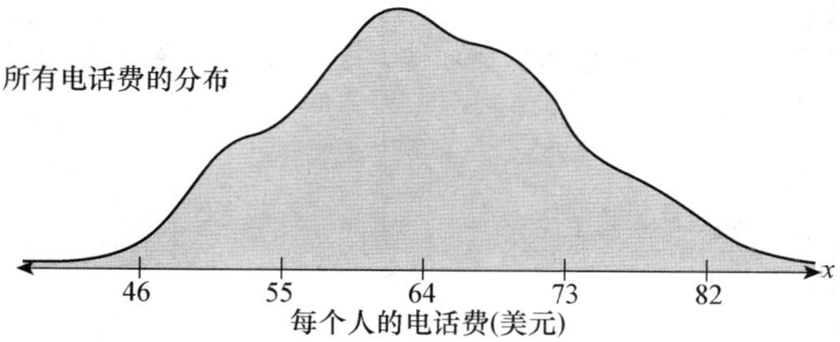

解答：

抽样分布的均值与总体均值相等，均值的标准差等于总体的标准差除以 n 的平方根，因此

$$\mu_{\bar{x}}=\mu=64$$

$$\sigma_{\bar{x}}=\frac{\sigma}{\sqrt{n}}=\frac{9}{\sqrt{36}}=1.5$$

解释：

依据中心极限定理，由于样本量大于 30，因此样本分布趋近于正态分布，$\mu=64$ 美元，$\sigma=1.50$ 美元，如下图所示。

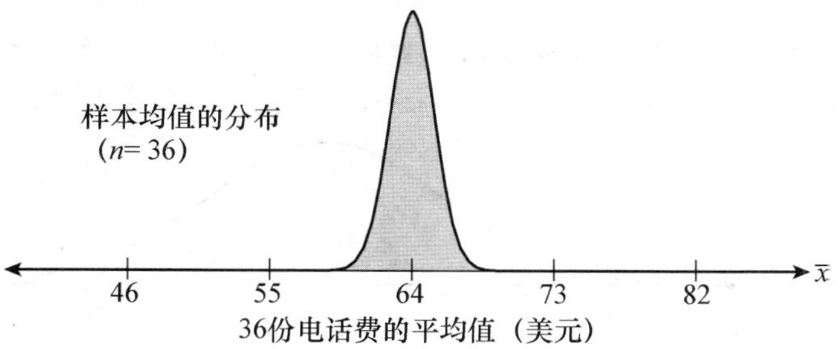

▶试一试 2

假如在例 2 中随机选择一些样本量为 100 的样本，计算抽栏分石的均值和均值的标准差。画出抽样分布图并与例 2 中的分布图进行比较。

a. 计算 $\mu_{\bar{x}}$ 和 $\sigma_{\bar{x}}$。

b. 确定样本量，如果 $n\geqslant30$，画出均值为 $\mu_{\bar{x}}$ 和标准差为 $\sigma_{\bar{x}}$ 的正态曲线。

c. 与例 2 中的结果进行比较。

例 3　解释中心极限定理

充分生长的白橡树的高度服从均值为 90 英尺，标准差为 3.5 英尺的正态分布，如下图所示。从总体中随机选取一些样本量为 4 的样本，每个样本的均值是确定的。

计算抽样分布的均值和均值的标准差，并画出样本均值的抽样分布图。

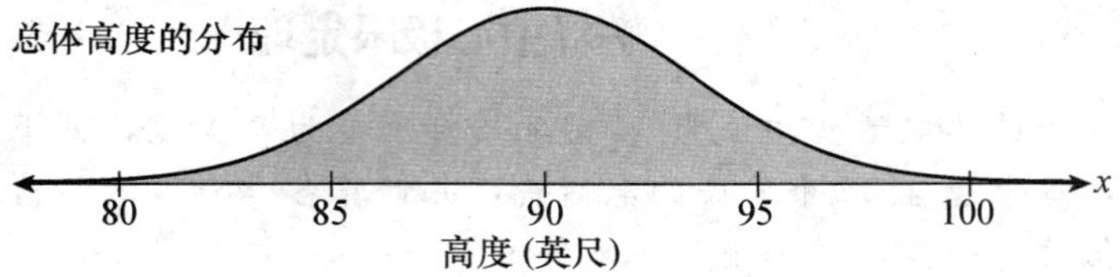

解答：

抽样分布的均值与总体均值相等，均值的标准差等于总体的标准差除以 n 的平方根，因此

$$\mu_{\bar{x}}=\mu=90$$

$$\sigma_{\bar{x}}=\frac{\sigma}{\sqrt{n}}=\frac{3.5}{\sqrt{4}}=1.75$$

解释：

依据中心极限定理，由于总体服从正态分布，因此样本也服从正态分布，如下图所示。

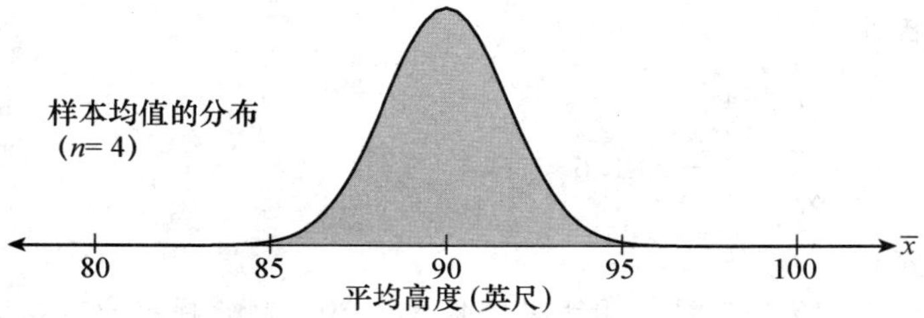

▶试一试 3

充分生长的白橡树的直径服从均值为 3.5 英尺，标准差为 0.2 英尺的正态分布，如下图所示。从总体中随机选取一些样本量为 16 的样本，每个样本的均值是确定的。计算抽样分布的均值和均值的标准差，并画出样本均值的抽样分布图。

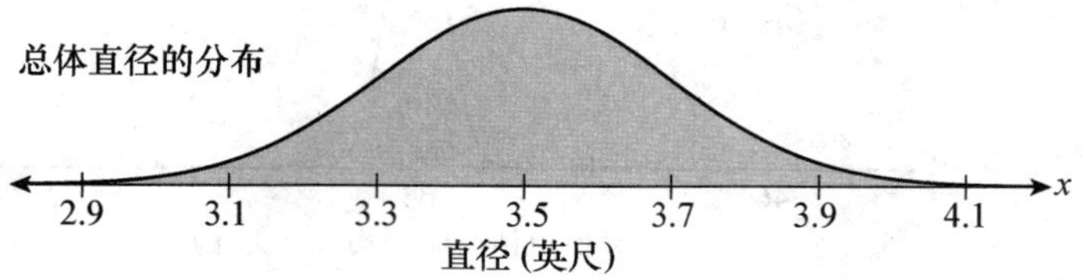

a. 计算 $\mu_{\bar{x}}$ 和 $\sigma_{\bar{x}}$。

b. 画出均值为 $\mu_{\bar{x}}$ 和标准差为 $\sigma_{\bar{x}}$ 的正态曲线。

5.4.3 概率和中心极限定理

在 5.2 节中，我们学习了如何确定随机变量 x 落入一段给定区间的概率。同理，可以计算样本均值 $\bar{x}$ 落入一段抽样分布区间的概率。为将 $\bar{x}$ 转换为 z 分，使用以下公式：

$$z=\frac{\text{原值}-\text{均值}}{\text{标准差}}=\frac{\bar{x}-\mu_{\bar{x}}}{\sigma_{\bar{x}}}=\frac{\bar{x}-\mu}{\sigma/\sqrt{n}}$$

例 4 计算抽样分布的概率

下图显示了人们每天的开车时间，随机选择 50 个 15～19 岁的司机，他们每天开车时间的均值在 24.7～25.5 分钟之间的概率是多少？假设 $\sigma=1.5$。

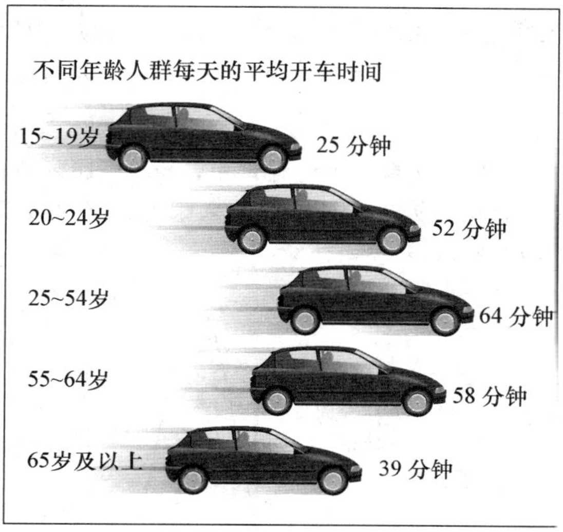

资料来源：U. S. Department of Transportation.

解答：

样本量大于 30，因此可以使用中心极限定理，则样本均值的分布近似为正态分布，均值和标准差如下：

$$\mu_{\bar{x}}=\mu=25$$

$$\sigma_{\bar{x}}=\frac{\sigma}{\sqrt{n}}=\frac{1.5}{\sqrt{50}}\approx 0.212\,13$$

下图为分布图，将 24.7～25.5 分钟之间用阴影标出。样本均值 24.7 和 25.5 对应的 z 分为：

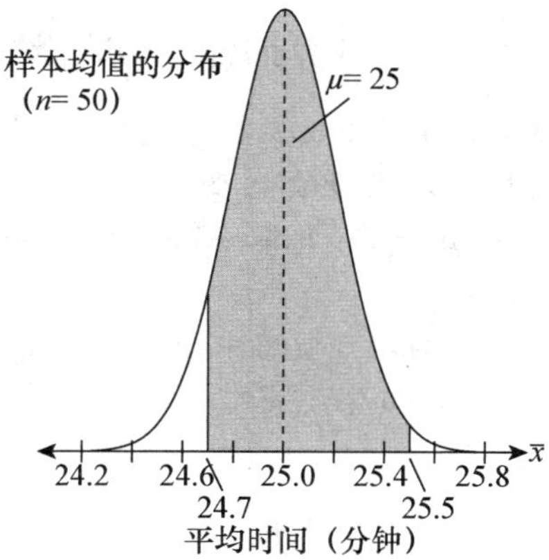

$$z_1=\frac{24.7-25}{1.5/\sqrt{50}}\approx\frac{-0.3}{0.21213}\approx-1.41$$

$$z_2=\frac{25.5-25}{1.5/\sqrt{50}}\approx\frac{0.5}{0.21213}\approx-2.36$$

因此，每天开车时间的均值在 24.7～25.5 分钟之间的概率为：

$$P(24.7<\bar{x}<25.5)=P(-1.41<z<2.36)=P(z<2.36)-P(z<-1.41)$$
$$=0.9909-0.0793=0.9116$$

解释：

在包含 50 个 15～19 岁司机的样本中，有 91.16%的样本每天开车时间的均值在 24.7～25.5 分钟之间，如下图所示。这意味着，如果 $\mu=25$，只有 8.84%的样本均值位于区间 24.7～25.5 分钟之外。

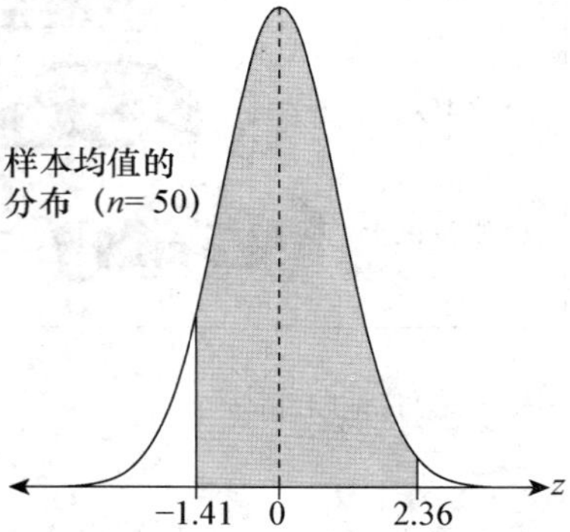

▶试一试 4

在例 4 中随机选择 100 个 15～19 岁的司机，他们每天开车时间的均值在 24.7～25.5 分钟之间的概率是多少？假设 $\mu=25$，$\sigma=1.5$。

a. 使用中心极限定理计算 $\mu_{\bar{x}}$ 和 $\sigma_{\bar{x}}$，并画出样本均值的抽样分布图。

b. 计算 $\bar{x}=24.7$ 和 $\bar{x}=25.5$ 对应的 z 分。

c. 计算 z 分对应的面积和概率。

例 5　计算抽样分布的概率

大学四年食宿费的均值为 6 803 美元，随机选择 9 所四年制大学，计算食宿费均值小于 7 088 美元的概率。假设食宿费均值服从正态分布，标准差为 1 125 美元。（资料来源：National Center for Education Statistics）

解答：

由于总体是正态分布的，可使用中心极限定理，因此样本均值分布为正态分布，均值为 6 803 美元，标准差为 375 美元。

$$\mu_{\bar{x}}=\mu=6803$$

$$\sigma_{\bar{x}}=\frac{\sigma}{\sqrt{n}}=\frac{1125}{\sqrt{9}}=375$$

分布图如下图所示，阴影面积为 7 088 美元左侧，对应于 7 088 美元的 z 分为：

$$z=\frac{7\,088-6\,803}{1\,125/\sqrt{9}}=\frac{285}{375}=0.76$$

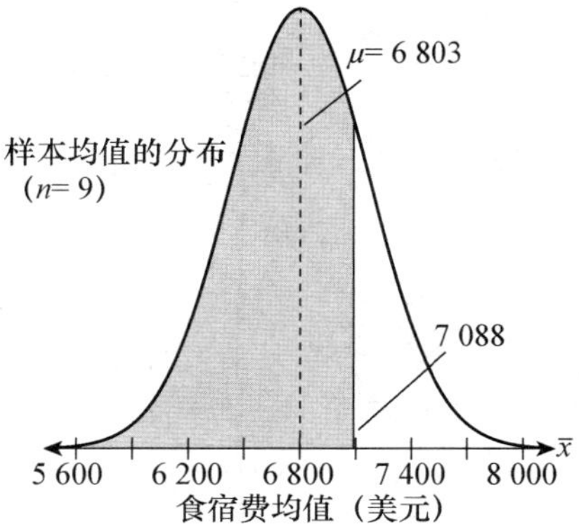

因此，食宿费均值小于 7 088 美元的概率为：

$$P(\bar{x}<7\,088)=P(z<0.76)=0.776\,4$$

解释：

因此，$n=9$ 的样本中，有 77.64%的样本均值小于 7 088 美元。22.36%的样本将位于该区间外。

▶试一试 5

在美国，独栋住房的平均售价为 306 258 美元。随机选择 12 套独栋住房，计算售价均值大于 280 000 美元的概率。假设售价服从标准差为 44 000 美元的正态分布。（资料来源：Federal Housing Finance Board）

a. 使用中心极限定理计算 $\mu_{\bar{x}}$ 和 $\sigma_{\bar{x}}$，并画出样本均值的抽样分布图。

b. 计算 $\bar{x}=280\,000$ 美元对应的 z 分。

c. 计算 z 分对应的面积和概率。

中心极限定理也可用于研究罕见事件，罕见事件是发生概率小于 5%的事件。

例 6　计算 x 和 $\bar{x}$ 的概率

一位银行审计员认为，信用卡余额服从均值为 2 870 美元，标准差为 900 美元的正态分布。

1. 随机选择一个信用卡持有者，则他的卡内余额小于 2 500 美元的概率是多少？

2. 随机选择 25 个信用卡持有者，则他们卡内余额的均值小于 2 500 美元的概率是多少？

3. 比较（1）和（2）的结果，解释你的答案。

解答：

1. 本题要求计算随机变量 x 的具体概率值，$x=2\,500$ 美元对应的 z 分为：

$$z=\frac{x-\mu}{\sigma}=\frac{2\,500-2\,870}{900}\approx-0.41$$

因此，持卡人卡内余额小于 2 500 美元的概率是

$$P(x<2\,500)=P(z<-0.41)=0.340\,9$$

2. 本题要求使用样本均值 $\overline{x}$ 计算概率，$\overline{x}=2\,500$ 美元对应的 z 分为：

$$z=\frac{\overline{x}-\mu_{\overline{x}}}{\sigma_{\overline{x}}}=\frac{\overline{x}-\mu}{\sigma/\sqrt{n}}=\frac{2\,500-2\,870}{900/\sqrt{25}}\approx-2.06$$

因此，25 个信用卡持有者卡内余额的均值小于 2 500 美元的概率是

$$P(\overline{x}<2\,500)=P(z<-2.06)=0.019\,7$$

解释：

尽管一个持卡人卡内余额有 34%的可能小于 2 500 美元，但 25 个持卡人卡内余额只有 2%的可能小于 2 500 美元，此为罕见事件。因此，样本可能是罕见的，或者审计员认为的均值 2 870 美元是错误的。

▶试一试 6

一位消费品价格分析员认为，收音机的价格服从均值为 625 美元，标准差为 150 美元的正态分布。

1. 随机选择一个收音机，则其价格低于 700 美元的概率是多少？
2. 随机选择 10 个收音机，则其价格均值低于 700 美元的概率是多少？
3. 比较两个概率。

a. 计算 x 和 $\overline{x}$ 对应的 z 分。

b. 使用标准正态表得到 z 分对应的概率。

c. 比较两个概率并解释答案。

练习 5.4

□ 基础技能训练和术语

一个总体的均值 $\mu=100$，标准差 $\sigma=15$。在习题 1，3 中，依据给出的样本量计算样本均值抽样分布的均值和标准差。

1. $n=50$。

3. $n=250$。

□ 应用和解释概念

使用中心极限定理 在习题 17，19 中，使用中心极限定理计算样本分布的均值的标准差，并画出样本的分布图。

17. **树木高度** 充分生长的糖槭树的高度服从正态分布，均值为 87.5 英尺，标准差为 6.25 英尺。从总体中随机选择一些样本量为 12 的样本，且每个样本均值是确定的。

19. **数码相机** 电子商城的数码相机售价均值为 224 美元，标准差为 8 美元。从总体中随机选择一些样本量为 40 的样本，且每个样本均值是确定的。

□ 扩展概念

有限修正因子 中心极限定理中给出的均值的标准差公式 $\sigma_{\overline{x}}=\frac{\sigma}{\sqrt{n}}$ 是基于总体有无限多个样本的假设。由于抽样过程可无限次重复，因此当抽样是有放回的（成员在被选出后又被放回），以上情况成立。当样本量小于总体数量时，公式也是正确的。但当抽样是无放回的，且样本量 n 大于有限总体数据

量 $N\left(\frac{n}{N}>0.05\right)$ 的 5%，则样本量为有限的。此时可用**有限修正因子**（finite correction factor），即$\sqrt{\frac{N-n}{N-1}}$调整标准差。样本均值的抽样分布将为正态分布，均值与总体均值相等，均值的标准差为：

$$\sigma_{\bar{x}}=\frac{\sigma}{\sqrt{n}}\sqrt{\frac{N-n}{N-1}}$$

在习题 41 中，判断是否需要使用有限修正因子。如果是，通过其计算概率。

41. **汽油价格** 一个样本包含 800 个加油站，普通汽油的价格均值为 2.876 美元每加仑，标准差为 0.009 美元每加仑。从总体中随机选择一个样本量为 55 的样本，计算每加仑售价均值小于 2.871 美元的概率。（资料来源：Adapted from U. S. Department of Energy）

5.5 二项分布的正态近似

5.5.1 估计二项分布

在 4.2 节中，我们学习了如何计算二项分布概率。例如，一个手术的成功概率为 85%，医生为 10 位病人进行该手术，计算其中两个成功的概率是十分简单的。

但如果该医生为 150 位病人进行此手术，成功手术少于 100 例的概率该如何计算？如果采用 4.2 节中的方法，需要使用二项公式 100 次，然后计算概率之和，这种方法是非常不实用的。一种更好的方法是使用正态分布估计二项分布。

二项分布的正态估计

如果 $np\geqslant 5$ 且 $nq\geqslant 5$，二项随机变量 x 趋近于正态分布，则

均值：$\mu=np$

标准差：$\sigma=\sqrt{npq}$

为了检验该方法是否正确，我们观察二项分布 $p=0.25$，$n=4$，$n=10$，$n=25$，$n=50$。随着 n 的增加，直方图更接近正态曲线。

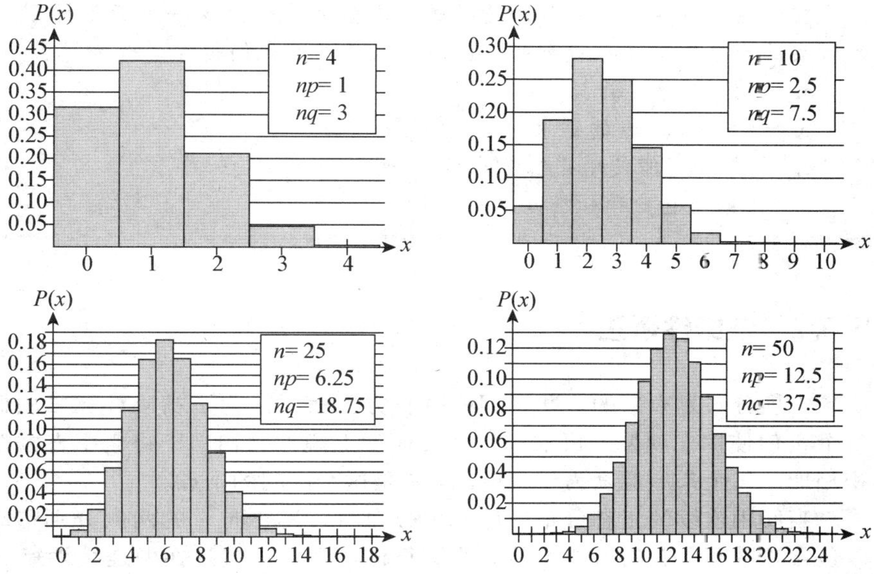

例 1 　**估计二项分布**

两个二项试验如下所示，判断是否可以用正态分布估计 x：回答“是”的人数。如果可以，计算均值和标准差。如果不可以，解释原因。（资料来源：Opinion Research Corporation）

1. 新年计划是多进行锻炼的美国成年人中，51%实现了他们的计划。随机选择 65 个新年计划是多进行锻炼的美国成年人，并询问他们是否完成了计划。

2. 15%的美国成年人没有新年计划。随机选择 15 个美国成年人，并询问他们是否有新年计划。

解答：

1. 在这个二项试验中，$n=65$，$p=0.51$，$q=0.49$。因此

$$np=65\times 0.51=33.15$$
$$nq=65\times 0.49=31.85$$

由于 np 和 nq 都大于 5，可以使用正态分布估计 x 的分布。

$$\mu=33.15$$
$$\sigma=\sqrt{npq}=\sqrt{65\times 0.51\times 0.49}\approx 4.03$$

2. 在这个二项试验中，$n=15$，$p=0.15$，$q=0.85$。因此

$$np=15\times 0.15=2.25$$
$$nq=15\times 0.85=12.75$$

由于 $np<5$，不能使用正态分布估计 x 的分布。

▶试一试 1

考虑下面的二项分布，判断是否可以用正态分布估计 x：回答“是”的人数。如果可以，计算均值和标准差。如果不可以，解释原因。（资料来源：Opinion Research Corporation）

在过去的 5 年中，80%的美国成年人坚持执行至少一个新年计划。随机选择 70 个过去的 5 年中有新年计划的美国成年人，询问他们是否坚持执行了其中至少一个。

a. 定义 n，p，q。

b. 计算 np，nq 的结果。

c. 判断是否能使用正态分布估计 x。

d. 计算均值 μ 和标准差 σ。

5.5.2 连续性矫正

二项分布是离散的，并可用概率直方图表示。为了精确计算二项概率，可以对每个 x 值使用二项公式再求和。从几何学上说，这相当于将概率直方图中的条形面积相加。每个条形宽度为一个单位，x 是这个区间的中点。

当使用连续的正态分布估计二项分布时，需要向 x 的两侧分别移动 0.5 个单位以包含该区间所有的可能 x 值。当进行该步骤时，就是在做**连续性矫正**（correction for continuity)。

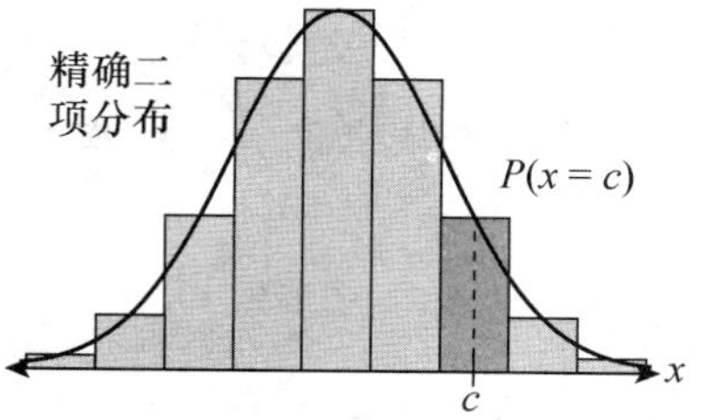

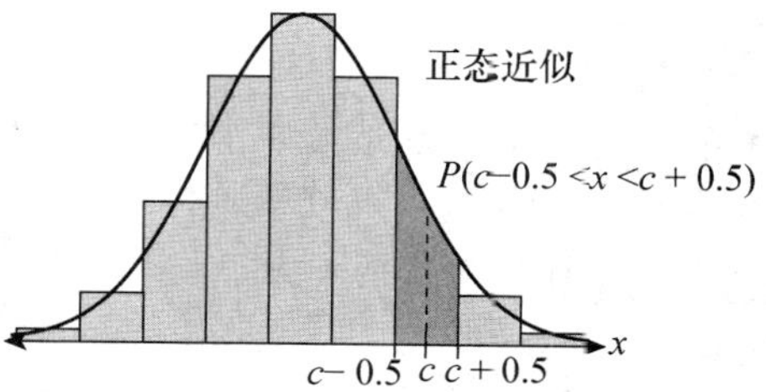

例 2　　**使用连续性矫正**

使用连续性矫正将下列二项区间转换为正态分布区间。

1. 成功 210～310 次的概率，包含 210 次和 310 次。
2. 至少成功 158 次的概率。
3. 成功数少于 63 次的概率。

解答：

1. 离散的中间点为 270，271，…，310，对应的连续性正态分布区间为：

   $269.5<x<310.5$

2. 离散的中间点为 158，159，160，…，对应的连续性正态分布区间为：

   $x>157.5$

3. 离散的中间点为…，60，61，62，对应的连续性正态分布区间为：

   $x<62.5$

▶试一试 2

使用连续性矫正将下列二项区间转换为正态分布区间。

1. 成功 57～83 次的概率，包含 57 次和 83 次。
2. 最多成功 54 次的概率。

a. 列出二项概率的中点。

b. 使用连续性矫正写出正态分布区间。

5.5.3 估计二项概率

指南

使用正态分布估计二项概率

文字描述	公式
1. 检验二项分布是否适用。	确定 n，p，q
2. 判断是否可用正态分布估计二项变量 x。	判断 np 是否$\geqslant 5$，nq 是否$\geqslant 5$

3. 计算分布的均值 μ，标准差 σ。 $\mu=np$

$\sigma=\sqrt{npq}$

4. 使用恰当的连续性矫正，用阴影标出正态曲线下的对应面积。 端点值加上或减去 0.5

5. 计算对应的 z 分。 $z=\frac{x-\mu}{\sigma}$

6. 计算概率。 使用标准正态表格

例 3　估计二项概率

新年计划是多进行锻炼的美国成年人中，51%实现了他们的计划。随机选择 65 个新年计划是多进行锻炼的美国成年人，并询问他们是否完成了计划。计算其中少于 40 人回答“是”的概率。（资料来源：Opinion Research Corporation）

解答：

从例 1 中我们得知可以使用 $\mu=33.15$，$\sigma\approx4.03$ 的正态分布估计二项分布。要记住对 x 值使用连续性矫正。在二项分布中，“少于 40 人”的可能中点为…，37，38，39。为了使用正态分布，在右边界 39 上加 0.5 得到 $x=39.5$。上图中，正态曲线 $\mu=33.15$，$\sigma\approx4.03$，阴影部分为 39.5 左侧。对应 $x=39.5$ 的 z 分为：

$$z=\frac{39.5-33.15}{\sqrt{65\times0.51\times0.49}}\approx1.58$$

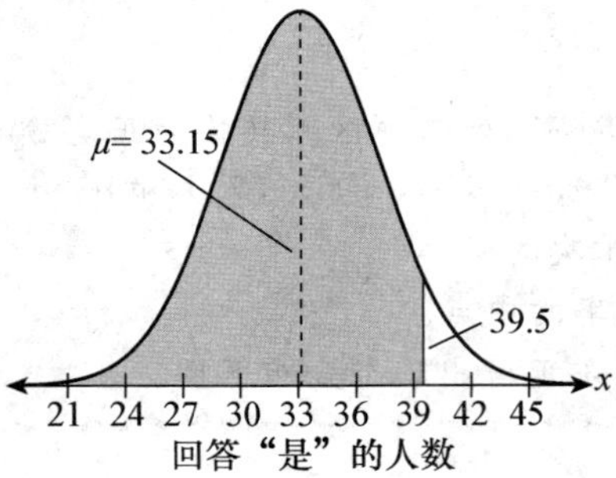

由标准正态表格有

$$P(z<1.58)=0.9429$$

解释：

少于 40 人回答“是”的概率约为 0.942 9 或 94.29%。

▶试一试 3

在过去的 5 年中，80%的美国成年人坚持执行至少一个新年计划。随机选择 70 个过去 5 年中有新年计划的美国成年人，询问他们是否坚持执行其中至少一个计划。多于 50 人回答“是”的概率是多少（见试一试 1）？（资料来源：Opinion Research Corporation）

a. 判断是否可以用正态分布估计二项变量（见试一试 1，c）。

b. 计算分布的均值 μ 和标准差 σ（见试一试 1，d）。
c. 使用连续性矫正并画图。
d. 计算对应的 z 分。
e. 使用正态分布表格找到 z 左侧的面积并计算概率。

例 4　估计二项概率

38%的美国人承认自己窥探过别人的药箱。随机选择 200 个美国人并询问是否窥探过别人的药箱，则至少 70 人回答"是"的概率是多少？（资料来源：*USA TODAY*）

解答：

由于 $np=200\times0.38=76$，$nq=200\times0.62=124$，二项变量 x 近似于正态分布，因此

$$\mu=np=76$$

$$\sigma=\sqrt{200\times0.38\times0.62}\approx6.86$$

使用连续性矫正可将离散分布 $P(x\geqslant70)$ 改写为连续分布 $P(x\geqslant69.5)$。下图中，正态曲线 $\mu=76$，$\sigma\approx6.86$，阴影部分为 69.5 右侧。对应 69.5 的 z 分为：

$$z=\frac{69.5-76}{6.86}\approx-0.95$$

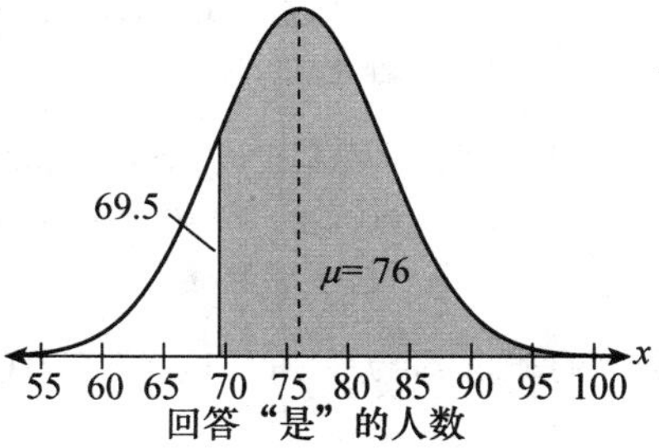

因此，至少 70 人回答"是"的概率为：

$$P(x\geqslant69.5)=P(z\geqslant-0.95)=1-P(z\leqslant-0.95)=1-0.1711=0.8289$$

▶试一试 4

在例 4 中，最多 85 人回答"是"的概率是多少？
a. 判断是否可以用正态分布估计二项变量（见例 4）。
b. 计算分布的均值 μ 和标准差 σ（见例 4）。
c. 使用连续性矫正改写 $P(x\leqslant85)$ 并画图。
d. 计算对应的 z 分。
e. 使用正态分布表格找到 z 左侧的面积并计算概率。

例 5　估计二项概率

一项调查结果显示，86%的网民使用 Windows® Internet Explorer 作为浏览器。

随机选择 200 个网民并询问其是否使用 Internet Explorer，176 人回答“是”的概率是多少？（资料来源：OneStat.com）

解答：

由于 $np=200\times0.86=172$，$nq=200\times0.14=28$，二项变量 x 近似于正态分布。

$$\mu=np=172$$
$$\sigma=\sqrt{200\cdot0.86\cdot0.14}\approx4.91$$

使用连续性矫正可将离散分布 $P(x=176)$ 改写为连续分布 $P(175.5<x<176.5)$。下图中，正态曲线 $\mu=172$，$\sigma\approx4.91$，阴影部分为 175.5～176.5 之间的区域。对应于 175.5 和 176.5 的 z 分为：

$$z_1=\frac{175.5-172}{\sqrt{200\times0.86\times0.14}}$$
$$z_2=\frac{176.5-172}{\sqrt{200\times0.86\times0.14}}$$

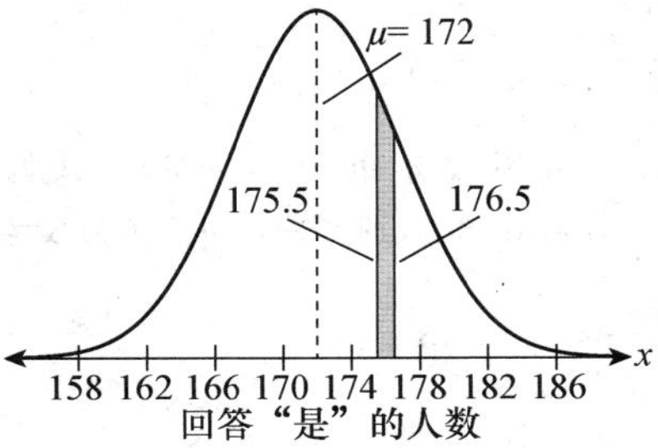

因此，176 人回答“是”的概率为：

$$P(175.5<x<176.5)=P(0.71<z<0.92)=P(z<0.92)-P(z<0.71)$$
$$=0.8212-0.7611=0.0601$$

解释：

176 人回答“是”的概率约为 0.060 1，或 6.01%。

▶试一试 5

例 5 中，170 人回答“是”的概率是多少？

a. 判断是否可以用正态分布估计二项变量（见例 5）。

b. 计算分布的均值 μ 和标准差 σ（见例 5）。

c. 使用连续性矫正改写 $P(x=170)$ 并画图。

d. 计算对应的 z 分。

e. 使用正态分布表格找到 z 左侧的面积并计算概率。

练习 5.5

□ 基础技能训练和术语

在习题 1，3 中，已知二项试验的样本量 n，成功概率 p 和失败概率 q，判断是否可以用正态分布估计随机变量 x。

1. $n=24$，$p=0.85$，$q=0.15$。

3. $n=18$，$p=0.90$，$q=0.10$。

估计二项分布　在习题 5，7 中，二项试验已在题目中给出，判断是否可以用正态分布估计二项分布。如果可以，均值和标准差各是多少？如果不可以，解释原因。

5. **房屋买卖合同**　一项对美国成年人的调查显示 85%的人在签字前阅读房屋买卖合同中的每句话或至少读过其内容。询问随机选择的 10 个成年人是否在签字前阅读房屋买卖合同中的每句话或至少读过其内容。(资料来源：FindLaw. com)

7. **前列腺癌**　近年来，美国肿瘤协会宣称所有接受治疗的前列腺癌患者的 5 年存活率为 99%。随机选择 10 个接受治疗的前列腺癌患者并计算他们的 5 年存活率。(资料来源：American Cancer Society)

□ 应用和解释概念

图表分析　在习题 17 中，写出图中阴影所示的二项概率和正态概率，计算各自概率值并作比较。

17.

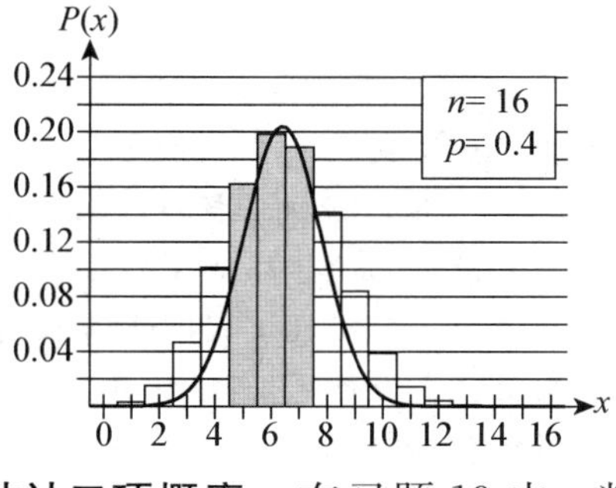

估计二项概率　在习题 19 中，判断是否可以使用正态分布估计二项分布。如果可以，作出估计并画图。如果不可以，解释原因并使用二项分布计算概率。

19. **血型**　7%的美国人血型为 O 型，随机选择 30 人并询问他们的血型是否为 O 型。(资料来源：American Association of Blood Banks)

(a) 计算其中 10 人回答"是"的概率。

(b) 计算其中至少 10 人回答"是"的概率。

(c) 计算其中少于 10 人回答"是"的概率。

(d) 一次献血活动需要至少 5 个献血者的血型为 O 型，共有 100 个献血者，则血型为 O 型的献血者不够多的概率是多少？

□ 扩展概念

运动　下图显示了一项对于 33～51 岁美国成年人的调查。调查中参与者被询问是否参加运动。70%的人称自己经常参加至少一项运动，并给出了最喜欢的项目。

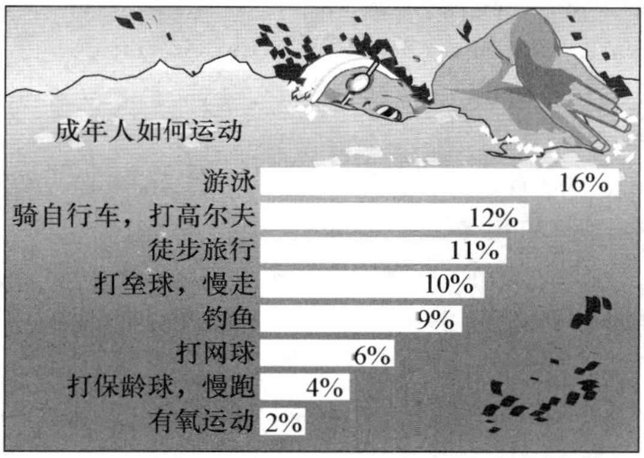

27. 随机选择 250 个 33～51 岁的美国成年人，询问其是否至少参加一项运动。60%的人回答"否"，这一结果有多大的可能性？该样本是否为一个好样本？解释原因。

药物检测　一个药品生产商声称某药物成功治疗一种罕见皮肤病的概率为 75%，为判断生产商所给信息是否正确，在 100 个病人身上测试此药物。如果至少 70 个病人被治愈，则认为信息是正确的。

29. 假设生产商所给信息是正确的，计算该声明被拒绝的概率。

本章测验

1. 确定如下标准正态分布概率。

(a) $P(z>-2.10)$。

(b) $P(z<3.22)$。

(c) $P(-2.33<z<2.33)$。

(d) $P(z<-1.75$ 或 $z>-0.75)$。

2. 确定如下给定参数的正态分布概率。

(a) $\mu=5.5$，$\delta=0.08$，$P(5.36<x<5.64)$。

(b) $\mu=-8.2$，$\delta=7.84$，$P(-5.00<x<0)$。

(c) $\mu=18.5$，$\delta=9.25$，$P(x<0$ 或 $x>37)$。

在习题 3～10 中，背景信息如下。今年，明尼苏达州公立学校 8 年级学生进行了一次数学测验，测验的平均分为 290 分，标准差为 37 分，测验的分数范围为 0～500。假定测验的成绩呈正态分布。（资料来源：National Center for Education Statistics）

3. 计算一位学生的成绩高于 320 分的概率。

4. 计算一位学生的成绩介于 250～300 分之间的概率。

5. 计算测验成绩高于 250 分的学生比例。

6. 随机选择 2 000 位学生，有多少位学生成绩会低于 280 分？

7. 成绩排名前 5%的学生最低成绩为多少？

8. 成绩排名后 25%的学生最高成绩为多少？

9. 从该总体中随机选择 60 位学生，他们的平均成绩高于 300 分的概率是多少？

10. 随机选择一位学生成绩高于 300 的概率和随机选择 15 位学生的平均成绩高于 300 的概率哪个更高？给出理由。

在习题 11，12 中，背景信息如下。调查发现 75%的人支持科学家利用 DNA 研究新方法预防和治疗疾病，假设随机选择 24 个人做支持或反对科学家利用 DNA 研究新方法预防和治疗疾病的问卷调查。（资料来源：Harris Interactive）

11. 判断是否能用正态分布近似二项分布？若能，确定均值和标准差；若不能，给出理由。

12. 计算至多 15 个人支持科学家利用 DNA 研究新方法预防和治疗疾病的概率。

现实中的统计——真实的决策

你是一家糖果公司的统计分析人员。你的工作之一是负责监督控制生产过程，其中一项过程是机器将 11.4 盎司薄荷糖装袋。（假定这项过程可以近似为正态分布。）所装的薄荷糖重量可接受范围为 11.25～11.55 盎司。

因为机器的阀门出现问题，机器装袋重量的设定可能发生了变化。为了检查机器的装袋重量设定是否有变，随机选择 3 个样本，每个样本有 5 袋薄荷糖，计算每个样本的平均重量。一位同事问你为什么不直接随机选择 15 袋薄荷糖计算平均重量去进行检查？（注意：上述抽样过程都是不放回抽样。）

□ 练 习

1. 样本个体

随机选择一袋薄荷糖并测其重量。假定机器装袋重量的设定发生了变化，装袋的平均重量变为 11.56 盎司，标准差为 0.05 盎司。

(a) 随机选择一袋薄荷糖，其重量在可接受范围内的概率是多少？（换句话说，没

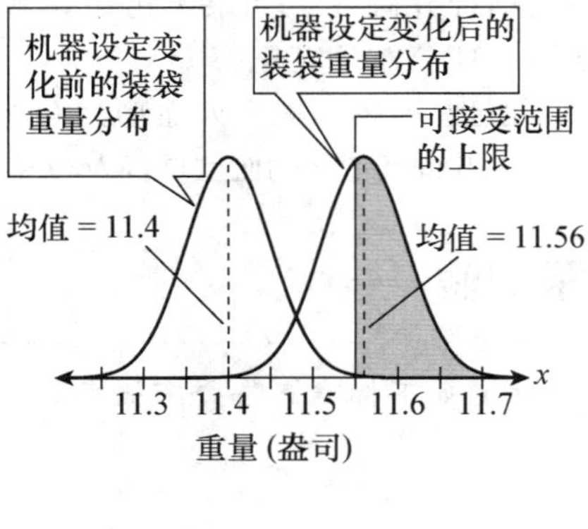

有发现机器的设定发生了变化。)

(b) 随机选择 15 袋薄荷糖，至少一袋没有超出可接受范围的概率是多少？

2. 样本均值（样本量为 5）

随机选择 5 袋薄荷糖并计算其平均重量，假定机器装袋重量的设定发生了变化，装袋的平均重量变为 11.56 盎司，标准差为 0.05 盎司。

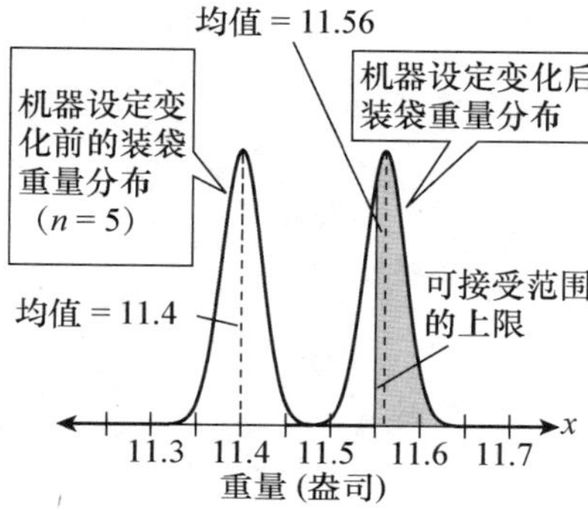

(a) 5 袋薄荷糖的平均重量没有超出可接受范围的概率是多少？

(b) 随机选择 3 个样本，每个样本有 5 袋薄荷糖，至少有一个样本的 5 袋薄荷糖平均重量没有超出可接受范围的概率是多少？

(c) 对于机器设定的变化哪种检验更敏感，样本个体还是样本均值？

3. 解释原因

向你的同事解释用 3 个样本、每个样本 5 袋薄荷糖计算样本均值来检查机器的设定，而不直接随机选择 15 袋薄荷糖计算样本均值进行检查的原因。

第Ⅲ篇

统计推断

Statistical Inference

▷▷▷　第 6 章　置信区间
▷▷▷　第 7 章　单样本假设检验
▷▷▷　第 8 章　两样本的假设检验

第 6 章 置信区间

回顾

从第 1 章到第 5 章，我们学习了描述统计（如何收集和描述数据）和概率（如何计算概率和分析离散或连续概率分布）的相关知识。汽车制造商常常利用描述统计方法分析实验室汽车性能测试得到的数据。

为了通过 CAFE 认证，需要汽车制造商向美国环境保护署（EPA）提供油耗的测试数据或由环境保护署自行抽检汽车制造商生产的车辆。环境保护署一般从汽车生产线抽取 30%的车辆进行燃油经济性检测。上年环保署就从汽车制造商的汽车生产线抽取了 18 辆车进行检测，并得出结论：汽车的平均油耗为 31.1 mpg。

预习

在这一章我们将学习推断统计知识。环境保护署利用汽车生产线抽样得到的样本均值估计整条汽车生产线的总体平均油耗为 31.1 mpg 就是推断统计的一个例子。由于估计结果是单一的值，代表数轴上的一个点，因此称这种估计为点估计。点估计的问题是其估计值很少等于真正的总体参数值（总体均值、总体标准差或总体比例）。

在这一章，我们还将学习更有价值的区间估计，它描述了区间包含总体参数的程度。假设环境保护署需要得到整条汽车生产线平均油耗 90%置信度的区间估计，下图显示了如何建立这种区间估计。

环境保护署得到整条汽车生产线的平均油耗 90%置信度的区间估计为 28.1～34.1 mpg。

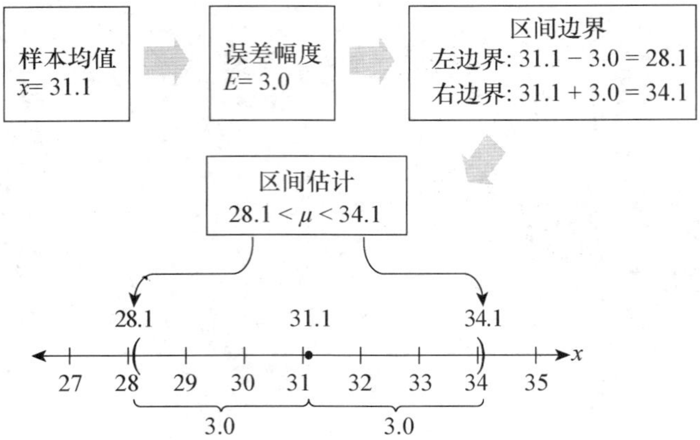

6.1　均值的置信区间（大样本）

6.1.1　估计总体参数

这一章，我们将学习一种重要的统计推断方法——用样本统计量估计未知的总体参数的值。这一节将学习当样本量至少达到 30 或者总体服从正态分布且标准差 σ 已知时，怎样利用样本统计量估计总体参数 μ。我们将从**点估计**（point estimate）开始这样的统计推断。

定义

点估计（point estimate）是用一个值估计总体参数，总体均值 μ 的无偏点估计是样本均值 $\bar{x}$。

如果样本统计量是无偏的且方差较小，这种估计方法的有效性将得到提升。如果统计量既没有高估也没有低估总体参数，称该统计量是无偏的。在第 5 章我们学习到相同样本量下的所有可能的样本均值的均值等于总体均值。因此，$\bar{x}$ 是 μ 的无偏估计量。当样本均值的标准差 $\sigma/\sqrt{n}$ 随着 n 的增加而减小时，样本均值的波动减小。

例 1　**求点估计**

市场研究人员利用每篇广告的句子数量度量杂志广告的可读性。下面是 50 则广告的句子数量的随机样本。求总体均值 μ 的点估计。（资料来源：*Journal of Advertising Research*）

9	20	18	16	9	9	11	13	22	16	5	18	6	6	5	12	25
17	23	7	10	9	10	10	5	11	18	18	9	9	17	13	11	7
14	6	11	12	11	6	12	14	11	9	18	12	12	17	11	20	

解答：

数据的样本均值是

$$\bar{x}=\frac{\sum x}{n}=\frac{620}{50}=12.4$$

因此，所有杂志广告的平均长度的点估计是 12.4 句。

▶试一试 1

另一个 30 则杂志广告的句子数量的随机样本列示如下。用这个样本求另一个 μ 的点估计。

样本数据

句子数量					
16	9	14	11	17	12
99	18	13	12	5	9
17	6	11	17	18	20
6	14	7	11	12	12
5	11	18	6	4	13

a. 求样本均值。

b. 估计总体的句子平均数量。

在例 1 中，总体均值刚好等于 12.4 的概率几乎为 0。因此，你可以估计 μ 在一个区间内，而不是像点估计一样正好等于 12.4。这叫区间估计。

定义

区间估计（interval estimate）是一个区间或范围值，用于估计总体参数。

尽管例 1 中的点估计不等于真实的总体均值，但它可能很接近。为了形成区间估计，可以将点估计作为区间的中心，然后加减误差幅度（margin of error）。例如，如果误差幅度是 2.1，则区间估计是 12.4±2.1 或者 $10.3<\mu<14.5$。点估计和区间估计的区别如下：

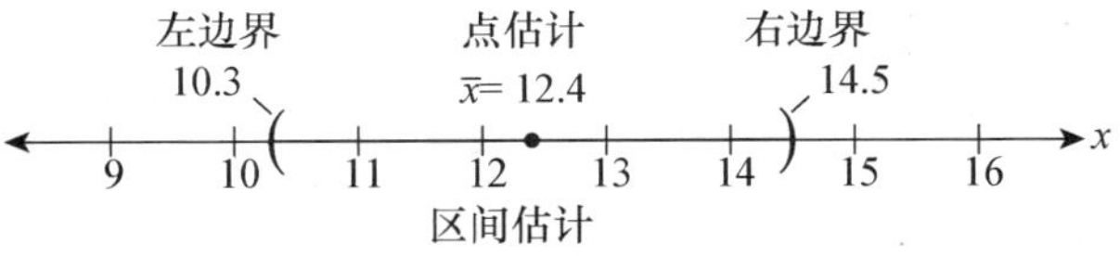

在求区间估计的误差幅度之前，你应该首先确定置信区间包含总体均值 μ 的程度。

定义

置信度 c（level of confidence）是构建的所有置信区间中包含总体参数的概率。

由中心极限定理可知，当 $n \geq 30$ 时，样本均值的抽样分布服从正态分布。置信度 c 是处在**临界值**（critical values）（$-z_c$ 和 z_c）之间、标准正态曲线之下的面积。由图可知 c 是正态曲线下 $-z_c$ 和 z_c 之间面积的百分比。剩下的面积是 $1-c$，因此每个尾部的面积是 $\frac{1}{2}(1-c)$。例如，如果 $c=90\%$，则 5%的面积在 $-z_c=-1.645$ 的左边，5%的面积在 $z_c=1.645$ 的右边。

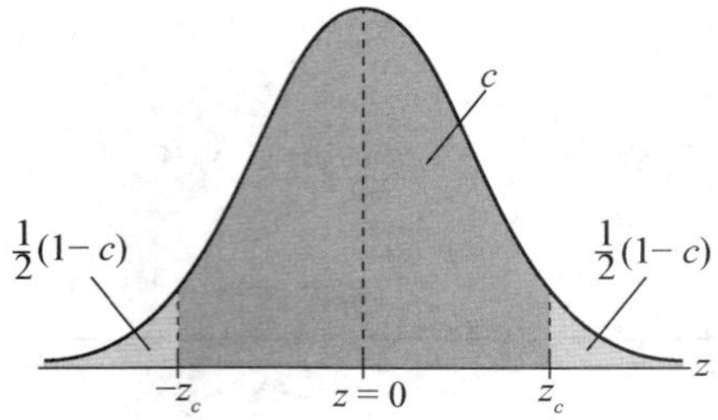

给定 $c=90\%$	
$c=0.90$	中间区域面积
$1-c=0.10$	两边区域面积
$\frac{1}{2}(1-c)=0.05$	尾部面积
$-z_c=-1.645$	左侧尾部临界值
$z_c=1.645$	右侧尾部临界值

点估计与真实的参数值的差叫**抽样误差**（sampling error）。当估计出 μ 后，抽样误差就是 $\bar{x}-\mu$。当然，在大多数情况下，μ 是未知的，$\bar{x}$ 随着样本不同而不同。然而，如果知道置信度和抽样分布，就能计算误差的最大值。

定义

在给定的置信度 c 下，**边际误差 E**（margin of error）（有时也叫估计的最大误差或误差容忍度）是点估计和被估计的参数值之间的最大的可能差异。

$$E=z_c\sigma_{\bar{x}}=z_c\frac{\sigma}{\sqrt{n}}$$

为了使用此公式，通常假定总体标准差已知，但很少出现有这种情况。当 $n\geqslant30$ 时，样本标准差 s 能替代 σ。

例 2　求误差幅度

利用例 1 中的数据，在 95%的置信度下，求所有杂志广告句子数量均值的误差幅度。假定样本标准差大约是 5.0。

解答：

与 95%的置信度对应的临界值是 1.96。这意味着标准正态曲线下 95%的面积在均值的 1.96 单位标准差的范围内。（可以根据中心极限定理用一条正态曲线近似样本均值分布，因为 $n=50\geqslant30$。）你不知道总体标准差 σ，但是可以使用 s 替代 σ。

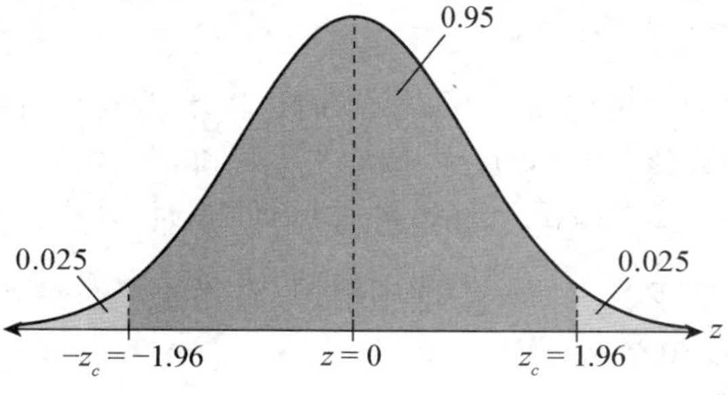

利用 $z_c=1.96$，$\sigma\approx s\approx5.0$ 和 $n=50$

$$E=z_c\frac{\sigma}{\sqrt{n}}\approx1.96\times\frac{5.0}{\sqrt{50}}\approx1.4$$

解释：

你有95%的自信说总体均值的边际误差大约为1.4句。

▶试一试 2

利用试一试1中的数据和95%的置信度求杂志广告平均句子数量的边际误差。

a. 识别 z_c，n 和 s。

b. 利用 z_c，$\sigma\approx s$ 和 n 求 E。

c. 解释边际误差。

6.1.2 总体均值的置信区间

像 μ 一样，利用点估计和误差幅度，你也能构建总体参数的区间估计。这个区间估计叫置信区间。

定义

总体均值 μ 的一个**置信区间**（c-confidence interval）是 $\bar{x}-E<\mu<\bar{x}+E$。构建的所有置信区间中包含 μ 的概率是 c。

指南

求总体均值的置信区间（$n\geqslant30$ 或者 σ 已知的正态分布）

文字描述	公式
1. 求样本统计量 n 和 $\bar{x}$。	$\bar{x}=\frac{\sum x}{n}$
2. 如果 σ 已知，对其进行识别。若未知，如果 $n\geqslant30$，求样本标准差 s 并利用它作为 σ 的估计。	$n=\left(\frac{z_c\sigma}{E}\right)^2\approx\left(\frac{1.96\times5.0}{1}\right)^2=96.04$
3. 求与给定的置信度对应的临界值 z_c。	利用标准正态表格或技术工具。
4. 求边际误差 E。	$E=z_c\frac{\sigma}{\sqrt{n}}$
5. 求左右边界并构建置信区间。	左边界：$\bar{x}-E$ 右边界：$\bar{x}+E$ 区间：$\bar{x}-E<\mu<\bar{x}+E$

例 3　构建置信区间

构建所有杂志广告的句子数量均值的 95%置信区间。

解答：

在例 1 和例 2 中，求得 $\bar{x}=12.4$ 并且 $E=1.4$。置信区间如下所示。

左边界　　　　　　　　右边界

$\bar{x}-E=12.4-1.4=11.0$　　　　$\bar{x}+E=12.4+1.4=13.8$

$$11.0<\mu<13.8$$

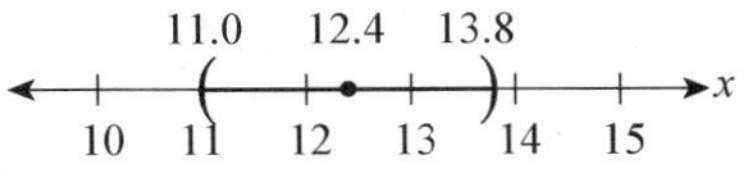

解释：

在 95%的置信度下，句子数量的总体均值在 11.0～13.8 之间。

▶试一试 3

利用试一试 1 中给出的数据构建所有杂志广告的句子数量均值的 95%置信区间。将你的结果和例 3 中求得的区间进行比较。

a. 求 $\bar{x}$ 和 E。

b. 求置信区间的左右边界。

c. 解释 95%置信区间的含义并将其和例 3 中求得的区间进行比较。

例 4　利用技术工具构建置信区间

利用技术工具和例 1 中的样本，构建所有杂志广告的句子数量均值的 99%置信区间。

解答：

可以使用技术工具解决问题，输入数据，样本标准差 $s\approx5.0$。而后利用置信区间命令计算置信区间。结果如下所示。

MINITAB

Z Confidence Intervals

The assumed sigma = 5

Variable	N	Mean	StDev	SE Mean	99.0 % CI
C1	50	12.4	5.010	0.709	(10.579, 14.221)

因此，μ 的 99%置信区间为（10.6，14.2）。

解释：

在 99%的置信度下，句子数量的总体均值在 10.6～14.2 之间。

▶试一试 4

利用例 1 的数据和一种技术工具构建所有杂志广告的句子数量均值的 75%，85%和 99%置信区间。随着置信度的提高，置信区间的宽度是如何改变的？

a. 输入数据。

b. 利用命令构建每一个置信区间。

c. 比较置信度在 $c=0.75$，0.85，0.99 下的置信区间的宽度。

在例 4 和试一试 4 中，我们用相同的样本数据构建了不同置信度下的置信区间。随着置信度上升，置信区间的宽度也随之增加。换句话说，在同一栏本数据下，置信度越高，置信区间越宽。

当总体服从正态分布且总体标准差 σ 已知时（见例 5），任何样本量下都能使用正态的样本分布。

例 5　σ 已知时构建置信区间

学院招生办公室主任想估计登记注册学生的平均年龄。在一个 20 位学生的随机样本中，平均年龄是 22.9 岁。依据历史数据，标准差是 1.5 岁，总体服从正态分布。构建总体平均年龄的 90%置信区间。

解答：

利用 $n=20$，$\bar{x}=22.9$，$\sigma=1.5$，$z_c=1.645$，90%置信区间的边际误差是

$$E=z_c\frac{\sigma}{\sqrt{n}}\approx1.645\times\frac{1.5}{\sqrt{20}}\approx0.6$$

90%置信区间可以写作 $\bar{x}\pm E=22.9\pm0.6$，如下所示。

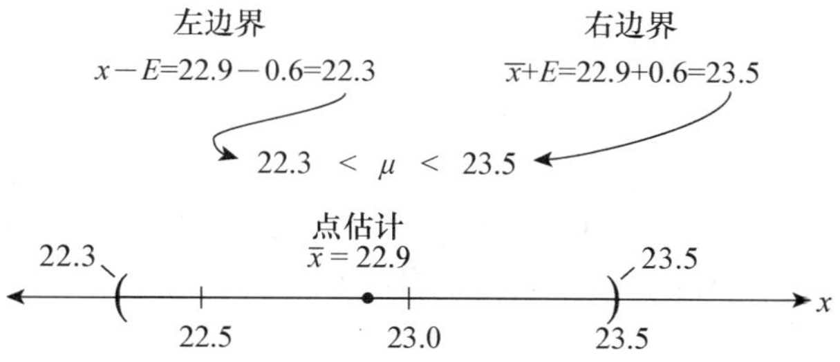

解释：

在 90%的置信度下，所有学生的平均年龄在 22.3～23.5 岁之间。

▶试一试 5

如果样本量增加到 30，对例 5 中大学生总体平均年龄构建 90%置信区间。将你的答案和例 5 进行比较。

a. 识别 n，$\bar{x}$，z_c 并求得 E。

b. 求置信区间的左右边界。

c. 解释 90%置信区间的含义并将你的答案和例 5 进行比较。

在构建置信区间后，正确理解结果非常重要。以例 5 构建的 90%置信区间为例。μ 已经存在，它或者在或者不在区间内。下面这种说法是不正确的：真实的均值以 90%的概率落在区间(22.3，23.5)内。正确的置信区间的理解是：如果收集了很多个样本，对每个样本构建一个置信区间，大约有 90%的区间将包含 μ。

6.1.3 样本量

对于相同的样本统计量，当置信度提高时，置信区间就变宽了。当置信区间变宽时，估计的精度就降低了。一种提高估计精度而不降低置信度的方法是增加样本量。但是，在给定误差幅度下为保证确定的置信度，需要多大的样本量呢？

求估计 μ 时的最小样本量

给定置信度 c 和误差幅度 E，为了估计总体均值 μ，最小的样本量 n 为：

$$n=\left(\frac{z_c\sigma}{E}\right)^2$$

如果已经有一个初步的样本量大于 30 的样本，σ 未知时可以用 s 估计。

例 6 **确定最小样本量**

你想估计杂志广告中的句子平均数量。如果想有 95%的把握让样本均值落在总体均值中，样本中需要包含多少杂志广告？

解答：

利用 $c=0.95$，$z_c=1.96$，$\sigma\approx s\approx 5.0$（由例 2 得），以及 $E=1$，可以解得最小样本量。

$$n=\left(\frac{z_c\sigma}{E}\right)^2\approx\left(\frac{1.96\times 5.0}{1}\right)^2=96.04$$

如果必要的话，可以对 n 取整。因此，应该在样本中至少包含 97 则杂志广告。

解释：

你已经有 50 个样本点了，还需要 47 个。注意 97 是应该在样本中包含的最少的杂志广告数量。如果愿意的话，你可以增加样本量。

▶试一试 6

如果你想有 95%的把握说样本均值在离总体均值差 2 个句子的范围内，样本中必须有多少杂志广告？将你的答案和例 6 进行比较。

a. 识别 z_c，E 和 s。

b. 利用 z_c，E 和 $\sigma\approx s$ 求样本量 n 的最小值。

c. 说明样本中必须有多少杂志广告，并将你的答案和例 6 进行比较。

练习 6.1

□ 基础技能训练和术语

1. 估计总体均值时点估计还是区间估计更正确？解释你的理由。

3. 给定相同的样本统计量，哪个置信度下的置信区间最宽？解释你的理由。

(a) 90% (b) 95%

(c) 98%　(d) 99%

应用和解释概念

求误差幅度　在习题 35 中，利用给定的置信区间求估计的误差幅度，然后求样本均值。

35. **幼苗**　生物学家报告，一个包含幼苗的样本平均高度（厘米）的置信区间为(2.1，3.5)。

构造置信区间　在习题 37 中，给定样本均值和抽样标准差。利用这些信息为总体均值构建 90%和 95%的置信区间。哪个置信区间更宽？如果方便，利用技术工具构建置信区间。

37. **燃气烤炉**　一个包含 32 个燃气烤炉的随机样本，平均价格为 630.90 美元，标准差为 56.70 美元。

扩展概念

有限总体修正因子　在本章我们学习了当总体足够大或无限时，如何构建总体均值的置信区间。当总体有限时，均值的标准差 $\sigma_{\bar{x}}$ 公式需要调整。如果 N 是总体容量，n 是样本量（$n \geqslant 0.05N$），均值的标准差是

$$\sigma_{\bar{x}}=\frac{\sigma}{\sqrt{n}}\sqrt{\frac{N-n}{N-1}}$$

式中，$\sqrt{(N-n)/(N-1)}$ 称为**有限总体修正因子**（finite population correction factor）。误差幅度是

$$E=z_c\frac{\sigma}{\sqrt{n}}\sqrt{\frac{N-n}{N-1}}$$

69. 确定以下情况的有限总体修正因子。

(a) $N=1\,000$，$n=500$。

(b) $N=1\,000$，$n=100$。

(c) $N=1\,000$，$n=75$。

(d) $N=1\,000$，$n=50$。

(e) 当样本量 n 下降，而总体容量 N 保持不变时，有限总体修正因子将如何变化？

71. **样本量**　确定样本量的方程为：

$$n=\left(\frac{z_c\sigma}{E}\right)^2$$

能从求解误差幅度的如下方程得到

$$E=\frac{z_c\sigma}{\sqrt{n}}$$

试证明这是正确的。

6.2　均值的置信区间（小样本）

6.2.1　*t* 分布

在真实生活中的许多情形下，总体标准差是未知的。另外，由于诸如时间和费用的限制，要想抽取容量在 30 以上的样本往往是不切实际的。这样一来，如何对此类情况下的总体均值构建置信区间呢？如果随机变量服从正态分布（或近似服从正态分布），你可以利用 t 分布。

定义

如果随机变量 x 近似服从正态分布，那么

$$t=\frac{\bar{x}-\mu}{\frac{s}{\sqrt{n}}}$$

服从 ***t* 分布**（t-distribution）。

t 的临界值记为 t_c。t 分布的性质如下所示：

1. t 分布呈铃形，并关于均值对称。

2. t 分布是一类分布族，每一个 t 分布由称作自由度的参数决定。**自由度（degrees of freedom）**是在计算如 $\bar{x}$ 的估计量之后剩下的可以自由变化的数据的个数。当你利用 t 分布估计总体均值时，自由度等于样本量减 1。

$$\text{d.f.} = n-1$$

3. t 曲线覆盖下的总面积为 1 或 100%。

4. t 分布的均值、中位数、众数均为 0。

5. 随着自由度的增加，t 分布接近正态分布。自由度达到 30 以上时，t 分布非常接近标准正态分布。

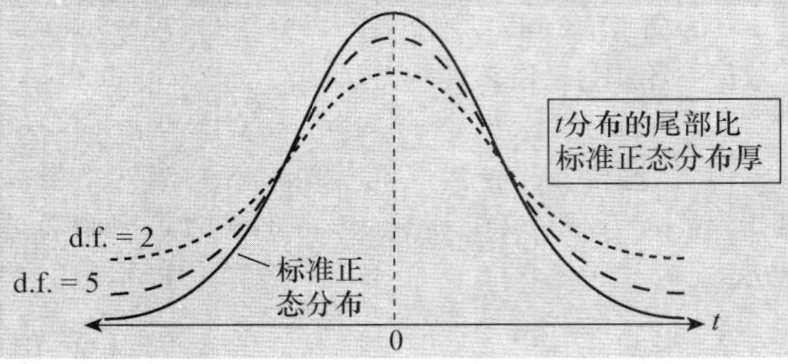

附录 B 中的表 5 列示了确定置信区间和自由度下的 t 的临界值。

例 1　求 t 的临界值

求样本量为 15 时置信度为 95% 的临界值 t_c。

解答：

因为 $n=15$，所以自由度为：

$$\text{d.f.} = n-1 = 15-1 = 14$$

附录 B 中表 5 的部分内容如下所示。利用 d.f. $=14$ 以及 $c=0.95$，你能够在下表中找到临界值 t_c。

	置信度 c		0.50	0.80	0.90	0.95	0.98
	单尾 α		0.25	0.10	0.05	0.025	0.01
d.f.	双尾 α		0.50	0.20	0.10	0.05	0.02
1			1.000	3.078	6.314	12.706	31.281
2			.816	1.886	2.920	4.303	6.965
3			.765	1.638	2.353	3.182	4.145
12			.695	1.356	1.782	2.179	2.681
13			.694	1.350	1.771	2.160	2.650
			.296	1.543	1.167	2.541	2.624
15			.691	1.341	1.753	2.131	2.602
16			.690	1.337	1.746	2.120	2.583
28			.683	1.313	1.701	2.048	2.467
29			.683	1.311	1.699	2.045	2.462
∞			.674	1.282	1.645	1.960	2.326

从表中你能看到 $t_c=2.145$。下图所示为自由度为 14 的 t 分布，$c=0.95$，$t_c=2.145$。

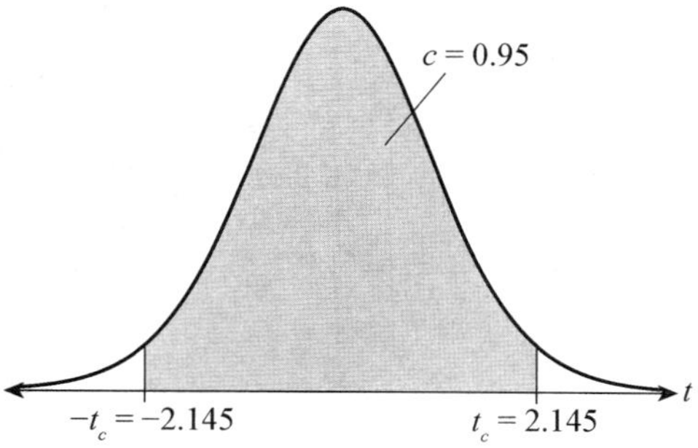

解释：

自由度为 14 的 t 分布曲线覆盖下的 95%的区域位于 $t=\pm 2.145$ 之间。

▶试一试 1

求样本量为 22 时置信度为 90%的临界值 t_c。

a. 识别自由度。

b. 识别置信度。

c. 利用附录 B 中的表 5 找到 t_c。

6.2.2 置信区间和 t 分布

利用 t 分布构建置信区间与利用正态分布构建置信区间相似——二者都使用点估计 $\bar{x}$ 和边际误差 E。

指南

构建均值的置信区间：t 分布

文字描述	公式
1. 识别样本统计量 n，$\bar{x}$，以及 s。	$\bar{x}=\frac{\sum x}{n}, s=\sqrt{\frac{\sum (x-\bar{x})^2}{n-1}}$
2. 识别自由度，置信度 c 和临界值 t_c。	d. f. $=n-1$
3. 求边际误差 E。	$E=t_c \frac{s}{\sqrt{n}}$
4. 求左右边界并构建置信区间。	左边界：$\bar{x}-E$ 右边界：$\bar{x}+E$ 区间：$\bar{x}-E<\mu<\bar{x}+E$

例 2 构建置信区间

随机选择 16 家咖啡店并测量每家咖啡店售出的咖啡的温度。温度的样本均值为

162.0°F，样本标准差为 10.0 °F。求平均温度的 95%置信区间。假设温度近似服从正态分布。

解答：

因为样本量小于 30，σ 未知，并且温度近似服从正态分布，所以可以使用 t 分布。利用 $n=16$，$\bar{x}=162.0$，$s=10.0$，$c=0.95$，d. f. $=15$，可以通过附录 B 中的表 5 查找到 $t_c=2.131$。90%置信区间的边际误差是

$$E=t_c\frac{s}{\sqrt{n}}=2.131\times\frac{10}{\sqrt{16}}\approx 5.3$$

置信区间如下所示：

左边界 $\bar{x}-E=162-5.3=156.7$　　右边界 $\bar{x}+E=162+5.3=167.3$

$$156.7<\mu<167.3$$

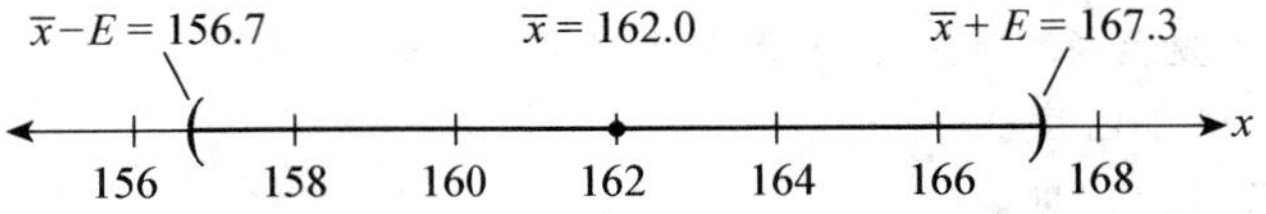

解释：

在 95%的置信度下，售出咖啡的平均温度在 156.7°F～167.3°F 之间。

▶试一试 2

求上述平均温度的 90%和 99%置信区间。

a. 求各自置信度下的 t_c 和 E。

b. 利用 $\bar{x}$ 和 E 求置信区间的左右边界。

c. 得出平均温度的 90%和 99%置信区间。

例 3　构建置信区间

随机选择 20 家抵押贷款机构并确定每家机构的当前按揭利率。样本均值为 6.22%，样本标准差为 0.42%。求按揭利率总体均值的 99%置信区间。假设利率近似服从正态分布。

解答：

因为样本量小于 30，σ 未知，并且利率近似服从正态分布，所以可以使用 t 分布。利用 $n=20$，$\bar{x}=6.22$，$s=0.42$，$c=0.99$，d. f. $=19$，可以通过附录 B 中的表 5 查找到 $t_c=2.861$。99%置信区间的边际误差是

$$E=t_c\frac{s}{\sqrt{n}}=2.861\times\frac{0.42}{\sqrt{20}}\approx 0.27$$

置信区间如下所示：

左边界 $\bar{x}-E=6.22-0.27=5.95$　　右边界 $\bar{x}+E=6.22+0.27=6.49$

$$5.95<\mu<6.49$$

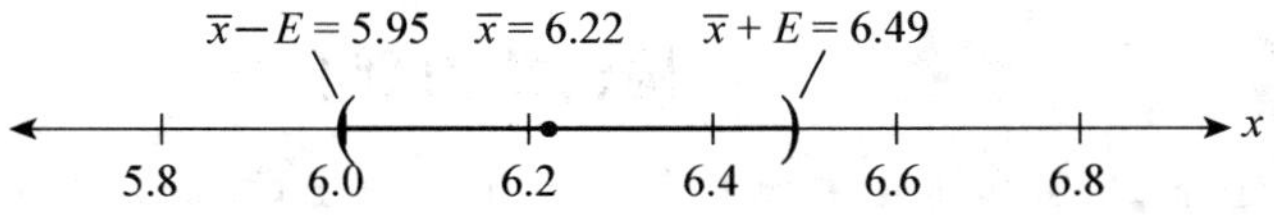

解释：

在 99%的置信度下，按揭利率总体均值在 5.95%～6.49%之间。

▶试一试 3

求按揭利率总体均值的 90%和 95%置信区间。比较置信区间的宽度。

a. 求各自置信度下的 t_c 和 E。

b. 利用 $\bar{x}$ 和 E 求置信区间的左右边界。

c. 得出按揭利率总体均值的 90%和 95%置信区间，并比较它们的宽度。

下述流程图描述了何时利用正态分布为总体均值构建置信区间，何时利用 t 分布为总体均值构建置信区间。

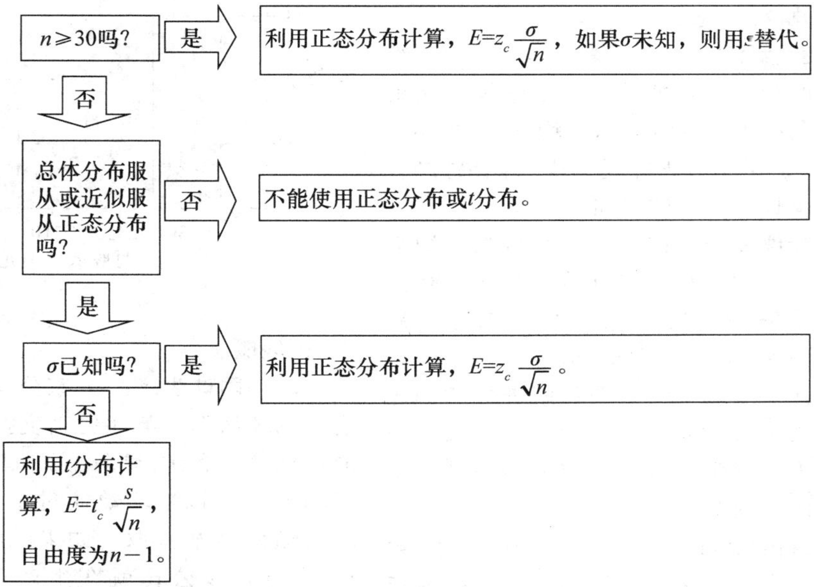

例 4　选择利用正态分布还是 t 分布

随机选择 25 座新建的房子。建筑费用的样本均值为 181 000 美元，总体标准差为 28 000 美元。假设建筑费用服从正态分布，为了构建建筑费用总体均值的 95%置信区间，你将利用正态分布，t 分布，还是哪个都不用？解释你的理由。

解答：

因为总体服从正态分布并且总体标准差已知，应该使用正态分布。

▶试一试 4

随机选择 18 个成年人男性运动员，并测量他们各自的静息心率。心率的样本均值是 64 次/分钟，样本标准差为 2.5 次/分钟。假设心率服从正态分布，为了构建心率均值的 90%置信区间，你将利用正态分布，t 分布，还是哪个都不用？解释你的理由。

利用流程图确定你将利用哪个分布来构建心率均值的 90%置信区间。

练习 6.2

□ 基础技能训练和术语

在习题1，3中，给定置信度 c 和样本大小 n，求临界值 t_c。

1. $c=0.90$，$n=10$。

3. $c=0.99$，$n=16$。

□ 应用和解释概念

构建置信区间 在习题13，15中，给定样本均值和样本标准差。假定变量服从正态分布，利用 t 分布构建总体均值 μ 的95%置信区间。μ 的边际误差是多少？如果方便，利用技术工具构建置信区间。

13. **修理费用** 在一个由5台微波炉组成的随机样本中，平均修理费用是75.00美元，标准差是12.50美元。（资料来源：Adapted from *Consumer Reports*）

15. 你对微波炉的修理费用进行了一些研究，发现标准差是 $\sigma=15$ 美元。重做习题13，利用正态分布，对已知的标准差进行适当计算。比较两题的结果。

构建置信区间 在习题19中，给定数据集。对每个数据集，求样本均值、样本标准差，并构建总体均值 μ 的99%置信区间。假定每个数据集的总体服从正态分布。如果方便，利用技术工具构建置信区间。

19. **生物学学位** 10个随机挑选的人的月收入，每人均有生物学学士学位。（资料来源：Adapted from U.S. Bureau of Labor Statistics）

4 625.68	4 289.72	4 461.22
4 519.46	4 714.27	4 408.73
4 391.45	4 318.54	4 576.12
4 296.41		

具有生物学学士学位的人的月收入

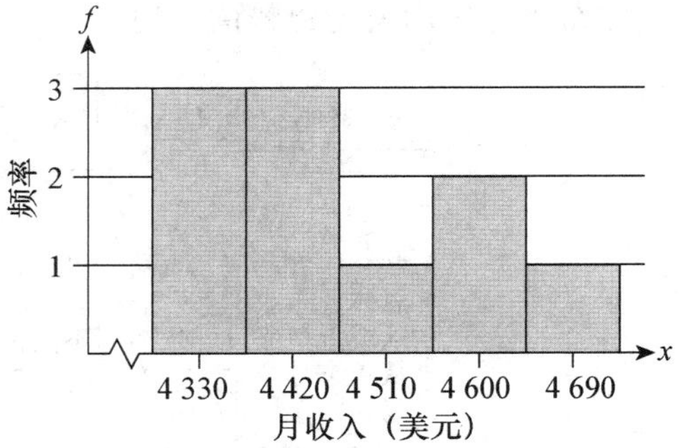

□ 扩展概念

29. **网球生产** 一家公司生产网球。当它的网球从100英寸的高度扔到水泥地面上时，该公司想让球向上弹起的平均高度是55.5英寸。该平均数通过定期检测25个网球的随机样本获取。如果 t 值落在 $-t_{0.99}$ 和 $t_{0.99}$ 之间，该公司就在生产可接受的网球。随机抽取并检测一个25个网球的样本。样本的平均弹起高度是56.0英寸，标准差是0.25英寸。假定弹起高度近似服从正态分布。该公司是否在生产可接受的网球？解释你的理由。

6.3 总体比例的置信区间

6.3.1 总体比例 p 的点估计

在二项试验中，一次单独的实验成功的概率是 p。这一概率就是总体**比例**（proportion)。在本节中，我们将学习如何利用置信区间估计总体比例。与构建 μ 的置信区间一样，我们需要从点估计开始。

定义

总体成功比例 p 的点估计可由样本中的成功比例计算而得，计算公式为：

$$\hat{p}=\frac{x}{n}$$

式中，x 是样本中成功的次数；n 是样本量。失败比例的点估计是 $\hat{q}=1-\hat{p}$。

例 1　**求 p 的点估计**

在一项对 1 219 个美国成年人的调查中，354 个人表示最喜欢观看的运动是足球。求美国成年人中最喜欢观看的运动是足球的总体比例的点估计。(资料来源：Adapted from The Harris Poll)

解答：

利用 $n=1\ 219$ 和 $x=354$，计算可得到

$$\hat{p}=\frac{x}{n}=\frac{354}{1\ 219}\approx 0.290\ 402\approx 29.0\%$$

▶试一试 1

在一项对 1 006 个美国成年人的调查中，181 个人认为林肯是最伟大的总统。求美国成年人中认为林肯是最伟大的总统的总体比例的点估计。(资料来源：Adapted from The Gallup Poll)

a. 求 x 和 n。

b. 利用 x 和 n 计算 $\hat{p}$。

6.3.2　总体比例 p 的置信区间

对总体比例 p 构建置信区间与对总体均值构建置信区间类似，从点估计和计算边际误差开始。

定义

总体比例 p 的 **c 置信度下的置信区间**(c-confidence interval) 是

$$\hat{p}-E<p<\hat{p}+E$$

式中，$E=z_c\sqrt{\frac{\hat{p}\hat{q}}{n}}$。置信区间中包含 p 的概率是 c。

在 5.5 节中，我们学习了如果 $np\geqslant 5$ 并且 $nq\geqslant 5$，那么二项分布就能够由正态分布近似。当 $n\hat{p}\geqslant 5$ 并且 $n\hat{q}\geqslant 5$ 时，$\hat{p}$ 的抽样分布近似服从均值 $\mu_{\hat{p}}=p$，标准差

$\sigma_{\hat{p}}=\sqrt{\frac{pq}{n}}$的正态分布。

指南

构建总体比例的置信区间

文字描述	公式
1. 识别样本统计量 n 和 x。	
2. 求 $\hat{p}$ 的点估计。	$\hat{p}=\frac{x}{n}$
3. 证明 $\hat{p}$ 的抽样分布能够由正态分布近似。	$n\hat{p}\geqslant 5$，$n\hat{q}\geqslant 5$
4. 求与给定的置信度 c 对应的临界值 z_c。	利用标准正态表格
5. 求边界误差 E。	$E=z_c\sqrt{\frac{\hat{p}\hat{q}}{n}}$
6. 求左右边界并构建置信区间。	左边界：$\hat{p}-E$ 右边界：$\hat{p}+E$ 区间：$\hat{p}-E<p<\hat{p}+E$

例 2　**构建 p 的置信区间**

构建美国成年人中最喜欢观看的运动是足球的比例的 95%置信区间。

解答：

例 1 中利用 $n=1\,219$ 和 $x=354$，计算得到 $\hat{p}\approx 0.290\,402$。因此

$$\hat{q}=1-0.290\,402=0.709\,598$$

利用 $n=1\,219$，你可以证明 $\hat{p}$ 的抽样分布能够由正态分布近似。

$$n\hat{p}\approx 1\,219\times 0.290\,402\approx 354>5$$
$$n\hat{q}\approx 1\,219\times 0.709\,598\approx 865>5$$

利用 $z_c=1.96$，计算得边际误差

$$E=z_c\sqrt{\frac{\hat{p}\hat{q}}{n}}\approx 1.96\sqrt{\frac{0.290\,402\times 0.709\,598}{1\,219}}\approx 0.025$$

95%置信区间如下所示：

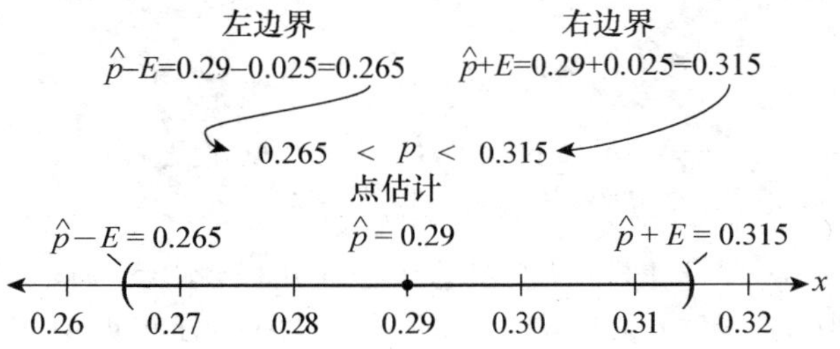

解释：

在 95%的置信度下，你可以说美国成年人中最喜欢观看的运动是足球的比例在 26.5%～31.5%之间。

▶试一试 2

利用试一试 1 中的数据构建美国成年人中认为林肯是最伟大的总统的比例的 90%置信区间。

a. 求 $\hat{p}$ 和 $\hat{q}$。

b. 证明 $\hat{p}$ 的抽样分布能够由正态分布近似。

c. 求 z_c 和 E。

d. 利用 $\hat{p}$ 和 E 求左右边界。

e. 详述美国成年人中认为林肯是最伟大的总统的比例的 90%置信区间。

例 3　构建 p 的置信区间

下图来自一项对 900 个美国成年人的调查。构建认为年轻人是更危险司机的成年人的比例的 99%置信区间。（资料来源：Adapted From The Gallup Organization）

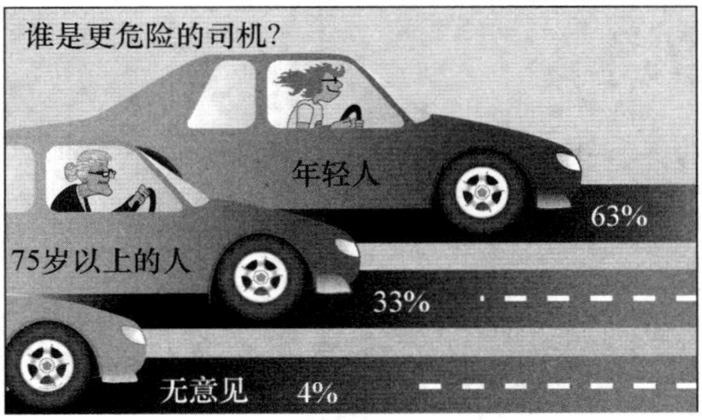

解答：

从图中得到 $\hat{p}=0.63$。因此

$$\hat{q}=1-0.63=0.37$$

利用这些值和 $n=900$，$z_c=2.575$，计算得边际误差

$$E=z_c\sqrt{\frac{\hat{p}\hat{q}}{n}}\approx 2.575\sqrt{\frac{0.63\times 0.37}{900}}\approx 0.041$$

99%置信区间如下所示：

左边界　　右边界

$\hat{p}-E=0.63-0.041=0.589$　　$\hat{p}+E=0.63+0.041=0.671$

$$0.589 < p < 0.671$$

解释：

在 99%的置信度下，你可以说认为年轻人是更危险司机的成年人的比例在 58.9%～67.1%之间。

▶试一试 3

利用例3的调查信息构建认为75岁以上的人是更危险司机的成年人的比例的99%置信区间。

a. 识别 n 和 $\hat{p}$。

b. 利用 $\hat{p}$ 求出 $\hat{q}$。

c. 证明 $\hat{p}$ 的抽样分布能够由正态分布近似。

d. 识别与给定的置信度 c 对应的临界值 z_c。

e. 求置信区间的左右边界。

f. 求认为75岁以上的人是更危险司机的成年人的比例的99%置信区间。

6.3.3 增大样本量以提高精确度

一种不需要降低置信度就能提高置信区间精确度的方法是增大样本量。

求估计 p 的最小样本量

给定置信度 c 和边际误差 E，计算 p 所需的最小样本量 n 为：

$$n=\hat{p}\hat{q}\left(\frac{z_c}{E}\right)^2$$

这个公式假定事先有对 $\hat{p}$ 和 $\hat{q}$ 的先验估计。如果没有，则用 $\hat{p}=0.5$ 和 $\hat{q}=0.5$ 代替。

例 4　确定最小样本量

你正在组织一项政治运动，并希望估计在95%的置信度下，注册投票者中会为你的候选人投票的比例。你的估计必须精确到真实比例的3%范围内。求以下情况所需要的最小样本量，并比较两者的结果。

1. 没有先验估计。

2. 先验估计为 $\hat{p}=0.31$。

解答：

1. 因为没有 $\hat{p}$ 的先验估计，利用 $\hat{p}=0.5$ 和 $\hat{q}=0.5$。利用 $z_c=1.96$ 和 $E=0.03$，就能够计算出

$$n=\hat{p}\hat{q}\left(\frac{z_c}{E}\right)^2=0.5\times0.5\times\left(\frac{1.96}{0.03}\right)^2\approx1\,067.11$$

所得 n 是带小数的，取其最接近的整数1 068。

2. 你有一个先验估计为 $\hat{p}=0.31$，因此 $\hat{q}=0.69$。利用 $z_c=1.96$ 和 $E=0.03$，能够计算出

$$n=\hat{p}\hat{q}\left(\frac{z_c}{E}\right)^2=0.31\times0.69\times\left(\frac{1.96}{0.03}\right)^2\approx913.02$$

所得 n 是带小数的，取其最接近的整数914。

解释：

没有先验估计的话，最小样本量应该是1 068个投票者。当先验估计为$\hat{p}=0.31$时，样本量应该至少是914个投票者。因此，如果没有先验估计，你将需要更大的样本量。

▶试一试4

你希望估计在90%的置信度下，在真实总体比例的2%范围内20～34岁男性中高血压患者的比例。求以下情况所需要的最小样本量：

1. 没有先验估计。

2. 之前的调查发现这个年龄段中6.4%的男性患有高血压。（资料来源：National Center for Health Statistics）

a. 识别$\hat{p}$，$\hat{q}$，z_c和E。如果$\hat{p}$未知，用0.5代替。

b. 利用$\hat{p}$，$\hat{q}$，z_c和E求最小样本量n。

c. 确定样本中应该有多少男性。

练习 6.3

□ 基础技能训练和术语

判断 对于习题1，判断陈述是否正确，如果错误，请写出正确的陈述。

1. 为了估计p的值，即总体成功的比例，可以利用点估计x。

求$\hat{p}$和$\hat{q}$ 在习题3，5，7中，令p为给定情况的总体比例，求p和q的点估计。

3. **垃圾分类回收** 在对1 002位美国成年人的调查中，752人说他们对垃圾分类回收。（资料来源：Adapted from ABC News Poll）

5. **体重过重或肥胖** 一项对4 431位美国成年人的研究发现，2 938人体重过重或肥胖。（资料来源：Adapted from National Health and Nutrition Examination Survey）

7. **前景规划** 在调查的848个儿童中，有144个计划将来参加志愿者组织。（资料来源：Adapted from National Geographic Kids）

□ 应用和解释概念

13. **选举民意调查** 一项选举民意调查称，一位候选人的支持率为48%，边际误差为3%。对支持该候选人的成年人比例构建置信区间。

构建置信区间 在习题15，17，19中，利用所给的样本统计量，构建总体比例p的95%和99%置信区间。那个区间更宽？如果方便，利用技术工具构建置信区间。

15. 利用习题3的统计量。

17. 利用习题5的统计量。

19. 利用习题7的统计量。

□ 扩展概念

报纸调查 在习题29，31中，将报纸摘录翻译为p的置信区间。估计置信度c的值。

29. 在一项对8 451位美国成年人的调查中，31.4%的人说他们在摄入维生素E。调查的边际误差是±1%。（资料来源：Decision Analyst，Inc.）

31. **为什么** 为什么必须确定$n\hat{p}\geqslant5$和$n\hat{q}\geqslant5$？

6.4 方差和标准差的置信区间

6.4.1 卡方分布

在制造业中控制生产过程中的变异非常重要。例如，一个汽车零部件制造者在制造过程中必须生产上千个将被使用的零部件。重要的是，要确保零部件之间的差异很小，甚至是一点差异都没有。你将如何度量，并且最终控制零部件的变异？可以从点估计开始。

定义

σ^2 的点估计（point estimate for σ^2）是 s^2，**σ 的点估计**（point estimate for σ）是 s。s^2 是 σ^2 最无偏的估计。

你可以使用卡方分布来构建方差和标准差的置信区间。

定义

如果随机变量 x 服从正态分布，$\chi^2=\frac{(n-1)\ s^2}{\sigma^2}$ 的分布就形成了对于样本量 $n>1$ 的任意样本的**卡方分布**（chi-square distribution）。卡方分布的四个性质如下所示。

1. 所有卡方值 χ^2 大于等于 0。
2. 卡方分布是一类分布族，每一个分布由自由度决定。为了构建 σ^2 的置信区间，需要利用自由度为样本量减去 1 的卡方分布。

   d. f. $=n-1$

3. 每一个卡方分布曲线覆盖下的总面积都为 1。
4. 卡方分布是正偏的。

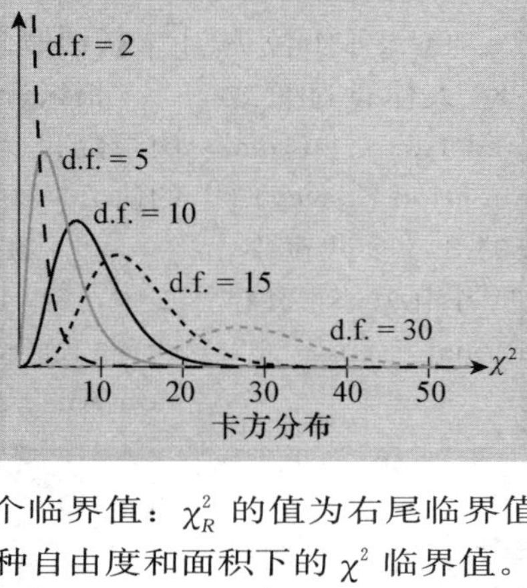

卡方分布

每一个置信度均有两个临界值：χ^2_R 的值为右尾临界值，χ^2_L 的值为左尾临界值。附录 B 中的表 6 列出了各种自由度和面积下的 χ^2 临界值。表中的每一个面积表示卡方分布曲线下临界值右侧区域的面积。

例 1

求 χ^2 临界值

当样本量是 20 时，求 90%置信区间的临界值 χ^2_R 和 χ^2_L。

解答：

因为样本量是 20，所以有

$$\text{d. f.}=n-1=20-1=19$$

χ^2_R 和 χ^2_L 右侧区域的面积是

$$\chi^2_R \text{ 右侧区域的面积}=\frac{1-c}{2}=\frac{1-0.90}{2}=0.05$$

$$\chi^2_L \text{ 右侧区域的面积}=\frac{1+c}{2}=\frac{1+0.90}{2}=0.95$$

附录 B 中表 6 的部分内容如下所示。利用 d. f. =19 和面积 0.95 及 0.05，你可以求出临界值，如表中突出显示的区域所示。

自由度	α						
	0.995	**0.99**	**0.975**	**0.95**	**0.90**	**0.10**	**0.05**
1	—	—	0.001	0.004	0.016	2.706	3.841
2	0.010	0.020	0.051	0.103	0.211	4.605	5.991
3	0.072	0.115	0.216	0.352	0.584	6.251	7.815
15	4.601	5.229	6.262	7.261	8.547	22.307	24.996
16	5.142	5.812	6.908	7.962	9.312	23.542	26.296
17	5.697	6.408	7.564	8.672	10.085	24.769	27.587
18	6.265	7.015	8.231	9.390	10.865	25.989	28.869
19	6.844	7.633	8.907	10.117	11.651	27.204	30.144
20	7.434	8.260	9.591	10.851	12.443	28.412	31.410
				χ^2_L			χ^2_R

从表中你可以看到，$\chi^2_R=30.144$，$\chi^2_L=10.117$。

解释：

因此，曲线覆盖下 90%的区域位于 10.117～30.144 之间。

▶试一试 1

当样本量是 25 时，求 95%置信区间的临界值 χ^2_R 和 χ^2_L。

a. 识别自由度和置信度。

b. 求 χ^2_R 和 χ^2_L 右侧区域的面积。

c. 利用附录 B 中的表 6 求 χ^2_R 和 χ^2_L。

6.4.2　σ^2 和 σ 的置信区间

可以利用临界值 χ^2_R 和 χ^2_L 构建总体方差和标准差的置信区间。最好的方差的点估计是 s^2，最好的标准差的点估计是 s。

定义

总体方差和标准差的 c 置信度下的置信区间如下。

σ^2 的置信区间（confidence interval for σ^2）为：

$$\frac{(n-1)s^2}{\chi_R^2}<\sigma^2<\frac{(n-1)s^2}{\chi_L^2}$$

σ 的置信区间（confidence interval for σ）为：

$$\sqrt{\frac{(n-1)s^2}{\chi_R^2}}<\sigma<\sqrt{\frac{(n-1)s^2}{\chi_L^2}}$$

置信区间中包含 σ^2，σ 的概率是 c。

指南

构建方差和标准差的置信区间

文字描述	公式
1. 确认总体服从正态分布。	
2. 识别样本量 n 和自由度。	d. f. $=n-1$
3. 求点估计 s^2。	$s^2=\frac{\sum(x-\bar{x})^2}{n-1}$
4. 求与给定的置信度 c 对应的临界值 χ_R^2 和 χ_L^2。	利用附录 B 中的表 6
5. 求左右边界并构建总体方差的置信区间。	左边界　右边界 $\frac{(n-1)\ s^2}{\chi_R^2}<\sigma^2<\frac{(n-1)\ s^2}{\chi_L^2}$
6. 通过分别求左右边界的平方根求总体标准差的置信区间。	$\sqrt{\frac{(n-1)\ s^2}{\chi_R^2}}<\sigma<\sqrt{\frac{(n-1)\ s^2}{\chi_L^2}}$

例 2

构建置信区间

请你随机选择并对一种抗过敏药物的 30 个样本称重。样本标准差是 1.20 毫克。假设重量是服从正态分布的，构建总体方差和标准差的 99%置信区间。

解答：

χ_R^2 和 χ_L^2 右侧区域的面积是

$$\chi_R^2\text{ 右侧区域的面积}=\frac{1-c}{2}=\frac{1-0.99}{2}=0.005$$

$$\chi_L^2\text{ 右侧区域的面积}=\frac{1+c}{2}=\frac{1+0.99}{2}=0.995$$

利用 $n=30$，d. f. $=29$ 和 $c=0.99$，临界值 χ_R^2 和 χ_L^2 是 $\chi_R^2=52.336$ 和 $\chi_L^2=13.121$。

利用这些临界值和 $s=1.20$ 构建的 σ^2 的置信区间如下所示。

左边界　　　　　　　　右边界

$$\frac{(n-1)s^2}{\chi_R^2}=\frac{(30-1)\times(1.20)^2}{52.336}\approx 0.80 \qquad \frac{(n-1)s^2}{\chi_L^2}=\frac{(30-1)\times(1.20)^2}{13.121}\approx 3.18$$

$$0.80 < \sigma^2 < 3.18$$

σ 的置信区间是

$$\sqrt{\frac{(30-1)\times 1.20^2}{52.336}}<\sigma<\sqrt{\frac{(30-1)\times 1.20^2}{13.121}}$$

$$0.89<\sigma<1.78$$

解释：

在 99％的置信度下，你可以说总体方差在 0.80～3.18 毫克之间. 总体标准差在 0.89～1.78 毫克之间。

▶试一试 2

求药品重量的总体方差和标准差的 90％和 95％置信区间。

a. 求每个置信区间的临界值 χ_R^2 和 χ_L^2。

b. 利用 n，s，χ_R^2 和 χ_L^2 求每个方差置信区间的左右边界。

c. 求每个置信区间左右边界的平方根。

d. 详述总体方差和标准差的 90％和 95％置信区间。

练习 6.4

□ 基础技能训练和术语

在习题 1，3 中，给定置信度 c 和样本大小 n，求 χ_R^2 和 χ_L^2 的临界值。

1. $c=0.90$，$n=10$。

3. $c=0.95$，$n=22$。

□ 应用和解释概念

构建置信区间　在习题 7，9 中，假定每个样本来自正态分布总体，构建总体方差 σ^2 和总体标准差 σ 的置信区间。

7. **维生素**　为了分析维生素补充片的方差，随机取样并对 14 片药称重。结果（单位：毫克）如下。采用 90％的置信度。

500.000	499.995	500.010	499.997
500.015	499.988	500.000	499.996
500.020	500.002	499.998	499.996
500.003	500.000		

9. **汽车电池**　18 块随机抽取的汽车电池的储存小时量如下。采用 99％的置信度。

（资料来源：Adapted from Consumer Reports）

1.70	1.60	1.94	1.58	1.74	1.60
1.86	1.72	1.38	1.46	1.64	1.49
1.55	1.70	1.75	0.88	1.77	2.07

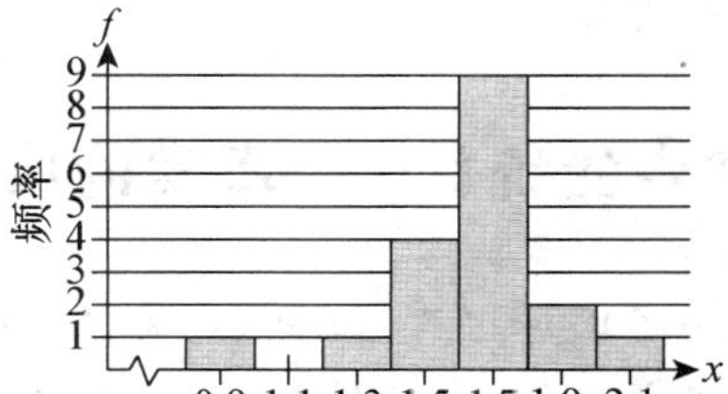

□ 扩展概念

21. **维生素片的重量**　你在分析习题 7 中维生素补充片的样本。药片重量的总体标准差应该小于 0.015 毫克。你为 σ 构建的置信区间是否表明药片重量的方差在可接受的水平？解释你的原因。

本章测验

1. 以下数据集代表一个30台洗碗机的随机样本的修理费用（美元）。（资料来源：Adapted from *Consumer Reports*）

41.82	52.81	57.80	68.16
73.48	78.88	88.13	88.79
90.07	90.35	91.68	91.72
93.01	95.21	95.34	96.50
100.05	101.32	103.59	104.19
105.62	111.32	117.14	118.42
118.77	119.01	120.70	140.52
141.84	147.06		

(a) 求总体均值的点估计。

(b) 在95%置信度下求边际误差。

(c) 对总体均值构建95%置信区间，解释结果。

2. 你想估计洗碗机的平均修理费用。估计值必须在总体均值的±10美元之内。确定构建总体均值的99%置信区间所需要的样本量。假定总体标准差为22.50美元。（资料来源：Adapted from *Consumer Reports*）

3. 以下数据集代表一个外接手的随机样本在最近一个赛季的平均每次接球跑动码数。（资料来源：National Football League）

11.1	14.4	12.8	12.0	15.2	13.9
11.7	13.2	11.6	13.7		

(a) 求样本均值。

(b) 求样本标准差。

(c) 利用 t 分布为总体均值构建90%置信区间，解释结果。假定数据集的总体服从正态分布。

(d) 重复(c)，假定 $\sigma=2.63$ 码。比较结果。

4. 一个包含7位航空工程师的随机样本，平均月收入为6 824美元，标准差为340美元。假定月收入服从正态分布，利用 t 分布为航空工程师的总体平均月收入构建95%置信区间。（资料来源：Adapted from U. S. Bureau of Labor Statistics）

5. 在一项对1 037位65岁以上美国人的调查中，643位担心感染甲流。（资料来源：Harvard School for Public Health）

(a) 求那些担心感染甲流的人的总体比例 p 的点估计。

(b) 构建总体比例的90%置信区间。

(c) 在99%的置信度下，为了保证总体比例估计值的精确度在总体比例的4%之内，求最小样本规模。

6. 查阅习题1的数据集。假定洗碗机修理费用的总体服从正态分布。

(a) 为总体方差构建95%置信区间。

(b) 为总体标准差构建95%置信区间。

现实中的统计——真实的决策

作为美国环保署（EPA）为了"保护人类健康并保卫自然环境"所作努力的一部分，EPA发起了城市空气有毒物质监测计划（UATMP）。计划集合了数以千计的空气样本并对它们当中50多种不同的有机化合物的浓度进行测量，例如甲醛（作为接种疫苗的防腐剂，用于保存生物标本，并在永久胶粘剂和绝缘体的生产中有所使用）。甲醛也被发现于森林大火的烟雾中、汽车的废气中，以及香烟的烟雾中。UATMP的分析结果被用于深入了解空气污染的影响并判断净化空气的努力是否有效。

例如，利用一个主要城市的空气样本，EPA能够分析结果并利用95%置信区间估计空气中甲醛的平均浓度。于是就能够通过比较前几年结果的置信区间来判断空气中的甲醛含量是否有显著变化。

假设你为EPA工作并被要求解释下图。下图显示了总体平均浓度的点估计和3年的甲醛浓度均值的95%置信区间。数据来自一个城市的空气样本。

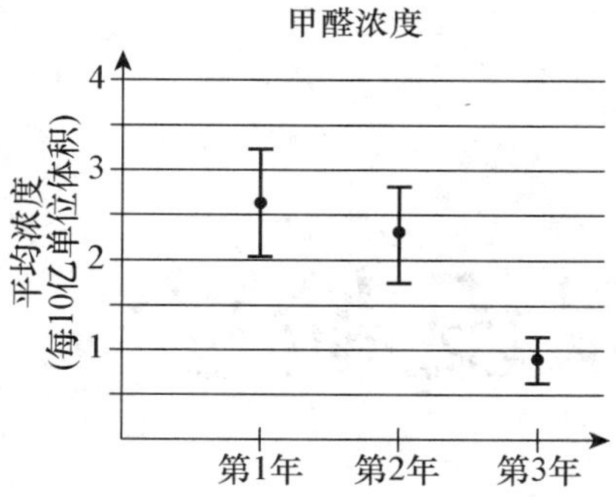

练 习

1. 解释结果

考虑甲醛平均浓度的图。在以下年份里，确定甲醛的平均浓度是否有所改变，解释你的理由。

(a) 从第一年到第二年。

(b) 从第二年到第三年。

(c) 从第一年到第三年。

2. 你能得出什么结论

利用习题1的结果，对于降低空气中甲醛浓度的努力，你能得出什么结论？

3. 你对他们所做的怎么看

对于EPA构建空气中有机化合物总体平均浓度的95%置信区间，你怎么看？按如下步骤回答问题（不需要计算）。

(a) 你认为他们利用了什么抽样分布？为什么？

(b) 你认为他们利用总体标准差来计算边际误差了吗？为什么？如果没有，他们可能利用了什么？

第7章 单样本假设检验

回顾

我们自第6章开始学习推断统计，目前已经学习了怎样构建总体参数的置信区间估计，比如美国人中同意某陈述的比例。Harris Interactive 公司为 Business Software Alliance（BSA）所做的一项全国性调查中，8～18岁的美国学生被问到几个他们对版权法律和互联网行为态度的问题。下面是一些结果。

调查问题	调查人数	回答“是”的人数
你是否曾经没有付款而从互联网上下载音乐？	1 644	526
你是否因为不想违法而没有不付款下载？	1 644	690
不付款下载音乐是否总是错的？	1 644	986
你是否曾经没有付款而从互联网上下载软件？	1 644	230

预习

本章我们将继续推断统计的学习，但不是作总体参数的估计，而是学习怎样检验关于参数的论断。

例如，假设你为 Harris Interactive 公司工作，被要求检验一个关于8～18岁的美国学生中不付款下载音乐的比例是 $p=0.25$ 的论断。为了检验该论断，你抽取了一个 $n=1\,644$ 位学生的随机样本，发现其中526人不付款下载音乐。你的样本统计量是 $\hat{p}\approx0.320$。

你的样本统计量显著不同于该论断（$p=0.25$），由此是否能判定该论断为假？答案在于从 $p=0.25$ 的总体中抽取的样本比例的抽样分布。下图显示，样本统计量处在论断值的6倍标准差之外。如果论断为真，样本统计量处在论断值的6倍标准差及其之外的概率非常小。有点不对劲！如果你的样本真的是随机的，便能做出学生总体的真实比例不是 0.25 的结论。换句话说，你检验原始论断（假设），然后决定拒绝它。

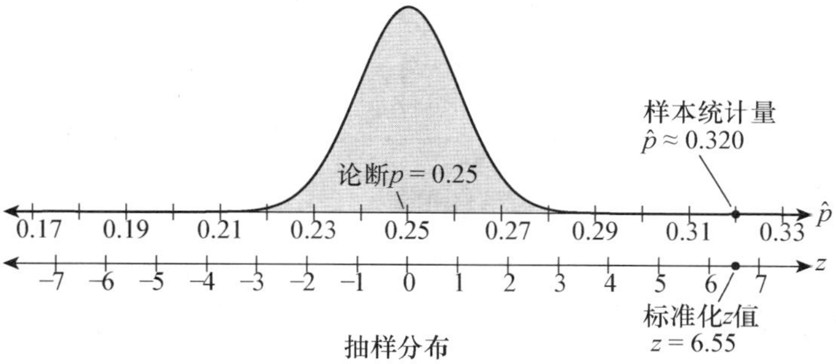

7.1 假设检验简介

7.1.1 假设检验

在本课程的剩余部分，我们将学习推断统计中的一种重要技术，称作假设检验。**假设检验**（hypothesis test）是利用样本统计量来检验总体参数值的论断的过程。医学、心理学和商学领域的研究者依靠假设检验来做出关于新药物、心理治疗和市场营销策略的有根据的结论。

例如，假定一家汽车厂商在广告中声称，它的新混合动力车的平均油耗为 50 mpg。如果你怀疑平均油耗不是 50 mpg，你怎样证明该广告是虚假的？

显然，你不能检验所有的汽车，但是你能从汽车总体中抽取一个随机样本，测量每辆车的油耗，得出合理的结论。如果样本均值和广告的均值足够不同，你就能证明广告是虚假的。

例如，为了检验所有这种类型的混合动力车的平均油耗是 $\mu=50$ mpg，抽取一个 $n=30$ 辆汽车的随机样本，测量每辆车的油耗。假定得到样本均值为 $\bar{x}=47$ mpg，样本标准差为 $s=5.5$ mpg。这是否表明厂商的广告是虚假的？

为了检验广告是否虚假，需要做一些不寻常的事——假定广告是真实的！即假定 $\mu=50$。然后，考察从 $\mu=50$ 且 $\sigma=5.5$ 的总体中抽取的样本均值（$n=30$）的抽样分布。依据中心极限定理，该抽样分布服从均值为 50 mpg，标准差为 $\frac{5.5}{\sqrt{30}}\approx 1$ mpg 的正态分布。

由下图可知，样本均值 $\bar{x}=47$ mpg 是极不可能的——它大概处于论断值的 3 倍标准差处。利用在第 5 章学习的技术，你能决定广告是不是真实的，得到一个小于等于 47 的样本均值的概率大概是 0.001 3。这是罕见事件！关于公司广告是真实的假设引导你得到了一个不可能的结论。因此，不是你有一个非常罕见的样本，就是广告可能是虚假的。合乎逻辑的结论是广告可能是虚假的。

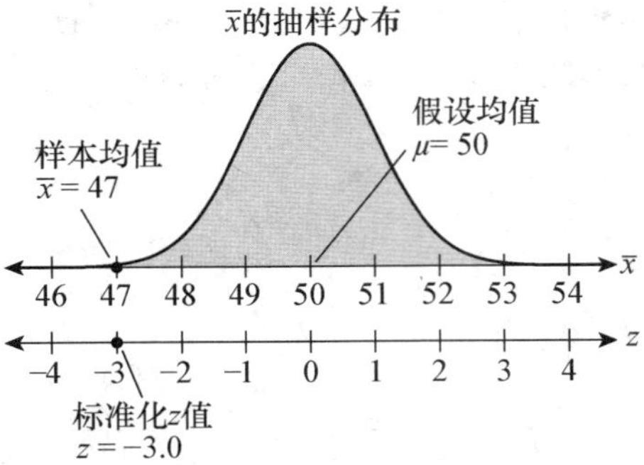

7.1.2 陈述假设

关于总体参数的陈述叫做**统计假设**（statistical hypothesis）。为了检验总体参数，你应该陈述一对假设——一个代表论断，另一个是其补充。当这两个假设中一个为假时，另一个肯定为真。任一个假设——原假设或备择假设——均可能代表原始论断。

定义

1. **原假设 H_0**（null hypothesis H_0）是包含等式的统计假设，比如≤，=或≥。

2. **备择假设 H_a**（alternative hypothesis H_a）是原假设的补充。它是一个如果 H_0 为假则其一定为真的陈述，它包含严格不等式的陈述，比如>，≠或<。

为了写出原假设和备择假设，将关于总体参数的论断从文字陈述翻译成数学陈述。然后，写出它的补充。例如，如果论断值是 k 而总体参数是 μ，那么几对可能的原假设和备择假设是：

$$\begin{cases}H_0: \mu\leq k\\ H_a: \mu>k\end{cases}\quad\begin{cases}H_0: \mu\geq k\\ H_a: \mu<k\end{cases}\quad\begin{cases}H_0: \mu=k\\ H_a: \mu\neq k\end{cases}$$

不管使用三对假设中的哪一个，你总是假设 $\mu=k$，并在此基础上考察抽样分布。在这个抽样分布中，你将决定样本统计量是否异常。

下表展示了可能的关于参数 μ 的文字陈述与对应的原假设和备择假设之间的关系。类似的陈述还能用来检验其他总体参数，比如 p，σ 或 σ^2。

H_0 文字陈述：均值是……	数学陈述	H_a 文字陈述：均值是……
……大于或等于 k ……至少是 k ……不小于 k	$\begin{cases}H_0: \mu\geq k\\ H_a: \mu<k\end{cases}$	……小于 k ……低于 k ……少于 k
……小于或等于 k ……至多是 k ……不多于 k	$\begin{cases}H_0: \mu\leq k\\ H_a: \mu>k\end{cases}$	……大于 k ……高于 k ……多于 k
……等于 k ……k ……恰好是 k	$\begin{cases}H_0: \mu=k\\ H_a: \mu\neq k\end{cases}$	……不等于 k ……不同于 k ……不是 k

例 1 陈述原假设和备择假设

将论断写成数学陈述。陈述原假设和备择假设，确定哪个代表论断。

1. 一个大学宣称它的学生中4年内毕业的比例是82%。
2. 一家水龙头厂商宣称某种水龙头的平均流速小于2.5加仑/分钟（gpm）。
3. 一家麦片厂商在广告中声称其20盎司麦片盒的平均容量多于20盎司。

解答：

1. 论断“一个大学……是82%”能写成$p=0.82$。它的补充是$p\neq0.82$。因为$p=0.82$包含等式的陈述，所以它是原假设。在这个例子中，原假设代表论断。

H_0：$p=0.82$（论断）

H_a：$p\neq0.82$

2. 论断“一家水龙头……小于2.5加仑/分钟”能写成$\mu<2.5$，它的补充是$\mu\geq2.5$。因为$\mu\geq2.5$包含等式的陈述，所以它是原假设。在这个例子中，备择假设代表论断。

H_0：$\mu\geq2.5$ gpm

H_a：$\mu<2.5$ gpm（论断）

3. 论断“一家麦片厂商……多于20盎司”能写成$\mu>20$，它的补充是$\mu\leq20$。因为$\mu\leq20$包含等式的陈述，所以它是原假设。在这个例子中，备择假设代表论断。

H_0：$\mu\leq20$盎司

H_a：$\mu>20$盎司（论断）

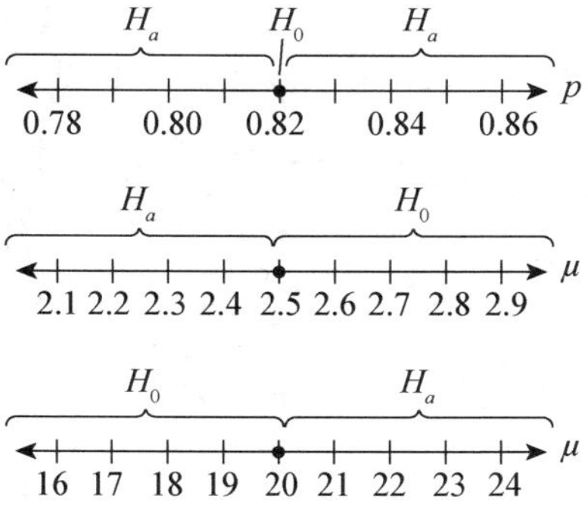

▶试一试 1

将论断写成数学陈述。陈述原假设和备择假设，确定哪个代表论断。

1. 一位消费者分析家报告称某种汽车电池的平均寿命不是74个月。
2. 一家电视机厂商宣称某种电视机寿命的方差小于等于3.5年。
3. 一家电台宣称它的当地听众的比例大于39%。

a. 确定文字论断，将它写成数学陈述。

b. 写出该论断的补充。

c. 明确原假设和备择假设，确定哪个代表论断。

7.1.3 错误类型和显著性水平

不管哪个假设代表论断，我们总是通过假设原假设中的情况为真来开始假设检验。因此，在进行假设检验后你需要在下列两种结论中选择一种。

1. 拒绝原假设。

2. 不能拒绝原假设。

因为你的结论是基于样本而不是整个总体得出的，所以总是存在你将得出错误结论的概率。

例如，假定你宣称某硬币是不正常的。为了检验论断，你抛 100 次硬币，得到 49 次正面和 51 次背面。此时你可能同意没有充足证据来支持你的论断。尽管如此，可能你的硬币确实是不正常的，而你抽到了一个异常样本。

但是如果你抛 100 次硬币得到 21 次正面和 79 次背面呢？用一枚正常的硬币在 100 次抛掷中仅得到 21 次正面是很少发生的。此时，你可能有充足的证据来支持你的论断：该硬币是不正常的。然而，你也不能 100%确定。可能硬币是正常的，而你抽到了一个异常样本。

如果 p 代表正面的比例，论断“硬币是不正常的”能写成数学陈述 $p\neq 0.5$。它的补充“硬币是正常的”能写成 $p=0.5$。因此，你的原假设和备择假设是

H_0：$p=0.5$

H_a：$p\neq 0.5$（论断）

记住，能绝对确定 H_0 是否为真或假的唯一方法是检验整个总体。因为决定——拒绝 H_0 或不能拒绝 H_0——是基于样本的，你必须承认它可能不准确的事实。你可能会在原假设实际为真时拒绝它，或者在原假设实际为假时不能拒绝它。

定义

第Ⅰ类错误（type Ⅰ error）发生在原假设实际为真时拒绝它。

第Ⅱ类错误（typeⅡ error）发生在原假设实际为假时不能拒绝它。

下表展示了假设检验四种可能的结果。

	H_0 的真实情况	
结论	H_0 为真	H_0 为假
不拒绝 H_0	正确的结论	第Ⅱ类错误
拒绝 H_0	第Ⅰ类错误	正确的结论

假设检验有时类似于美国的司法系统。在该系统下，常使用以下步骤。

1. 写出一份字斟句酌的指控。

2. 被告被假设无罪（H_0），除非被证明有罪。举证的责任在原告。如果证据不足，不能定罪。一个“无罪”判决并不能证明被告是无罪的。

3. 证据需要经受合理怀疑而令人信服。该系统假设给无罪的人定罪（第Ⅰ类错误）比不给有罪的人定罪（第Ⅱ类错误）损失更大。

	被告的真实情况	
判决	无罪	有罪
无罪	公平	第Ⅱ类错误
有罪	第Ⅰ类错误	公平

例 2　确定第Ⅰ类错误和第Ⅱ类错误

美国农业部对鸡肉沙门氏菌感染的限制是20%。一位肉类检验员报告称，一家公司生产的鸡肉超过了美国农业部的限制。你需要进行假设检验来决定该肉类检验员的论断是否正确。什么时候会发生第Ⅰ类错误和第Ⅱ类错误？哪种错误更严重？（资料来源：United States Department of Agriculture）

解答：

令 p 代表感染沙门氏菌鸡肉的比例。该鸡肉检验员的论断是"超过20%被污染"。你能写出如下原假设和备择假设。

H_0：$p \leqslant 0.2$　比例小于或等于20%

H_a：$p > 0.2$（论断）　比例大于20%

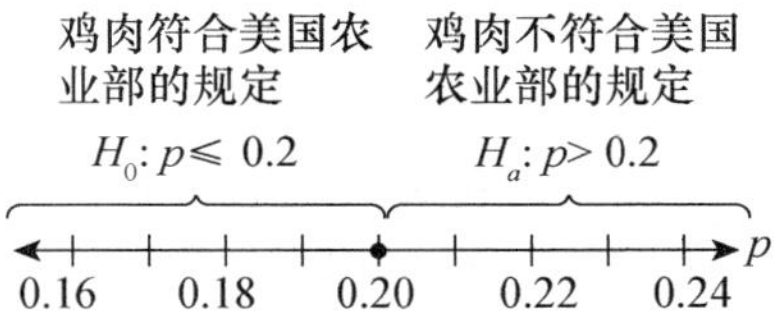

当感染沙门氏菌鸡肉的实际比例小于或等于0.2，但你决定拒绝 H_0 时，第Ⅰ类错误将发生。当感染沙门氏菌鸡肉的实际比例大于0.2，但你不拒绝 H_0 时，第Ⅱ类错误将发生。对于第Ⅰ类错误，你可能制造健康恐慌而损害那些实际上符合规定的鸡肉制造商的利益。对于第Ⅱ类错误，你可能允许超过感染沙门氏菌限制的鸡肉销售给消费者。第Ⅱ类错误可能引发疾病甚至导致死亡。

▶试一试 2

一家专业生产降落伞装置的公司声称，它的主要降落伞失误率不超过1%。你需要进行假设检验来决定该公司的论断是否正确。什么时候会发生第Ⅰ类错误和第Ⅱ类错误？哪种错误更严重？

a. 陈述原假设和备择假设。

b. 写出可能的第Ⅰ类错误和第Ⅱ类错误。

c. 确定哪种错误更严重。

当抽样分布的样本统计量异常时，你将拒绝原假设。异常事件为那些以小于等于0.05的概率发生的事件。当利用统计检验时，异常事件有时要求的概率为小于或等于0.10，小于或等于0.05，小于或等于0.01。因为样本之间有差异，总是存在原假设实际为真时你将拒绝它的概率。换句话说，尽管原假设为真，你的样本统计量仍可能被确定为抽样分布中的异常事件。通过降低显著性水平可以减少这种事发生的概率。

定义

假设检验中，**显著性水平**（level of significance）是犯第Ⅰ类错误的最大容忍概率，记为 α。犯第Ⅱ类错误的最大容忍概率记为 β。

将显著性水平设定为一个比较小的值，拒绝一个真的原假设的概率就会较小。三种经常使用的显著性水平是 $\alpha=0.10$，$\alpha=0.05$ 和 $\alpha=0.01$。

7.1.4　统计检验和 P 值

陈述原假设和备择假设、确定显著性水平后，假设检验的下一步是从总体中得到一个随机样本并计算样本统计量，比如均值和标准差。用来和原假设中的参数进行比较的统计量叫**检验统计量**（test statistic）。所使用的检验类型和抽样分布取决于检验统计量。

接下来我们将学习几种单样本统计检验。下表展示了总体参数和它们对应的检验统计量、标准化检验统计量之间的关系。

总体参数	检验统计量	标准化检验统计量
μ	$\bar{x}$	z（7.2 节，$n\geqslant 30$）
		t（7.3 节，$n<30$）
p	$\hat{p}$	z（7.4 节）
σ^2	s^2	χ^2（7.5 节）

决定是否拒绝原假设的一种方法是，确定得到标准化检验统计量（或一个更极端的）的概率是否小于显著性水平。

定义

如果原假设为真，假设检验的 P **值**（P-value）或**概率值**（probability value）是得到一个与样本数据确定的样本统计量同样极端或更极端的样本统计量的概率。

假设检验的 P 值取决于检验的性质。共有三种类型的假设检验——左尾检验、右尾检验和双尾检验。检验的类型取决于倾向于拒绝 H_0 的抽样分布的区域的位置。该区域用备择假设表示。

定义

1. 如果备择假设 H_a 包含小于号（$<$），则假设检验是**左尾检验**（left-tailed test）。

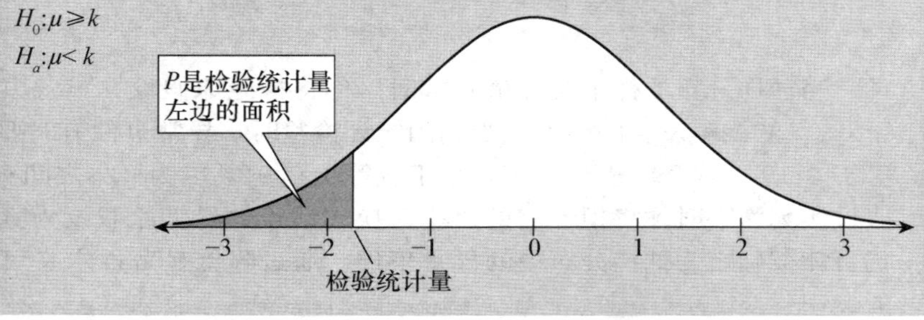

2. 如果备择假设 H_a 包含大于号（$>$），则假设检验是**右尾检验**（right-tailed test）。

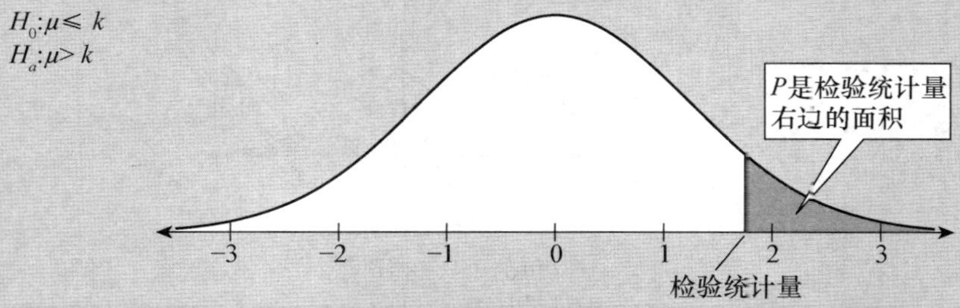

3. 如果备择假设 H_a 包含不等号（$\neq$），则假设检验是**双尾检验**（two-tailed test）。在双尾检验中，每个尾部有 $\frac{1}{2}P$ 的面积。

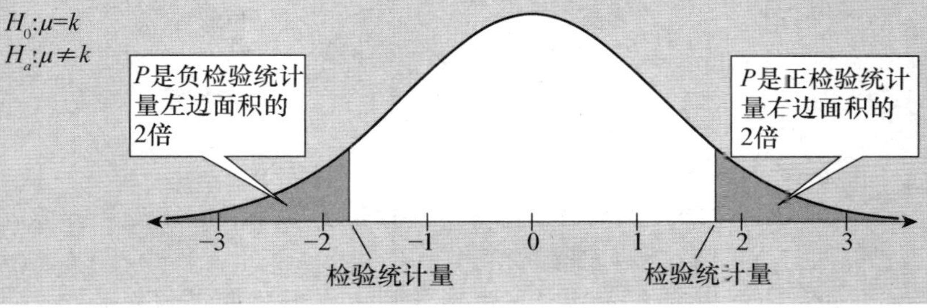

检验的 P 值越小，拒绝原假设的证据越多。非常小的 P 值表示异常事件。记住，非常低的 P 值并不构成原假设为假的证据，仅表示它可能为假。

例 3　明确假设检验的性质

对每个论断，用两种方式陈述 H_0 和 H_a。然后确定假设检验是左尾检验、右尾检验还是双尾检验。画出正态抽样分布，用阴影表示 P 值的面积。

1. 一个大学宣称它的学生中 4 年内毕业的比例是 82%。
2. 一家水龙头厂商宣称某种水龙头的平均流速小于 2.5 gpm。
3. 一家麦片厂商在广告中声称它的 20 盎司麦片盒的平均容量多于 20 盎司。

解答：

1. H_0：$p=0.82$　学生中 4 年内毕业的比例是 82%

　H_a：$p\neq 0.82$　学生中 4 年内毕业的比例不是 82%

因为 H_a 包含符号$\neq$，所以检验是双尾检验。下图中正态抽样分布显示了 P 值的阴影面积。

2. H_0：$\mu\geqslant 2.5$ gpm　某种水龙头的平均流速大于等于 2.5 gpm

　H_a：$\mu<2.5$ gpm　某种水龙头的平均流速小于 2.5 gpm

因为 H_a 包含符号$<$，所以检验是左尾检验。下图中正态抽样分布显示了 P 值的阴影面积。

3. H_0：$\mu\leqslant 20$ 盎司　该麦片盒容量的平均重量小于等于 20 盎司

H_a：$\mu>20$ 盎司　该麦片盒容量的平均重量大于 20 盎司

因为 H_a 包含符号$>$，所以检验是右尾检验。下图中正态抽样分布显示了 P 值的阴影面积。

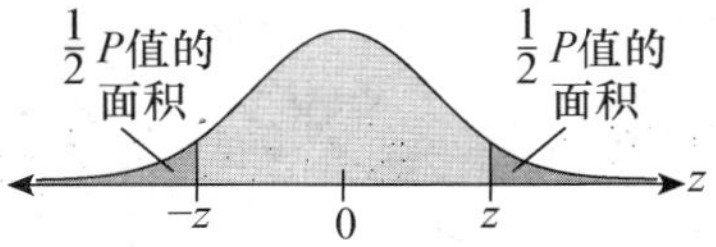

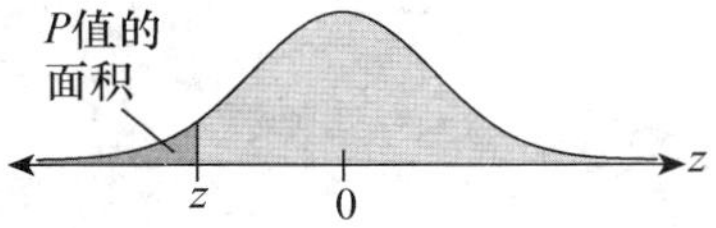

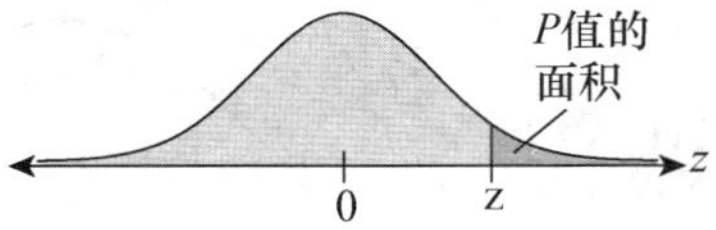

▶**试一试 3**

对每个论断，确定假设检验是左尾检验、右尾检验还是双尾检验。画出正态抽样分布，用阴影表示 P 值的面积。

1. 一位消费者分析家报告称某种汽车电池的平均寿命是 74 个月。
2. 一家电台宣称它的当地听众的比例大于 39%。

a. 写出 H_0 和 H_a。

b. 确定检验是左尾检验、右尾检验还是双尾检验。

c. 画出正态抽样分布，用阴影表示 P 值的面积。

7.1.5　得出结论并进行解释

为了完成假设检验，你需要得出结论并进行解释。假设检验只有两种可能结果：(1) 拒绝原假设；(2) 不能拒绝原假设。

基于 P 值的决策规则

在假设检验中可以利用 P 值得出结论。比较 P 值和 α：

1. 如果 $P\leqslant\alpha$，则拒绝 H_0。
2. 如果 $P>\alpha$，则不能拒绝 H_0。

不能拒绝原假设并不意味着你已经接受原假设为真。它仅意味着没有足够证据来拒绝原假设。如果你想支持一个论断，陈述它并使它成为备择假设。如果你想反对一个论断，陈述它并使它成为原假设。下表将有助于解释你的结论。

	论断	
结论	论断是 H_0	论断是 H_a
拒绝 H_0	有足够证据来拒绝该论断	有足够证据来支持该论断
不能拒绝 H_0	没有足够证据来拒绝该论断	没有足够证据来支持该论断

例 4　　**解释结论**

对下面每一个论断进行假设检验。如果拒绝 H_0，应该怎样解释你的结论？如果不能拒绝 H_0 呢？

1. H_0（论断）：一个大学宣称它的学生中 4 年内毕业的比例是 82%。

2. H_a（论断）：消费者报告称本田思域的平均停车距离（在干燥路面上）小于 136 英尺。

解答：

1. 论断由 H_0 代表，因此如果你拒绝 H_0，则能得出结论："有充分证据表明该大学的论断是假的。"如果你不能拒绝 H_0，则能得出结论："没有充分证据表明该大学的论断（4 年内毕业的比例是 82%）是假的。"

2. 论断由 H_a 代表，因此原假设是"平均停车距离大于等于 136 英尺"。如果你拒绝 H_0，则能得出结论："有充分证据支持消费者报告的论断，本田思域的平均停车距离小于 136 英尺。"如果你不能拒绝 H_0，则能得出结论："没有充分的证据支持消费者报告的论断，即本田思域的平均停车距离小于 136 英尺。"

▶试一试 4

对下面的论断进行假设检验。如果拒绝 H_0，应该怎样解释你的结论？如果不能拒绝 H_0 呢？

H_0（论断）：一家电台宣称它的当地听众的比例大于 39%。

a. 如果拒绝原假设，解释你的结论。

b. 如果不能拒绝原假设，解释你的结论。

假设检验的一般步骤归纳如下。

假设检验的步骤

1. 陈述论断，确定原假设和备择假设。

　H_0：?　H_a：?

2. 确定显著性水平。

　α=?

3. 确定标准化抽样分布，画出图形。

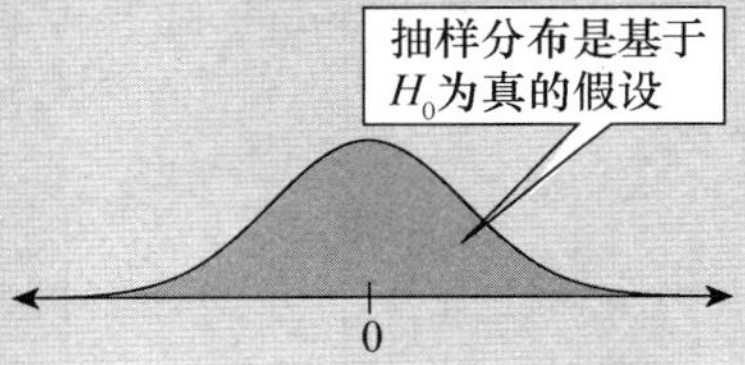

4. 计算检验统计量和它的标准化值，将它添加到你的图中。

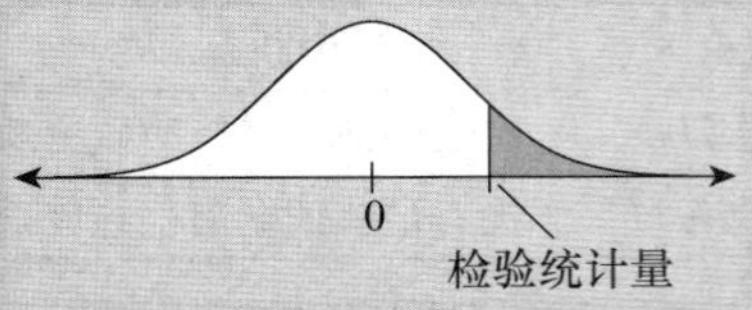

5. 求 P 值。

6. 利用以下决策规则。

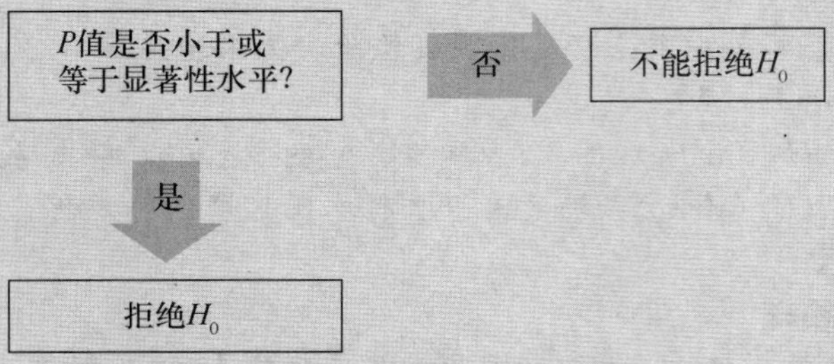

7. 得出结论并进行解释。

在以上步骤中，图形显示的是右尾检验。相同的基本步骤同样适用于左尾检验和双尾检验。

7.1.6　假设检验的策略

在法庭上，律师利用的策略取决于他代表被告还是原告。相同地，你在假设检验中将利用的策略，应该取决于你努力支持还是拒绝论断。当你的论断是原假设时，不能利用假设检验来支持你的论断。因此，作为一位研究者，如果想得到支持论断的结论，应将你的论断表述为备择假设。如果想拒绝论断，应将你的论断表述为原假设。

例 5　**写出假设**

一个医学研究团队正在调查一种新外科疗法的优越性。其中一个论断是在接受新疗法后病人的平均康复时间短于 96 小时。在下列情况下你怎样写出原假设和备择假设：

1. 你在研究团队中且想支持该论断？
2. 你在对手小组中且想拒绝该论断？

解答：

1. 你想支持该论断，此时可以使备择假设为病人的平均康复时间少于 96 小时，即 H_a：$\mu<96$ 小时。它的补充，$\mu\geqslant96$ 小时，将是原假设。

H_0：$\mu\geqslant96$
H_a：$\mu<96$（论断）

2. 作为对手小组中的研究者，你不想康复时间少于 96 小时。你想拒绝原假设，可以将它作为原假设，即 H_0：$\mu\leqslant96$ 小时。它的补充，$\mu>96$ 小时，将是备择假设。

H_0：$\mu \leqslant 96$（论断）

H_a：$\mu < 96$

▶试一试 5

1. 你代表一家被控告对汽车的油漆会产生损害的化工厂。你想支持该论断：每辆汽车的平均修复费用少于 650 美元。你将怎样写出原假设和备择假设？

2. 你在一个研究小组，该小组正在调查成年人的平均温度。一般接受的论断是，平均温度大概是 98.6°F。你想展示该论断是错的。你怎样写出原假设和备择假设？

a. 确定你支持还是拒绝该论断。

b. 写出原假设和备择假设。

练习 7.1

□ 基础技能训练和术语

1. 在检验中有哪两种类型的假设？它们如何相关？

判断　对于习题 3，判断陈述是否正确，如果错误，请写出正确的陈述。

3. 在假设检验中，你假定备择假设为真。

□ 应用和解释概念

陈述假设　在习题 23，25 中，利用数学语言陈述论断。写出原假设和备择假设，确定哪个是论断。

23. **电灯泡**　一家电灯泡厂商声称某种类型的电灯泡的平均寿命大于 750 小时。

25. **ATV 的底价**　某种类型的全地形多功能越野车（ATV）底价的标准差不大于 320 美元。

□ 扩展概念

51. **概念释义**　为什么降低犯第Ⅰ类错误的概率会导致增加犯第Ⅱ类错误的概率？

图表分析　在习题 53，55 中，给定原假设和代表 3 个抽样的 3 个置信区间。决定每个置信区间是否表示你应该拒绝 H_0。解释你的理由。

53.

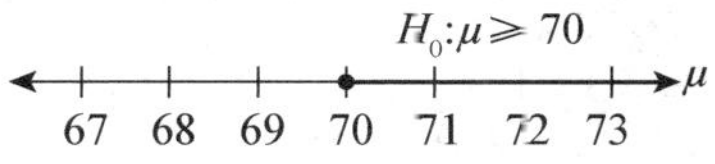

55.

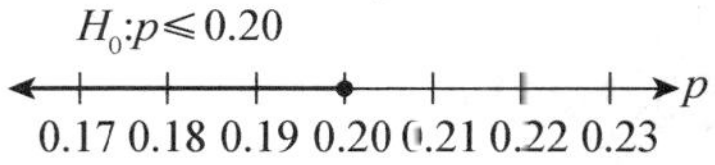

7.2　均值的假设检验（大样本）

7.2.1　利用 P 值得出结论

在第 5 章，我们学习了当样本大小至少是 30 时，$\bar{x}$（样本均值）的抽样分布是正态的。在 7.1 节，我们学习了在假设检验中获得结论的一种方法是为样本统计量比如 $\bar{x}$，利用 P 值。当你假设原假设为真时，假设检验的 P 值（或概率值）是得到一个与样本数据确定的样本统计量同样极端或更极端的样本统计量的概率。基于 P

值的假设检验决策规则如下。

基于 P 值的决策规则

在假设检验中利用 P 值得出结论。比较 P 值和 α：

1. 如果 $P \leqslant \alpha$，则拒绝 H_0。
2. 如果 $P > \alpha$，则不能拒绝 H_0。

例 1 **解释 P 值**

假设检验的 P 值是 $P=0.0237$。如果显著性水平是 $\alpha=0.05$ 和 $\alpha=0.01$，你的结论是什么？

解答：

1. 因为 $0.0237<0.05$，你应该拒绝原假设。
2. 因为 $0.0237>0.01$，你不能拒绝原假设。

▶试一试 1

假设检验的 P 值是 $P=0.0347$。如果显著性水平是 $\alpha=0.05$ 和 $\alpha=0.01$，你的结论是什么？

a. 比较 P 值和显著性水平。

b. 得出结论。

求假设检验的 P 值

在确定假设检验的标准化检验统计量和检验统计量的对应面积后，可按以下方法之一求 P 值。

a. 对左尾检验，$P=$左尾面积。

b. 对右尾检验，$P=$右尾面积。

c. 对双尾检验，$P=2\times$检验统计量的尾部面积。

例 2 **求左尾检验的 P 值**

求左尾检验的 P 值，检验统计量为 $z=-2.23$。如果显著性水平是 $\alpha=0.01$，决定是否拒绝 H_0。

解答：

下图为标准正态曲线，$z=-2.23$ 左侧用阴影区域表示。对左尾检验，$P=$左尾面积。

由附录 B 中的表 4 可知，对应 $z=-2.23$ 的面积为 0.012 9，即左尾面积。因此，检验统计量为 $z=-2.23$ 的左尾检验的 P 值为 $P=0.0129$。

解释：

因为 0.012 9 的 P 值大于 0.01，你不能拒绝 H_0。

▶试一试 2

求左尾检验的 P 值，检验统计量为 $z=-1.62$。如果显著性水平是 $\alpha=0.05$，决

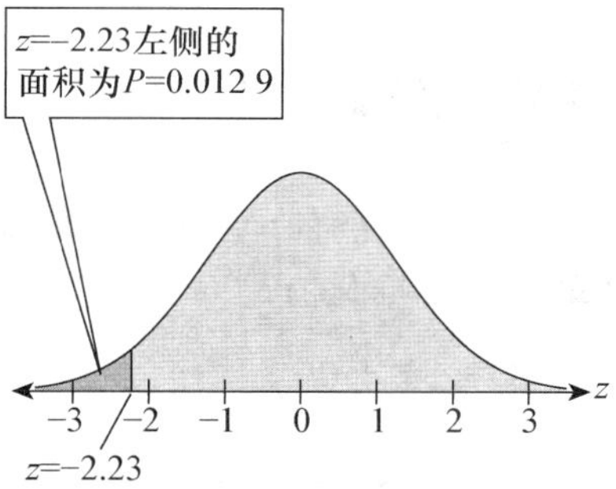

左尾检验

定是否拒绝 H_0。

a. 利用附录 B 中的表 4，确定对应 $z=-1.62$ 的面积。

b. 计算左尾检验的 P 值，即左尾面积。

c. 比较 P 值和 α，决定是否拒绝 H_0。

例 3　求双尾检验的 P 值

求双尾检验的 P 值，检验统计量为 $z=2.14$。如果显著性水平是 $\alpha=0.05$，决定是否拒绝 H_0。

解答：

下图为标准正态曲线，$z=-2.14$ 左侧和 $z=2.14$ 右侧用阴影区域表示。对双尾检验，$P=2\times$检验统计量的尾部面积。

由附录 B 中的表 4 可知，对应 $z=2.14$ 的面积为 0.983 8。右尾的面积是 $1-0.983\,8=0.016\,2$。因此，检验统计量为 $z=2.14$ 的双尾检验的 P 值为 $P=2\times0.016\,2=0.032\,4$。

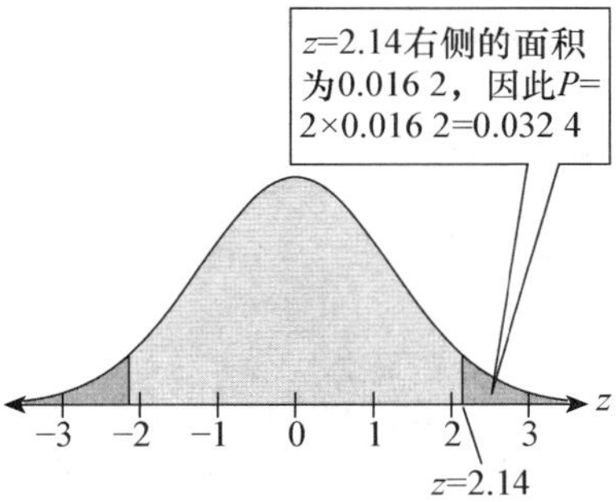

双尾检验

解释：

因为 0.032 4 的 P 值小于 0.05，你应该拒绝 H_0。

▶试一试 3

求双尾检验的 P 值，检验统计量为 $z=2.31$。如果显著性水平是 $\alpha=0.01$，决定是否拒绝 H_0。

a. 利用附录 B 中的表 4，确定对应 $z=2.31$ 的面积。

b. 计算双尾检验的 P 值，即 2 倍检验统计量的尾部面积。

c. 比较 P 值和 α，决定是否拒绝 H_0。

7.2.2 利用 P 值进行 z 检验

均值的 z 检验用于样本均值的抽样分布服从正态分布的总体。为了进行 z 检验，你需要求出检验统计量 $\bar{x}$ 的标准化值。

$$z=\frac{\text{样本均值}-\text{假设的均值}}{\text{标准差}}$$

均值 μ 的 z 检验

均值 μ 的 z 检验（z-test for a mean）是对总体均值的统计检验。z 检验适用于已知 σ 的正态总体，或样本大小 n 至少为 30 的任何总体。**检验统计量**（test statistic）为样本均值 $\bar{x}$，**标准化检验统计量**（standardized test statistic）为：

$$z=\frac{\bar{x}-\mu}{\sigma/\sqrt{n}}$$

式中，$\frac{\sigma}{\sqrt{n}}$=标准差=$\sigma_{\bar{x}}$。

当 $n\geqslant30$，可以利用样本标准差 s 代替 σ。

指南

利用 P 值进行均值 μ 的 z 检验

文字描述	公式
1. 明确论断，陈述原假设和备择假设。	陈述 H_0 和 H_a
2. 确定显著性水平。	确定 α
3. 确定标准化检验统计量。	$z=\frac{\bar{x}-\mu}{\sigma/\sqrt{n}}$，或如果 $n\geqslant30$，利用 $\sigma\approx s$
4. 求 z 对应的面积。	利用附录 B 中的表 4
5. 求 P 值。	
a. 对左尾检验，P=左尾面积。	
b. 对右尾检验，P=右尾面积。	
c. 对双尾检验，P=2×检验统计量的尾部面积。	
6. 决定是否拒绝原假设。	如果 P 值小于或等于 α，拒绝 H_0；否则，不能拒绝 H_0
7. 得出结论并进行解释。	

例 4　利用 P 值进行假设检验

在广告中，一家比萨饼店宣称它的平均递送时间少于 30 分钟。随机抽选的 36 个递送时间的样本均值为 28.5 分钟，标准差 3.5 分钟。在 α=0.01 下，是否有足够证据支持该论断？利用 P 值回答该问题。

解答：

论断为“平均递送时间少于 30 分钟”，因此，原假设和备择假设是

H_0：$\mu \geqslant 30$ 分钟

H_a：$\mu < 30$ 分钟（论断）

显著性水平是 $\alpha=0.01$，标准化检验统计量是

$$z=\frac{\bar{x}-\mu}{\sigma/\sqrt{n}}=\frac{28.5-30}{3.5/\sqrt{36}}\approx -2.57$$

在附录 B 的表 4 中，对应 $z=-2.57$ 的面积是 0.005 1。因为检验是左尾检验，P 值等于 $z=-2.57$ 左侧的面积。因此，$P=0.005\,1$。因为 P 值小于 $\alpha=0.01$，你应该拒绝原假设。

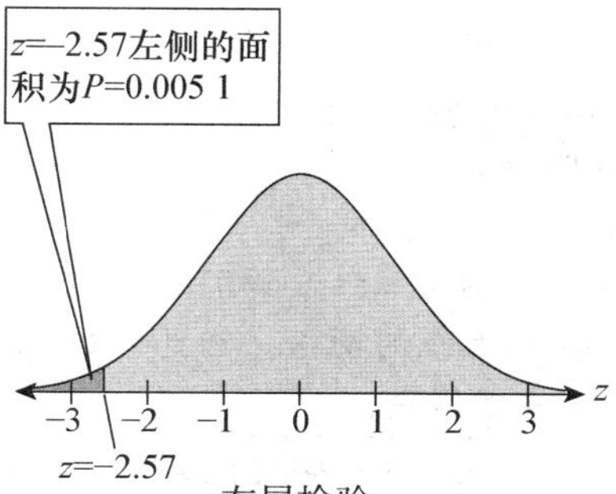

左尾检验

解释：

在 1% 的显著性水平下，你有足够证据支持该论断，即平均递送时间少于 30 分钟。

▶试一试 4

街道两边的住户声称街道上汽车的平均速度大于限速 35 英里/小时。100 辆汽车的随机样本的平均速度为 36 英里/小时，标准差为 4 英里/小时。在 $\alpha=0.05$ 下，是否有足够证据支持该论断？利用 P 值回答该问题。

a. 明确论断，陈述原假设和备择假设。

b. 确定显著性水平。

c. 求标准化检验统计量 z。

d. 求 P 值。

e. 决定是否拒绝原假设。

f. 得出结论并进行解释。

例 5　利用 P 值进行假设检验

你认为下图中显示的平均特许投资信息不准确，因此随机抽取了 30 个特许投资样本。样本平均投资是 135 000 美元，标准差为 30 000 美元。在 $\alpha=0.05$ 下，是否有足够证据支持你的论断？利用 P 值回答该问题。

解答：

论断为“平均投资不是 143 260 美元”。因此，原假设和备择假设是

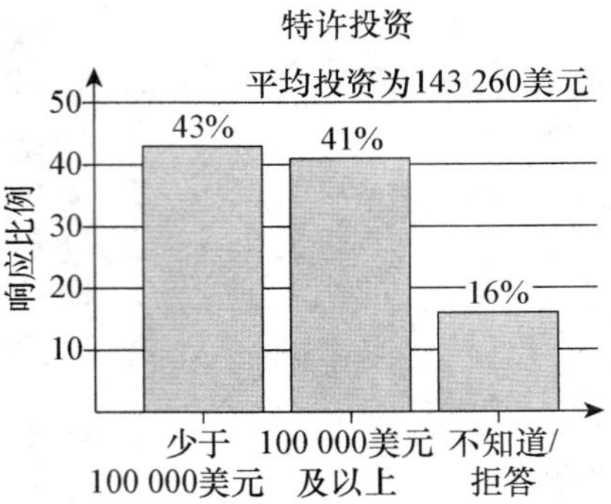

H_0：$\mu=143\,260$ 美元

H_a：$\mu\neq143\,260$ 美元（论断）

显著性水平是 $\alpha=0.05$，标准化检验统计量是

$$
\begin{aligned}
z&=\frac{\bar{x}-\mu}{\sigma/\sqrt{n}}\\
&=\frac{135\,000-143\,260}{30\,000/\sqrt{30}}\\
&\approx-1.51
\end{aligned}
$$

在附录 B 的表 4 中，对应 $z=-1.51$ 的面积是 0.065 5。因为检验是双尾检验，P 值等于 $z=-1.51$ 左侧面积的两倍。因此，$P=2\times0.065\,5=0.131\,0$。因为 P 值大于 $\alpha=0.05$，你不能拒绝原假设。

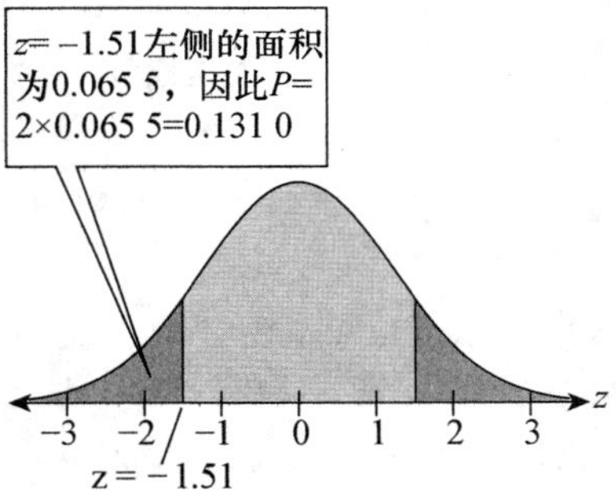

双尾检验

解释：

在 5% 的显著性水平下，没有足够证据得出平均投资不是 143 260 美元的结论。

▶试一试 5

你的一位经销商报告每日平均能销售 150 份产品。你怀疑该平均值不准确，因此随机抽取了 35 天，观测每天的销售量。样本均值是日销售 143 份，标准差为 15 份。在 $\alpha=0.01$ 下，是否有足够证据怀疑该经销商报告的平均值？利用 P 值回答该问题。

a. 明确论断，陈述原假设和备择假设。

b. 确定显著性水平。

c. 求标准化检验统计量 z。

d. 求 P 值。

e. 决定是否拒绝原假设。

f. 得出结论并进行解释。

例 6　利用技术工具求 *P* 值

给定 $\alpha=0.05$，对以下 TI-83/84 展示你能得出什么结论？

TI-83/84

TI-83/84

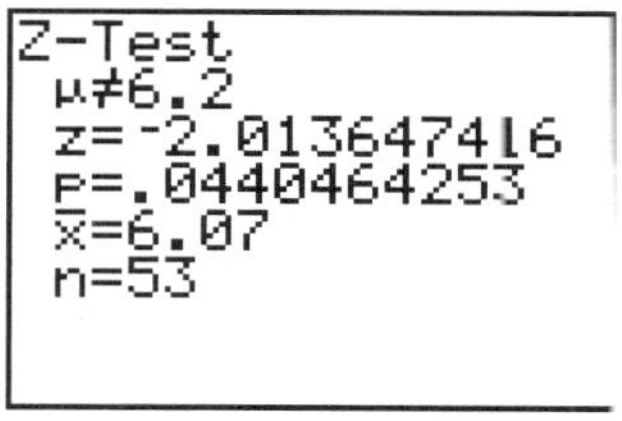

解答：

这个检验的 P 值为 0.044 046 425 3。因为 P 值小于 0.05，你应该拒绝原假设。

▶试一试 6

对例 6 中的 TI-83/84 假设检验结果，在 $\alpha=0.05$ 下得出结论。

a. 比较 P 值和显著性水平。

b. 得出结论。

7.2.3　拒绝域和临界值

另一种决定是否拒绝原假设的方法是确定标准化检验统计量是否落在抽样分布拒绝域的一个值域中。

定义

抽样分布的**拒绝域**（rejection region），或**判别区间**（critical region）是原假设不可能的值域。如果检验统计量落在这个区域，原假设将被拒绝。**临界值**（critical value）z_0 将拒绝域和非拒绝域分开。

指南

求正态分布的临界值

1. 确定显著性水平 α。
2. 决定检验是左尾、右尾还是双尾的。
3. 求临界值 z_0。

a. 如果假设检验是左尾的，求对应面积 α 的 z 分。

b. 如果假设检验是右尾的，求对应面积 $1-\alpha$ 的 z 分。

c. 如果假设检验是双尾的，求对应 $\frac{1}{2}\alpha$ 和 $1-\frac{1}{2}\alpha$ 的 z 分。

4. 画出标准正态分布，在每个临界值处画竖线，用阴影表示拒绝域。

例 7　求左尾检验的临界值

在 $\alpha=0.01$ 下，求左尾检验的临界值和拒绝域。

解答：

下图展示了左尾阴影面积为 0.01 的标准正态曲线。在附录 B 的表 4 中，对应 0.01 的面积的 z 分是 −2.33。因此，临界值是 $z_0=-2.33$。拒绝域是该临界值的左侧区域。

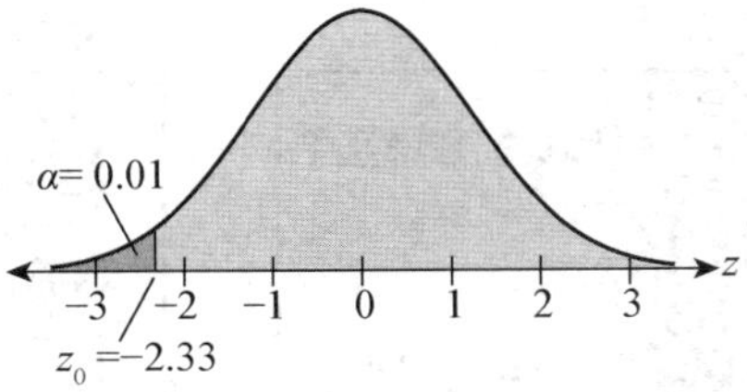

1%显著性水平

▶试一试 7

在 $\alpha=0.10$ 下，求左尾检验的临界值和拒绝域。

a. 画出左尾面积为 α 的标准正态曲线。

b. 利用附录 B 中的表 4 确定最接近 α 的面积。

c. 求对应该面积的 z 分。

d. 确定拒绝域。

如果你不能在附录 B 的表 4 中找到精确面积，可以采用最接近的面积。例如，在例 7 中，最接近 0.01 的面积是 0.009 9。当面积恰好处于表中两面积的中间时，采用对应两个 z 分的均值。

例 8　求双尾检验的临界值

在 $\alpha=0.05$ 下，求双尾检验的临界值和拒绝域。

解答：

下图展示了每个尾部阴影面积为 $\frac{1}{2}\alpha=0.025$ 的标准正态曲线。$-z_0$ 左侧的面积为 $\frac{1}{2}\alpha=0.025$，z_0 左侧的面积为 $1-\frac{1}{2}\alpha=0.975$。在附录 B 的表 4 中，对应 0.025 和 0.975 的面积的 z 分分别是 −1.96 和 1.96。因此，临界值是 $-z_0=-1.96$ 和 $z_0=1.96$。拒绝域是 $-z_0$ 的左侧和 z_0 的右侧。

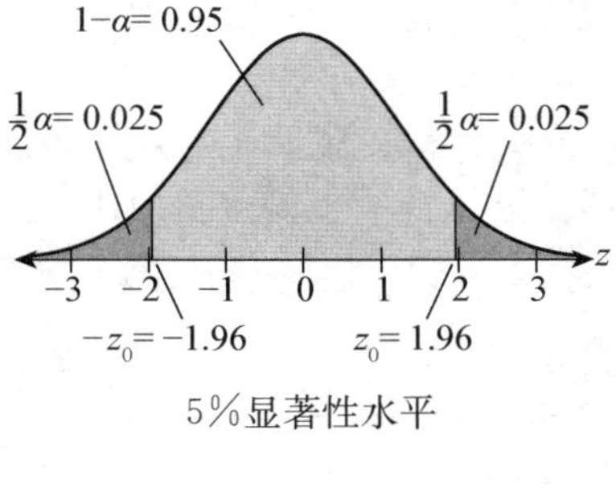

5%显著性水平

▶试一试 8

在 $\alpha=0.08$ 下，求双尾检验的临界值和拒绝域。

a. 画出每个尾部面积为 $\frac{1}{2}\alpha$ 的标准正态曲线。

b. 利用附录 B 中的表 4 确定最接近$\frac{1}{2}\alpha$和$1-\frac{1}{2}\alpha$的面积。

c. 求对应这些面积的 z 分。

d. 确定拒绝域。

7.2.4 利用拒绝域进行 z 检验

利用拒绝域进行假设检验时，可利用以下规则得出结论。

基于拒绝域的决策规则

利用拒绝域进行假设检验，计算标准化检验统计量 z。如果标准化检验统计量

1. 在拒绝域中，则拒绝 H_0。
2. 不在拒绝域中，则不能拒绝 H_0。

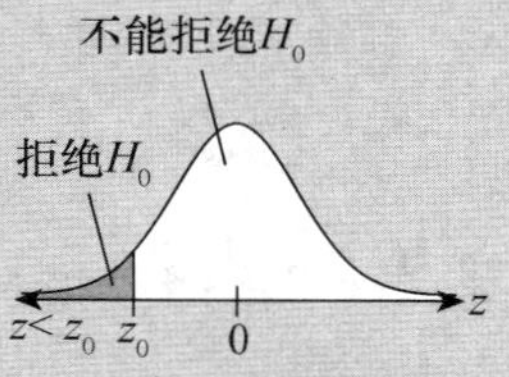

左尾检验

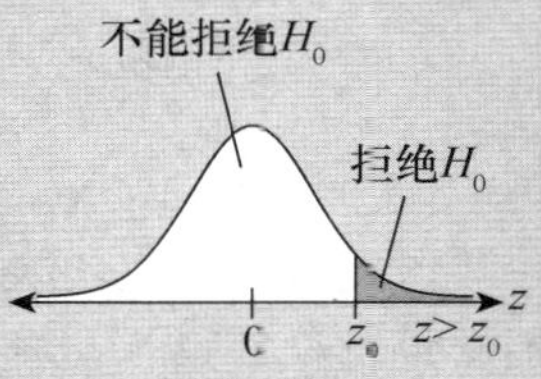

右尾检验

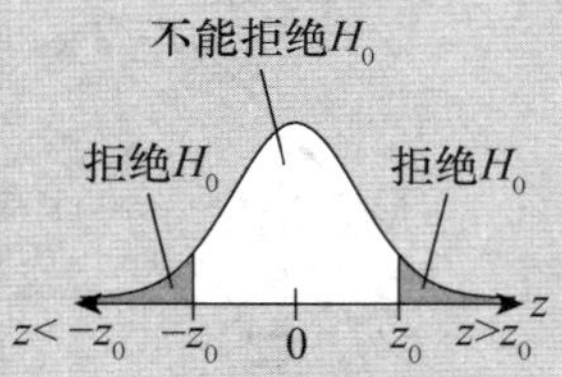

双尾检验

不能拒绝原假设并不意味着接受原假设为真。它仅意味着没有足够证据来拒绝原假设。

指南

利用拒绝域进行均值 μ 的 z 检验

文字描述	公式
1. 明确论断，陈述原假设和备择假设。	陈述 H_0 和 α
2. 确定显著性水平。	确定 H_0
3. 画出抽样分布。	
4. 确定临界值。	利用附录 B 中的表 4
5. 确定拒绝域。	
6. 求标准化检验统计量。	$z=\frac{\bar{x}-\mu}{\sigma/\sqrt{n}}$，或如果 $n\geqslant 30$，利用 $\sigma\approx s$
7. 决定是否拒绝原假设。	如果 z 在拒绝域，拒绝 H_0；否则，不能拒绝 H_0
8. 得出结论并进行解释。	

例 9　利用大样本检验 μ

一家大型会计公司的员工声称该公司会计的平均工资低于它的竞争者（45 000 美元）。一个 30 名该公司会计的随机样本的平均工资为 43 500 美元，标准差为 5 200 美元。在 $\alpha=0.05$ 下，检验这位员工的论断。

解答：

论断是“平均工资低于 45 000 美元”。因此，原假设和备择假设可写成

H_0：$\mu \geqslant 45\,000$ 美元

H_a：$\mu < 45\,000$ 美元（论断）

检验是左尾检验，显著性水平是 $\alpha=0.05$，临界值是 $z_0=-1.645$，拒绝域是 $z<1.645$。标准化检验统计量是

$$z=\frac{\bar{x}-\mu}{\sigma/\sqrt{n}}=\frac{43\,500-45\,000}{5\,200/\sqrt{30}}\approx-1.58$$

下图显示了拒绝域和标准化检验统计量 z 的位置。因为 z 不在拒绝域，所以你不能拒绝原假设。

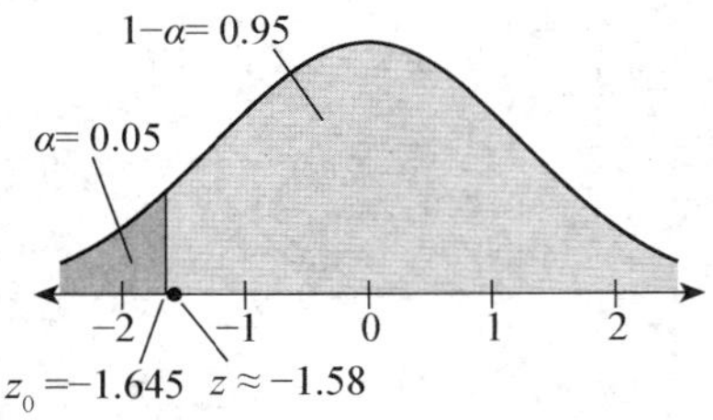

5%显著性水平

解释：

在 5%的显著性水平下，没有足够证据支持这位员工的论断，即平均工资低于 45 000 美元。

确定你理解本例中的结论。尽管样本的均值为 43 500 美元，你不能（在 5%的显著性水平下）支持论断所有会计的工资低于 45 000 美元。检验统计量和假设均值的差异可能来自抽样误差。

▶试一试 9

该公司首席执行官（CEO）声称该公司会计平均工作日少于 8.5 小时。一个 35 名该公司会计的随机样本的平均工作日为 8.2 小时，标准差为 0.5 小时。在 $\alpha=0.01$ 下，检验该 CEO 的论断。

a. 明确论断，陈述 H_0 和 H_a。

b. 确定显著性水平 α。

c. 求临界值 z_0，确定拒绝域。

d. 求标准化检验统计量 z。

e. 画出图形，决定是否拒绝原假设。

f. 得出结论并进行解释。

例 10　利用大样本检验 μ

美国农业部报告称在农村地区抚养一位儿童从出生到2岁的平均花费是10 460美元。你认为这个值不准确，因此选择了一个900名儿童（2岁）的随机样本，求得平均花费为10 345美元，标准差为1 450美元。在 $\alpha=0.05$ 下，是否有足够证据得出结论平均花费不是10 460美元？（资料来源：Adapted from U. S. Department of Agriculture Centre for Nutrition Policy and Promotion）

解答：

你想支持的论断是"平均花费不是10 460美元"。因此，原假设和备择假设是

H_0：$\mu=10\,460$ 美元

H_a：$\mu\neq10\,460$ 美元（论断）

检验是双尾检验，显著性水平是 $\alpha=0.05$，临界值是 $-z_0=-1.96$ 和 $z_0=1.96$，拒绝域是 $z<-1.96$ 和 $z>1.96$。标准化检验统计量是

$$z=\frac{\overline{x}-\mu}{\sigma/\sqrt{n}}$$

$$=\frac{10\,345-10\,460}{1\,540/\sqrt{900}}$$

$$\approx-2.24$$

下图显示了拒绝域和标准化检验统计量 z 的位置。因为 z 在拒绝域，你应该拒绝原假设。

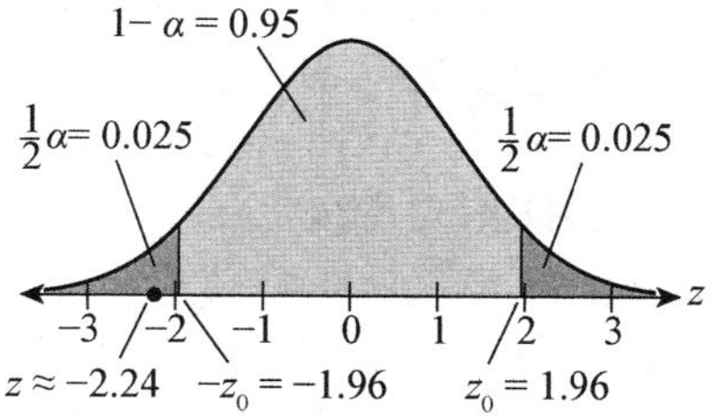

5%显著性水平

解释：

在5%的显著性水平下，你有足够证据得出在农村地区抚养一位儿童从出生到2岁的平均花费不是10 460美元的结论。

▶试一试 10

利用例10的信息和结果，确定是否有足够证据来支持在农村地区抚养一位儿童从出生到2岁的平均花费不是10 460美元的论断。给定 $\alpha=0.01$。

a. 确定显著性水平 α。

b. 求临界值 $\pm z_0$，确定拒绝域。

c. 画出图形，决定是否拒绝原假设。

d. 得出结论并进行解释。

练习 7.2

□ 基础技能训练和术语

在习题 1，3 中，利用给定的标准化检验统计量 z 求假设检验的 P 值。在给定的显著性水平 α 下，决定是否拒绝 H_0。

1. 左尾检验，$z=-1.20$，$\alpha=0.10$。

3. 右尾检验，$z=2.34$，$\alpha=0.01$。

□ 应用和解释概念

在习题 33，35 中，利用 P 值检验论断。

(a) 用数学语言写出论断，明确 H_0 和 H_a。

(b) 求标准化检验统计量 z 和它的相应面积。如果方便，利用技术工具。

(c) 求 P 值。如果方便，利用技术工具。

(d) 决定能否拒绝原假设。

(e) 得出结论并进行解释。

33. **数学评估测试**　在伊利诺伊州的全国数学评估测试中，一个 85 位 8 年级学生的随机样本，平均成绩为 282 分，标准差为 35 分。这个测试促使州的学校管理官员宣布该州 8 年级学生该考试的平均成绩大于 275 分。在 $\alpha=0.04$ 下，是否有足够证据支持该官员的论断？（资料来源 Adapted from National Center for Education Statistics）

35. **喝茶者**　一个喝茶者协会估计在美国每人茶的平均消费量大于 8 加仑每年。在 100 人的随机样本中，你发现茶的平均消费量是 7.9 加仑每年，标准差是 2.67 加仑每年。在 $\alpha=0.07$ 下，你能支持该协会的论断吗？（资料来源：Adapted from U. S. Department of Agriculture）

□ 扩展概念

47. **用电量**　你认为美国家庭的平均年用电量小于 11 500 千瓦时。你做了一些研究，得到一个 30 个家庭的随机样本中，平均用电量是 11 400 千瓦时，标准差是 320 千瓦时。你设定了如下原假设和备择假设：H_0：$\mu \geqslant 11\,500$ 和 H_a：$\mu < 11\,500$。在 $\alpha=0.01$ 下，解释为什么你不能拒绝 H_0。（资料来源：Adapted from Edison Electric Institute）

49. **利用 α 和 n 的不同值**　在习题 47 中，你认为 H_0 不合理。下面哪种情况允许你拒绝 H_0？

(a) 利用相同值但 α 从 0.01 增加到 0.02。

(b) 利用相同值但 α 从 0.01 增加到 0.05。

(c) 利用相同值但 n 从 30 增加到 50。

(d) 利用相同值但 n 从 30 增加到 100。

7.3　均值的假设检验（小样本）

7.3.1　t 分布临界值

在 7.2 节，我们学习了当样本至少有 30 个时怎样进行总体均值的假设检验。在实际生活中，收集 30 个或更多的样本常常是不现实的。然而，如果总体呈正态分布或接近正态分布，利用自由度为 $n-1$ 的 t 抽样分布，你仍能检验总体均值 μ。

指南

求 t 分布临界值

1. 确定显著性水平 α。
2. 确定自由度：d. f. $=n-1$。
3. 利用附录 B 中表 5 的 n—1 自由度列，求临界值。

a. 如果假设检验是左尾的，使用“单尾 α”列和负号。

b. 如果假设检验是右尾的，使用“单尾 α”列和正号。

c. 如果假设检验是双尾的，使用“双尾 α”列和负号、正号。

例 1　求 t 的临界值

给定 $\alpha=0.05$ 和 $n=21$ 的左尾检验，求临界值 t_0。

解答：

自由度为 d. f. $=n-1=21-1=20$。

为了求临界值，利用附录 B 中表 5“单尾 α”列的 d. f. $=20$ 和 $\alpha=0.05$。由于检验是左尾检验，临界值是负的，因此，$t_0=-1.725$。

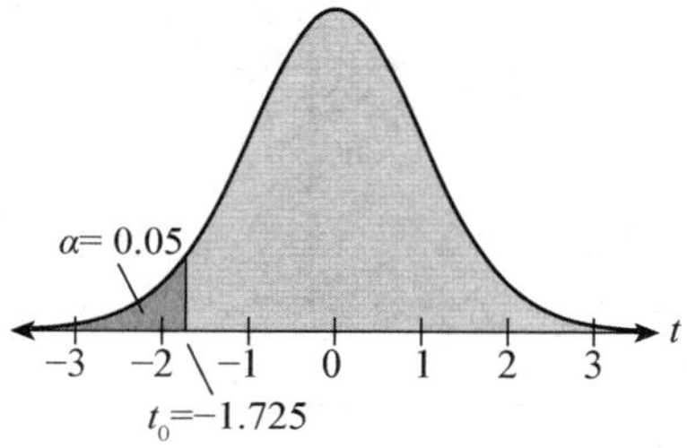

▶试一试 1

给定 $\alpha=0.01$ 和 $n=14$ 的左尾检验，求临界值 t_0。

a. 利用附录 B 中表 5“单尾 α”列的 d. f. $=13$ 和 $\alpha=0.01$ 求 t 值。

b. 使用负号。

例 2　求 t 的临界值

给定 $\alpha=0.01$ 和 $n=17$ 的右尾检验，求临界值 t_0。

解答：

自由度为 d. f. $=n-1=17-1=16$。

为了求临界值，利用附录 B 中表 5“单尾 α”列的 d. f. $=16$ 和 $\alpha=0.01$。由于检验是右尾检验，临界值是正的，因此，$t_0=2.583$。

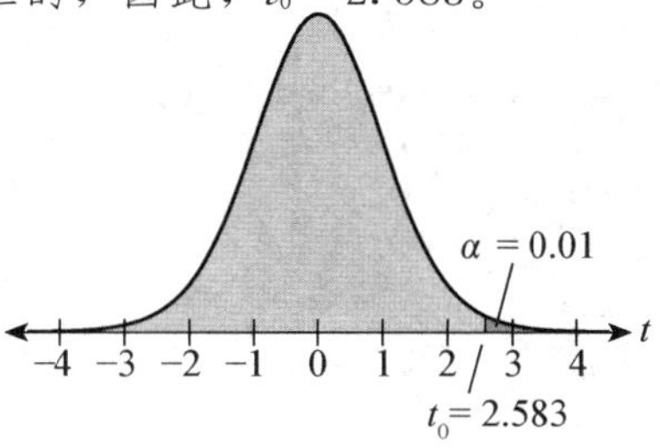

▶**试一试 2**

给定 $\alpha=0.05$ 和 $n=9$ 的右尾检验，求临界值 t_0。

a. 利用附录 B 中表 5 “单尾 α” 列的 d. f. $=8$ 和 $\alpha=0.05$ 求 t 值。

b. 使用正号。

例 3　求 t 的临界值

给定 $\alpha=0.05$ 和 $n=26$ 的双尾检验，求临界值 t_0 和 $-t_0$。

解答：

自由度为 d. f. $=n-1=26-1=25$。

为了求临界值，利用附录 B 中表 5 “双尾 α” 列的 d. f. $=25$ 和 $\alpha=0.05$。由于检验是双尾检验，一个临界值为正，一个为负，因此，$-t_0=-2.060$，$t_0=2.060$。

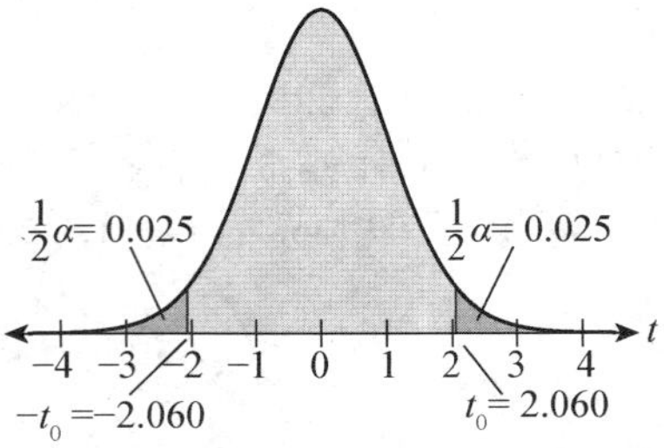

▶**试一试 3**

给定 $\alpha=0.01$ 和 $n=16$ 的双尾检验，求临界值 $\pm t_0$。

a. 附录 B 中表 5 “双尾 α” 列的 d. f. $=15$ 和 $\alpha=0.01$ 求 t 值。

b. 使用负号和正号。

7.3.2　均值 μ 的 t 检验（$n<30$，σ 未知）

在只有来自正态分布或接近正态分布的小样本（$n<30$）、σ 未知时，你才能利用 t 轴样分布检验均值 μ。

$$t=\frac{\text{样本均值}-\text{假设的均值}}{\text{标准差}}$$

均值 μ 的 t 检验

均值 μ 的 t 检验（t-test for a μ）是对总体均值的统计检验。t 检验适用于总体是正态分布或接近正态分布，σ 未知，$n<30$ 时。**检验统计量**（test statistic）是 $\bar{x}$，**标准化检验统计量**（standardized test statistic）为 t。

$$t=\frac{\bar{x}-\mu}{s/\sqrt{n}}$$

自由度 d. f. $=n-1$。

指南

进行均值 μ 的 t 检验（小样本）

文字描述	公式
1. 明确论断，陈述原假设和备择假设。	陈述 H_0 和 H_a
2. 确定显著性水平。	确定 α
3. 确定自由度，画出抽样分布。	d. f. $=n-1$
4. 确定临界值。	利用附录 B 中的表 5
5. 确定拒绝域。	
6. 求标准化检验统计量。	$t=\dfrac{\overline{x}-\mu}{s/\sqrt{n}}$
7. 决定能否拒绝原假设。	如果 t 在拒绝域，拒绝 H_0；否则，不能拒绝 H_0
8. 得出结论并进行解释。	

记住当你得出结论时，存在犯第Ⅰ类错误或第Ⅱ类错误的概率。

稍后我们将学习怎样利用 P 值进行均值 μ 的 t 检验（小样本）。

例 4　利用小样本检验 μ

一位二手车商称一辆 2005 Honda Pilot LX 的平均价格至少是 23 900 美元。你怀疑这个论断不准确，于是找到一个 14 辆相似汽车的随机样本，平均价格为 23 000 美元，标准差为 1 113 美元。在 $\alpha=0.05$ 下，是否有充足证据拒绝该二手车商的论断？假定总体服从正态分布。（资料来源：Adapted from *Kelly Blue Book*）

解答：

论断是“平均价格至少是 23 900 美元”。因此，原假设和备择假设是

H_0：$\mu\geqslant 23\ 900$ 美元（论断）

H_a：$\mu<23\ 900$ 美元

检验是左尾检验，显著性水平是 $\alpha=0.05$，自由度为 d. f. $=14-1=13$。因此，临界值是 $t_0=-1.771$，拒绝域是 $t<-1.771$。标准化检验统计量是

$$t=\frac{\overline{x}-\mu}{s/\sqrt{n}}=\frac{23\ 000-23\ 900}{1\ 113/\sqrt{14}}\approx-3.026$$

下图显示了拒绝域和标准化检验统计量 t 的位置。因为 t 在拒绝域，你应该拒绝原假设。

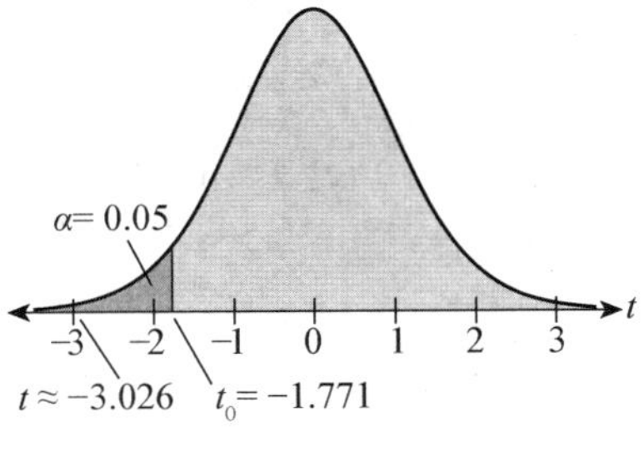

解释：

在5%的显著性水平下，有足够证据拒绝该论断。

▶试一试4

一位保险代理称投保一辆2005 Honda Pilot LX的平均花费至少是1 350美元。一个有9个相似保险报价的随机样本中平均花费为1 290美元，标准差为70美元。在$\alpha=0.01$下，是否有充足证据拒绝该代理的论断？假定总体服从正态分布。

a. 明确论断，陈述H_0和H_a。

b. 确定显著性水平α和自由度d.f.。

c. 求临界值t_0，确定拒绝域。

d. 利用t检验求标准化检验统计量t。

e. 画出图形，决定是否拒绝原假设。

f. 得出结论并进行解释。

例5　利用小样本检验μ

一家工业企业声称附近河流的水的平均PH值为6.8。你随机抽取了19份水样，测量每份的PH值。样本均值和标准差分别为6.7和0.24。在$\alpha=0.05$下，是否有充足证据拒绝该企业的论断？假定总体服从正态分布。

解答：

论断是“平均PH值为6.8”。因此，原假设和备择假设是

H_0：$\mu=6.8$（论断）

H_a：$\mu\neq6.8$

检验是双尾检验，显著性水平是$\alpha=0.05$，自由度为d.f.$=19-1=18$。因此，临界值是$-t_0=-2.101$和$t_0=2.101$。拒绝域是$t<-2.101$和$t>-2.101$。标准化检验统计量是

$$t=\frac{\bar{x}-\mu}{s/\sqrt{n}}$$

$$=\frac{6.7-6.8}{0.24/\sqrt{19}}$$

$$\approx-1.816$$

下图显示了拒绝域和标准化检验统计量t的位置。因为t不在拒绝域，你不应该拒绝原假设。

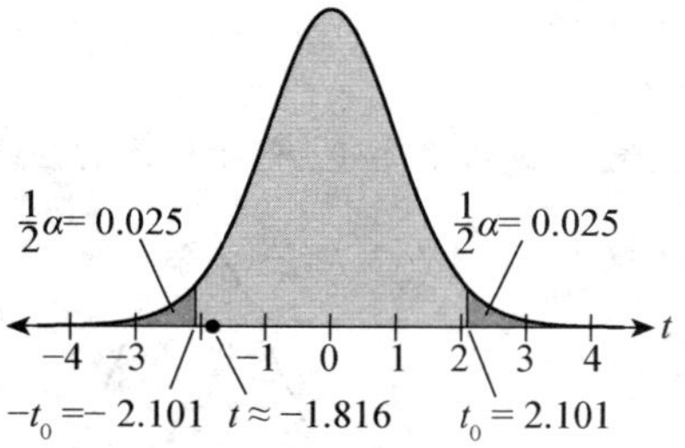

5%显著性水平

解释：

在5%的显著性水平下，没有足够证据拒绝该论断。

▶试一试 5

该公司也声称河流的平均导电率为 1 890 毫克每升。水样的寻电率是对样本中所有溶解固体进行测量求得的。你随机抽取了 19 份水样，测量了每份水样的导电率。样本均值和标准差分别为 2 500 毫克每升和 700 毫克每升。在 $\alpha=0.01$ 下，是否有充足证据拒绝该公司的论断？假定总体服从正态分布。

a. 明确论断，陈述 H_0 和 H_a。

b. 确定显著性水平 α 和自由度 d. f. 。

c. 求临界值 $\pm t_0$，确定拒绝域。

d. 利用 t 检验求标准化检验统计量 t。

e. 画出图形，决定是否拒绝原假设。

f. 得出结论并进行解释。

7.3.3　利用 P 值进行 t 检验

假设你想求 $t=1.98$，自由度为 15 的右尾检验的 P 值。利用附录 B 中的表 5，你能确定 P 值落在 $\alpha=0.025$ 和 $\alpha=0.05$ 之间，但是不能确定精确值。在这种情况下，你可以利用技术工具进行假设检验和求精确的 P 值。

例 6　利用 P 值进行 t 检验

美国汽车协会声称，在佛罗里达度假的四口之家的平均每日餐费是 118 美元。一个 11 个这种家庭的随机样本的平均每日餐费为 128 美元，标准差为 20 美元。在 $\alpha=0.01$ 下，是否有充足证据拒绝该论断？假定总体服从正态分布。（资料来源：Adapted from American Automobile Association）

解答：

下图显示了如何进行假设检验。

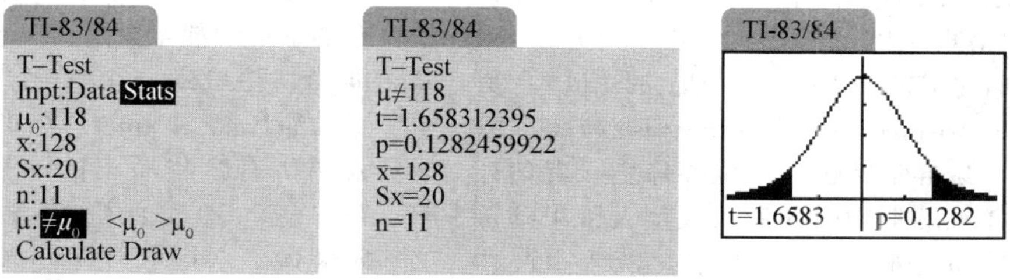

由图可知 $P\approx 0.1282$。因为 $P>0.10$，所以你不能拒绝原假设。换句话说，在 10%的显著性水平下，没有足够证据拒绝该论断。

▶试一试 6

美国汽车协会声称，在佛罗里达度假的四口之家的平均每夜住宿费至少是 185 美元。一个 6 个这种家庭的随机样本的平均每夜住宿费为 172 美元，标准差为 15 美元。在 $\alpha=0.05$ 下，是否有充足证据拒绝该论断？假定总体服从正态分布。（资料来源：Adapted from American Automobile Association）

a. 利用 TI-83/84 求 P 值。

b. 比较 P 值和显著性水平 α。

c. 得出结论。

d. 解释你的结论。

练习 7.3

□ 基础技能训练和术语

1. 怎样为 t 抽样分布求临界值？

在习题 3 中，为所示的 t 检验、显著性水平和样本规模 n，求临界值。

3. 右尾检验，$\alpha=0.05$，$n=23$。

□ 应用和解释概念

检验论断　在习题 23，25 中：

(a) 用数学语言写出论断，明确 H_0 和 H_a。

(b) 求临界值并注明拒绝域。

(c) 求标准化检验统计量。如果方便，利用技术工具。

(d) 决定是否拒绝原假设。

(e) 得出结论并进行解释。

对每个论断，假定总体服从正态分布。

23. **微波炉修理费用**　一位微波炉修理工声称，损坏的微波炉的平均修理费用小于 100 美元。你想检验这个论断。你得到一个 5 个微波炉的随机样本，平均修理费用为 75 美元，标准差为 12.5 美元。在 $\alpha=0.01$ 下，你是否有足够证据支持该修理工的论断？（资料来源：Adapted from *Consumer Reports*）

25. **废弃物回收**　一位环保主义者估计美国成年人的平均废弃物回收量大于 1 磅每人每天。你想检验该论断。你得到一个 12 位美国成年人的随机样本，平均每人每天废弃物回收量是 1.46 磅，标准差是 0.38 磅。在 $\alpha=0.05$ 下，你支持该论断吗？（资料来源：Adapted from U. S. Environmental Protection Agency）

□ 扩展概念

35. **信用卡余额**　为了检验有结余家庭的平均信用卡余额大于 2 328 美元的论断，你做了一些研究，得到一个 6 位持卡人的随机样本，平均信用卡余额是 2 528 美元，标准差是 325 美元。你设定了如下原假设和备择假设：H_0：$\mu\leqslant 2\ 328$ 美元和 H_a：$\mu>2\ 328$ 美元。在 $\alpha=0.01$ 下，解释为什么你不能拒绝 H_0。假定总体服从正态分布。（资料来源：Adapted from Myvesta）

确定分布　在习题 37 中，确定你应该利用正态抽样分布还是 t 抽样分布进行假设检验。然后检验这个论断。写出检验的结果和你能从中得到什么结论。

37. **油耗**　一家汽车公司声称，它的豪华轿车的平均油耗至少是 23 mpg。你认为论断不准确，并得到一个 5 辆汽车的随机样本，平均油耗是 22 mpg，标准差是 4 mpg。假定公司所有豪华轿车的油耗服从正态分布。在 $\alpha=0.05$ 下，检验该公司的论断。（资料来源：Adapted from *Consumer Reports*）

7.4　比例的假设检验

7.4.1　比例的假设检验

在 7.2 节和 7.3 节，我们学习了怎样对总体均值进行假设检验。在本节，我们将学习怎样检验总体比例 p。

对比例的假设检验发生在一位政治家想知道选民支持某法案的比例，或一位质量保证工程师检验次品的比例等时刻。

如果对二项分布 $np \geqslant 5$ 且 $nq \geqslant 5$，则 $\hat{p}$ 的抽样分布是正态的，且

$$\mu_{\hat{p}} = p$$

$$\sigma_{\hat{p}} = \sqrt{pq/n}$$

比例 p 的 z 检验

比例的 z 检验（z-test for a proportion）是对总体比例 p 的统计检验。z 检验适用于给定 $np \geqslant 5$ 且 $nq \geqslant 5$ 的二项分布。**检验统计量**（test statistic）是样本比例 $\hat{p}$，**标准化检验统计量**（standardized test statistic）为 z。

$$z = \frac{\hat{p} - \mu_{\hat{p}}}{\sigma_{\hat{p}}} = \frac{\hat{p} - p}{\sqrt{pq/n}}$$

指南

进行比例 P 的 z 检验

确定 $np \geqslant 5$ 且 $nq \geqslant 5$。

文字描述	公式
1. 明确论断，陈述原假设和备择假设。	陈述 H_0 和 H_a
2. 确定显著性水平。	确定 α
3. 画出抽样分布。	
4. 确定临界值。	利用附录 B 中的表 4
5. 确定拒绝域。	
6. 求标准化检验统计量。	$z = \frac{\hat{p} - p}{\sqrt{pq/n}}$
7. 决定是否拒绝原假设。	如果 z 在拒绝域，拒绝 H_0；否则，不能拒绝 H_0
8. 得出结论并进行解释。	

例 1　比例的假设检验

一个研究中心声称，低于 20%的美国互联网用户在家有无线网络。在一个 100 位成年人的随机样本中，15%声称在家有无线网络。在 $\alpha = 0.01$ 下，是否有足够证据支持该研究中心的论断？（资料来源：Adapted from Pew Research Center）

解答：

乘积 $np = 100 \times 0.20 = 20$ 和 $nq = 100 \times 0.80 = 80$ 均大于 5。因此，你能使用 z 检验。论断是“低于 20%的用户在家有无线网络”。因此，原假设和备择假设可写成

$$H_0: \mu \geqslant 0.2$$

$$H_a: \mu < 0.2 \text{（论断）}$$

检验是左尾检验，显著性水平是 $\alpha=0.01$，临界值是 $z_0=-2.33$，拒绝域是 $z<-2.33$。标准化检验统计量是

$$
\begin{aligned}
z &= \frac{\hat{p}-p}{\sqrt{pq/n}} \\
&= \frac{0.15-0.2}{\sqrt{0.2\times 0.8/100}} \\
&\approx -1.25
\end{aligned}
$$

下图显示了拒绝域和标准化检验统计量 z 的位置。因为 z 不在拒绝域，所以你不能拒绝原假设。

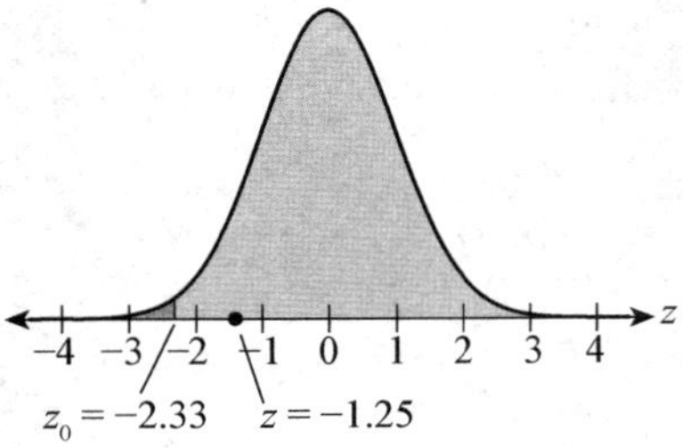

解释：

在 1%的显著性水平下，没有足够证据支持低于 20%的美国互联网用户在家有无线网络的论断。

▶试一试 1

一个研究中心声称，低于 30%的连接到互联网的手机用户在家使用手机上网。在一个 86 位成年人的随机样本中，20%声称他们在家使用手机上网。在 $\alpha=0.05$ 下，是否有足够证据支持该研究中心的论断？（资料来源：Adapted from Pew Research Center）

a. 确定 $np\geqslant 5$ 且 $nq\geqslant 5$。

b. 明确论断，陈述 H_0 和 H_a。

c. 确定显著性水平 α。

d. 求临界值 z_0，确定拒绝域。

e. 利用 z 检验求标准化检验统计量 z。

f. 决定是否拒绝原假设，如果必要，使用图表。

g. 得出结论并进行解释。

在例 1 中我们还可以利用 P 值进行假设检验，在附录 B 的表 4 中求得对应于 $z=-1.25$ 的面积是 0.105 6。由于这是左尾检验，P 值等于 $z=-1.25$ 左侧的面积，因此，$P=0.105\,6$。P 值大于 $\alpha=0.01$，你不能拒绝原假设。这和例 1 得出的结论一致。

例 2 比例的假设检验

Zogby International 声称，45%的美国人支持未来 5～10 年使得香烟非法。你决定检验该论断，在 200 位美国人的随机样本中，询问他们是否支持未来 5～10 年使得香烟非法。200 人中，49%支持该法案。在 $\alpha=0.05$ 下，是否有足够证据拒绝该论断？

解答:

乘积 $np=200\times0.45=90$ 和 $nq=200\times0.55=110$ 均大于 5。因此，你能使用 z 检验。论断是“45%的美国人支持未来 5～10 年使得香烟非法”。因此，原假设和备择假设可写成

H_0：$p=0.45$（论断）

H_a：$p\neq0.45$

检验是双尾检验，显著性水平是 $\alpha=0.05$，临界值是 $-z_0=-1.96$ 和 $z_0=1.96$，拒绝域是 $z<-1.96$ 和 $z>1.96$。标准化检验统计量是

$$z=\frac{\hat{p}-p}{\sqrt{pq/n}}=\frac{0.49-0.45}{\sqrt{0.45\times0.55/200}}\approx1.14$$

下图显示了拒绝域和标准化检验统计量 z 的位置。因为 z 不在拒绝域，所以你不能拒绝原假设。

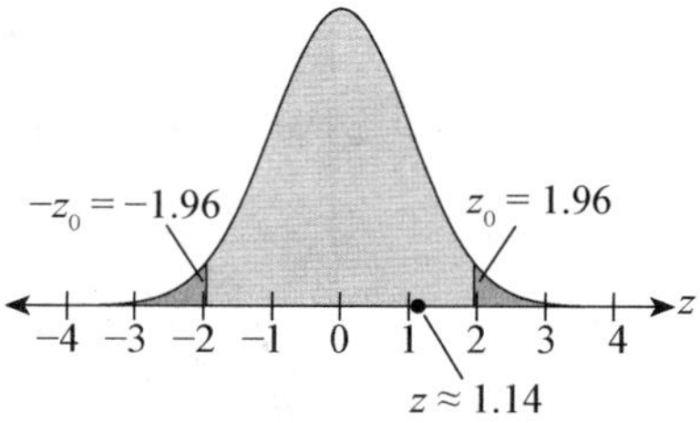

解释:

在 5%的显著性水平下，没有足够证据拒绝 45%的美国人支持未来 5～10 年使香烟非法的论断。

▶试一试 2

一个洛普民意测验声称，5%的美国成年人有关于 UFO 的梦想。你决定检验该论断，在 250 位美国人的随机样本中，询问他们是否有关于 UFO 的梦想。在被调查的人中，8%回答是。在 $\alpha=0.01$ 下，是否有足够证据拒绝该论断?

a. 确定 $np\geqslant5$ 且 $nq\geqslant5$。

b. 明确论断，陈述 H_0 和 H_a。

c. 确定显著性水平 α。

d. 求临界值 $-z_0$ 和 z_0，确定拒绝域。

e. 利用 z 检验求标准化检验统计量 z。

f. 决定是否拒绝原假设，如果必要，使用图表。

g. 得出结论并进行解释。

例 3　比例的假设检验

Pew Research Center 声称，超过 55%的美国成年人经常观看当地电视新闻。你决定检验该论断，在一个 425 位美国成年人的随机样本中，询问他们是否经常观看

当地电视新闻。425 位成年人中，255 位回答是。在 $\alpha=0.05$ 下，是否有足够证据支持该论断？

解答：

乘积 $np=425\times0.55\approx234$ 和 $nq=425\times0.45=191$ 均大于 5。因此，你能使用 z 检验。论断是“超过 55%的美国成年人经常观看当地电视新闻”。因此，原假设和备择假设可写成

H_0：$p\leqslant0.55$

H_a：$p>0.55$（论断）

检验是右尾检验，显著性水平是 $\alpha=0.05$，临界值是 $z_0=1.645$，拒绝域是 $z>1.645$。标准化检验统计量是

$$
\begin{aligned}
z&=\frac{\hat{p}-p}{\sqrt{pq/n}}\\
&=\frac{(x/n)-p}{\sqrt{pq/n}}\\
&=\frac{255/425-0.55}{\sqrt{0.55\times0.45/425}}\\
&\approx2.07
\end{aligned}
$$

下图显示了拒绝域和标准化检验统计量 z 的位置。因为 z 在拒绝域，所以你应该拒绝原假设。

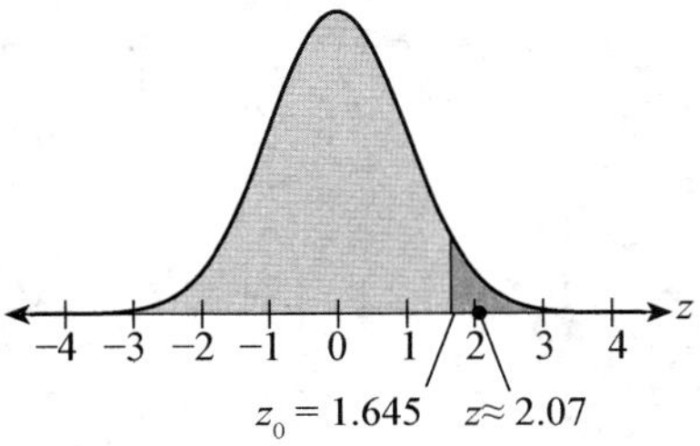

解释：

在 5%的显著性水平下，有足够证据支持该论断，即超过 55%的美国成年人经常观看当地电视新闻。

▶试一试 3

Pew Research Center 声称，超过 30%的美国成年人经常观看气象频道。你决定检验该论断，在一个 75 位美国成年人的随机样本中，询问他们是否经常观看气象频道。75 位成年人中，27 位回答是。在 $\alpha=0.01$ 下，是否有足够证据支持该论断？

a. 确定 $np\geqslant5$ 且 $nq\geqslant5$。

b. 明确论断，陈述 H_0 和 H_a。

c. 确定显著性水平 α。

d. 求临界值 z_0，确定拒绝域。

e. 利用 z 检验求标准化检验统计量 z。

f. 决定是否拒绝原假设，如果必要，使用图表。

g. 得出结论并进行解释。

练习 7.4

□ 基础技能训练和术语

1. 解释怎样检验总体比例 p。

□ 应用和理解概念

检验论断　在习题 9，11，13 中：

(a) 用数学语言写出论断，明确 H_0 和 H_a。

(b) 求临界值并明确拒绝域。

(c) 求标准化检验统计量。

(d) 决定是否拒绝原假设。

(e) 得出结论并进行解释。如果方便，利用技术工具求标准化检验统计量。

9. **吸烟者**　一位医学研究者声称至少 20%的美国成年人是吸烟者。在 200 位美国成年人组成的随机样本中，18.5%说他们是吸烟者。在 $\alpha=0.01$ 下，是否有足够证据拒绝该研究者的论断？（资料来源：Adapted from U. S. National Center for Health Statistics）

11. **有环保意识的消费者**　你被一家环境保护机构雇用，最近该机构声称超过 30%的美国消费者已经停止购买某产品，因为该产品的厂商污染环境。你想检验该论断。你随机抽取 1 050 位美国消费者，发现 32%的人因为污染问题，已经停止购买该产品。在 $\alpha=0.03$ 下，你能支持该论断吗？（资料来源：Adapted from *Within Worldwide*）

13. **寻找房地产经纪人**　你为一家房地产公司工作，你发现一个 1 075 个家庭购买者的样本中，722 个通过朋友找到他们的房地产经纪人。在 $\alpha=0.02$ 下，你能拒绝 44%的家庭购买者通过朋友找到房地产经纪人的论断吗？（资料来源：Adapted from *USA TODAY*）

免费样本　在习题 15 中，利用下图所给出的成年人关于免费样本效力的信息。

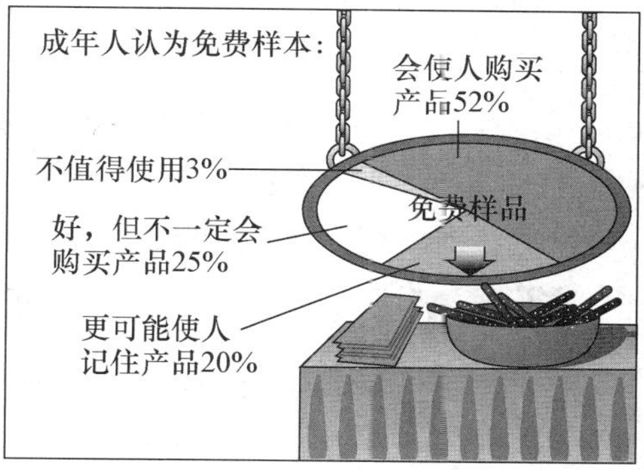

15. **免费样本管用吗**　你采访一个 50 位成年人的随机样本。调查结果表明 48%的成年人说他们更想买有免费样本的产品。在 $\alpha=0.05$ 下，你能拒绝至少 52%的成年人更想买有免费样本的产品的论断吗？

□ 扩展概念

替代公式　在习题 17 中，利用以下信息。知道成功的数目 x，样本规模 n 和概率 p，对比例 p 利用 z 检验时可以利用公式

$$z=\frac{x-np}{\sqrt{npq}}$$

求标准化检验统计量。

17. 利用替代公式重做习题 13，并比较结果。

7.5　方差和标准差的假设检验

7.5.1　χ^2 检验的临界值

在现实生活中，得到一致的可预测结果常常是非常重要的。例如，考虑一家生产高尔夫球棒的公司。厂商必须生产数以百万计的高尔夫球棒，每个大小相同、质

量相同，对方差的容忍度非常低。如果总体是正态的，你能利用自由度为 $n-1$ 的卡方分布检验该过程的方差和标准差。

指南

求 χ^2 检验的临界值

1. 确定显著性水平 α。
2. 确定自由度：d. f. $=n-1$。
3. 利用附录 B 中的表 6 求卡方分布的临界值。为了求临界值，进行：

a. 左尾检验，使用对应 d. f. 和 α 的值。

b. 右尾检验，使用对应 d. f. 和 $1-\alpha$ 的值。

c. 双尾检验，使用对应 d. f. 和 $\frac{1}{2}\alpha$，$1-\frac{1}{2}\alpha$ 的值。

例 1 　求 χ^2 的临界值

当 $n=26$ 且 $\alpha=0.10$ 时，求右尾检验的临界 χ^2 值。

解答：

自由度是 d. f. $=n-1=26-1=25$。

下图显示了自由度为 25 的 χ^2 分布，用阴影表示 $\alpha=0.10$ 的右尾面积。利用附录 B 中表 6 的 d. f. $=25$ 和 $\alpha=0.10$，临界值是 $\chi_0^2=34.382$。

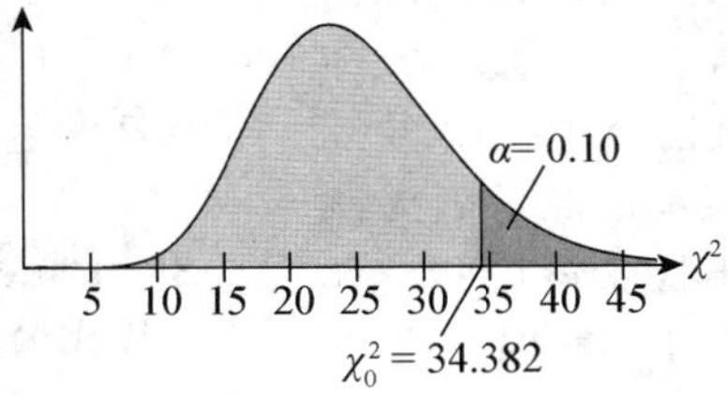

▶试一试 1

当 $n=18$ 且 $\alpha=0.01$ 时，求右尾检验的临界 χ^2 值。

利用附录 B 中表 6 的 d. f. $=n-1$ 和 α 的值，求解。

例 2 　求 χ^2 的临界值

当 $n=11$ 且 $\alpha=0.01$ 时，求左尾检验的临界 χ^2 值。

解答：

自由度是 d. f. $=n-1=11-1=10$。下图显示了自由度为 10 的 χ^2 分布，用阴影表示 $\alpha=0.01$ 的左尾面积。临界值右侧面积为 $1-\alpha=1-0.01=0.99$。利用附录 B 中表 6 的 d. f. $=10$ 和 $1-\alpha=0.99$，临界值是 $\chi_0^2=2.558$。

▶试一试 2

当 $n=30$ 且 $\alpha=0.05$ 时，求左尾检验的临界 χ^2 值。

利用附录 B 中表 6 的 d. f. $=n-1$ 和 $1-\alpha$ 的值，求解。

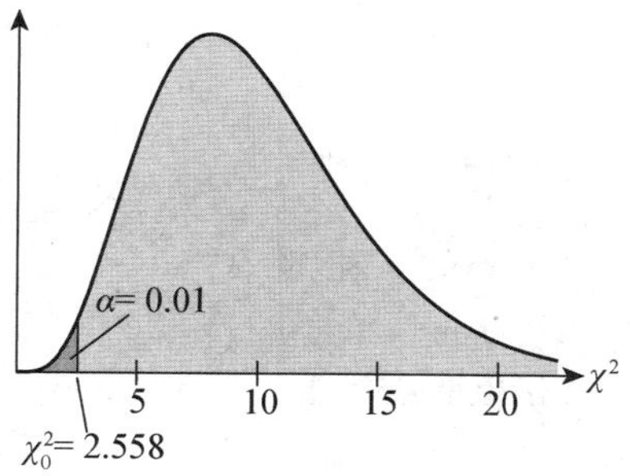

例 3　求 χ^2 的临界值

当 $n=13$ 且 $\alpha=0.01$ 时，求双尾检验的临界 χ^2 值。

解答：

自由度是 d. f. $=n-1=13-1=12$。下图显示了自由度为 12 的 χ^2 分布，每个尾部的阴影面积为 $\frac{1}{2}\alpha=0.005$。临界值右侧的面积为 $\frac{1}{2}\alpha=0.005$ 和 $1-\frac{1}{2}\alpha=0.995$。利用附录 B 中表 6 的 d. f. $=12$ 与面积 0.005 和 0.995，临界值是 $\chi_L^2=3.074$ 和 $\chi_R^2=28.299$。

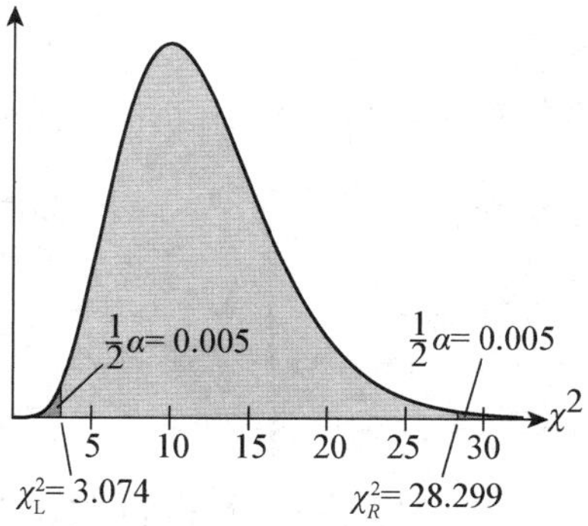

▶试一试 3

当 $n=19$ 且 $\alpha=0.05$ 时，求双尾检验的临界 χ^2 值。

a. 利用附录 B 中表 6 的 d. f. $=n-1$ 和 $\frac{1}{2}\alpha$ 的值，求第一个临界值 χ_R^2。

b. 利用附录 B 中表 6 的 d. f. $=n-1$ 和 $1-\frac{1}{2}\alpha$ 的值，求第二个临界值 χ_L^2。

注意因为卡方分布不是对称的（像正态分布或 t 分布），在双尾检验中两个临界值不是相反数。每个临界值必须分别计算。

7.5.2　卡方检验

检验服从正态分布的总体的方差 σ^2 或标准差 σ，可以利用 χ^2 检验。不过对方差或标准差的 χ^2 检验不如对总体均值 μ 或总体比例 p 的检验一样稳健。因此，对方差

或标准差进行 χ^2 检验时，总体服从正态分布很重要。如果总体不是正态的，结果将会对你产生误导。

对方差 σ^2 或标准差 σ 的 χ^2 检验

对方差 σ^2 或标准差 σ 的 χ^2 检验（χ^2-test for a variance or standard deviation）是对总体方差或标准差的统计检验。χ^2 检验适用于正态总体。**检验统计量**（test statistic）是 s^2，**标准化检验统计量**（standardized test statistic）

$$\chi^2=\frac{(n-1)\ s^2}{\sigma^2}$$

服从自由度为 d. f. $=n-1$ 的卡方分布。

指南

进行方差或标准差的 χ^2 检验

文字描述	公式
1. 明确论断，陈述原假设和备择假设。	陈述 H_0 和 H_a
2. 确定显著性水平。	确定 α
3. 确定自由度，画出抽样分布。	d. f. $=n-1$
4. 确定临界值。	利用附录 B 中的表 6
5. 确定拒绝域。	
6. 求标准化检验统计量。	$\chi^2=\frac{(n-1)s^2}{\sigma^2}$
7. 决定是否拒绝原假设。	如果 χ^2 在拒绝域，拒绝 H_0；否则，不能拒绝 H_0
8. 得出结论并进行解释。	

例 4　对总体方差进行假设检验

一家乳品加工企业声称该公司加工的全脂牛奶脂肪重量的方差不大于 0.25。你怀疑这是错的，得到一个 41 盒牛奶的随机样本，方差为 0.27。在 $\alpha=0.05$ 下，是否有充足证据拒绝该企业的论断？假定总体服从正态分布。

解答：

论断是“方差不大于 0.25”。因此，原假设和备择假设是

H_0：$\sigma^2\leqslant 0.25$（论断）

H_a：$\sigma^2>0.25$

检验是右尾检验，显著性水平是 $\alpha=0.05$，自由度为 d. f. $=41-1=40$。因此，临界值是 $\chi_0^2=55.758$，拒绝域是 $\chi^2>55.758$。标准化检验统计量是

$$\begin{aligned}\chi^2&=\frac{(n-1)s^2}{\sigma^2}\\&=\frac{(41-1)\times 0.27}{0.25}\\&=43.2\end{aligned}$$

下图显示了拒绝域和标准化检验统计量 χ^2 的位置。因为 χ^2 不在拒绝域，所以你不能拒绝原假设。

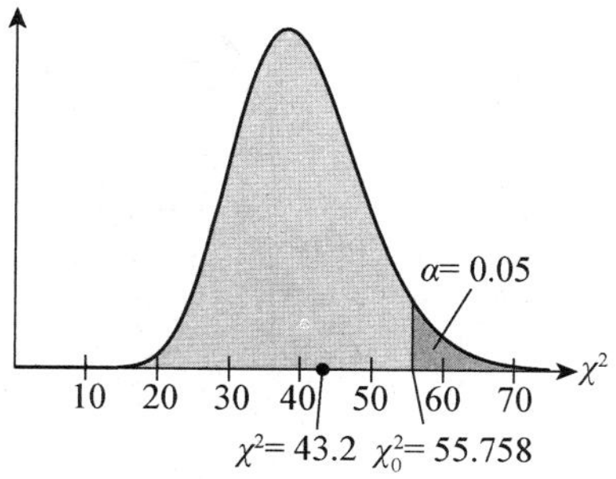

解释：

在5%的显著性水平下，你没有足够证据拒绝该企业全脂牛奶脂肪重量的方差不大于0.25的论断。

▶试一试 4

一家饮料公司声称12盎司瓶中运动饮料容量的方差不大于0.40。一个31瓶的随机样本的方差为0.75。在 $\alpha=0.01$ 下，是否有充足证据拒绝该公司的论断？假定总体服从正态分布。

a. 明确论断，陈述 H_0 和 H_a。

b. 确定显著性水平 α 和自由度 d. f. 。

c. 求临界值，确定拒绝域。

d. 利用 χ^2 检验求标准化检验统计量 χ^2。

e. 画出图形，决定是否拒绝原假设。

f. 得出结论并进行解释。

例 5 对标准差进行假设检验

一家餐厅声称服务时间长度的标准差小于2.9分钟。一个23个服务时间的随机样本中，标准差为2.1分钟。在 $\alpha=0.10$ 下，是否有充足证据支持该餐厅的论断？假定总体服从正态分布。

解答：

论断是“标准差小于2.9分钟”。因此，原假设和备择假设是

H_0：$\sigma \geqslant 2.9$ 分钟

H_a：$\sigma < 2.9$（论断）

检验是左尾检验，显著性水平是 $\alpha=0.10$，自由度为 d. f. $=23-1=22$。因此，临界值是 $\chi_0^2=14.042$，拒绝域是 $\chi^2<14.042$。标准化检验统计量是

$$\chi^2=\frac{(n-1)\ s^2}{\sigma^2}$$

$$=\frac{(23-1)\times 2.1^2}{2.9^2}$$

$$=11.536$$

下图显示了拒绝域和标准化检验统计量 χ^2 的位置。因为 χ^2 在拒绝域，所以你应该拒绝原假设。

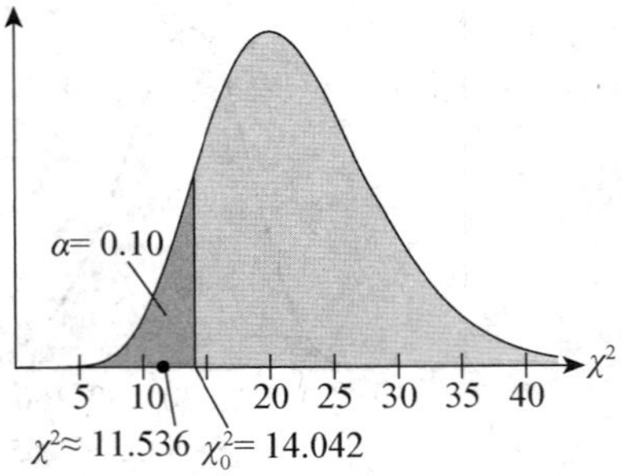

解释：

在 10%的显著性水平下，有足够证据支持服务时间长度的标准差小于 2.9 分钟的论断。

▶试一试 5

一位警官声称反应时间长度的标准差小于 3.7 分钟。一个 9 个反应时间的随机样本中，标准差为 3.0 分钟。在 $\alpha=0.05$ 下，是否有充足证据支持该警官的论断？假定总体服从正态分布。

a. 明确论断，陈述 H_0 和 H_a。

b. 确定显著性水平 α 和自由度 d. f. 。

c. 求临界值，确定拒绝域。

d. 利用 χ^2 检验求标准化检验统计量 χ^2。

e. 画出图形，决定是否拒绝原假设。

f. 得出结论并进行解释。

例 6　对总体方差进行假设检验

一家运动用品厂商宣称某钓线强度的方差是 15.9。一个 15 条钓线组成的随机样本中，方差为 21.8。在 $\alpha=0.05$ 下，是否有充足证据拒绝该厂商的论断？假定总体服从正态分布。

解答：

论断是“方差是 15.9”。因此，原假设和备择假设是

H_0：$\sigma^2=15.9$（论断）

H_a：$\sigma^2\neq15.9$

检验是双尾检验，显著性水平是 $\alpha=0.05$，自由度为 d. f. $=15-1=14$。因此，临界值是 $\chi_L^2=5.629$ 和 $\chi_R^2=26.119$，拒绝域是 $\chi^2<5.629$ 和 $\chi^2>26.119$。标准化检验统计量是

$$\chi^2=\frac{(n-1)\ s^2}{\sigma^2}$$

$$=\frac{(15-1)\times21.8}{15.9}$$

$$\approx19.195$$

下图显示了拒绝域和标准化检验统计量 χ^2 的位置。因为 χ^2 不在拒绝域，所以你不能拒绝原假设。

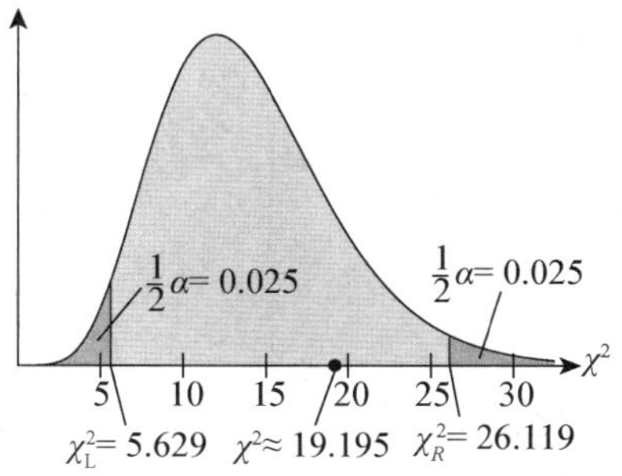

解释：

在5%的显著性水平下，你没有足够证据支持钓线强度的方差是15.9的论断。

▶试一试 6

一家轮胎厂商宣称某轮胎模型直径的方差为8.6。一个10个轮胎的随机样本中，方差为4.3。在 $\alpha=0.01$ 下，是否有充足证据拒绝该厂商的论断？假定总体服从正态分布。

a. 明确论断，陈述 H_0 和 H_a。

b. 确定显著性水平 α 和自由度 d. f.。

c. 求临界值，确定拒绝域。

d. 利用 χ^2 检验求标准化检验统计量 χ^2。

e. 画出图形，决定是否拒绝原假设。

f. 得出结论并进行解释。

练习 7.5

□ 基础技能训练和术语

1. 解释怎样在 χ^2 抽样分布中求临界值。

在习题3中，对给定的检验，样本规模 n，显著性水平 α，求临界值。

3. 右尾检验，$n=27$，$\alpha=0.05$。

图表分析 在习题9，11中，陈述标准化检验统计量 χ^2 是否允许你拒绝原假设。

9. (a) $\chi^2=2.091$。

(b) $\chi^2=0$。

(c) $\chi^2=1.086$。

(d) $\chi^2=6.3471$。

11. (a) $\chi^2=22.302$。

(b) $\chi^2=23.309$。

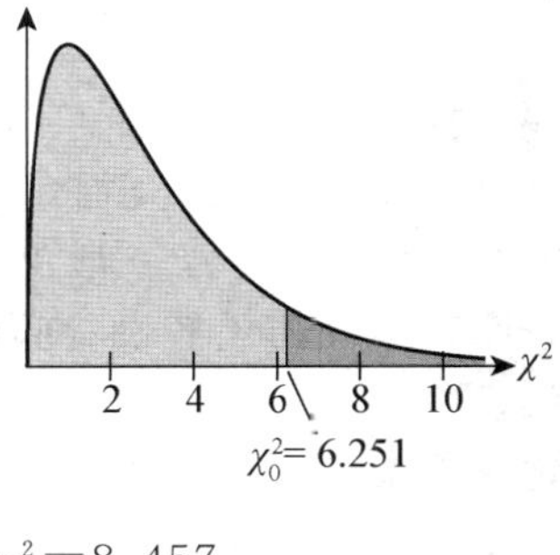

(c) $\chi^2=8.457$。

(d) $\chi^2=8.577$。

□ 应用和解释概念

检验论断 在习题15，17中：

(a)用数学语言写出论断，明确 H_0 和 H_a。

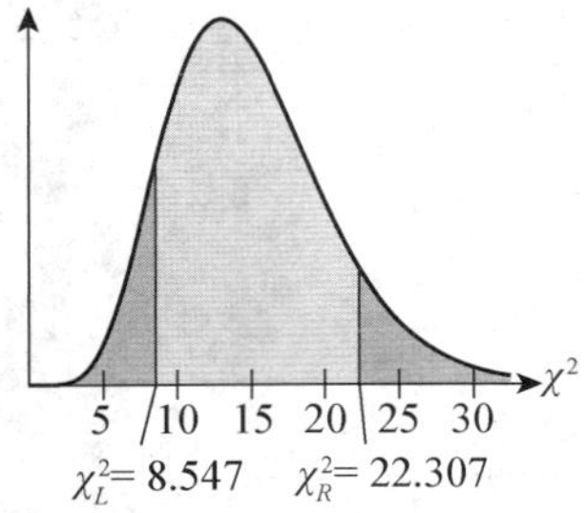

（b）求临界值并明确拒绝域。

（c）利用 χ^2 检验求标准化检验统计量。

（d）决定是否拒绝原假设。

（e）得出结论并进行解释。对每个论断，假定总体服从正态分布。

15. **设备的寿命** 一家大型设备公司估计它的设备寿命的方差是 3。你为一个消费者团体服务，被要求检验该论断。你得到一个 27 个该公司设备寿命的样本，方差为 2.8。在 $\alpha=0.05$ 下，你是否有足够证据拒绝该公司的论断？（资料来源：Adapted from *Consumer Reports*）

17. **科学评估测试** 在一次科学评估测试中，一个 22 位 8 年级学生随机样本的分数的标准差为 33.4 分。这个结果促使一个测试管理员宣称 8 年级学生在测试中的标准差小于 36 分。在 $\alpha=0.10$ 下，是否有足够证据支持该管理员的论断？（资料来源：Adapted from National Center for Educational Statistics）

□ 假设检验总结

对于假设检验，你总会有一种只见树木，不见森林的感觉。为了帮助你见到森林——全景图，下面给出假设检验的总结。

写出假设

● 给定一个关于总体参数 μ，p，σ^2，或 σ 的论断。

● 利用 $\left\{\begin{matrix}\leqslant\\ \geqslant\\ =\end{matrix}\right.$ 和 $\left\{\begin{matrix}>\\ <\\ \neq\end{matrix}\right.$ 重写论断和它的补充。

● 明确论断，确定它是 H_0 还是 H_a。

确定显著性水平

● 确定 α，拒绝正确的 H_0 的最大可接受概率（第Ⅰ类错误）。

确定样本规模

● 确定样本规模 n。

选择检验

均值：H_0 描述了假设的总体均值 μ

● 对任何总体，如果 $n\geqslant 30$，利用 z 检验。

● 如果总体服从正态分布，σ 未知，对任何 n，利用 z 检验。

● 如果总体服从正态分布，$n<30$，但 σ 未知，利用 t 检验。

比例：H_0 描述了假设的总体比例 p

● 如果 $np\geqslant 5$，$nq\geqslant 5$，对任何总体，利用 z 检验。

方差或标准差：H_0 描述了假设的总体方差 σ^2 或标准差 σ

● 如果总体服从正态分布，利用 χ^2 检验。

画出抽样分布

● 利用 H_0 确定检验是左尾、右尾还是双尾的。

求标准化检验统计量

● 从总体中抽取一个规模为 n 的随机样本。

● 比较检验统计量 $\bar{x}$，$\hat{p}$ 或 s^2。

● 求标准化检验统计量 z，t 或 χ^2。

得出结论

选择 1. 结论基于拒绝域

● 利用 α 求临界值 z_0，t_0，χ_0^2 和拒绝域。

● 结论规则：如果标准化检验统计量在拒绝域中，拒绝 H_0；如果标准化检验统计量不在拒绝域中，不能拒绝 H_0。

选择 2. 结论基于 P 值

● 利用标准化检验统计量或技术工具求 P 值。

● 结论规则：如果 $P\leqslant\alpha$，拒绝 H_0；如果 $P>\alpha$，不能拒绝 H_0。

假设的均值 μ 的 z 检验（7.2 节）

检验统计量：$\bar{x}$

临界值：z_0（利用附录 B 中的表 4）

如果 $n\geqslant 30$，s 能代替 σ。样本均值的抽

样分布是正态分布。

$$z=\frac{x-\mu}{\sigma/\sqrt{n}}$$

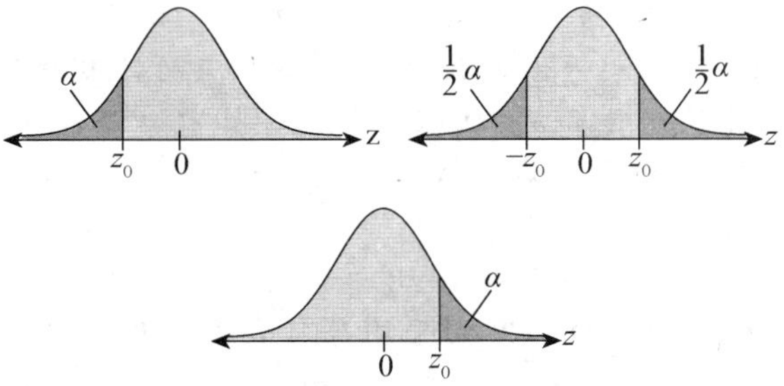

假设的比例 p 的 z 检验（7.4 节）

检验统计量：$\hat{p}$

临界值：z_0（利用附录 B 中的表 4）

如果 $n\geqslant30$，s 能代替 σ。样本比例的抽样分布是正态分布。

$$z=\frac{\hat{p}-p}{\sqrt{pq/n}}$$

假设的均值 μ 的 t 检验（7.3 节）

检验统计量：$\bar{x}$

临界值：t_0（利用附录 B 中的表 5）

样本均值的抽样分布近似 d. f. $=n-1$ 的 t 分布。

$$t=\frac{\bar{x}-\mu}{s/\sqrt{n}}$$

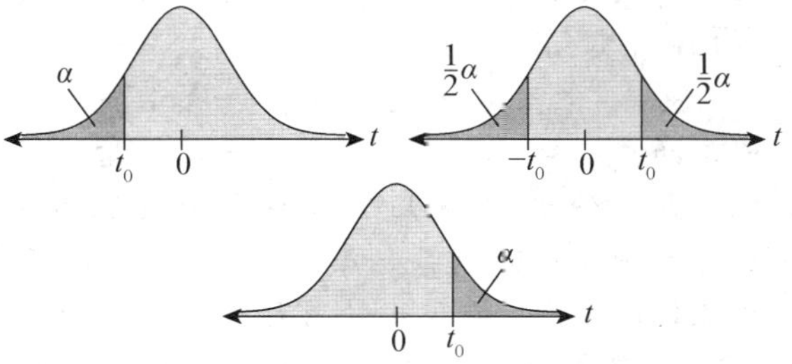

假设的方差 σ^2 或标准差 σ 的 χ^2 检验（7.5 节）

检验统计量：s^2

临界值：χ_0^2（利用附录 B 中的表 6）

抽样分布近似 d. f. $=n-1$ 的卡方分布。

$$\chi^2=\frac{(n-1)\ s^2}{\sigma^2}$$

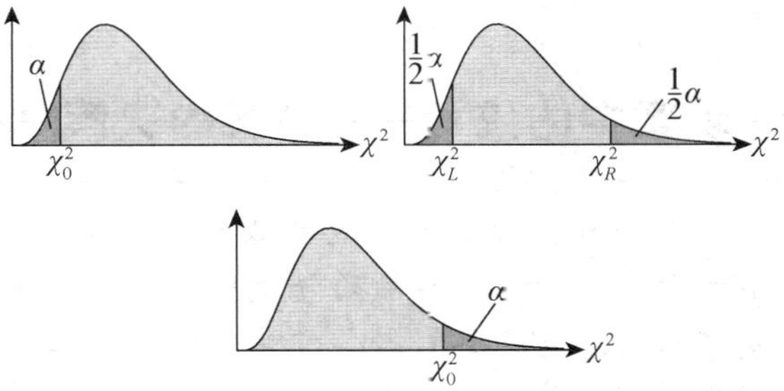

本章测验

按如下要求完成本测验。如果方便，利用技术工具。

(a) 用数学语言写出论断，明确 H_0 和 H_a。

(b) 决定假设检验是单尾的或双尾的，需要利用 z 检验、t 检验还是 χ^2 检验。解释你的理由。

(c) 如果必要，求临界值并确定拒绝域。

(d) 求合适的检验统计量。如果必要，求 P 值。

(e) 决定是否拒绝原假设，然后得出结论并进行解释。

1. 柑橘种植者协会认为美国人每年平均消费新鲜柑橘类水果至少 22 磅。一个 103 位美国人的随机样本中，每年平均消费新鲜柑橘类水果 21.6 磅，标准差为 7 磅。在 $\alpha=0.02$ 下，你能拒绝该协会美国人每年平均消费新鲜柑橘类水果至少 22 磅的论断吗？（资料来源：Adapted from U. S. Department of Agriculture）

2. 一家汽车生产商估计它的跑车平均油耗至少是 20 mpg。一个 8 辆这种车的随机样本中，油耗均值为 18 mpg，标准差为 5

mpg。在 $\alpha=0.05$ 下，你能拒绝该汽车厂商它的跑车平均油耗至少是 20 mpg 的论断吗？假定总体服从正态分布。（资料来源：Adapted from *Consumer Reports*）

3. 一家微波炉生产商在广告中声称在使用的前 5 年不超过 10%的微波炉需要修理。在一个 57 台使用了 5 年的微波炉的随机样本中，13%需要修理。在 $\alpha=0.04$ 下，你能拒绝生产商在使用的前 5 年不超过 10%的微波炉需要修理的论断吗？（资料来源：Adapted from *Consumer Reports*）

4. 一位州学校管理员声称 SAT 议论阅读测试得分的标准差是 113 分。一个 14 个 SAT 议论阅读测试得分的标准差为 108 分。在 $\alpha=0.01$ 下，检验该管理员的论断。你得出什么结论？假定总体服从正态分布。（资料来源：Adapted from College Board Online）

5. 一个雇员信息服务部门报告称 25～34 岁拥有学士学位的全职男性工人的平均年收入为 48 718 美元。在一个 12 位 25～34 岁拥有学士学位的全职男性工人的随机样本中，平均年收入为 47 164 美元，标准差为 6 500美元。你能拒绝该服务部门的论断吗？利用 P 值和 $\alpha=0.05$。假定总体服从正态分布。（资料来源：Adapted from U. S. Census Bureau）

6. 一家堪萨斯州的旅行社声称在该州旅行的四口之家的平均每日食宿费用是 201 美元。你为一个消费者保护组织服务，想检验该论断。在一个 35 个在堪萨斯州旅行的四口之家的随机样本中，平均每日食宿费用是 216 美元，标准差是 30 美元。你是否有足够证据拒绝该旅行社的论断？利用 P 值和 $\alpha=0.05$。（资料来源：Adapted from American Automobile Association）

现实中的统计——真实的决策

你为社会福利管理局公众关系部服务。在设计更好的广告活动的努力中，你的部门决定进行一项获取美国人对社会福利系统意见的调查。其中提出的一个问题，每个回答者的结果和回答者的年龄如下。

你的部门相信低于40%的美国人期望社会福利能支付现行法律规定的所有利益。同样，你的部门认为对这个问题说是的美国人的平均年龄大于或等于 60 岁。作为该部门的研究分析员，你必须处理数据，决定这些论断是否能被支持。

当你退休时，你期望社会福利能支付现行法律规定的所有利益吗？

年龄	回答	年龄	回答
83	是	27	是
37	否	27	否
49	否	59	是
44	是	69	是
46	否	66	否
25	否	35	是

续前表

年龄	回答	年龄	回答
30	否	47	否
72	是	29	是
66	否	76	否
47	否	31	是
47	否	40	否
50	是	61	是
76	是	30	是
51	是	71	否
58	否	64	否
79	是	18	否

□ 练　习

1. 你将怎么做

(a) 你将使用什么抽样技术来抽取研究的样本？为什么？如果你想从 4 个年龄组中抽取样本：18～34 岁，35～44 岁，45～54 岁和 55 岁以上，你将使用什么抽样技术？

(b) (a) 部分的哪种技术将代表总体的样本？

（c）指出研究中可能存在的缺陷或偏差。

2. 检验比例

检验这个论断：低于40%的美国人期望社会福利能支付现行法律规定的所有利益。给定$\alpha=0.10$。写出一段话来解释检验的结论。结论是否支持你部门的论断？

3. 检验均值

检验这个论断：对表中所示的调查问题说是的美国人的平均年龄大于或等于60岁。给定$\alpha=0.10$，假定总体服从正态分布。写出一段话来解释检验的结论。是否有足够证据拒绝你部门的论断？

4. 你的结论

基于对受访者在该调查问题回答的分析，你能告诉部门什么？

第 8 章 两样本的假设检验

回顾

在第 6 章，我们介绍了推断统计，学习了怎样构建置信区间来估计参数。在第 7 章，我们学习了怎样检验对总体参数的论断，基于样本统计量和它们的分布得出结论。

National Youth Tobacco Survey（NYTS）是疾病控制预防中心为学生使用烟草产品提供信息所做的研究。作为近年来该研究的一部分，6 869 位美国男高中生的随机样本被调查，发现以下比例。

男高中生（n=6 869）

特征	频率	比例
抽香烟（过去 30 天内至少一次）	1 484	0.216
抽雪茄（过去 30 天内至少一次）	1 264	0.184
使用无烟烟草（过去 30 天内至少一次）	680	0.099

预习

在本章，我们将继续推断统计和假设检验的学习。现在，不再是检验单个总体的假设，我们将学习怎样检验比较两个总体的假设。

例如，在 NYTS 中，6 869 位美国女高中生的随机样本也被调查。下面是第二个人群的研究发现。

女高中生（n=6 869）

特征	频率	比例
抽香烟（过去 30 天内至少一次）	1 497	0.218
抽雪茄（过去 30 天内至少一次）	522	0.076
使用无烟烟草（过去 30 天内至少一次）	82	0.012

从两个样本来看，你能得出男生与女生中有显著高的抽香烟、抽雪茄或使用无烟烟草的高中学生比例的结论吗？或者，比例的差异纯属偶然？

在本章，我们将通过检验两总体相同的假设来回答上述问题。对于使用无烟烟草的学生比例，例如，假设 $p_1=p_2$ 的 P 值大约是 0.000 0。因此，两个人群有相同的比例使用无烟烟草几乎不可能。

8.1　检验均值间差异（独立大样本）

8.1.1　独立样本和相依样本

在第 7 章，我们学习了检验总体参数的方法。在本章，我们将学习怎样检验比较两个总体的参数。当比较两个不同总体的均值时，抽样的方法和样本大小将决定你所使用的检验类型。

定义

如果从一个总体抽出的样本与从第二个总体抽出的样本不相关，两样本是**独立的**（independent）。如果一个样本的每个成员对应另一样本的一个成员，两样本是**相依的**（dependent）。相依样本又称**配对样本**（paired samples）或**匹配样本**（matched samples）。

例 1　**独立样本和相依样本**

将每一对样本分为独立样本或相依样本，证明你的答案。

1. 样本 1：35 人喝咖啡前休息时的心跳速率。

样本 2：相同的人喝两杯咖啡后休息时的心跳速率。

2. 样本 1：35 位统计学生的考试分数。

样本 2：42 位不学习统计学的生物学生的考试分数。

解答：

1. 样本是相依的。测量的是相同个体休息时的心跳速率，样本相关，可对每个个体配对。

2. 样本是相互独立的。样本成员不可能配对；样本大小不同，数据表示不同个体的考试分数。

▶试一试 1

将每一对样本分为独立样本或相依样本。

1. 样本 1：27 位成年男性的身高。
样本 2：27 位成年女性的身高。
2. 样本 1：14 位化学学生的期中考试成绩。
样本 2：相同的 14 位化学学生的期末考试成绩。
确定样本是独立样本还是相依样本。

8.1.2 两样本假设检验概述

在本节，我们将学习怎样利用独立样本检验比较两个不同总体的均值。

例如，假定你在为一家互联网服务提供商制定一个市场计划，你想确定大学男女生的每天上网时间是否不同。你得到存在差异的确定结论的唯一方法是，对所有大学生做普查，计算男女生的平均每天上网时间，并且寻找差异。当然，进行这样的普查是不现实的。但是，你仍能以一定确定度决定是否存在这样的差异。

开始时假定两总体的平均时间不存在差异，即 $\mu_1-\mu_2=0$。然后分别从每个总体中抽取一个随机样本，利用两样本检验统计量 $\bar{x}_1-\bar{x}_2$ 的结果，你能进行两样本假设检验。假定你得到以下结果。

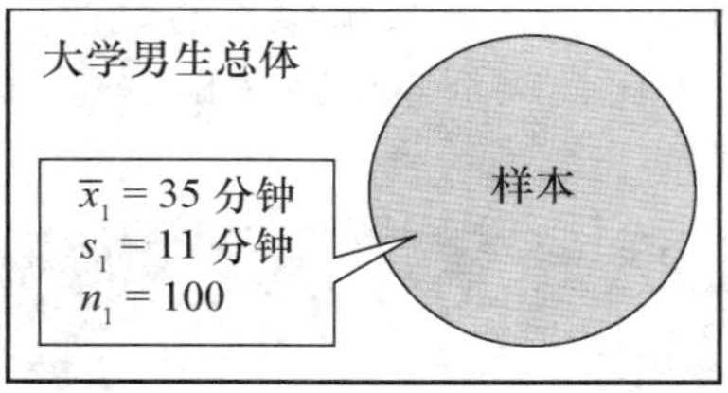

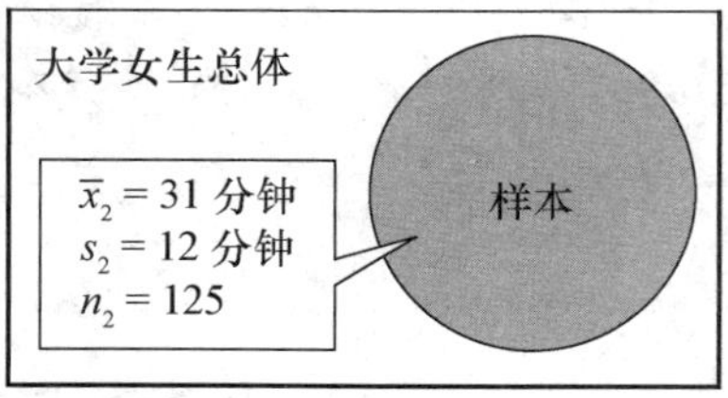

下图显示了从每个总体中抽取的很多相似样本的 $\bar{x}_1-\bar{x}_2$ 抽样分布，假定 $\mu_1-\mu_2=0$。从图中可知，如果实际差距是 0，不可能得到差距 4 分钟的样本均值，因为样本均值间差异超过了假设的差距 0 的 2.5 个标准差。因此，你能得出结论：大学男女生每天上网时间有显著不同。

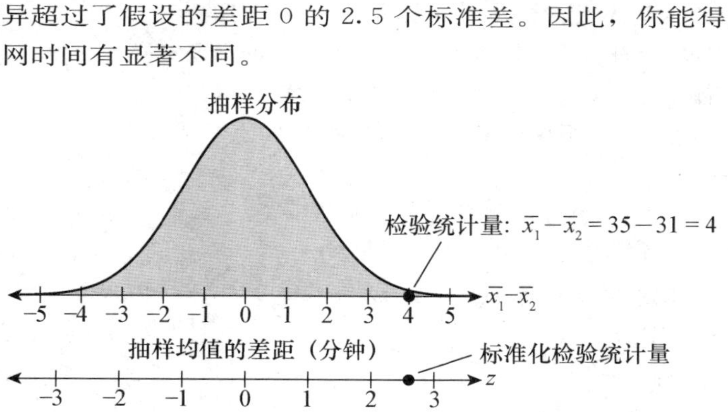

记住这一点非常重要，当你利用独立样本进行两样本假设检验时，你在检验关于两个总体的参数的差异，而不是参数本身的值。

定义

利用独立样本做两样本假设检验时：

1. **原假设 H_0**（null hypothesis H_0）通常是陈述两总体的参数没有差距的统计假设。原假设包含符号≤，=或≥。

2. **备择假设 H_a**（alternative hypothesis H_a）是当 H_0 为假时它为真的统计假设。备择假设包含符号>，≠或<。

为利用独立样本的两样本假设检验写下原假设和备择假设，就是将关于总体参数的论断从文字陈述翻译成数学陈述。然后，写下它的补充。例如，如果论断包括两总体参数 μ_1 和 μ_2，那么几对可能的原假设和备择假设是：

$$\begin{cases} H_0: \mu_1=\mu_2 \\ H_a: \mu_1\neq\mu_2 \end{cases} \quad \begin{cases} H_0: \mu_1\leq\mu_2 \\ H_a: \mu_1>\mu_2 \end{cases} \quad \begin{cases} H_0: \mu_1\geq\mu_2 \\ H_a: \mu_1<\mu_2 \end{cases}$$

不管使用三对假设中的哪一对，你总是假设总体均值间没有差异，或 $\mu_1=\mu_2$。

8.1.3 均值间差异的两样本 z 检验

在本节的剩余部分，我们将学习怎样为两总体均值 μ_1 和 μ_2 间的差进行 z 检验。进行这样的检验，需要满足三个条件。

1. 样本是随机抽取的。

2. 样本独立。

3. 每个样本的样本量必须不少于 30，如果不是，每个总体必须是标准差已知的正态分布。

如果三个要求满足，$\bar{x}_1-\bar{x}_2$ **的抽样分布**（sampling distribution for $\bar{x}_1-\bar{x}_2$），即**样本均值的差**（the difference of the sample means）服从均值和标准差如下的正态分布。

文字描述	公式
样本均值间差的均值是假定的两总体均值的差。当差没有被假定时，均值是 0。	均值 $=\mu_{\bar{x}_1-\bar{x}_2}$ $=\mu_{\bar{x}_1}-\mu_{\bar{x}_2}$ $=\mu_1-\mu_2$
抽样分布的方差是 $\bar{x}_1$ 和 $\bar{x}_2$ 的单个抽样分布的方差的和。标准差是方差和的平方根。	标准差 $=\sigma_{\bar{x}_1-\bar{x}_2}$ $=\sqrt{\sigma_{\bar{x}_1}^2+\sigma_{\bar{x}_2}^2}$ $=\sqrt{\frac{\sigma_1^2}{n_1}+\frac{\sigma_2^2}{n_2}}$

因为 $\bar{x}_1-\bar{x}_2$ 的抽样分布服从正态分布，你能利用 z 检验来检验两总体均值 μ_1 和 μ_2 间的差。标准化检验统计量的形式是

$$z=\frac{\text{观察的差}-\text{假设的差}}{\text{标准差}}$$

均值间差异的两样本 z 检验

两样本 z 检验（two-sample z-test）适用于检验两总体均值 μ_1 和 μ_2 间的差，条件是大样本（至少 30）被从任一总体中随机抽取，且样本独立。**检验统计量**（test statistic）是 $\bar{x}_1-\bar{x}_2$，**标准检验统计量**（standardized test statistic）是

$$z=\frac{(\bar{x}_1-\bar{x}_2)-(\mu_1-\mu_2)}{\sigma_{\bar{x}_1-\bar{x}_2}}$$

式中，$\sigma_{\bar{x}_1-\bar{x}_2}=\sqrt{\frac{\sigma_1^2}{n_1}+\frac{\sigma_2^2}{n_2}}$。

当样本大时，能用 s_1 和 s_2 代替 σ_1 和 σ_2。如果样本不大，但总体服从正态分布且总体标准差已知，你仍能利用两样本 z 检验。

如果原假设陈述 $\mu_1=\mu_2$，$\mu_1\leqslant\mu_2$ 或 $\mu_1\geqslant\mu_2$，那么在检验之前需要假定 $\mu_1=\mu_2$，表达式 $\mu_1-\mu_2$ 为 0。

指南

均值间差异的两样本 z 检验（独立大样本）

文字描述	公式
1. 明确论断，陈述原假设和备择假设。	陈述 H_0 和 H_a
2. 确定显著性水平。	确定 α
3. 画出抽样分布。	
4. 确定临界值。	利用附录 B 中的表 4
5. 确定拒绝域。	
6. 求标准化检验统计量。	$z=\frac{(\bar{x}_1-\bar{x}_2)-(\mu_1-\mu_2)}{\sigma_{\bar{x}_1-\bar{x}_2}}$
7. 决定是否拒绝原假设。	如果 z 在拒绝域，拒绝 H_0；否则，不能拒绝 H_0
8. 得出结论并进行解释。	

均值间差的假设检验也能用 P 值进行。使用和上面一样的指南，跳过第 4 步和第 5 步。求出标准化检验统计量后，利用标准正态表格计算 P 值，然后得出拒绝或不能拒绝原假设的结论。如果 P 值小于或等于 α，拒绝 H_0。否则，不能拒绝 H_0。

例 2 **均值间差异的两样本 z 检验**

一家消费者教育机构声称美国人中男性女性间平均信用卡贷款存在差异。一个随机的每个 200 人的人群的调查结果如下表所示。两个样本是独立的。结果是否支持该机构的论断？给定 $\alpha=0.05$。（资料来源：Adapted from Myvesta）

信用卡贷款的样本统计量

男性	女性
$\bar{x}_1=2\,290$ 美元	$\bar{x}_2=2\,370$ 美元
$s_1=750$ 美元	$s_2=800$ 美元
$n_1=200$	$n_2=200$

解答：

你想检验美国男性与女性间平均信用卡贷款存在差异的论断。因此，原假设和备择假设是

H_0：$\mu_1=\mu_2$

H_a：$\mu_1\neq\mu_2$（论断）

检验是双尾检验，显著性水平是 $\alpha=0.05$，临界值是 $-z_0=-1.96$ 和 $z_0=1.96$，拒绝域是 $z<-1.96$ 和 $z>1.96$。因为两个样本都比较大，所以用 s_1 和 s_2 代替 σ_1 和 σ_2 来计算标准差。

$$\sigma_{\bar{x}_1-\bar{x}_2}=\sqrt{\frac{s_1^2}{n_1}+\frac{s_2^2}{n_2}}=\sqrt{\frac{750^2}{200}+\frac{800^2}{200}}\approx 77.540\,3$$

标准化检验统计量是

$$z=\frac{(\bar{x}_1-\bar{x}_2)-(\mu_1-\mu_2)}{\sigma_{\bar{x}_1-\bar{x}_2}}$$

$$\approx\frac{(2\,290-2\,370)-0}{77.540\,3}$$

$$\approx -1.03$$

下图展示了拒绝域和标准化检验统计量 z 的位置。因为 z 不在拒绝域中，所以你不能拒绝原假设。

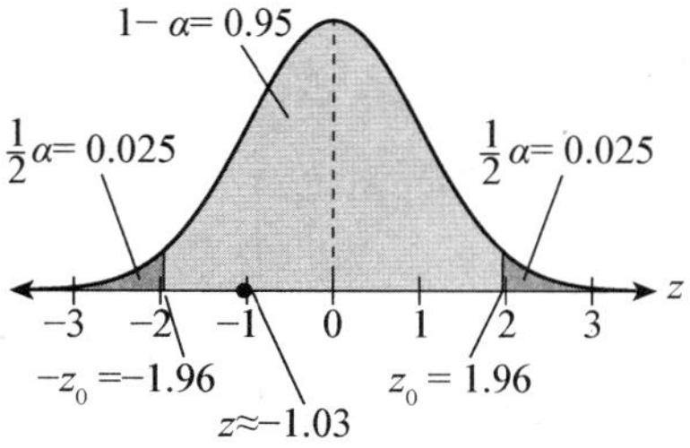

解释：

在 5% 的显著性水平下，没有足够证据支持该机构关于男性与女性间平均信用卡贷款存在差异的论断。

▶试一试 2

一项调查显示，新罕布什尔州（NH）和纽约州（NY）的居民平均每人信用卡支出分别为 3 900 美元和 3 500 美元。该项调查包括在每个州随机抽取大小为 50 的样本，样本标准差是 900 美元（NH）和 500 美元（NY）。两个样本是独立的。在 $\alpha=0.01$ 下，是否有足够证据表明平均信用卡支出存在差异？（资料来源：Adapted from Card Management Information Services and the U. S. Census Bureau）

a. 明确论断，陈述 H_0 和 H_a。

b. 确定显著性水平 α。
c. 求临界值，确定拒绝域。
d. 利用 z 检验求标准化检验统计量 z。
e. 决定是否拒绝原假设。如有必要，使用图表。
f. 得出结论并进行解释。

例 3　利用技术工具进行两样本 z 检验

美国汽车协会声称在得克萨斯州度假的四口之家的平均每日食宿费用少于在弗吉尼亚州度假的相同费用。下表显示了在每个州对度假者随机调查的结果。两样本相互独立。在 $\alpha=0.01$ 下，是否有足够证据支持该论断？（H_0：$\mu_1\geqslant\mu_2$，H_0：$\mu_1<\mu_2$（论断））

四口之家每日食宿费用的样本统计量

得克萨斯州	弗吉尼亚州
$\bar{x}_1=248$ 美元	$\bar{x}_2=252$ 美元
$s_1=15$ 美元	$s_2=22$ 美元
$n_1=50$	$n_2=35$

解答：

下图中前两个图表明怎样利用 TI-83/84 建立假设检验。余下的图表明可能的结果，取决于你选择计算（calculate）还是画图（draw）。

```
TI-83/84
2-SampZTest
 Inpt:Data Stats
 σ1:15
 σ2:22
 x̄1:248
 n1:50
 x̄2:252
↓n2:35
```

```
TI-83/84
2-SampZTest
↑σ2:22
 x̄1:248
 n1:50
 x̄2:252
 n2:35
 μ1:≠μ2 <μ2 >μ2
 Calculate Draw
```

```
TI-83/84
2-SampZTest
 μ1<μ2
 z=-0.9343200811
 p=0.1750693839
 x̄1:248
 x̄2:252
↓n1:50
```

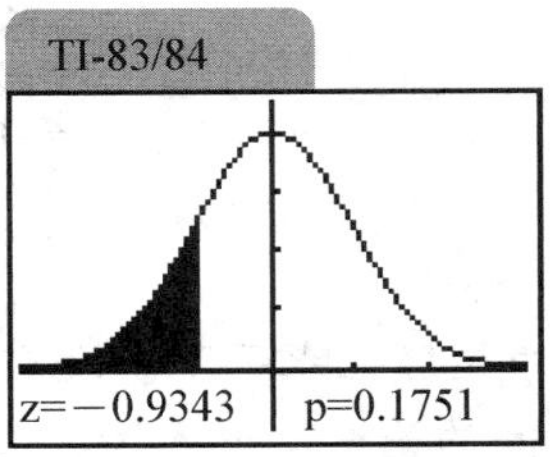

因为是左尾检验且 $\alpha=0.01$，拒绝域是 $z<-2.33$。标准化检验统计量 $z\approx-0.93$ 不在拒绝域中，你不能拒绝原假设。

解释：

在 1% 的显著性水平下，没有足够证据支持美国汽车协会的论断。

▶试一试 3

美国汽车协会声称在马里兰州度假四口之家的平均每日食宿费用高于在科罗拉

多州度假的相同费用。下表显示了在每个州对度假者随机调查的结果。两样本相互独立。在 $\alpha=0.05$ 的显著性水平下，是否有足够证据支持该论断？

四口之家的每日食宿费用的样本统计量

马里兰州	科罗拉多州
$\bar{x}_1=293$ 美元	$\bar{x}_2=286$ 美元
$s_1=22$ 美元	$s_2=18$ 美元
$n_1=150$	$n_2=200$

a. 利用 TI-83/84 求检验统计量和 P 值。

b. 得出结论并进行解释。

练习 8.1

基础技能训练和术语

1. 独立样本和相依样本之间有什么区别？给出两独立样本和两相依样本的例子。

3. 描述另外一种利用大型独立样本对两总体均值的差做假设检验的方法。

在习题 13 中：

(a) 找出检验统计量；

(b) 找出标准化检验统计量；

(c) 判断标准化检验统计量是否在拒绝域；

(d) 判断是否拒绝原假设。其中样本是随机抽取的且相互独立。

13. 论断：$\mu_1=\mu_2$，$\alpha=0.05$。样本统计量：$\bar{x}_1=16$，$s_1=1.1$，$n_1=50$，$\bar{x}_2=14$，$s_2=1.5$，$n_2=50$。

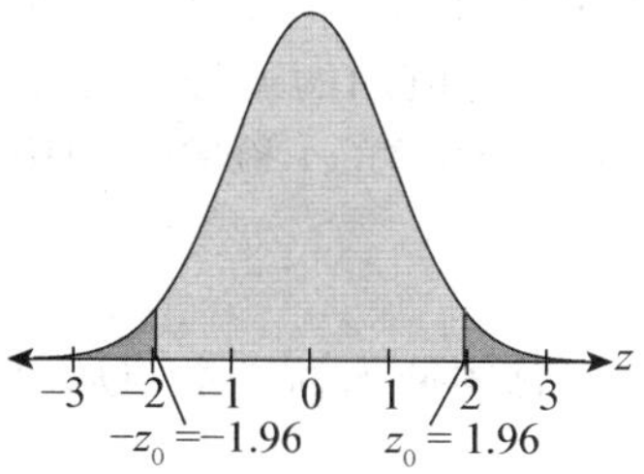

应用和解释概念

检验两均值的差　在习题 19，21 中：

(a) 明确论断，陈述 H_0 和 H_a；

(b) 利用附录 B 中的表 4 求临界值并明确拒绝域；

(c) 求标准化检验统计量 z；

(d) 决定是否拒绝原假设；

(e) 得出结论并进行解释。如果方便，利用技术工具解决问题。在每个习题中，假定样本是随机抽取的且相互独立。

19. **刹车距离**　一位安全工程师记录了两种类型轮胎的刹车距离。每个随机抽取的样本有 35 个轮胎。检验结果如下图所示。在 $\alpha=0.10$ 下，该工程师能支持两种类型轮胎的平均刹车距离不同的论断吗？（资料来源：Adapted from *Consumer Reports*）

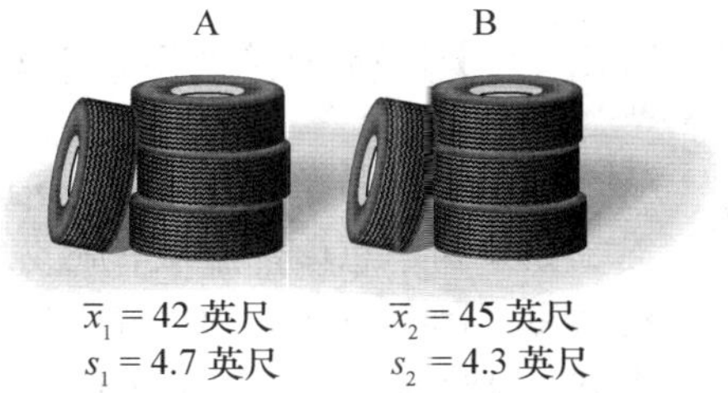

21. **修理费用：微波炉**　你想买微波炉，如果型号 A 的修理费用低于型号 B 的，你将购买型号 A。你研究了 47 台型号 A 的微波炉和 55 台型号 B 的微波炉的修理费用，研究结果如下图所示。在 $\alpha=0.01$ 下，你将购买型号 A 吗？（资料来源：Adapted from *Consumer Reports*）

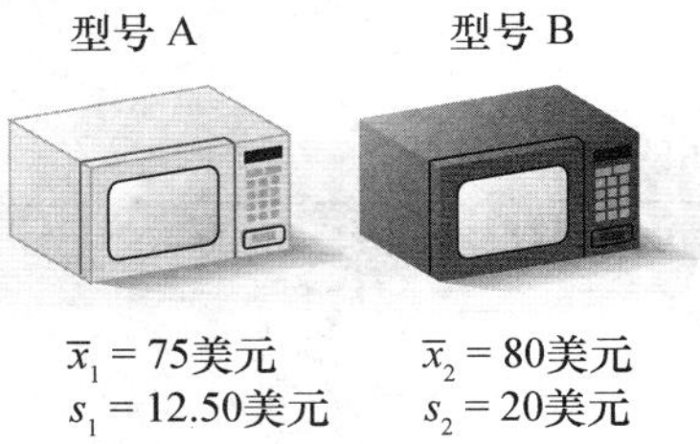

□ **扩展概念**

检验非零的差　有时研究者对检验非零的均值差很感兴趣。例如，你可能想确定现在的孩子是否比 20 年前的孩子每周多花 9 小时在日托班（或学前班）。在习题 35，37 中，你将利用原假设 H_0：$\mu_1-\mu_2=k$，H_0：$\mu_1-\mu_2\geqslant k$，H_0：$\mu_1-\mu_2\leqslant k$ 来检验均值的差。z 检验的公式仍然是

$$z=\frac{(\bar{x}_1-\bar{x}_2)-(\mu_1-\mu_2)}{\sigma_{\bar{x}_1-\bar{x}_2}}$$

式中，$\sigma_{\bar{x}_1-\bar{x}_2}=\sqrt{\frac{\sigma_1^2}{n_1}+\frac{\sigma_2^2}{n_2}}$。

35. **在日托班或学前班的时间**　在 1981 年，一项对 70 位随机抽取的儿童（小于 3 岁）的研究发现花费在日托班或学前班的平均时长是 11.5 小时，标准差是 3.8 小时。最近一项对 65 位随机抽取的儿童（小于 3 岁）的研究发现，花费在日托班或学前班的平均时长是 20 小时，标准差是 6.7 小时。在 $\alpha=0.01$ 下，检验现在的孩子比 1981 年的孩子每周多花 9 小时在日托班或学前班的论断。（资料来源：Adapted from University of Michigan's Institute for Social Research）

37. **统计学家的收入**　马萨诸塞州和北卡罗来纳州的统计学家年收入的差是否大于 6 000 美元？为了做决定，你从每个州抽取一个统计学家的随机样本。每个调查的结果如下图所示。在 $\alpha=0.01$ 下，你将怎样做出结论？（资料来源：Adapted from America's Career InfoNet）

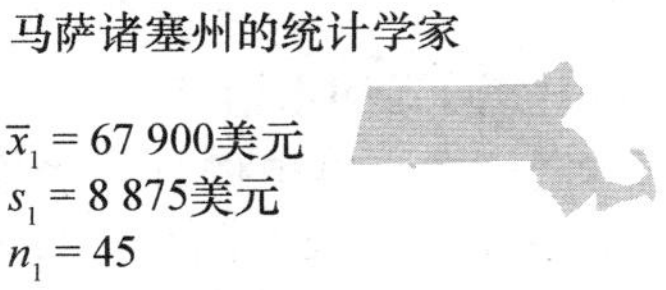

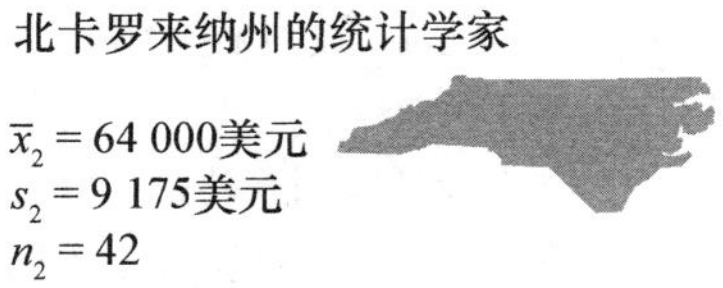

8.2　检验均值间差异（独立小样本）

8.2.1　均值间差异的两样本 t 检验

现实生活中，从两个总体中各收集到大于等于 30 的样本通常是不现实的。然而，如果两个总体都服从正态分布，你仍能检验它们均值间的差异。在本节，我们将学习利用各总体的独立样本进行两总体均值 μ_1 和 μ_2 间差的 t 检验。利用独立小样本的 t 检验需要满足以下条件。

1. 样本随机抽取。

2. 样本相互独立。两样本相互独立是指从一个总体抽出的样本与从第二个总体抽出的样本不相关。

3. 各总体服从正态分布。

当这些条件满足时，样本均值差 $\bar{x}_1-\bar{x}_2$ 的抽样分布可用均值为 $\mu_1-\mu_2$ 的 t 分布近似。因此，你能利用两样本 t 检验来检验两总体均值 μ_1 和 μ_2 的差。抽样分布的标准差和自由度取决于总体方差 σ_1^2 和 σ_2^2 是否相等。

均值间差异的两样本 t 检验

两样本 t 检验（two-sample t-test）适用于当样本是从各总体中随机抽取时，检验两总体均值 μ_1 和 μ_2 的差。进行该检验需要各总体服从正态分布，样本相互独立。标准检验统计量是

$$t=\frac{(\bar{x}_1-\bar{x}_2)-(\mu_1-\mu_2)}{\sigma_{\bar{x}_1-\bar{x}_2}}$$

方差相等时：如果总体方差相等，将两样本的信息结合起来计算**标准差 $\hat{\sigma}$ 的联合估计**（pooled estimate of the standard deviation $\hat{\sigma}$）。

$$\hat{\sigma}=\sqrt{\frac{(n_1-1)s_1^2+(n_2-1)s_2^2}{n_1+n_2-2}}$$

$\bar{x}_1-\bar{x}_2$ 的抽样分布的标准差是

$$\sigma_{\bar{x}_1-\bar{x}_2}=\hat{\sigma}\sqrt{\frac{1}{n_1}+\frac{1}{n_2}}$$

方差相等且 d. f. $=n_1+n_2-2$。

方差不等时：如果总体方差不等，标准差是

$$\sigma_{\bar{x}_1-\bar{x}_2}=\sqrt{\frac{s_1^2}{n_1}+\frac{s_2^2}{n_2}}$$

方差不等且 d. f. 等于 n_1-1 和 n_2-1 中的较小者。

8.1 节描述了 z 检验的要求，本节将描述 t 检验的要求，展示如下。

独立样本的两样本检验

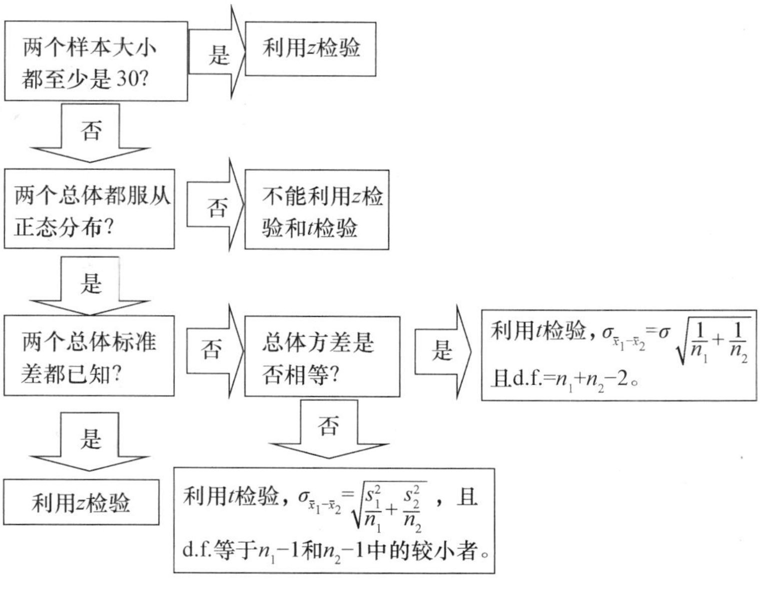

指南

均值间差异的两样本 t 检验（独立小样本）

文字描述	公式
1. 明确论断，陈述原假设和备择假设。	陈述 H_0 和 H_a
2. 确定显著性水平。	确定 α
3. 确定自由度，画出抽样分布。	d. f. $=n_1+n_2-2$ 或 d. f. 为 n_1-1 和 n_2-1 中的较小者
4. 确定临界值。	利用附录 B 中的表 5；如果 $n>29$，使用 t 分布表的最后一行（∞）
5. 确定拒绝域。	
6. 求标准化检验统计量。	$t=\dfrac{(\bar{x}_1-\bar{x}_2)-(\mu_1-\mu_2)}{\sigma_{\bar{x}_1-\bar{x}_2}}$
7. 决定是否拒绝原假设。	如果 t 在拒绝域，拒绝 H_0；否则，不能拒绝 H_0
8. 得出结论并进行解释。	

例 1　均值间差异的两样本 t 检验

在干燥路面上以 60 英里/小时的速度检验 8 辆大众 GTI 和 10 辆福特福克斯的刹车距离。结果如下表所示。你能得出两种类型汽车的平均刹车距离不同的结论吗？给定 $\alpha=0.01$。假定总体服从正态分布，总体方差不等。（资料来源：Adapted from *Consumer Reports*）

干燥路面上刹车距离的样本统计量

GTI	福克斯
$\bar{x}_1=134$ 英尺	$\bar{x}_2=143$ 英尺
$s_1=6.9$ 英尺	$s_2=2.6$ 英尺
$n_1=8$	$n_2=10$

解答：

你想检验平均刹车距离是否不同。因此，原假设和备择假设是

H_0：$\mu_1=\mu_2$

H_a：$\mu_1\neq\mu_2$（论断）

因为方差不等且最小样本大小是 8，所以利用 d. f. $=8-1=7$。检验是 d. f. $=7$ 的双尾检验，$\alpha=0.01$，临界值是 $-t_0=-3.499$ 和 $t_0=3.499$，拒绝域是 $t<-3.499$ 和 $t>3.499$。标准差是

$$\sigma_{\bar{x}_1-\bar{x}_2}=\sqrt{\frac{s_1^2}{n_1}+\frac{s_2^2}{n_2}}=\sqrt{\frac{6.9^2}{8}+\frac{2.6^2}{10}}\approx 2.574\ 3$$

标准化检验统计量是

$$t=\frac{(\bar{x}_1-\bar{x}_2)-(\mu_1-\mu_2)}{\sigma_{\bar{x}_1-\bar{x}_2}}$$

$$\approx \frac{(134-143)-0}{2.5743}$$

$$\approx -3.496$$

下图展示了拒绝域和标准化检验统计量 t 的位置。因为 t 不在拒绝域内，所以你不能拒绝原假设。

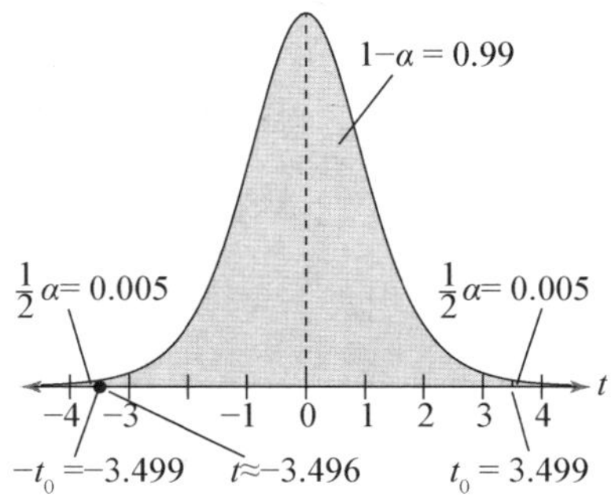

解释：

在 1% 的显著性水平下，没有足够证据证明汽车的平均刹车距离不同。

▶试一试 1

在湿滑路面上以 60 英里/小时的速度检验例 1 中相同汽车的刹车距离，结果如下表所示。你能得出两种类型汽车的平均刹车距离不同的结论吗？给定 $\alpha=0.05$。假定总体服从正态分布，总体方差不等。（资料来源：Adapted from *Consumer Reports*）

湿滑路面上刹车距离的样本统计量

GTI	福克斯
$\bar{x}_1=141$ 英尺	$\bar{x}_2=151$ 英尺
$s_1=7.0$ 英尺	$s_2=3.1$ 英尺
$n_1=8$	$n_2=10$

a. 明确论断，陈述 H_0 和 H_a。

b. 确定显著性水平 α。

c. 确定自由度。

d. 求临界值，确定拒绝域。

e. 利用 t 检验求标准化检验统计量 t。

f. 决定是否拒绝原假设。如有必要，使用图表。

g. 得出结论并进行解释。

例 2　均值间差异的两样本 t 检验

一家厂商声称它的 2.4 GHz 无线电话的呼叫范围（英尺）大于其主要竞争对手。你对 14 个随机抽取的该厂商的电话和 16 个随机抽取的它的竞争对手的电话进行了研究，结果如下表所示。在 $\alpha=0.05$ 下，你能支持该厂商的论断吗？假定总体服从正态分布，总体方差相等。

呼叫范围的样本统计量

厂商	竞争对手
$\bar{x}_1=1\,275$ 英尺	$\bar{x}_2=1\,250$ 英尺
$s_1=45$ 英尺	$s_2=30$ 英尺
$n_1=14$	$n_2=16$

解答：

论断是“该厂商无线电话的平均呼叫范围大于其主要竞争对手”。因此，原假设和备择假设是

H_0：$\mu_1\leqslant\mu_2$

H_a：$\mu_1>\mu_2$（论断）

因为方差相等，所以 d. f. $=n_1+n_2-2=14+16-2=28$。检验是右尾检验，d. f. $=28$，$\alpha=0.05$，临界值是 $t_0=1.701$，拒绝域是 $t>1.701$。标准差是

$$\hat{\sigma}_{\bar{x}_1-\bar{x}_2}=\sqrt{\frac{(n_1-1)s_1^2+(n_2-1)s_2^2}{n_1+n_2-2}}\cdot\sqrt{\frac{1}{n_1}+\frac{1}{n_2}}$$

$$=\sqrt{\frac{13\times45^2+15\times30^2}{14+16-2}}\times\sqrt{\frac{1}{14}+\frac{1}{16}}\approx13.801\,8$$

标准化检验统计量是

$$t=\frac{(\bar{x}_1-\bar{x}_2)-(\mu_1-\mu_2)}{\sigma_{\bar{x}_1-\bar{x}_2}}$$

$$\approx\frac{(1\,275-1\,250)-0}{13.801\,8}$$

$$\approx1.811$$

下图展示了拒绝域和标准化检验统计量 t 的位置。因为 t 在拒绝域内，所以你应该拒绝原假设。

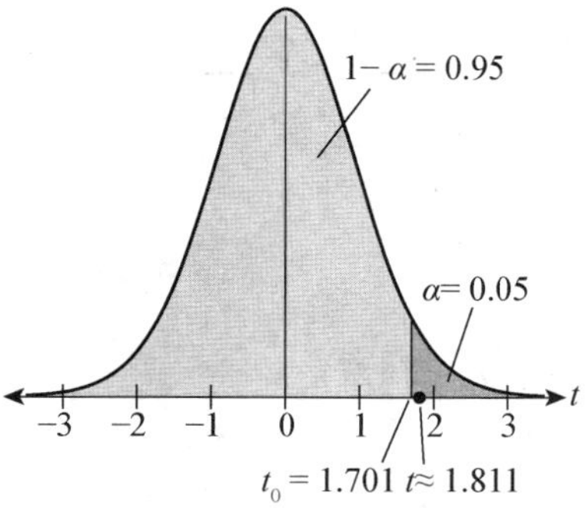

解释：

在 5% 的显著性水平下，没有足够证据支持该厂商电话的呼叫范围大于其竞争对手的论断。

▶试一试 2

一家厂商声称它的 17 英寸监视器的用电量低于其主要竞争对手。你进行了研究，结果如下表所示。在 $\alpha=0.10$ 下，是否有足够证据支持该厂商的论断吗？假定总体服从正态分布，总体方差相等。

用电量的样本统计量

厂商	竞争对手
$\bar{x}_1=32$	$\bar{x}_2=35$
$s_1=2.1$	$s_2=1.8$
$n_1=12$	$n_2=15$

a. 明确论断，陈述 H_0 和 H_a。
b. 确定显著性水平 α。
c. 确定自由度。
d. 求临界值，确定拒绝域。
e. 利用 t 检验求标准化检验统计量 t。
f. 决定是否拒绝原假设。如有必要，使用图表。
g. 得出结论并进行解释。

练习 8.2

基础技能训练和术语

1. 解释怎样对两总体均值差进行两样本 t 检验。

在习题 3 中，利用附录 B 中的表 5 为备择假设求临界值，显著性水平为 α，样本规模为 n_1 和 n_2。假定样本是独立、正态、随机的，总体方差：(a) 相等；(b) 不相等。

3. $H_a: \mu_1<\mu_2$，$\alpha=0.025$，$n_1=15$，$n_2=9$
   $H_a: \mu_1>\mu_2$，$\alpha=0.05$，$n_1=13$，$n_2=8$

在习题 11 中：

(a) 找出检验统计量；

(b) 找出标准化检验统计量；

(c) 判断标准化检验统计量是否在拒绝域；

(d) 判断是否拒绝原假设。

11. $H_0: \mu_1=\mu_2$，$\alpha=0.01$。假定 $\sigma_1^2=\sigma_2^2$。样本统计量：$\bar{x}_1=33.7$，$s_1=3.5$，$n_1=10$，$\bar{x}_2=35.5$，$s_2=2.2$，$n_2=7$。

应用和解释概念

检验两均值的差　在习题 15，17 中：

(a) 明确论断，陈述 H_0 和 H_a；

(b) 求临界值并明确拒绝域；

(c) 求标准化检验统计量；

(d) 决定是否拒绝原假设；

(e) 得出结论并进行解释。如果方便，利用技术工具解决问题。在每个习题中，假定总体近似服从正态分布。

15. **脚舱侵入量**　一位保险精算师声称小型汽车和中型汽车的平均脚舱侵入量相等。对 12 个随机抽取的小型汽车和 17 个随机抽取的中型汽车进行 40 英里每小时的撞击测试，测量司机腿上的脚舱侵入量。小型汽车的平均脚舱侵入量是 10.1 厘米，标准差是 4.11 厘米。中型汽车的平均脚舱侵入量是 8.3 厘米，标准差是 4.02 厘米。在 $\alpha=0.10$ 下，你能拒绝该保险精算师的论断吗？假定总体方差相等。(资料来源：Adapted from Insurance Institute for Highway Safety)

17. **修理费用：保险杠**　在 5 英里每小时的撞击测试中，14 辆随机抽取的小汽车的平均保险杠修理费用是 473 美元，标准差是 190 美元。在对 23 辆随机抽取的中型汽车的类似测试中，平均保险杠修理费用是 741 美元，标准差是 205 美元。在 $\alpha=0.10$ 下，你能得出小汽车的平均保险杠修理费用小于中型汽车的结论吗？假定总体方差相等。(资

料来源：Adapted from Insurance Institute for Highway Safety）

□ 扩展概念

构建 $\mu_1-\mu_2$ 的置信区间　如果 $\bar{x}_1-\bar{x}_2$ 的抽样分布近似服从 t 分布，总体方差相等，你能利用以下方法构建 $\mu_1-\mu_2$ 的置信区间。

$$(\bar{x}_1-\bar{x}_2)-t_c\hat{\sigma}\sqrt{\frac{1}{n_1}+\frac{1}{n_2}}<\mu_1-\mu_2$$

$$<(\bar{x}_1-\bar{x}_2)+t_c\hat{\sigma}\sqrt{\frac{1}{n_1}+\frac{1}{n_2}}$$

式中，$\hat{\sigma}=\sqrt{\frac{(n_1-1)s_1^2+(n_2-1)s_2^2}{n_1+n_2-2}}$；d. f. $=n_1+n_2-2$。

在习题 25 中，构建 $\mu_1-\mu_2$ 的置信区间。假定总体近似服从正态分布且方差相等。

25. **卡路里**　在一项多种快餐的研究中，15 个汉堡王的烤鸡三明治中平均卡路里含量是 $\bar{x}_1=450$ 卡路里，标准差是 $s_1=6.2$ 卡路里。你也发现 12 个类似的麦当劳烤鸡三明治中平均卡路里含量是 $\bar{x}_1=420$ 卡路里，标准差是 $s_1=8.1$ 卡路里。构建烤鸡三明治的平均卡路里含量差的 95%置信区间。（资料来源：Adapted from Burger King Brands，Inc. and McDonald's Corporation）

构建 $\mu_1-\mu_2$ 的置信区间　如果 $\bar{x}_1-\bar{x}_2$ 的抽样分布近似服从 t 分布，总体方差不等，你能利用以下方法构建 $\mu_1-\mu_2$ 的置信区间。

$$(\bar{x}_1-\bar{x}_2)-t_c\sqrt{\frac{s_1^2}{n_1}+\frac{s_2^2}{n_2}}<\mu_1-\mu_2$$

$$<(\bar{x}_1-\bar{x}_2)+t_c\sqrt{\frac{s_1^2}{n_1}+\frac{s_2^2}{n_2}}$$

d. f. 为 n_1-1 和 n_2-1 中的较小者。

在习题 27 中，构建 $\mu_1-\mu_2$ 的置信区间，假定总体近似服从正态分布且方差不等。

27. **胆固醇**　为了比较汉堡王和麦当劳的烤鸡三明治的平均胆固醇含量，你从每个餐馆随机抽取几个烤鸡三明治，并测量了它们的胆固醇含量。结果如下表所示。对烤鸡三明治的平均胆固醇含量的差构建 90%置信区间。（资料来源：Adapted from Burger King Brands，Inc. and McDonald's Corporation）

餐厅	胆固醇含量均值	标准差	标本量
汉堡王	$\bar{x}_1=75$ 毫克	$s_1=3.64$ 毫克	$n_1=16$
麦当劳	$\bar{x}_2=70$ 毫克	$s_2=2.12$ 毫克	$n_2=14$

8.3　检验均值间差异（相依样本）

8.3.1　均值间差异的 t 检验

在 8.1 节和 8.2 节，我们利用检验统计量 $\bar{x}_1-\bar{x}_2$（两样本均值的差）进行了独立样本的两样本假设检验。接下来我们将使用不同的技术进行相依样本的两样本假设检验。

首先，求出每个数据对的差：

$$d=x_1-x_2$$

检验统计量是这些差的均值

$$\bar{d}=\frac{\sum d}{n}$$

进行该检验需要满足以下条件。

1. 样本必须随机抽取。
2. 样本必须相依（配对）。
3. 两总体必须服从正态分布。

如果这些条件满足，$\overline{d}$ 的抽样分布，即相依样本的数据对的差的均值，可用自由度为 $n-1$ 的 t 分布近似，其中 n 是数据对的个数。

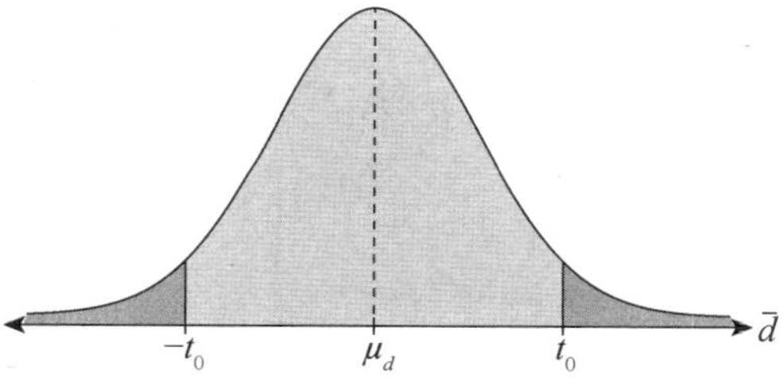

μ_d 的 t 检验使用以下符号。差的均值和标准差的公式已经给出，你也可以利用技术工具来计算这些统计量。

符号	文字描述
n	数据对个数
d	数据对的差，$d=x_1-x_2$
μ_d	总体数据对的差的假设的均值
$\overline{d}$	相依样本的数据对的差的均值，$\overline{d}=\dfrac{\sum d}{n}$
s_d	相依样本的数据对的差的标准差，$s_d=\sqrt{\dfrac{\sum(d-\overline{d})^2}{n-1}}$

利用 t 分布来近似 $\overline{d}$ 的抽样分布，即相依样本的数据对的差的均值之后，我们就能利用 t 检验来检验关于配对数据总体差的均值的论断。

均值间差异的 t 检验

如果样本是从各总体随机抽取的，t 检验就能用来检验两总体均值的差。进行此检验的条件是各总体必须是正态的，第一个样本的每个成员必须与第二个样本的一个成员配对。**检验统计量**（test statistic）是

$$\overline{d}=\frac{\sum d}{n}$$

标准化检验统计量（standardized test statistic）是

$$t=\frac{\overline{d}-\mu_d}{s_d/\sqrt{n}}$$

自由度是 d. f. $=n-1$。

指南

均值间差异的 t 检验（相依样本）

文字描述	公式
1. 明确论断，陈述原假设和备择假设。	陈述 H_0 和 H_a
2. 确定显著性水平。	确定 α
3. 确定自由度，画出抽样分布。	$\text{d. f.}=n-1$
4. 确定临界值。	利用附录 B 中的表 5；如果 $n>29$，使用 t 分布表的最后一行（∞）
5. 确定拒绝域。	
6. 计算 $\bar{d}$ 和 s_d。	$\bar{d}=\frac{\sum d}{n}$ $s_d=\sqrt{\frac{\sum(d-\bar{d})^2}{n-1}}$
7. 求标准化检验统计量。	$t=\frac{\bar{d}-\mu_d}{s_d/\sqrt{n}}$
8. 决定是否拒绝原假设。	如果 t 在拒绝域，拒绝 H_0；否则，不能拒绝 H_0
9. 得出结论并进行解释。	

例 1　**均值间差异的 t 检验**

一家高尔夫球棒厂商声称打高尔夫球者利用该厂商新设计的高尔夫球杆能降低杆数。8 位打高尔夫球者被随机抽取，每个均被要求给出他最新的杆数。使用新球杆一个月后，打高尔夫球者又被要求给出他们最新的杆数。每个打高尔夫球者的杆数如下表所示。假设高尔夫球杆数服从正态分布，在 $\alpha=0.10$ 下，是否有足够证据支持该厂商的论断？

打高尔夫球者	1	2	3	4	5	6	7	8
杆数（旧）	89	84	96	82	74	92	85	91
杆数（新）	83	83	92	84	76	91	80	91

解答：

论断是“打高尔夫球者能降低杆数”。换句话说，厂商声称用旧球杆的杆数大于用新球杆的杆数。每个的差表示为：

$d=$旧杆数$-$新杆数

原假设和备择假设是

H_0：$\mu_d\leqslant 0$

H_a：$\mu_d>0$（论断）

检验是右尾检验，$\alpha=0.10$，$\text{d. f.}=8-1=7$，临界值是 $t_0=1.415$，拒绝域是 $t>1.415$。利用下表，你能计算 $\bar{d}$ 和 s_d 如下。注意计算标准差时利用了简便公式。

旧	新	d	d^2
89	83	6	36
84	83	1	1
96	92	4	16
82	84	−2	4
74	76	−2	4
92	91	1	1
85	80	5	25
91	91	0	0
		$\sum = 13$	$\sum = 87$

$$\bar{d} = \frac{\sum d}{n} = \frac{13}{8} = 1.625$$

$$s_d = \sqrt{\frac{\sum d^2 - \left[\frac{\left(\sum d\right)^2}{n}\right]}{n-1}} = \sqrt{\frac{87 - \frac{13^2}{8}}{8-1}} \approx 3.0677$$

标准化检验统计量是

$$t = \frac{\bar{d} - \mu_d}{s_d/\sqrt{n}} \approx \frac{1.625 - 0}{3.0677/\sqrt{8}} \approx 1.498$$

下图显示了拒绝域和标准化检验统计量 t 的位置。因为 t 在拒绝域内，所以你应该拒绝原假设。有足够证据支持该高尔夫球杆厂商的论断。

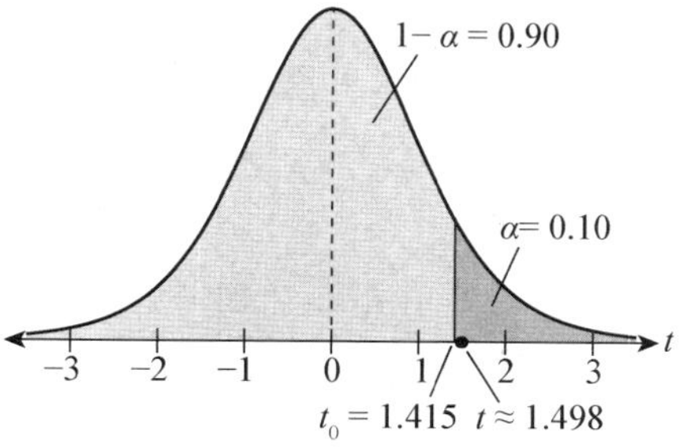

解释：

在 10%的显著性水平下，检验结果显示打高尔夫球者使用新球杆后，他们的杆数显著降低了。

▶试一试 1

一位医生称一种试验药物能提高个体的心跳速率。随机抽取 12 位被试，测量每人的心跳速率。被试被注入药物 1 小时后重新测量心跳速率。结果如下表所示。假设心跳速率服从正态分布，在 $\alpha = 0.05$ 下，是否有足够证据支持该医生的论断？

之前	之后	之前	之后
72	73	68	74
81	80	75	77
76	79	78	75
74	76	76	74
75	76	74	76
80	80	77	78

a. 明确论断，陈述 H_0 和 H_a。

b. 确定显著性水平 α 和自由度 d.f.。

c. 求临界值 t_0，确定拒绝域。

d. 计算 $\bar{d}$ 和 s_d。

e. 利用 t 检验求标准化检验统计量 t。

f. 决定是否拒绝原假设。如有必要，使用图表。

g. 得出结论并进行解释。

例 2　均值间差异的 t 检验

一位州立法者想确定去年到今年是否她的表现评分（0～100）有变化。随机抽取 16 位选民，下表展示了他们去年和今年对该立法者的表现评分。在 $\alpha=0.01$ 下，是否有足够证据表明该立法者的表现评分改变了？假设表现评分服从正态分布。

选民	1	2	3	4	5	6	7	8	9	10	11	12	13	14	15	16
评分（去年）	60	54	78	84	91	25	50	65	68	81	75	45	62	79	58	63
评分（今年）	56	48	70	60	85	40	40	55	80	75	78	50	50	85	53	60

解答：

如果立法者的表现评分有变化，则今年的表现评分和去年的表现评分有差异。因为立法者想知道是否有差异，所以原假设和备择假设是

H_0：$\mu_d=0$

H_a：$\mu_d \neq 0$（论断）

检验是双尾检验，$\alpha=0.10$，d.f.$=16-1=15$，临界值是 $-t_0=-2.947$ 和 $t_0=2.947$，拒绝域是 $t<-2.947$ 和 $t>2.947$。

利用下表，你能计算 $\bar{d}$ 和 s_d 如下。

之前	之后	d	d^2
60	56	4	16
54	48	6	36
78	70	8	64
84	60	24	576
91	85	6	36
25	40	−15	225
50	40	10	100

续前表

之前	之后	d	d^2
65	55	10	100
68	80	−12	144
81	75	6	36
75	78	−3	9
45	50	−5	25
62	50	12	144
79	85	−6	36
58	53	5	25
63	60	3	9
		$\sum=53$	$\sum=1\,581$

$$\bar{d}=\frac{\sum d}{n}=\frac{53}{16}=3.312\,5$$

$$s_d=\sqrt{\frac{\sum d^2-\left[\frac{\left(\sum d\right)^2}{n}\right]}{n-1}}=\sqrt{\frac{1\,581-\frac{53^2}{16}}{16-1}}\approx 9.679\,7$$

标准化检验统计量是

$$\begin{aligned} t&=\frac{\bar{d}-\mu_d}{s_d/\sqrt{n}}\\ &\approx\frac{3.312\,5-0}{9.679\,7/\sqrt{16}}\\ &\approx 1.369 \end{aligned}$$

下图显示了拒绝域和标准化检验统计量 t 的位置。因为 t 不在拒绝域内，所以你不能拒绝原假设。

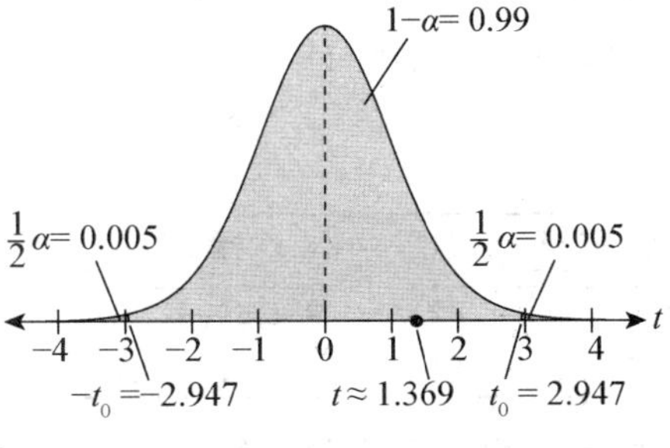

解释：

在 1% 的显著性水平下，没有足够证据表明该立法者的表现评分有所改变。

▶试一试 2

一位医学研究者想确定一种药物是否能改变体温。随机抽取 7 位被试，测量每位的体温（华氏温度）。在被试服用药物 20 分钟后重新测量各被试的体温。结果如下表所示。在 $\alpha=0.05$ 下，是否有足够证据表明该药物能改变体温？假设体温服从正态分布。

被试	1	2	3	4	5	6	7
初始温度	101.8	98.5	98.1	99.4	98.9	100.2	97.9
第二次温度	99.2	98.4	98.2	99	98.6	99.7	97.8

a. 明确论断，陈述 H_0 和 H_a。

b. 确定显著性水平 α 和自由度 d. f. 。

c. 求临界值和拒绝域。

d. 计算 $\bar{d}$ 和 s_d。

e. 利用 t 检验求标准化检验统计量 t。

f. 决定是否拒绝原假设。如有必要，使用图表。

g. 得出结论并进行解释。

练习 8.3

基础技能训练和术语

1. 为了对两总体均值差利用相依样本 t 检验，必须满足什么条件？

在习题 3，5，7 中，检验两总体均值差的论断。在给定显著性水平下，利用给定的统计量，对相依、随机样本进行 t 检验。检验是右尾、左尾还是双尾的？假定总体服从正态分布。

3. 论断：$\mu_d<0$，$\alpha=0.05$。样本统计量：$\bar{d}=1.5$，$s_d=3.2$，$n=14$。

5. 论断：$\mu_d\leqslant 0$，$\alpha=0.10$。样本统计量：$\bar{d}=6.5$，$s_d=9.54$，$n=16$。

7. 论断：$\mu_d\geqslant 0$，$\alpha=0.01$。样本统计量：$\bar{d}=2.3$，$s_d=1.2$，$n=15$。

应用和解释概念

检验均值差　在习题 9，11，13 中：

(a) 明确论断，陈述 H_0 和 H_a；

(b) 求临界值并明确拒绝域；

(c) 计算 $\bar{d}$ 和 s_d；

(d) 利用 t 检验求标准化检验统计量 t；

(e) 决定是否拒绝原假设；

(f) 得出结论并进行解释。如果方便，利用技术工具解决问题。对每个随机抽取的样本，假定总体近似服从正态分布。

9. **SAT 成绩**　下表显示了 14 位学生前两次参加 SAT 考试的阅读成绩，若 $\alpha=0.01$，是否有足够证据得出这些学生第二次 SAT 考试的阅读成绩提高了的结论？

学生	1	2	3	4	5	6	7	8	9	10	11	12	13	14
第一次成绩	445	510	429	452	629	433	551	358	477	325	513	636	571	442
第二次成绩	446	571	517	478	610	453	516	478	532	399	531	648	603	461

11. **一加仑汽油所行驶的里程**　下表显示了 8 辆没有使用燃油添加剂的汽车一加仑汽油所行驶的里程。若 $\alpha=0.10$，是否有足够证据得出燃油添加剂提高了每加仑汽油所行驶的里程的结论？

汽车	1	2	3	4	5	6	7	8
未添加燃油添加剂	23.1	25.4	21.9	24.3	19.9	21.2	25.9	24.8
已添加燃油添加剂	23.6	27.7	23.6	26.8	22.1	22.4	26.3	26.6

13. **减肥**　一位营养师声称参加一项特殊的运动项目在一个月后体重会有所减轻。

下表中给出了 12 名成年人在参加此项运动前后的体重。在显著性水平为 0.10 时，能否得出此项运动可以帮助参加者减轻体重的结论？

参与者	1	2	3	4	5	6	7	8	9	10	11	12
参加运动项目前的体重	157	185	120	212	230	165	207	251	196	140	137	172
参加运动项目后的体重	150	181	121	206	215	169	210	232	188	138	145	172

☐ **扩展概念**

构建 μ_d 的置信区间　可利用下列不等式构建 μ_d 的置信区间：

$$\bar{d}-t_c\frac{s_d}{\sqrt{n}}<\mu_d<\bar{d}+t_c\frac{s_d}{\sqrt{n}}$$

在习题 21 中，构建 μ_d 的置信区间。假定总体服从正态分布。

21. **药物检验**　一位治疗睡眠失常的专家想检验一种新药物的效力，该药物据说能增加睡眠障碍患者夜间的睡眠小时数。该专家随机抽取 16 位病人，记录了每人服用和不服用该新药的睡眠小时数。两个晚上的研究结果如下。构建 μ_d 的 90%置信区间。

病人	1	2	3	4	5	6	7	8	9	10	11	12	13	14	15	16
不服用药物的睡眠小时数	1.8	2.0	3.4	3.5	3.7	3.8	3.9	3.9	4.0	4.9	5.1	5.2	5.0	4.5	4.2	4.7
服用药物的睡眠小时数	3.0	3.6	4.0	4.4	4.5	5.2	5.5	5.7	6.2	6.3	6.6	7.8	7.2	6.5	5.6	5.9

8.4　检验比例间差异

8.4.1　比例间差异的两样本 z 检验

在本节，我们将学习怎样利用各总体的样本比例，使用 z 检验来检验两总体比例 p_1 和 p_2 之差。如果论断关于两总体参数 p_1 和 p_2，几对可能的原假设和备择假设是

$$\begin{cases}H_0: p_1=p_2\\H_a: p_1\neq p_2\end{cases}\quad\begin{cases}H_0: p_1\leqslant p_2\\H_a: p_1>p_2\end{cases}\quad\begin{cases}H_0: p_1\geqslant p_2\\H_a: p_1<p_2\end{cases}$$

不管使用哪一对假设，你总是假设两总体比例无差异，或 $p_1=p_2$。

例如，假定你想确定 4 年获得学士学位的女大学生比例是否不同于 4 年获得学士学位的男大学生比例。利用 z 检验来检验这个差异需要满足以下条件。

1. 样本必须随机抽取。
2. 样本必须相互独立。
3. 为了利用正态抽样分布，样本必须足够大。即 $n_1p_1\geqslant5$，$n_1q_1\geqslant5$，$n_2p_2\geqslant5$，$n_2q_2\geqslant5$。

如果满足这些条件，**$\hat{p}_1-\hat{p}_2$ 的抽样分布**（sampling distribution for $\hat{p}_1-\hat{p}_2$），即**样本比例之差**（the difference between the sample proportions）服从正态分布，其均值为：

$$\mu_{\hat{p}_1-\hat{p}_2}=p_1-p_2$$

标准差为：

$$\sigma_{\hat{p}_1-\hat{p}_2}=\sqrt{\frac{p_1q_1}{n_1}+\frac{p_2q_2}{n_2}}$$

需要已知总体比例来计算标准差。p_1-p_2 的假设检验是基于 $p_1=p_2$ 的假设，利用下式你能计算 p_1 和 p_2 的加权估计：

$$\bar{p}=\frac{x_1+x_2}{n_1+n_2}$$

式中，$x_1=n_1\hat{p}_1$；$x_2=n_2\hat{p}_2$。

利用加权估计 $\bar{p}$，$\hat{p}_1-\hat{p}_2$ 的抽样分布的标准差是

$$\sigma_{\hat{p}_1-\hat{p}_2}=\sqrt{\bar{p}\,\bar{q}\left(\frac{1}{n_1}+\frac{1}{n_2}\right)}$$

式中，$\bar{q}=1-\bar{p}$。

为了使样本足够大以至于能被正态分布近似，需要已知总体比例。在确定 z 检验是否适用于二项试验的比例差时，你应该用 $\bar{p}$ 代替 p_1 和 p_2，用 $\bar{q}$ 代替 q_1 和 q_2。

如果 $\hat{p}_1-\hat{p}_2$ 的抽样分布是正态的，我们就能利用两样本 z 检验来检验两总体比例 p_1 和 p_2 之差。

比例间差异的两样本 z 检验

样本从各总体中随机抽取，两样本 z 检验适用于检验两总体比例 p_1 和 p_2 之差。**检验统计量**（test statistic）是

$$\hat{p}_1-\hat{p}_2$$

标准化检验统计量（standardized test statistic）是

$$z=\frac{(\hat{p}_1-\hat{p}_2)-(p_1-p_2)}{\sqrt{\bar{p}\bar{q}\left(\frac{1}{n_1}+\frac{1}{n_2}\right)}}$$

式中，$\bar{p}=\frac{x_1+x_2}{n_1+n_2}$；$\bar{q}=1-\bar{p}$。

注意，$n_1\bar{p}$，$n_2\bar{p}$，$n_1\bar{q}$ 和 $n_2\bar{q}$ 都必须至少是 5。

如果原假设为 $p_1=p_2$，$p_1\leqslant p_2$ 或 $p_1\geqslant p_2$，在检验之前需要假定 $p_1=p_2$ 且表达式 p_1-p_2 为 0。

指南

比例间差异的两样本 z 检验

文字描述	公式
1. 明确论断，陈述原假设和备择假设。	陈述 H_0 和 H_a
2. 确定显著性水平。	确定 α
3. 确定临界值。	利用附录 B 中的表 4
4. 确定拒绝域。	

5. 求 p_1 和 p_2 的加权估计。　　$\bar{p}=\dfrac{x_1+x_2}{n_1+n_2}$

6. 求标准化检验统计量。　　$z=\dfrac{(\hat{p}_1-\hat{p}_2)-(p_1-p_2)}{\sqrt{\bar{p}\,\bar{q}\left(\dfrac{1}{n_1}+\dfrac{1}{n_2}\right)}}$

7. 决定是否拒绝原假设。　　如果 z 在拒绝域，拒绝 H_0；否则，不能拒绝 H_0

8. 得出结论并进行解释。

用 P 值进行比例之差的检验时，使用和上面一样的指南，跳过第 3 步和第 4 步。求标准化检验统计量后，利用标准正态表格计算 P 值，然后做出拒绝或不能拒绝原假设的结论。如果 P 值小于或等于 α，拒绝 H_0；否则，不能拒绝 H_0。

例 1　比例间差异的两样本 z 检验

在一项研究中，随机抽取 200 位成年女性、250 位成年男性互联网用户，30%的女性和 38%的男性表明他们计划在下月至少网上购物一次。在 $\alpha=0.10$ 下，检验计划网购的互联网用户女性比例和男性比例间存在差异的论断。

互联网用户的样本统计量

女性	男性
$n_1=200$	$n_2=250$
$\hat{p}_1=0.30$	$\hat{p}_2=0.38$
$n_1\hat{p}_1=60$	$n_2\hat{p}_2=95$

解答：

你想确定总体间是否有差异。因此，原假设和备择假设是

H_0：$p_1=p_2$

H_a：$p_1\neq p_2$（论断）

检验是双尾检验，显著性水平 $\alpha=0.10$，临界值是 $-z_0=-1.645$ 和 $z_0=1.645$，拒绝域是 $z<-1.645$ 和 $z>1.645$。总体比例的加权估计是

$$\bar{p}=\frac{x_1+x_2}{n_1+n_2}=\frac{60+95}{200+250}=\frac{155}{450}\approx 0.344\,4$$

$$\bar{q}=1-\bar{p}=1-0.344\,4=0.655\,6$$

因为 $200\times0.344\,4$，$200\times0.655\,6$，$250\times0.344\,4$，$250\times0.655\,6$ 都大于 5，所以能利用两样本 z 检验。标准化检验统计量是

$$z=\frac{(\hat{p}_1-\hat{p}_2)-(p_1-p_2)}{\sqrt{\bar{p}\bar{q}\left(\frac{1}{n_1}+\frac{1}{n_2}\right)}}\approx\frac{(0.30-0.38)-0}{\sqrt{0.344\,4\times0.655\,6\times\left(\frac{1}{200}+\frac{1}{250}\right)}}\approx-1.77$$

下图显示了拒绝域和标准化检验统计量的位置。因为 z 在拒绝域内，所以你应

该拒绝原假设。

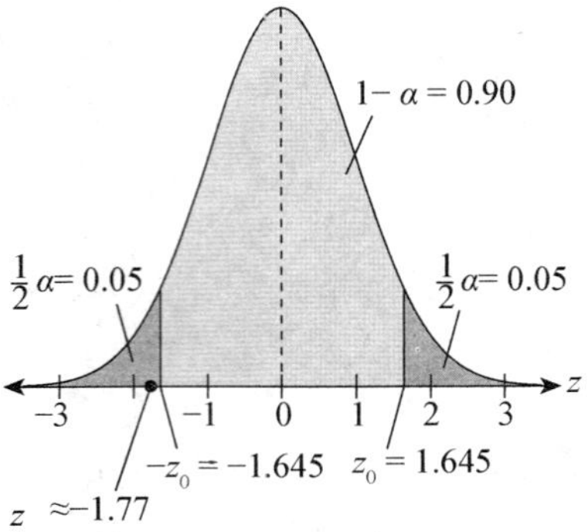

解释：

在10%的显著性水平下，你有足够的证据表明计划网购的互联网用户女性比例和男性比例间存在差异。

▶试一试 1

考虑之前讨论过的NYTS的研究结果。$\alpha=0.05$，男高中生抽烟的比例与女高中生抽烟的比例是否不同？

a. 明确论断，陈述 H_0 和 H_a。

b. 确定显著性水平 α。

c. 求临界值和拒绝域。

d. 计算 $\bar{p}$ 和 $\bar{q}$。

e. 确定 $n_1\bar{p}$，$n_2\bar{p}$，$n_1\bar{q}$ 和 $n_2\bar{q}$ 至少是5。

f. 利用两样本 z 检验求标准化检验统计量 z。

g. 决定是否拒绝原假设。

h. 得出结论并进行解释。

例 2　比例间差异的两样本 z 检验

一个药物研究团队进行了一项检验某减少胆固醇药物效果的研究。在研究结束的时候，研究者发现随机抽取的接受药物的4 700名被试中，301人死于心脏病。在随机抽取的接受安慰剂的4 300名被试中，357人死于心脏病。在 $\alpha=0.10$ 下，你能否得出接受药物的人由心脏病引发的死亡率低于接受安慰剂的人的结论？（资料来源：Adapted from *New England Journal of Medicine*）

减少胆固醇药物的样本统计量

女性	男性
$n_1=4\,700$	$n_2=4\,300$
$x_1=301$	$x_2=357$
$\hat{p}_1=0.064$	$\hat{p}_2=0.083$

解答：

你想确定接受药物的人由心脏病引发的死亡率是否低于接受安慰剂的人。因此，原假设和备择假设是

H_0：$p_1 \geq p_2$

H_a：$p_1 < p_2$（论断）

检验是左尾检验，显著性水平 $\alpha=0.01$，临界值是 $z_0=-2.33$，拒绝域是 $z<-2.33$。p_1 和 p_2 的加权估计是

$$\bar{p}=\frac{x_1+x_2}{n_1+n_2}=\frac{301+357}{4\ 700+4\ 300}=\frac{658}{9\ 000}\approx 0.073\ 1$$

$$\bar{q}=1-\bar{p}=1-0.073\ 1=0.926\ 9$$

因为 $4\ 700\times 0.073\ 1$，$4\ 700\times 0.926\ 9$，$4\ 300\times 0.073\ 1$，$4\ 300\times 0.926\ 9$ 都大于 5，所以你能利用两样本 z 检验。标准化检验统计量是

$$z=\frac{(\hat{p}_1-\hat{p}_2)-(p_1-p_2)}{\sqrt{\bar{p}\,\bar{q}\left(\frac{1}{n_1}+\frac{1}{n_2}\right)}}$$

$$\approx\frac{(0.064-0.083)-0}{\sqrt{0.073\ 1\times 0.926\ 9\times\left(\frac{1}{4\ 700}+\frac{1}{4\ 300}\right)}}\approx -3.46$$

下图显示了拒绝域和标准化检验统计量的位置。因为 z 在拒绝域内，所以你应该拒绝原假设。

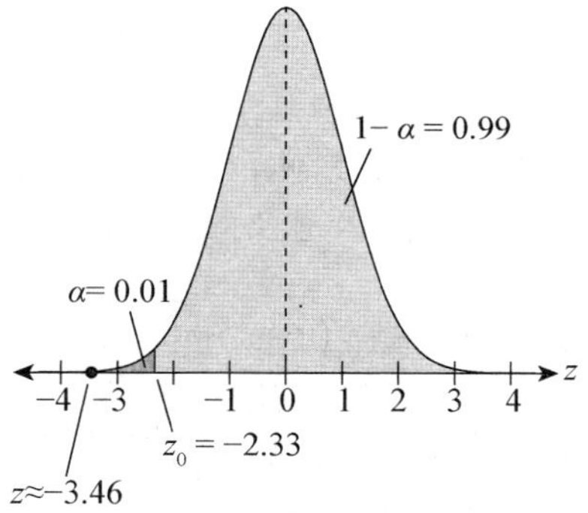

解释：

在 1% 的显著性水平下，有足够证据得出接受药物的人由心脏病引发的死亡率低于接受安慰剂的人的结论。

▶试一试 2

考虑之前讨论过的 NYTS 研究结果。在 $\alpha=0.05$ 下，男高中生抽雪茄的比例与女高中生抽雪茄的比例是否不同？

a. 明确论断，陈述 H_0 和 H_a。

b. 确定显著性水平 α。

c. 求临界值和拒绝域。

d. 计算 $\bar{p}$ 和 $\bar{q}$。

e. 确定 $n_1\bar{p}$，$n_2\bar{p}$，$n_1\bar{q}$ 和 $n_2\bar{q}$ 至少是 5。

f. 利用两样本 z 检验求标准化检验统计量 z。

g. 决定是否拒绝原假设。

h. 得出结论并进行解释。

练习 8.4

基础技能训练和术语

1. 解释怎样对两总体比例差做两样本 z 检验。

在习题 3 中，检验两总体比例差 p_1 和 p_2 的论断，在给定显著性水平下，利用样本统计量。检验是右尾、左尾还是双尾的？假定样本统计量由独立随机样本得到。

3. 论断：$p_1 \neq p_2$，$\alpha=0.01$。样本统计量：$x_1=35$，$n_1=70$，$x_2=36$，$n_2=60$。

应用和解释概念

检验比例差 在习题 7，9 中：

(a) 明确论断，陈述 H_0 和 H_a；

(b) 求临界值并明确拒绝域；

(c) 求标准化检验统计量 t；

(d) 决定是否拒绝原假设；

(e) 得出结论并进行解释。如果方便，利用技术工具解决问题。假定随机样本是独立的。

7. **替代药物的使用** 在 1991 年对 1 539 位成年人的研究中，520 位说在过去一年他们曾经使用替代药物（例如，民间疗法和顺势疗法）。在最近一项对 2 055 位成年人的研究中，865 人说在过去一年他们曾经使用替代药物。在 $\alpha=0.05$ 下，你能拒绝使用替代药物的成年人比例自 1991 年以来没有改变的论断吗？（资料来源：*The Journal of the American Medical Association*）

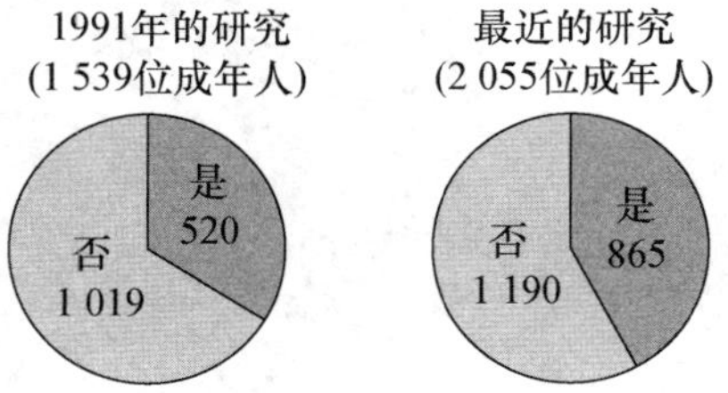

9. **蔬菜的推荐摄入** 在一项对 5 240 位老年男性的调查中，2 201 人说他们食用每日推荐的蔬菜份数。在一项对 6 180 位老年女性的调查中，2 348 人说她们食用每日推荐的蔬菜份数。在 $\alpha=0.10$ 下，你能拒绝食用每日推荐的蔬菜份数的老人的比例在两个人群中是一样的论断吗？（资料来源：Adapted from USDA Economic Research Service）

青少年看电视的时间 在习题 17，19 中，参照下图。假定调查包括 700 个男孩和 500 个女孩，样本是随机和独立的。

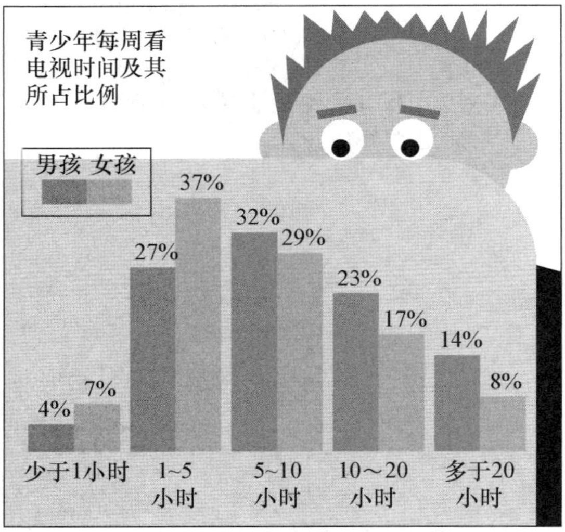

资料来源：Gallup Poll online survey of 1,200 respondents age 13-17.

17. **小于 1 小时的看电视时间** 在 $\alpha=0.01$ 下，你能支持女孩每周观看电视小于 1 小时的比例大于男孩的论断吗？

19. **1～5 小时的看电视时间** 基于调查，一个教育组织声称，女孩每周观看电视 1～5 小时的比例大于男孩。给定 $\alpha=0.05$，你能支持该组织的论断吗？

搬出家门 在习题 21，23 中，参照下图。假定 2006 年的调查包括 13 300 位男性和 13 200 位女性，样本是随机和独立的。（资料来源：Adapted from U. S. Census Bureau）

21. **男性：当时和现在** 在 $\alpha=0.05$

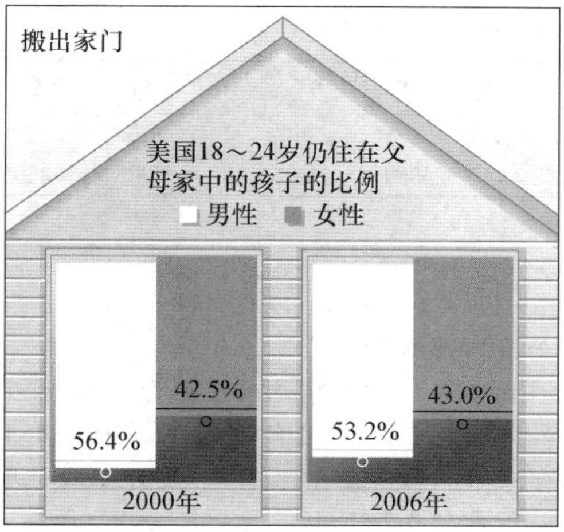

下，你能支持 2000 年住在父母家中 18～24 岁的男性比例大于 2006 年的论断吗？

23. **当时：男性和女性** 在 $\alpha=0.01$ 下，你能拒绝 2000 年 18～24 岁住在父母家中的比例男性和女性相等的论断吗？

扩展概念

构建 p_1-p_2 的置信区间 可以利用下列不等式对两总体比例差 p_1-p_2 构建置信区间：

$$(\hat{p}_1-\hat{p}_2)-z_c\sqrt{\frac{\hat{p}_1\hat{q}_1}{n_1}+\frac{\hat{p}_2\hat{q}_2}{n_2}}$$
$$<p_1-p_2<(\hat{p}_1-\hat{p}_2)$$
$$+z_c\sqrt{\frac{\hat{p}_1\hat{q}_1}{n_1}+\frac{\hat{p}_2\hat{q}_2}{n_2}}$$

在习题 25 中，构建 p_1-p_2 的置信区间。假定样本是随机和独立的。

25. **计划学习工程学的学生** 几年前，1 068 000 位参加 SAT 考试学生的调查表明，8.8%的学生计划在大学学习工程学。在最近对 1 476 000 位参加 SAT 考试学生的调查表明，8.3%的学生计划学习工程学。构建比例差 p_1-p_2 的 95%置信区间。（资料来源：College Board）

本章测验

按如下要求完成本测验：

(a) 用数学语言写出论断，明确 H_0 和 H_a。

(b) 决定假设检验是单尾的还是双尾的，利用 z 检验还是 t 检验。解释你的理由。

(c) 求临界值并明确拒绝域。

(d) 利用恰当的检验求合适的标准化检验统计量。如果方便，利用技术工具。

(e) 决定是否拒绝原假设。

(f) 得出结论并进行解释。

1. 对随机抽取的 49 位男高中生进行科技评估，平均分为 149 分，标准差为 35 分。对随机抽取的 50 位女高中生进行同样的测试，平均分为 145 分，标准差为 33 分。在 $\alpha=0.05$ 下，你能支持在科技评估中男高中生的平均分比女高中生高的论断吗？（资料来源：Adapted from National Center for Education Statistics）

2. 一个科技老师提出：在对四年级学生进行的科技评估测试中，男生与女生的平均分是一样的。13 个随机选取的男生的平均分为 153 分，标准差为 32 分；15 个随机选取的女生的平均分是 149 分，标准差为 30 分。在 $\alpha=0.05$ 下，你能够拒绝老师的论断吗？假设总体是正态分布并且方差是相等的。（资料来源：Adapted from National Center for Education Statistics）

3. 在一个由 6 382 名 21～24 岁之间卷入致命交通意外案件的司机构成的随机样本中，有 32%的人血液中的酒精浓度达到或高于 0.08%。在一个由 11 179 名 25～34 岁之间发生致命交通意外案件的司机构成的随机样本中，有 27%的人血液中的酒精浓度达到或高于 0.08%。在 $\alpha=0.05$ 下，你能够支持在发生致命交通意外案件且血液中的酒精浓度达到或高于 0.08%的司机中，21～24 岁之间的司机比例高于 25～34 岁之间的司机比例的论断吗？（资料来源：U. S. National Highway Safety Traffic Administration）

4. 下表展示的是 12 个随机选取的学生第一次和第二次参加 SAT 考试的数学成绩。在 $\alpha=0.05$ 下有足够的证据表明学生的 SAT

考试成绩在第二次考试中有所提升吗？假定　总体服从正态分布。

学生	1	2	3	4	5	6	7	8	9	10	11	12
第一次得分	457	419	343	539	394	413	392	421	439	340	493	339
第二次得分	532	523	427	607	444	490	428	524	532	397	550	357

现实中的统计——真实的决策

你为国家卫生统计中心的统计部门工作。在一项确定现在和9年前肺炎确诊患者的平均住院时间是否不同的研究中，你的部门决定分析从医院记录中随机抽取的数据。9年前和现在的17岁及以下的几个患者的结果如直方图所示。

你的部门相信肺炎确诊患者（17岁及以下）的平均住院时间有所不同。作为该部门的研究分析员，你的工作是处理数据，并决定是否能够支持论断。

9年前17岁及以下的肺炎患者

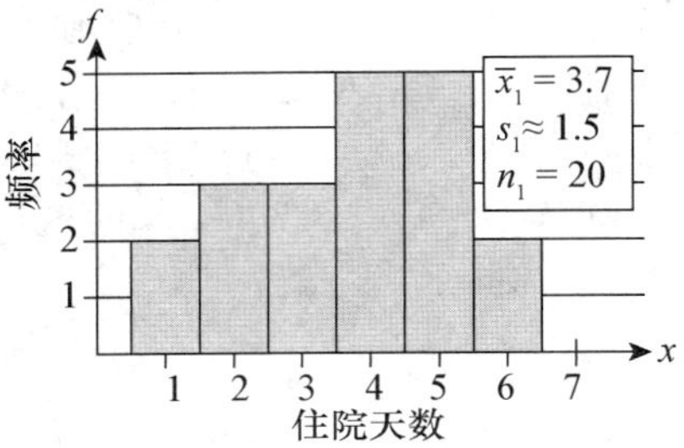

今年17岁及以下的肺炎患者

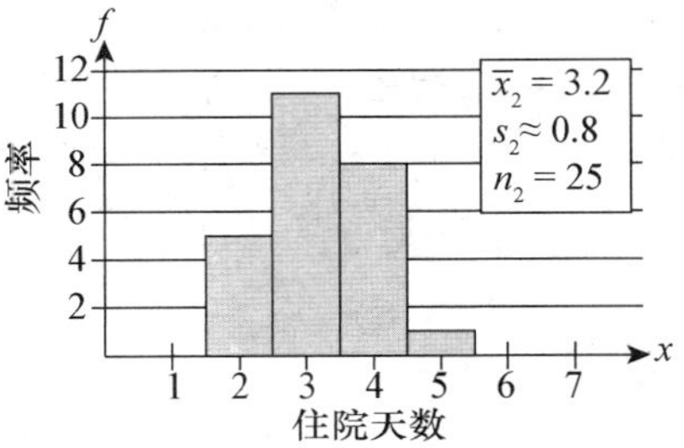

□ 练　习

1. 你将怎么做

(a) 你将采用什么抽样技术来抽取研究样本？为什么？如果按4个地理区域（东北、南部、中西部和西部）将医院记录分类，随机抽取一个领域，得到该领域的每个医院的记录，你将采用什么抽样技术？

(b) (a) 部分哪种技术更容易实施？为什么？

(c) 指出你研究中可能存在的不足或偏差。

2. 选择检验

为了检验肺炎确诊患者（17岁及以下）的平均住院时间有所不同的论断，你应该使用 z 检验还是 t 检验？样本是独立的还是相依的？你需要知道每个总体的分布是什么吗？你需要知道总体方差的任何信息吗？

3. 检验均值

检验肺炎确诊患者（17岁及以下）的平均住院时间有所不同的论断。假定总体服从正态分布，且总体方差不相等。给定 $\alpha=0.05$，解释检验的结论。结论支持你的部门的论断吗？

第Ⅳ篇
更多统计推断技术
More Statistical Inference

▷▷▷ 第9章 相关和回归
▷▷▷ 第10章 卡方检验和F分布
▷▷▷ 第11章 非参数检验

第 9 章 相关和回归

回顾

在第 1 章至第 8 章中，我们学习了描述统计、概率和推断统计。在描述统计中，我们学到的一种技术是把成对数据画成散点图（2.2 节）。例如，20 世纪福克斯（20th Century Fox）推出的电影中，25 部最昂贵电影的预算和总收入如下所示。

25 部最昂贵电影的预算和总收入

预算（百万美元）	全球总收入（百万美元）
200	1 835.4
150	459.4
125	406.4
125	542.7
115	924.3
115	556.7
115	348.5
110	571.1
110	211.4
110	150.5
105	348.8
102	358.8
100	365.3
100	359.1

续前表

预算（百万美元）	全球总收入（百万美元）
100	249.0
90	365.0
87.5	329.5
85	427.2
80	260.7
80	179.1
78	179.3
75	34
75	36.8
72	176.1
65	56.4

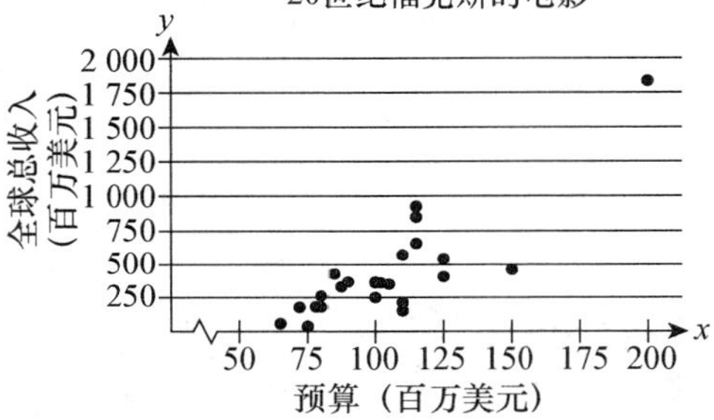

预习

在这 1 章中，我们将学习当数据作为有序数对（ordered pairs）出现时如何去描述和检验两个变量关系的显著性。例如，从 20 世纪福克斯电影的散点图可以看出，较高的总收入倾向于对应较高的预算，较低的总收入倾向于对应较低的预算。这种关系可以形容为全球总收入与预算正相关。这种关系可以用一条距离所有点最近的直线来表示，我们称这条线为回归线（regression line）。第二个散点图展示了华纳兄弟（Warner Brothers）推出的 25 部最昂贵电影的预算和总收入。正如这个散点图所示，华纳兄弟电影的全球总收入和预算并不线性相关。

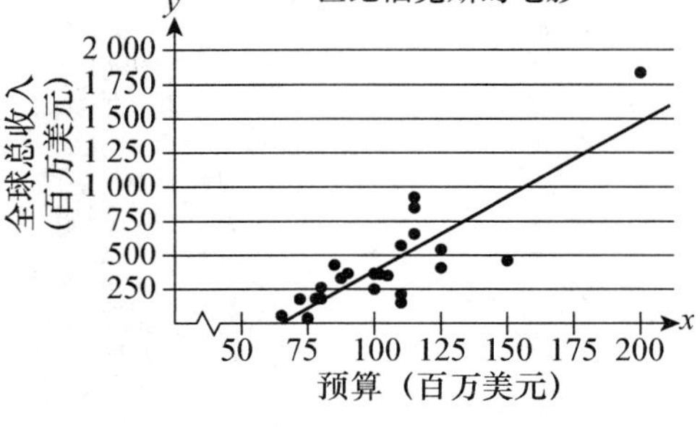

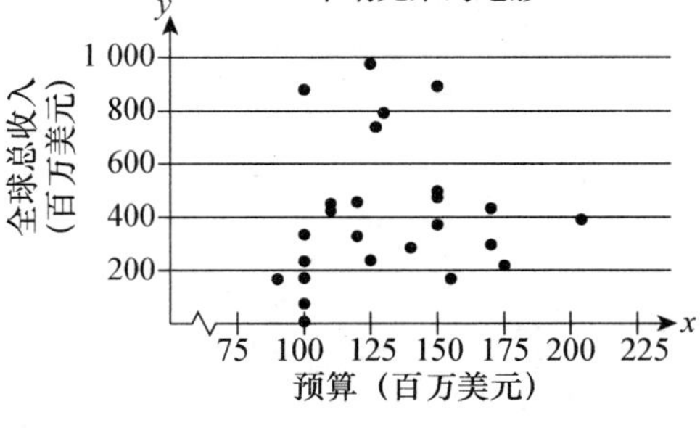

9.1 相　　关

9.1.1 相关的综述

假如一个安全巡视员想要确定雇员受训的小时数和该雇员导致的事故数目之间是否存在一定关系，或者假设一名心理学家想要知道一个人每晚睡眠的小时数和他的反应时间是否存在一定关系。他们怎样才能确定这些关系是否存在呢?

在这个部分，我们将学习如何描述存在于两个数值型变量之间的关系类型，或许是相关，以及怎样去判断这种相关是显著的。

定义

相关（correlation）是两个变量之间的一种关系。数据用有序数对（x，y）代表，x 是**自变量**（independent variable）或**解释变量**（explanatory variable），y 是**因变量**（dependent variable）或**响应变量**（response variable）。

在 2.2 节中，我们学到了有序数对（x，y）的图称为**散点图**（scatter plot）。在一个散点图中，有序数对（x，y）在坐标平面内被描成点。自变量（或解释变量）x 用横轴去度量，因变量（或响应变量）y 用纵轴去度量。散点图可用于确定两个变量之间是否线性相关。下列散点图展示了几种相关的类型。

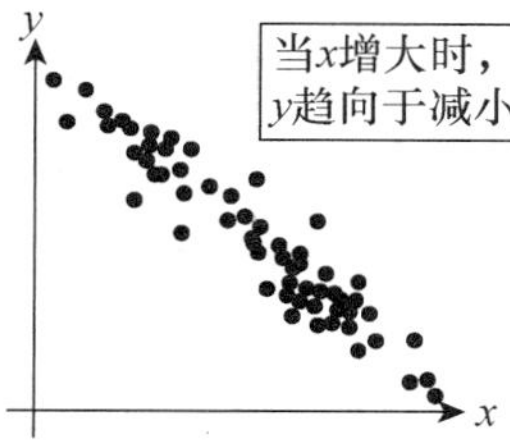

负线性相关

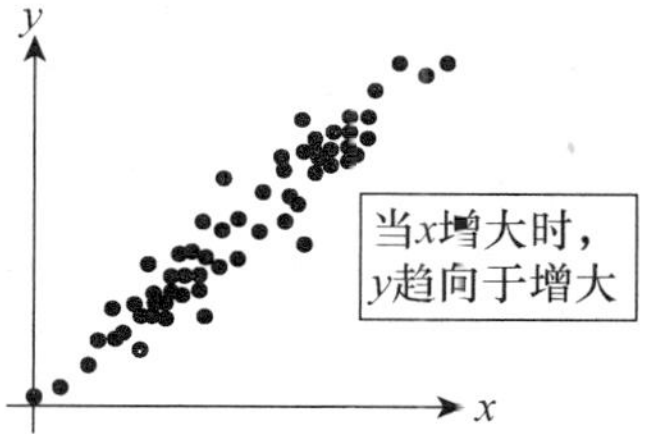

正线性相关

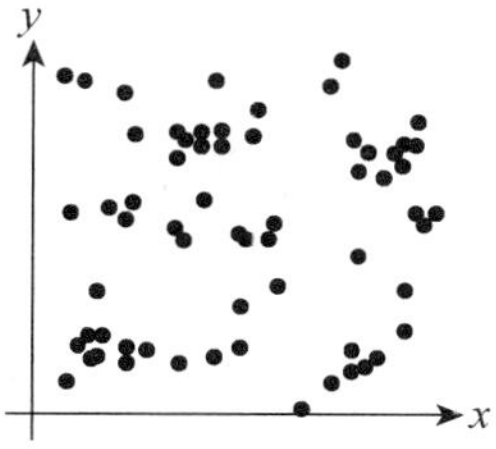

不相关

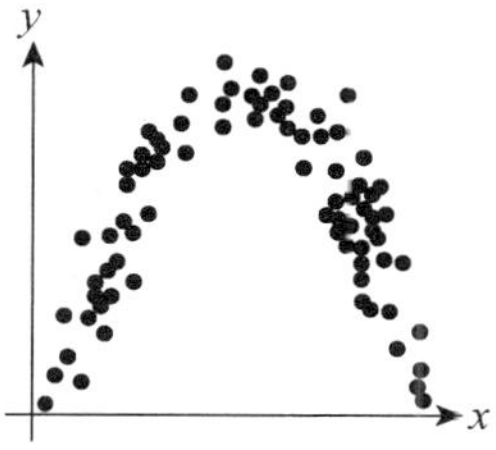

非线性相关

例 1　**构建一个散点图**

一名市场经理进行了一项研究以确定广告支出和公司销售额之间是否存在线性关系。数据列示如下。在一个散点图上展示这些数据，并判断是否正相关、负相关或不相关。

广告费用（千美元），x	公司销售额（千美元），y
2.4	225
1.6	184
2.0	220
2.6	240
1.4	180
1.6	184
2.0	186
2.2	215

解答：

该散点图如下所示。由图可知，变量间正线性相关。

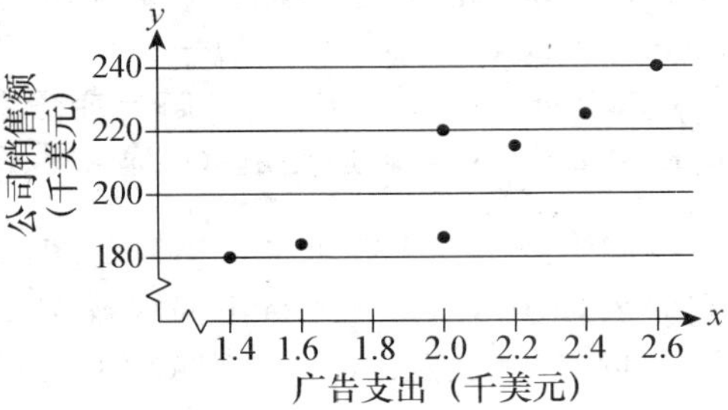

解释：

从左向右看，当广告支出增加时，公司销售额趋于上升。

▶试一试 1

一位社会学家进行一项研究以判断家庭收入水平和家庭支出用于慈善捐赠的比例之间是否存在线性关系。数据如下表所示。在散点图上展示这些数据并确定相关的类型。

a. 画出并标明 x 轴和 y 轴。

b. 标出每个有序数对。

c. 这些数据看起来是否存在线性关系？如果是，解释这种相关关系。

收入水平（千美元），x	捐赠比例（千美元），y
50	8
65	6
48	10
42	9
59	5
72	3

例 2　构建一个散点图

一名护士进行一项研究以确定个体体重（磅）和每日身体损耗的水量（盎司）是否存在线性关系。数据如下表所示。在散点图上标示这些数据并描述相关的类型。

体重，x	142	201	119	102	141	124	220	154
水量，y	54	86	32	50	64	82	39	21

解答：

该散点图如下所示。在散点图中，变量之间看起来并不存在线性相关。

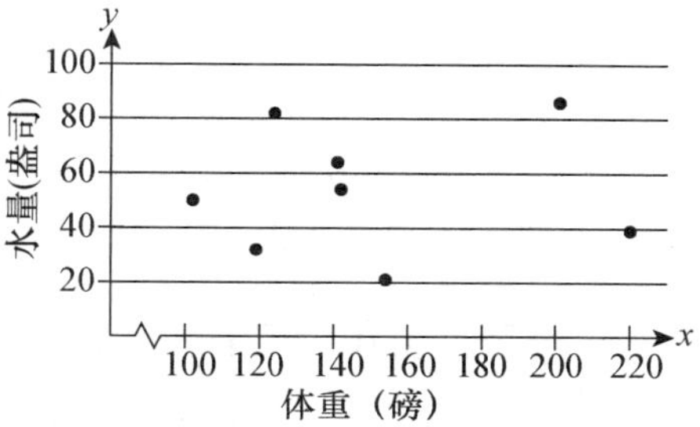

解释：

一个人的体重与其消耗的水量看起来并无关联。

▶试一试 2

一名市场经理进行一项研究以确定一个人的年龄与其订阅的杂志数目是否存在线性关系。数据如下表所示。在散点图上标示这些数据并描述相关的类型。

年龄，x	55	48	26	21	33	50	64	35
订购额，y	2	3	0	4	3	0	6	1

a. 画出并标明 x 轴和 y 轴。

b. 标出每个有序数对。

c. 这些数据看起来是否存在线性关系？如果是，解释这种相关关系。

例 3　应用技术工具构建散点图

不老泉是位于美国黄石国家公园的最著名的喷泉。下表记录的是几次喷泉喷发持续时间以及至下次喷泉喷发的时间间隔。请用 TI-83/84 将图中的数据展示成散点图。试判断相关的类型。

持续时间，x	间隔，y	持续时间，x	间隔，y
1.80	56	3.78	79
1.82	58	3.83	85
1.90	62	3.88	80
1.93	56	4.10	89
1.98	57	4.27	90
2.05	57	4.30	89
2.13	60	4.43	89
2.30	57	4.47	86
2.37	61	4.53	89

续前表

持续时间，x	间隔，y	持续时间，x	间隔，y
2.82	73	4.55	86
3.13	76	4.60	92
3.27	77	4.63	91
3.65	77		

解答：

先将 x 值输入第一列以及 y 值输入第二列。用“统计绘图”（stat plot）命令构建散点图。其所得图如下所示。从散点图中可以看出，这两个变量之间是正相关关系。

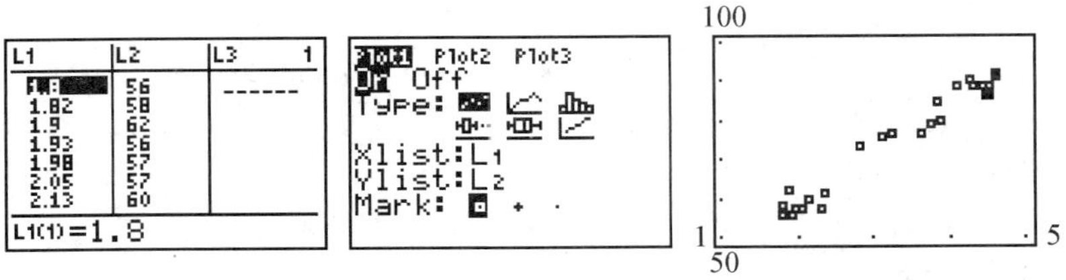

▶试一试 3

考虑本章开篇时所引用的 20 世纪福克斯公司最贵 25 部电影的数据。请将这些数据用散点图表现出来，然后判断数据的相关性。

a. 在第一列和第二列中分别输入数据。

b. 画出散点图。

c. 数据是否呈现线性相关？如果是，解释这种相关关系。

9.1.2 相关系数

通过散点图来解释相关可能比较主观。一种更精确地测量两变量间相关的类型以及强度的途径是计算相关系数。尽管存在计算样本相关系数的公式，利用技术工具去计算这个数值则更为方便。

定义

相关系数（correlation coefficient）是对两变量间线性相关关系的强度以及方向的一种测量。符号 r 代表样本相关系数。计算 r 的公式为：

$$r=\frac{n\sum xy-\left(\sum x\right)\left(\sum y\right)}{\sqrt{n\sum x^2-\left(\sum x\right)^2}\sqrt{n\sum y^2-\left(\sum y\right)^2}}$$

式中，n 为数据的对数。

总体相关系数用小写希腊字母 ρ 表示。

相关系数的取值范围为 [−1，1]。如果 x 和 y 存在强的线性正相关关系，r 就会接近 1。如果 x 和 y 存在强的线性负相关关系，r 就会接近 −1。如果 x 和 y 线性无关或线性相关很弱，r 就会接近 0。需要重点记住的是，即使 r 接近于 0，也并不意味着 x 和 y 之间没有关系；它仅仅表明了 x 和 y 之间不存在线性相关关系。几个例子如下所示。

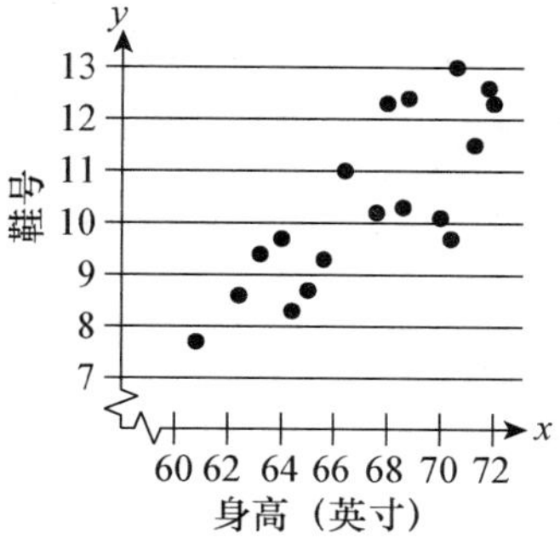

强正相关 $r=0.81$

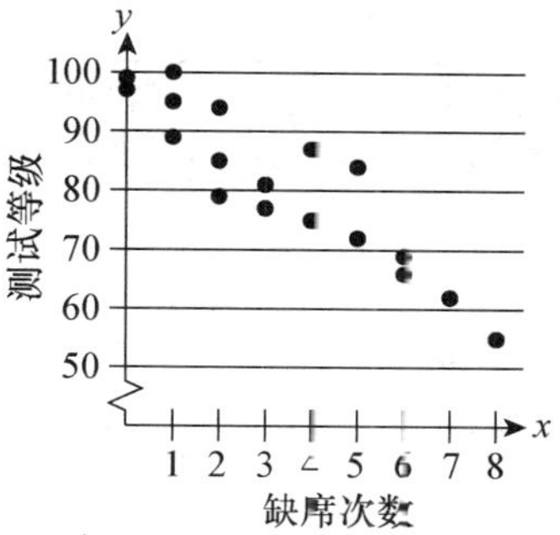

强负相关 $r=-0.92$

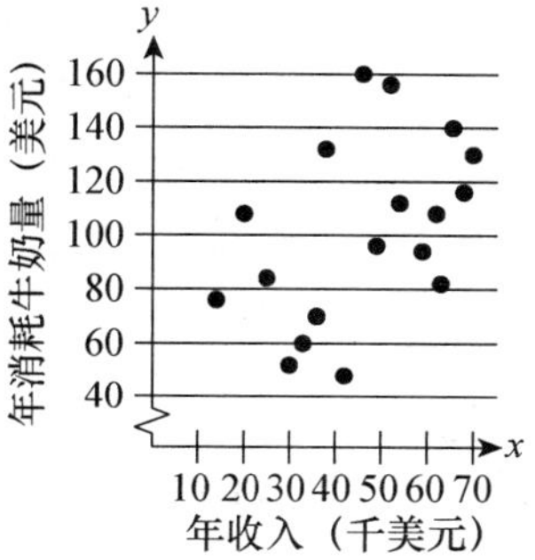

弱正相关 $r=0.45$

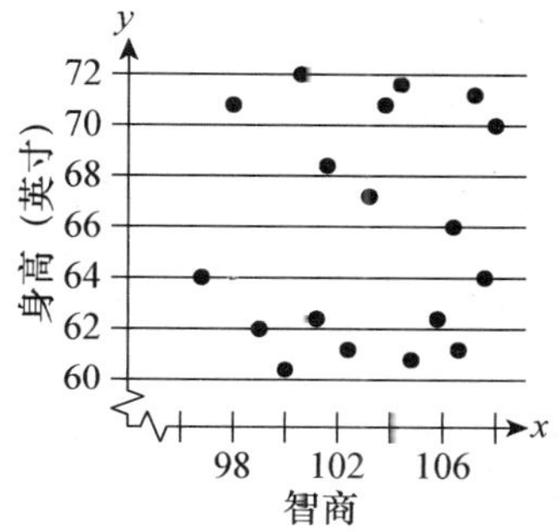

不相关 $r=0.04$

指南

计算相关系数

文字描述	公式
1. 对所有 x 求和。	$\sum x$
2. 对所有 y 求和。	$\sum y$
3. 将相应的 x 和 y 的乘积求和。	$\sum xy$
4. 对每个 x 取值的平方求和。	$\sum x^2$
5. 对每个 y 取值的平方求和。	$\sum y^2$
6. 用这五个和计算相关系数。	$r=\dfrac{n\sum xy-(\sum x)(\sum y)}{\sqrt{n\sum x^2-(\sum x)^2}\sqrt{n\sum y^2-(\sum y)^2}}$

例 4　**求相关系数**

利用例 1 的数据计算广告支出和公司销售额的相关系数。你能得出什么结论？

解答：

利用下表来求解相关系数。

广告支出（千美元），x	公司销售额（千美元），y	xy	x^2	y^2
2.4	225	540	5.76	50 625
1.6	184	294.4	2.56	33 856
2.0	220	440	4	48 400
2.6	240	624	6.76	57 600
1.4	180	252	1.96	32 400
1.6	184	294.4	2.56	33 856
2.0	186	372	4	34 596
2.2	215	473	4.84	46 225
$\sum x = 15.8$	$\sum y = 1\,634$	$\sum xy = 3\,289.8$	$\sum x^2 = 32.44$	$\sum y^2 = 337\,558$

有了这些和，已知 $n=8$，相关系数

$$r = \frac{n\sum xy - (\sum x)(\sum y)}{\sqrt{n\sum x^2 - (\sum x)^2}\sqrt{n\sum y^2 - (\sum y)^2}}$$

$$= \frac{8 \times 3\,289.8 - 15.8 \times 1\,634}{\sqrt{8 \times 32.44 - 15.8^2}\sqrt{8 \times 337\,558 - 1\,634^2}}$$

$$= \frac{501.2}{\sqrt{9.88}\sqrt{30\,508}} \approx 0.912\,9$$

$r \approx 0.912\,9$ 表明 x 和 y 之间存在强正线性相关关系。

解释：

随着广告支出增加，公司销售额也增加。

▶试一试 4

计算试一试 1 中收入水平和捐赠比例之间的相关系数。你能得出什么结论？

收入水平（千美元），x	捐赠比例（%），y
50	8
65	6
48	10
42	9
59	5
72	3

a. 确定 n。

b. 列一张表计算 $\sum x, \sum y, \sum xy, \sum x^2$ 和 $\sum y^2$。

c. 用表中的求和结果和 n 计算 r。

d. 你能得出什么结论？

例 5　使用技术工具计算相关系数

用技术工具计算例 3 中所给出的不老泉的数据的相关系数，从中你可以得出什么结论？

解答：

MINITAB，Excel，以及 TI-83/84 都可以计算成对数据的相关系数。用这三种技术工具计算相关系数 r，你可以得到如下结果。

MINITAB

Correlations: C1, C2

Pearson correlation of C1 and C2 = 0.979

EXCEL

	A	B	C
26	CORREL(A1:A25,B1:B25)		
27			0.978659

在应用 TI-83/84 来计算相关系数之前，需要输入 Diagnostic On 命令。因此，输入“2nd”“0”，将光标移至 Diagnostic On，点击确定键。

下面描述了如何应用带有第一列和第二列数据的 TI-83/84 计算出相关系数。

TI-83/84

EDIT **CALC** TESTS
1:1–Var Stats
2:2–Var Stats
3:Med–Med
4: LinReg(ax+b)
5:QuadReg
6:CubicReg
7↓Quart Reg

TI-83/84

LinReg(ax+b) L_1, L_2

TI-83/84

LinReg
y=ax+b
a=12.48094391
b=33.68290034
r^2=0.9577738551
r=0.9786592129

相关系数

相关系数约等于 0.979，这说明变量之间存在强正相关性。

▶试一试 5

根据本章开篇时所引用的 20 世纪福克斯公司最贵 25 部电影的数据计算其相关系数。从中你能得出什么结论？

a. 输入数据。

b. 用合适的方法计算相关系数 r。

c. 从中你可以得出什么结论？

9.1.3　检验总体相关系数 ρ

一旦计算出样本相关系数 r，你就想确定是否有足够证据表明总体相关系数是显著的。也就是说，你是否可以基于有限的样本数据对包含所有这种数据的总体进行推论？请记住你是在使用样本数据对总体情况进行推论，因此，结论常常可能是错误的。在对相关的研究中，显著性水平其实是一个很小的百分比，是你判定显著相关而实际并不显著相关的小部分情况占所有判定情况的比例。一般设定显著性水平$\alpha=0.01$或0.05。当$\alpha=0.05$时，你有可能在显著性水平并不是5%的情况下判定总体相关系数显著。（当然，在95%的情况下，你将相关系数正确地判定为显著。）当$\alpha=0.01$时，你犯此类错误的可能性只有1%。可是，当你采用一个较低的显著性水平时，却可能无法识别出一些显著的相关。

为了使一个相关系数显著，它的绝对值必须接近1。要判断总体相关系数ρ是否显著，需要使用附录B的表11中给定的临界值（critical value）。部分图表如下所示。如果$|r|$比临界值大，我们就有足够的证据去判断相关是显著的。否则，并无足够证据表明相关是显著的。例如，为了判断在显著性水平$\alpha=0.01$下5对数据的总体相关系数ρ是否显著，我们需要比较$|r|$与临界值0.959孰大孰小，如图所示。

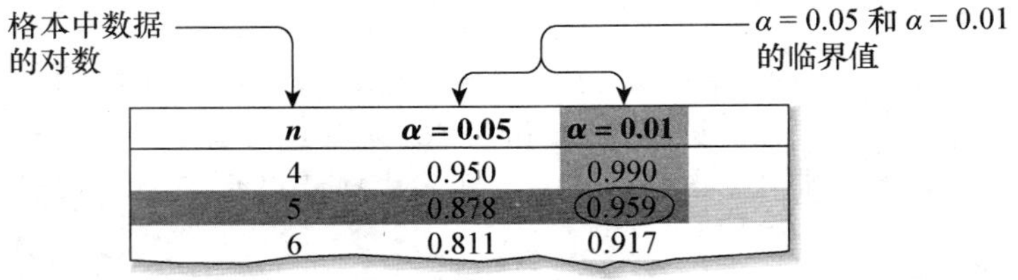

如果$|r|>0.959$，显著相关。否则，没有足够证据推断为显著相关。关于这个过程的指南如下所示。

指南

用附录B中的表11判断相关系数ρ

文字描述	公式
1. 确定样本中数据的对数。	确定n
2. 确定显著性水平。	确定α
3. 找到临界值。	利用附录B中的表11
4. 判断相关是否显著。	如果$|r|>$临界值，则显著相关；否则，没有足够证据推断为显著相关
5. 得出结论并进行解释。	

例6 **利用附录B中的表11判断相关系数**

在例5中，你利用25对数据得到了$r\approx0.979$，这个相关系数显著吗？给定$\alpha=0.05$。

解答：

数据对数为25，即$n=25$。显著性水平$\alpha=0.05$。利用附录B中的表11，找到$\alpha=0.05$（列）对应于$n=25$（行）的临界值。对应行列的值为0.396。

n	$\alpha=0.05$	$\alpha=0.01$
4	0.950	0.990
5	0.878	0.959
6	0.811	0.917
7	0.754	0.875
8	0.707	0.834
9	0.666	0.798
10	0.632	0.765
11	0.602	0.735
12	0.576	0.708
13	0.553	0.684
14	0.532	0.661
19	0.456	0.575
20	0.444	0.561
21	0.433	0.549
22	0.423	0.537
23	0.413	0.526
24	0.404	0.515
25	0.396	0.505
26	0.388	0.496
27	0.381	0.487
28	0.374	0.479
29	0.367	0.471

因为 $|r|\approx 0.979>0.396$，所以你可以判定总体相关系数显著。

解释：

在 5%的显著性水平下，有足够证据推断不老泉喷发持续的时间和两次喷发的时间间隔之间显著线性相关。

▶试一试 6

在试一试 4 中，你计算得到收入水平和捐赠比例的相关系数为 $r\approx -0.916$，这个相关系数显著吗？给定 $\alpha=0.01$。

a. 确定样本中数据的对数。

b. 确定显著性水平。

c. 在附录 B 的表 11 中找到临界值。

d. 比较 $|r|$ 和临界值的大小，并判断相关是否显著。

e. 得出结论并进行解释。

9.1.4 总体相关系数 ρ 的假设检验

你也可以用假设检验来推断样本相关系数 r 是否提供了足够的证据表明总体相关系数 ρ 是显著的。关于 ρ 的假设检验可以是单尾检验，也可以双尾检验。原假设和备择假设如下所示。

$\begin{cases} H_0: \rho \geq 0 (\text{无显著负相关}) \\ H_a: \rho < 0 (\text{显著负相关}) \end{cases}$ **左尾检验**（left-tailed test）

$\begin{cases} H_0: \rho \leq 0 (\text{无显著正相关}) \\ H_a: \rho > 0 (\text{显著正相关}) \end{cases}$ **右尾检验**（right-tailed test）

$$\begin{cases} H_0: \rho=0\text{（无显著相关）} \\ H_a: \rho\neq 0\text{（显著相关）} \end{cases}$$ **双尾检验**（two-tailed test）

在本书中，你可以只考虑对 ρ 进行双尾检验。

相关系数的 t 检验

t 检验可用于检验两变量间的相关是否显著。**检验统计量**（test statistics）是 r，**标准化检验统计量**（standardized test statistics）

$$t=\frac{r}{\sigma_r}=\frac{r}{\sqrt{\frac{1-r^2}{n-2}}}$$

服从自由度为 $n-2$ 的 t 分布。

指南

对相关系数 ρ 使用 t 检验

文字描述	公式
1. 陈述原假设和备择假设。	陈述 H_0 和 H_a
2. 确定显著性水平。	确定 α
3. 确定自由度。	d. f. $=n-2$
4. 确定临界值和拒绝域。	利用附录 B 中的表 5
5. 计算标准化检验统计量。	$t=\frac{r}{\sqrt{\frac{1-r^2}{n-2}}}$
6. 决定是否拒绝原假设。	如果 t 在拒绝域内，拒绝 H_0；否则，不能拒绝 H_0
7. 得出结论并进行解释。	

例 7　**相关系数的 t 检验**

在例 4 中，你用了 8 对数据得到 $r\approx 0.9129$，检验相关系数的显著性，给定 $\alpha=0.05$。

解答：

原假设和备择假设是

H_0：$\rho=0$（无显著相关）

H_a：$\rho\neq 0$（显著相关）

因为样本中有 8 对数据，所以自由度是 $8-2=6$。又因为我们要进行双尾检验，$\alpha=0.05$，自由度 d. f. $=6$，所以临界值是 $-t_0=-2.447$ 和 $t_0=2.447$，拒绝域为 $t<2.447$ 和 $t>2.447$。利用 t 检验，标准化检验统计量为：

$$t=\frac{r}{\sqrt{\frac{1-r^2}{n-2}}}=\frac{0.9129}{\sqrt{\frac{1-0.9129^2}{8-2}}}\approx 5.478$$

下图显示了拒绝域和标准化检验统计量。

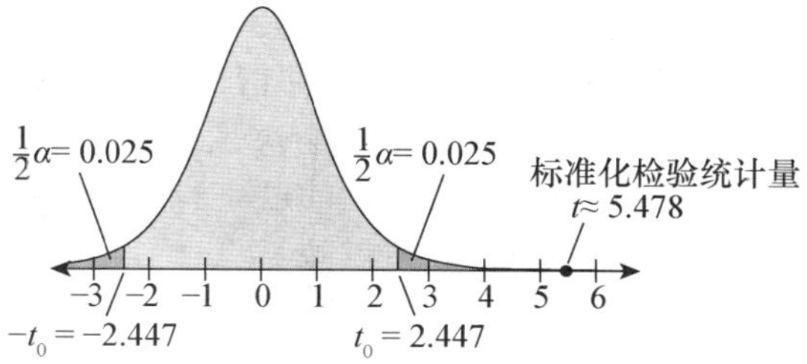

因为 t 落在拒绝域中，所以你应该拒绝原假设。

解释：

在显著性水平为 5%时，有足够证据表明广告支出和公司销售额之间显著线性相关。

▶试一试 7

在试一试 5 中，你计算得到 20 世纪福克斯推出的电影中，25 部最昂贵电影的预算和总收入的相关系数为 $r\approx 0.83773$，检验相关系数的显著性，给定 $\alpha=0.01$。

a. 陈述原假设和备择假设。

b. 确定显著性水平。

c. 确定自由度。

d. 确定临界值和拒绝域。

e. 计算标准化检验统计量。

f. 决定是否拒绝原假设。

g. 得出结论并进行解释。

9.1.5　相关与因果关系

两个变量强相关并不意味着它们之间存在因果关系。我们需要更多深入的研究以判断两变量间是否存在因果关系。

如果两个变量显著相关，研究人员应该考虑以下可能性。

1. **两个变量之间可能存在直接的因果关系吗？**

换言之，x 能引起 y 变化吗？例如，考虑我们在这部分中讨论过的广告支出和公司销售额的关系。可以得到合理的结论是在广告上投入得越多，销售额会越多。

2. **两个变量之间可能存在反向的因果关系吗？**

即 y 能引起 x 变化吗？例如，考虑我们在这部分中讨论过的不老泉的数据。这些变量正线性相关，而且有可能断定泉水喷发持续的时长会影响下次喷发的时间。可是，另一种可能是喷发的时间间隔会影响下次喷发持续的时长。

3. **两个变量之间的关系可能受到第三个或更多其他变量的影响吗？**

例如，考虑本章开篇提到的 20 世纪福克斯推出的 25 部最昂贵电影的预算和总收入。即使这些变量之间正线性相关，预算减少则总收入减少也是令人怀疑的。这种关系也许由其他变量引致，例如广告、演员和其他同期上演的电影等。

4. **两个变量之间的关系可能只是偶然的吗？**

例如，尽管我们可能得到同一区域中物种数量和拥有多于两辆车的人口数量显著相关，但很可能这两个变量并不直接相关。这种关系可能纯属巧合。

要判断在一个数据集中存在以上哪种情况是很困难的。例如，考虑这个例子。假设一个人只要在一家特定餐馆吃虾就会突发皮疹。我们很自然可以得到他对虾过敏的结论。可是，通过过敏症专科医师的进一步研究表明，这个人并不是对虾过敏，而是对厨师烹饪虾时使用的一种佐料过敏。

练习 9.1

□ 基础技能训练和术语

1. 哪个 r 值表明相关性较强：$r=0.834$，$r=-0.925$？解释你的结论。

3. 解释如何判断样本相关系数是否表明总体相关系数显著。

□ 应用和解释概念

构建散点图和判断相关　在习题 15，17 中：(a) 构建散点图；(b) 计算相关系数 r；(c) 对相关类型做出判断。

15. **年龄和血压**　10 名男性的年龄和收缩压如下：

年龄，x	16	25	39	45	49	64	70	29	57	22
收缩压，y	109	122	143	132	199	185	199	130	175	118

17. **学习小时数和测试分数**　13 名学生用于测试的学习时间和他们在该测试的得分如下：

学习小时数，x	0	1	2	4	4	5	5	5	6	6	7	7	8
测试分数，y	40	41	51	48	64	69	73	75	68	93	84	90	95

□ 扩展概念

交换 x 和 y　在习题 29 中，让行 1 代表 x，行 2 代表 y，计算相关系数 r。然后让行 2 代表 x，行 1 代表 y，计算相关系数 r。交换解释变量和响应变量对相关系数的影响是什么？

29.

行 1	16	25	39	45	49	64	70
行 2	109	122	143	132	199	185	199

31. **论述**　利用学校的图书馆、互联网或者其他资料寻找实际生活中存在明显因果关系的数据。描述每个变量和解释为什么你认为这些变量有明显的因果关系。

(a) 直接因果关系：一个变量变化会引起另一个变量变化。

(b) 其他因素：两个变量间的关系由第三个变量引起。

(c) 巧合：两个变量的这种关系纯属巧合。

9.2　线性回归

9.2.1　回归线

在证实两变量间存在显著线性相关之后，下一步是要判断哪个方程使数据拟合得最好。这条线称为回归线，给定 x 时，这个方程可用于预测 y。可能会有很多条线通过，所以回归线需要由具体的标准来确定。

考虑下面所示的散点图和直线。对于每个数据点，d_i 代表了给定 x 时 y 的观测值与线上预测值的差值。这个差值称为**残差**（residuals），它们可正，可负，可为零。当数据点在线的上方时，d_i 为正。当数据点在线的下方时，d_i 为负。如果 y 的观测值等于预测值，则 $d_i=0$。在所有根据数据点可画出的线中，回归线是使所有残差平方和 $\sum d_i^2$ 取最小值的线。

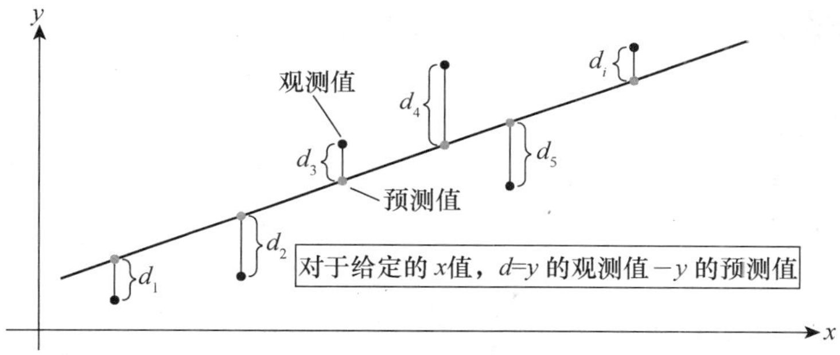

定义

回归线（regression line），也称**最优拟合线**（line of best fit），是使残差平方和最小的线。

在代数中，我们学过如何利用一条线的斜率 m 和 y 轴截距 b 写出其方程。这个方程为：

$$y=mx+b$$

一条线的斜率是增加值和趋势的比率，y 轴截距是该线与 y 轴交点的纵坐标，即当 $x=0$ 时的 y 值。

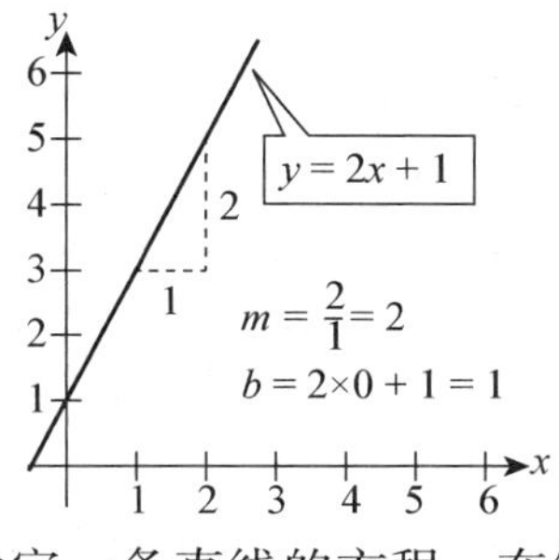

在代数中，可以用两点确定一条直线的方程。在统计学中，可以用数据集中的每一个点去确定回归方程。

你可以利用回归方程来用自变量（解释变量）x 预测因变量（响应变量）y。

回归方程

自变量 x 和因变量 y 的回归方程为：

$$\hat{y}=mx+b$$

式中，$\hat{y}$ 是给定 x 时 y 的预测值。斜率 m 和 y 轴截距 b 如下：

$$m=\frac{n\sum xy-\left(\sum x\right)\left(\sum y\right)}{n\sum x^2-\left(\sum x\right)^2}$$

$$b=\bar{y}-m\bar{x}=\frac{\sum y}{n}-m\frac{\sum x}{n}$$

式中，$\bar{y}$ 是数据集中 y 的均值；$\bar{x}$ 是 x 的均值。回归线总经过点$(\bar{x}, \bar{y})$。

例 1 求回归方程

找到 9.1 节中广告支出和公司销售额的回归方程。

解答：

在 9.1 节例 4 中我们知道，$n=8$，$\sum x=15.8$，$\sum y=1\,634$，$\sum xy=3\,289.8$，$\sum x^2=32.44$。如前所述，你可以利用这些值计算回归线的斜率和 y 轴截距。

$$m=\frac{n\sum xy-\left(\sum x\right)\left(\sum y\right)}{n\sum x^2-\left(\sum x\right)^2}=\frac{8\times 3\,289.8-15.8\times 1\,634}{8\times 32.44-15.8^2}=\frac{501.2}{9.88}$$

$$\approx 50.728\,74$$

$$b=\bar{y}-m\bar{x}=\frac{1\,634}{8}-50.728\,74\times\frac{15.8}{8}=204.25-50.728\,74\times 1.975$$

$$\approx 104.060\,7$$

因此，回归方程是 $\hat{y}=50.729x+104.061$。

要把回归线画出来，可以使用数据范围内任意两个 x 值，利用回归线计算它们相应的 y 值。然后，将这两点连成一条直线。回归线和散点图如下所示。如果描出了点$(\bar{x}, \bar{y})=$（1.975，204.25），你会注意到回归线经过了这一点。

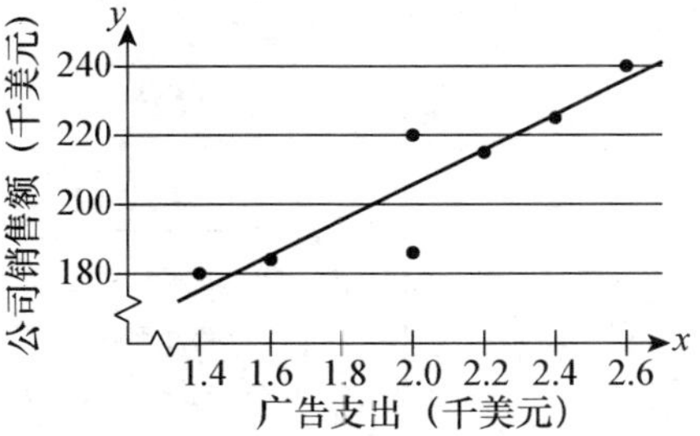

▶试一试 1

找到 9.1 节中收入水平和捐赠比例的回归方程。

a. 确定 9.1 节试一试 4 的 n，$\sum x$，$\sum y$，$\sum xy$，$\sum x^2$。

b. 计算斜率 m。

c. 计算 y 轴截距 b。

d. 写出回归方程。

例 2　利用技术工具找到回归方程

利用一种技术工具来找到 9.1 节所使用数据的回归方程。

解答：

MINITAB，Excel，以及 TI-83/84 都可以求解回归方程。使用这些技术工具寻找回归方程时，你应该获得和以下结果相似的结果。

MINITAB

Regression Analysis:C2 versus C1

The regression equation is
C2 = 33.7 + 12.5 C1

Predictor	Coef	SE Coef	T	P
Constant	33.683	1.894	17.79	0.000
C1	12.4809	0.5464	22.84	0.000

S = 2.881 53　　R-Sq = 95.8%　　R-Sq(adj) = 95.6%

EXCEL

	A	B	C	D
1	Slope:			
2	INDEX(LINEST(known_y's,known_x's),1)			
3				12.480 94
4				
5	Y-intercept:			
6	INDEX(LINEST(known_y's,known_x's),2)			
7				33.682 9

TI-83/84

LinReg
y=ax+b
a=12.48094391
b=33.68290034
r^2=0.9577738551
r=0.9786592129

由此可知，回归方程是

$$\hat{y}=12.481x+33.683$$

下图显示了 TI-83/84 求得的回归线和数据散点图。你可以利用“统计绘图”(stat plot) 命令来构建散点图和 y_1 的回归方程。

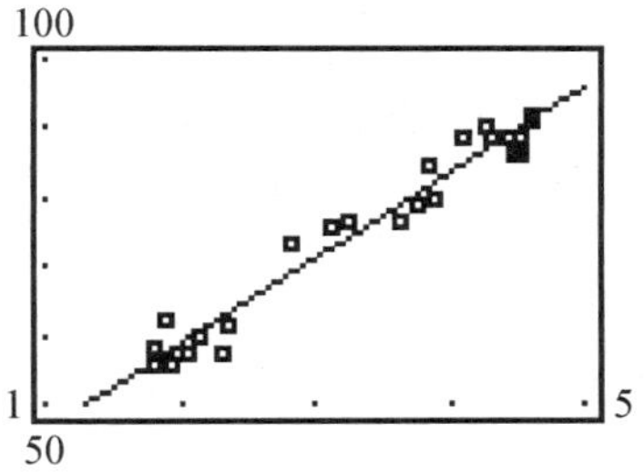

▶试一试 2

使用技术工具找到章前给出的 20 世纪福克斯公司 25 部最昂贵电影的预算与总

收入之间关系的回归方程。

a. 输入数据。

b. 计算斜率和 y 轴截距 b。

c. 写出回归方程。

9.2.2 回归线的应用

找到回归方程以后，如果 x 和 y 显著相关，你可以利用这个方程去预测数据范围内的 y 值。例如，一名广告主管可以基于广告支出预测公司销售额。要预测 y 值，将既定的 x 值代入回归方程，计算出 y 的预测值 $\hat{y}$ 即可。

例 3　利用回归方程预测 y 值

广告支出（千美元）和公司销售额（千美元）的回归方程是 $\hat{y}=50.729x+104.061$，用这个方程预测下列广告支出对应的公司销售额。（在 9.1 节例 7 中，x 和 y 显著线性相关。）

1. 1 500 美元。
2. 1 800 美元。
3. 2 500 美元。

1. $\hat{y}=50.729x+104.061$ $=50.729\times1.5+104.061$ ≈180.155	**解释：** 当广告支出为 1 500 美元时，公司销售额为 180 155 美元。
2. $\hat{y}=50.729x+104.061$ $=50.729\times1.8+104.061$ ≈195.373	**解释：** 当广告支出为 1 800 美元时，公司销售额为 195 373 美元。
3. $\hat{y}=50.729x+104.061$ $=50.729\times2.5+104.061$ ≈230.884	**解释：** 当广告支出为 2 500 美元时，公司销售额为 230 884 美元。

预测值只对数据范围内（或靠近这个范围）的 x 值有意义。在原始数据集中，x 的有效范围为 1.4～2.6。因此，用回归线 $\hat{y}=50.729x+104.061$ 去预测广告支出为 500 美元或 5 000 美元时的公司销售额是不合适的。

▶试一试 3

不老泉数据的回归方程是 $\hat{y}=12.481x+33.683$。用这个方程去预测每次喷发持续的时间对应的喷发间隔。（在 9.1 节例 6 中 x 和 y 显著线性相关。）

1. 2 分钟。
2. 3.32 分钟。

a. 将每个 x 值代入回归方程。

b. 计算 $\hat{y}$。

c. 详细说明预测到的喷发间隔和每次喷发持续的时间。

练习 9.2

在习题 1，3 中，把左边的描述和右边的描述配对。

1. 回归线　　　　c. 拟合得最好的线
3. 对应于数据点 x_i 的 y 值　　d. y_i

□ 应用和解释概念

求回归方程　在习题 13，15 中，找到给定数据的回归方程，画出散点图和回归线。(每对变量显著相关。) 对于给定的每个 x 值，如果有意义，请利用回归方程去预测 y 值。如果用给定的 x 去预测 y 无意义，请解释原因。如果方便的话，利用技术工具解决这个问题。

13. **迈阿密楼宇高度**　迈阿密 9 座著名楼宇的高度（英尺）和楼层数如下（资料来源：Emporis Buildings）：

高度，x	764	625	520	510	492	484	450	430	410
层数，y	55	47	51	28	39	34	33	31	40

(a) $x=500$。
(b) $x=650$。
(c) $x=310$。
(d) $x=725$。

15. **学习时间和测试分数**　一次测试中，13 名学生的学习时间和测试分数如下：

学习时间，x	0	1	2	4	4	5	5	5	6	6	7	7	8
测试分数，y	40	41	51	48	64	69	73	75	68	93	84	90	95

(a) $x=3$。
(b) $x=6.5$。
(c) $x=13$。
(d) $x=4.5$。

17. **热狗：卡路里和钠含量**　10 份牛肉热狗的卡路里含量和钠含量（毫克）如下：(资料来源：*Consumer Reports*)

卡路里，x	150	170	120	120	90
钠含量，y	420	470	350	360	270
卡路里，x	180	170	140	90	110
钠含量，y	550	530	460	380	330

(a) $x=170$ 卡路里。
(b) $x=100$ 卡路里。
(c) $x=140$ 卡路里。
(d) $x=210$ 卡路里。

□ 扩展概念

交换 x 和 y　在习题 31 中，完成以下项目：

(a) 找到给定数据的回归方程，让行 1 作 x 值，行 2 作 y 值，画出数据的散点图和回归线。

(b) 找到给定数据的回归方程，让行 2 作 x 值，行 1 作 y 值，画出数据的散点图和回归线。

(c) 交换因变量和自变量对回归线有什么影响？

行 1	0	1	2	3	3	5	5	5	6	7
行 2	96	85	82	74	95	68	76	84	58	65

残差图　残差图 (residual plot) 提供了评估数据相关和回归模型可能存在问题的机会。可以如此构建一个残差图：作一个以 $(x, y-\hat{y})$ 为数据的散点图，$y-\hat{y}$ 代表了每个 y 的残差值。如果残差显示出一定的规律性，则回归线可能就不是这两个变量间关系的一种很好的表示方式。如果残差没有显示出一定的规律性，也就是说，残差在 0 周围波动，则回归线是两变量间关系的较好代表。如果残差图中一个点游离于模式之外，这个点可能是个离群点。

在习题 33 中：(a) 找到回归方程；(b) 构建一个散点图和画出回归线；(c) 构建一个残差图；(d) 判断残差图是否存在一定形式，解释这些现象表明变量之间有何关系。

33.

x	38	34	40	46	43	48	60	55	52
y	24	22	27	32	30	31	27	26	28

9.3 回归和预测区间的测量

9.3.1 回归线的波动

这部分中，我们将学习相关和回归研究中的两种测量手段——判定系数和估计标准差。同时，我们将学习如何利用回归线以及给定的 x 值来构建 y 的预测区间。在学习这些概念之前，你需要明白回归线的三种偏差。

要找到一条回归线的总波动、被解释波动和未解释波动，首先要计算每一有序数对 (x_i, y_i) 的**总偏差**（total deviation）、**被解释偏差**（explained deviation）和**未解释偏差**（unexplained deviation）。这些偏差如下图所示。

总偏差 $= y_i - \bar{y}$

被解释偏差 $= \hat{y}_i - \bar{y}$

未解释偏差 $= y_i - \hat{y}_i$

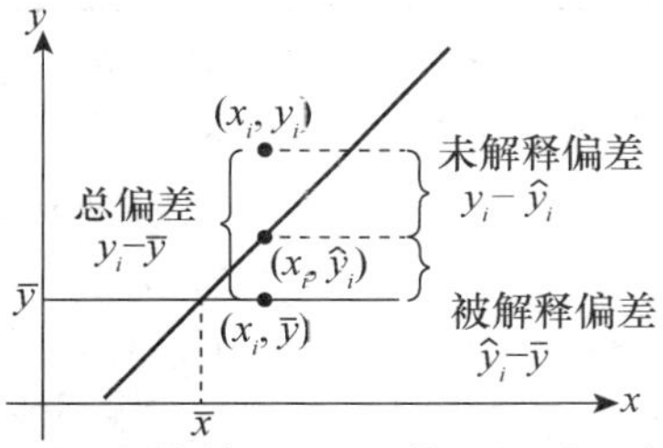

计算出每对数据点 (x_i, y_i) 的偏差后，你可以得到总波动、被解释波动和未解释波动。

定义

回归线的**总波动**（total variation）是每个 y 值与所有 y 值的均值 $\bar{y}$ 之差的平方和。

$$总波动 = \sum (y_i - \bar{y})^2$$

回归线的**被解释波动**（explained variation）是每个 y 的预测值 $\hat{y}$ 与所有 y 值的均值 $\bar{y}$ 之差的平方和。

$$被解释波动 = \sum (\hat{y}_i - \bar{y})^2$$

回归线的**未解释波动**（unexplained variation）是每个 y 值与每个 y 的预测值 $\hat{y}$ 之差的平方和。

$$未解释波动=\sum(y_i-\hat{y}_i)^2$$

被解释波动与未解释波动的和等于总波动。

$$总波动=被解释波动+未解释波动$$

正如这些名称所示，被解释波动可以由 x 和 y 之间的关系解释。未解释波动则不能由 x 和 y 之间的关系解释，归因于偶然因素或其他变量。

9.3.2　判定系数

你已经知道如何计算相关系数 r。相关系数的平方称为判定系数。判定系数等于被解释波动占总波动的比例。

定义

判定系数 r^2（coefficient of determination r^2）是被解释波动占总波动的比例，即

$$r^2=\frac{被解释波动}{总波动}$$

正确理解判定系数非常重要。例如，如果相关系数 $r=0.90$，判定系数 $r^2=0.90^2=0.81$，这意味着 81%的 y 的波动可以由 x 与 y 的关系解释。剩余的 19%是未得到解释的，归因于其他因素或抽样误差。

例 1　**求判定系数**

9.1 节例 4 中广告支出和公司销售额的相关系数为 $r\approx0.913$，求判定系数。从中你可对被解释波动及未解释波动有多少了解？

解答：

判定系数为 $r^2=0.913^2\approx0.834$

解释：

大约 83.4%的销售额波动可以由广告支出的波动解释，大约 16.6%的销售额波动未得到解释，归因于偶然因素和其他变量。

▶试一试 1

9.1 节例 5 中不老泉数据的相关系数 $r\approx0.979$，求判定系数。从中你可对被解释波动及未解释波动有多少了解？

a. 确定相关系数 r。

b. 计算判定系数 r^2。

c. 多少比例的波动能够解释？多少比例未能解释？

9.3.3　估计标准差

当我们由一个 x 值估计出一个 y 值时，这个估计是点估计。你可以构建一个 $\hat{y}$

的估计区间，首先需要计算估计标准差。

定义

估计标准差 s_e（standard error of estimate s_e）是给定一个 x_i 时，观测值 y_i 关于预测值 $\hat{y}$ 的标准差，表示为：

$$s_e = \sqrt{\frac{\sum (y_i - \hat{y}_i)^2}{n-2}}$$

式中，n 为数据集中有序数对的对数。

从这个公式中你可以看到，估计标准差是未解释波动除以 $n-2$ 后的平方根。因此，观测值 y 与估计值 $\hat{y}$ 越接近，估计标准差就越小。

指南

求估计标准差 s_e

文字描述	公式
1. 做一张以右边符号为列名的表格。	x_i，y_i，$\hat{y}_i$，$(y_i - \hat{y}_i)$，$(y_i - \hat{y}_i)^2$
2. 利用回归方程计算 y 的预测值。	$\hat{y}_i = mx_i + b$
3. 计算每对观测值 y 与其预测值之差的平方和。	$\sum (y_i - \hat{y}_i)^2$
4. 求估计标准差。	$s_e = \sqrt{\frac{\sum (y_i - \hat{y}_i)^2}{n-2}}$

你也可以利用下式求估计标准差。

$$s_e = \sqrt{\frac{\sum y^2 - b\sum y - m\sum xy}{n-2}}$$

如果已经计算出斜率 m，y 轴截距 b 和其余几个求和值，这个公式非常便于使用。例如，回归方程是 $\hat{y} = 1.842\,47x + 51.774\,13$，和值为 $\sum y^2 = 80\,877.5$，$\sum y = 1\,137$，$\sum xy = 11\,940.25$，则估计标准差为：

$$s_e = \sqrt{\frac{\sum y^2 - b\sum y - m\sum xy}{n-2}}$$

$$= \sqrt{\frac{80\,877.5 - 51.774\,13 \times 1\,137 - 1.842\,47 \times 11\,940.25}{16-2}}$$

$$\approx 0.877$$

例2 求估计标准差

9.2 节例 1 中广告支出和公司销售额的回归方程为 $\hat{y} = 50.729x + 104.061$，求估计标准差。

解答：

可用下表计算每对观测值 y 与其预测值之差的平方和。

x_i	y_i	$\hat{y}_i$	$(y_i-\hat{y}_i)^2$
2.4	225	225.81	0.656 1
1.6	184	185.23	1.512 9
2.0	220	205.52	209.670 4
2.6	240	235.96	16.321 6
1.4	180	175.08	24.206 4
1.6	184	185.23	1.512 9
2.0	186	205.52	381.030 4
2.2	215	215.66	0.435 6
			$\sum = 635.346\ 3$

当 $n=8$，$\sum(y_i-\hat{y}_i)^2=635.346\ 3$ 时，估计标准差为：

$$s_e=\sqrt{\frac{\sum(y_i-\hat{y}_i)^2}{n-2}}=\sqrt{\frac{635.346\ 3}{8-2}}\approx 10.290$$

解释：

广告支出和公司销售额的估计标准差约为 10.290 美元。

▶试一试 2

一个研究员收集的数据如下表所示，可以看出电台广告时间（分钟/周）和产品每周销售额（百美元）有显著关系。利用回归方程 $\hat{y}=1.405x+7.311$ 求估计标准差。

电台广告时间	周销售额
15	26
20	32
20	38
30	56
40	54
45	78
50	80
60	88

a. 列表计算每对观测值 y 与其预测值之差的平方和。

b. 确认数据集中有序数对的数目 n。

c. 计算 s_e。

d. 解释结果。

9.3.4 预测区间

若对于任意的 x 值，相应的 y 值服从正态分布，且对于任意的 y 值，相应的 x 值服从正态分布，则两个变量服从**二元正态分布**（bivariate normal distribution）。回归方程由所得样本数据决定，同时 x 和 y 假定为服从二元正态分布，由此你可以构建关于 y 的预测区间。要构建预测区间，需用到 t 分布和 $n-2$ 的自由度。

定义

给定一个线性回归方程 $\hat{y}=mx+b$ 和 x 的一个特定值 x_0，一个关于 y 的 **c 预测区间**（c-prediction interval）为：

$$\hat{y}-E<y<\hat{y}+E$$

$$E=t_c s_e\sqrt{1+\frac{1}{n}+\frac{n(x_0-\overline{x})^2}{n\sum x^2-(\sum x)^2}}$$

式中，$\hat{y}$ 是点估计；E 是误差的边际值。预测区间包含 y 的概率是 c。

指南

给定具体的 x 值构建 y 的预测区间

文字描述	公式
1. 确定数据集中有序数对的数目和自由度。	d. f. $=n-2$
2. 利用回归方程和给定的 x 值求出点估计 $\hat{y}$。	$\hat{y}_i=mx_i+b$
3. 求相应置信度 c 的临界值 t_c。	利用附录 B 中的表 5
4. 求估计标准差 s_e。	$s_e=\sqrt{\frac{\sum(y_i-\hat{y}_i)^2}{n-2}}$
5. 求边际误差 E。	$E=t_c s_e\sqrt{1+\frac{1}{n}+\frac{n(x_0-\overline{x})^2}{n\sum x^2-(\sum x)^2}}$
6. 求左右边界并构建预测区间。	左边界：$\hat{y}-E$ 右边界：$\hat{y}+E$ 区间：$\hat{y}-E<y<\hat{y}+E$

例 3　**构建预测区间**

利用例 2 的结果，当广告支出为 2 100 美元时，构建一个关于公司销售额的置信度为 95%的预测区间。你可以得出什么结论？

解答：

因为 $n=8$，所以有 $8-2=6$ 个自由度。利用回归方程 $\hat{y}=50.729x+104.061$ 和 $x=2.1$，点估计为：

$$\hat{y}=50.729x+104.061=50.729\times 2.1+104.061\approx 210.592$$

从附录 B 中的表 5 得，临界值 $t_c=2.447$；由例 2 得，$s_e\approx 10.290$。利用这些值，边际误差为：

$$E=t_cs_e\sqrt{1+\frac{1}{n}+\frac{n(x_0-\bar{x})^2}{n(\sum x^2)-(\sum x)^2}}$$

$$=2.447\times 10.290\sqrt{1+\frac{1}{8}+\frac{8\times(2.1-1.975)^2}{8\times 32.44-15.8^2}}$$

$$\approx 26.857$$

利用 $\hat{y}=210.592$ 和 $E=20.857$，预测区间如下：

左边界	右边界
210.592−26.857=183.735	210.592+26.857=237.449

$$183.735 < y < 237.449$$

解释：

你有 95% 的把握说当广告支出为 2 100 美元时，公司销售额会在 183 735～237 449 美元之间。

▶试一试 3

当广告支出为 2 500 美元时，构建一个关于公司销售额的置信度为 95% 的预测区间。你可以得出什么结论？

a. 确定 n，d. f.，t_c，s_e。

b. 计算 $x=2.5$ 时 y 的预测值。

c. 计算边际误差 E。

d. 构建预测区间。

e. 解释结果。

练习 9.3

□ 基础技能训练和术语

图表分析　在习题 1，3 中，根据图表回答问题。

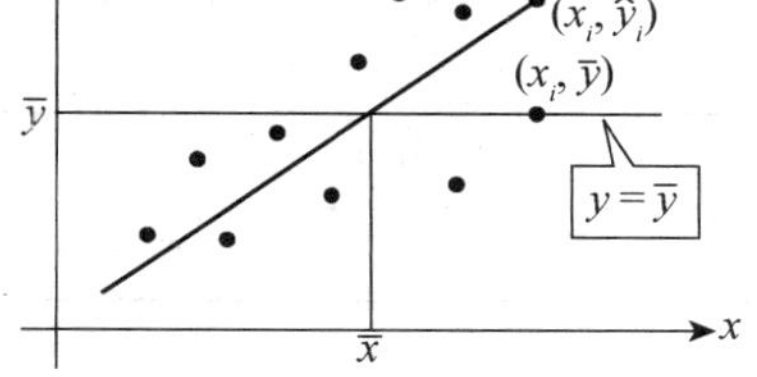

1. 用文字和公式描述一条回归线的总波动。

3. 用文字和公式描述一条回归线的未解释波动。

□ 应用和解释概念

寻找波动的类型和判定系数　在习题 9，11 中，利用数据找到判定系数和估计标准差 s_e，并解释结果。

9. **股票发行**　最近 12 年间的股票最初对外发行数额和相应的收益（百万美元）如下表所示，回归方程为 $\hat{y}=40.049x+$

21 843.09。（资料来源：Securities Data Co.）

数额，x	412	461	687	483	317	487	385	81	70	68	186	169
收益，y	17 784	28 745	42 572	32 478	34 585	65 069	65 627	34 368	22 136	10 122	32 380	28 677

11. **零售空间和销售**　下表是购物中心零售空间（百万平方英尺）与其11年的销售额（百万美元），回归方程是 $\hat{y}=549.448x-1\,881.694$。（资料来源：Adapted from International Council of Shopping Centers）

零售空间，x	5.0	5.1	5.2	5.3	5.5	5.6	5.7	5.8	5.9	6.0	6.1
销售额，y	893.8	933.9	980.0	1 032.4	1 105.3	1 181.1	1 221.7	1 277.2	1 339.2	1 432.6	1 530.4

构建和解释预测区间　在习题17，19中，构建和解释预测区间。

17. **收益**　利用习题9最初对外发行股额的数据，当股额为712时，构建一个关于其收益的95%置信区间。

19. **零售销售额**　利用习题11的结果，当购物中心面积为4 500 000平方英尺时，构建一个关于其销售额的95%置信区间。

□ 扩展概念

老式交通工具　在习题25，27中，利用下图的信息。

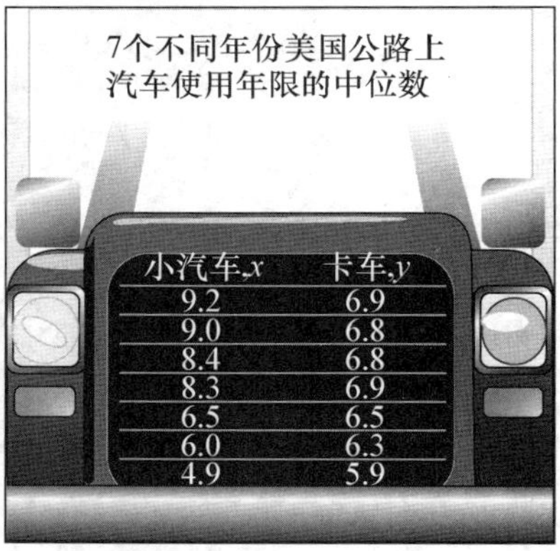

资料来源：Polk Co.

25. **散点图**　构建数据的散点图，并标明 $\bar{y}$ 和 $\bar{x}$。

27. **偏差**　计算每个数据点的被解释偏差、未解释偏差和总偏差。

关于斜率的假设检验　在习题33中利用如下信息。

在检验总体回归线的斜率时，你通常会检验斜率为0，即 H_0：$M=0$。斜率为0意味着 x 和 y 之间不存在线性关系。要进行关于斜率 M 的 t 检验，要用到的标准化检验统计量为：

$$t=\frac{m}{s_e}\sqrt{\sum x^2-\frac{\left(\sum x\right)^2}{n}}$$

还要使用 $n-2$ 的自由度。然后利用附录B中表5的临界值，决定是否拒绝原假设。你也可利用TI-83/84中的LinRegTTest功能来计算标准化检验统计量和相应的 P 值。如果 P 值小于等于 α，则拒绝原假设。如果 P 值大于 α，则不能拒绝原假设。

33. 下表是随机抽样得到的一组婴儿的体重及其一天内睡眠时间的样本数据。检验论断：$M\neq0$，$\alpha=0.01$。联系实际解释结果。如果方便，请利用技术工具解决这个问题。

体重，x	8.1	10.2	9.9	7.2	6.9	11.2	11	15
睡眠小时数，y	14.8	14.6	14.1	14.2	13.8	13.2	13.9	12.5

9.4 多元回归

9.4.1 求多元回归方程

在很多例子中，一个关于因变量的更好的预测模型含有不止一个自变量。例如，前面章节讨论过的关于公司销售额更精确的预测可以由销售人员和广告支出得到。含有一个以上自变量的模型称为多元回归模型。

定义

多元回归方程（multiple regression equation）的形式如下：

$$\hat{y}=b+m_1x_1+m_2x_2+m_3x_3+\cdots+m_kx_k$$

式中，x_1，x_2，x_3，…，x_k 是自变量；b 是 y 轴截距；y 是因变量。

y 轴截距 b 是当所有 x_i 为 0 时的 y 值。每个系数 m_i 是当其他自变量保持不变时，该自变量变化一单位因变量 y 的变化值。

例 1　**求多元回归方程**

研究者想要确定一个公司的员工收入与工龄、之前的工作经验和受教育年限的关系。研究者从公司选择了 8 名员工并且获得了如下数据。

员工	收入	工龄（年）	工作经验（年）	受教育年限
A	57 310	10	2	16
B	57 380	5	6	16
C	54 135	3	1	12
D	56 985	6	5	14
E	58 715	8	8	16
F	60 620	20	0	12
G	59 200	8	4	18
H	60 320	14	6	17

利用 MINITAB 求解和数据匹配的多元回归方程。

解答：

在 C1 输入 y 值，并且在 C2，C3 和 C4 中分别输入 x_1，x_2，x_3 数值。从“统计”（stat）中选择“回归”（regression），利用收入作为响应变量、剩余数据作为预测值，你可以得到如下结果。

MINITAB

```
Regression Analysis:Salary, y versus x1, x2, x3

The regression equation is
Salary, y = 49764 + 364 x1 + 228 x2 + 267 x3

Predictor      Coef            SE Coef      T        P
Constant     (49 764)  b        1981      25.12    0.000
x1           (364.41)  m1       48.32      7.54    0.002
x2           (227.6)   m2       123.8      1.84    0.140
x3           (266.9)   m3       147.4      1.81    0.144

S = 659.490        R-Sq = 94.4%        R-Sq(adj) = 90.2%
```

回归方程是

$$\hat{y}=49\,764+364x_1+228x_2+267x_3$$

▶试一试 1

一位统计学教授想要确定学生的期末成绩和期中成绩、缺课次数之间的关系。教授从她的班级选择了 10 名学生并且得到了如下数据。

学生	期末成绩，y	期中成绩，x_1	缺课次数，x_2
1	81	75	1
2	90	80	0
3	86	91	2
4	76	80	3
5	51	62	6
6	75	90	4
7	44	60	7
8	81	82	2
9	94	88	0
10	93	96	1

利用技术工具求解和数据匹配的多元回归方程。

a. 输入数据。

b. 求出回归方程。

MINITAB 展示的信息比回归方程和独立变量相关系数更多。它还能展示估计标准差 S 和判定系数 $R\text{-}Sq$。在例 1 中，$S=659.490$，$R\text{-}Sq=94.4\%$，所以估计标准差是 659.49 美元。判定系数告诉我们 y 的 94.4%的波动可以由多元回归方程解释。剩下的 5.6%归因于其他因素。

9.4.2　预测 y 值

在找到多元回归方程之后，你可以利用该方程去预测数据有效范围内的 y 值。要预测 y 值，将每个自变量的值代入方程计算即可。

例 2　**用多元回归方程预测 y 值**

给定以下条件，用例 1 中求得的回归方程预测员工的收入。

1. 12 年工龄，5 年工作经验，16 年受教育年限。
2. 4 年工龄，2 年工作经验，12 年受教育年限。
3. 8 年工龄，7 年工作经验，17 年受教育年限。

解答：

要预测员工的收入，将 x_1，x_2，x_3 代入方程计算 $\hat{y}$。

1.

$$\begin{aligned}\hat{y} &= 49\,764+364x_1+228x_2+267x_3\\ &= 49\,764+364\times 12+228\times 5+267\times 16\\ &= 59\,544\end{aligned}$$

员工收入的预测值为 59 544 美元。

2.

$$\begin{aligned}\hat{y} &= 49\,764+364x_1+228x_2+267x_3\\ &= 49\,764+364\times 4+228\times 2+267\times 12\\ &= 54\,880\end{aligned}$$

员工收入的预测值为 54 880 美元。

3.

$$\begin{aligned}\hat{y} &= 49\,764+364x_1+228x_2+267x_3\\ &= 49\,764-364\times 8+228\times 7+267\times 17\\ &= 58\,811\end{aligned}$$

员工收入的预测值为 58 811 美元。

▶试一试 2

给定下列条件，利用试一试 1 中得到的回归方程预测一个学生的期末成绩。

1. 一名学生期中成绩为 89 分，缺课 1 次。
2. 一名学生期中成绩为 78 分，缺课 3 次。
3. 一名学生期中成绩为 83 分，缺课 2 次。

a. 将期中成绩 x_1 代入回归方程。

b. 将相应的缺课次数 x_2 代入回归方程。

c. 计算 $\hat{y}$。

d. 得出每个学生的期末成绩。

练习 9.4

□ 基础技能训练和术语

预测 y 值　在习题 1，3 中，利用给定的自变量值和回归方程预测相应的 y 值。

1. **棉花产量**　用于预测棉花产量（磅）

的方程是

$$\hat{y}=640-0.105x_1+0.124x_2$$

式中，x_1 是种植英亩数（千英亩）；x_2 是收成英亩数（千英亩）。（资料来源：U. S. National Agricultural Statistics Service）

(a) $x_1=13\ 500$，$x_2=12\ 000$。
(b) $x_1=15\ 000$，$x_2=13\ 500$。
(c) $x_1=14\ 000$，$x_2=13\ 500$。
(d) $x_1=14\ 500$，$x_2=13\ 000$。

3. **黑樱桃树的体积** 黑樱桃树的体积（立方尺）有以下模型：

$$\hat{y}=-52.2+0.3x_1+4.5x_2$$

式中，x_1 是树高（英尺）；x_2 是树的直径（英寸）。（资料来源：*Journal of the Royal Statistical Society*）

(a) $x_1=70$，$x_2=8.6$。
(b) $x_1=65$，$x_2=11.0$。
(c) $x_1=83$，$x_2=17.6$。
(d) $x_1=87$，$x_2=19.6$。

□ 应用和解释概念

求多元回归方程 在习题5中，利用表中数据和技术找到多元回归方程，然后回答以下问题。

(a) 估计标准差是什么。
(b) 判定系数是什么。
(c) 解释 (a) 和 (b) 的结果。

5. **销售** 近11年来，购物中心的总零售面积（百万平方英尺）、购物中心的数目（千）和销售额（百万美元）如下表所示。

销售额，y	总零售面积，x_1	购物中心数目，x_2
893.8	5.0	41.2
933.9	5.1	42.1
980.0	5.2	43.0
1 032.4	5.3	43.7
1 105.3	5.5	44.4
1 181.1	5.6	45.1
1 221.7	5.7	45.8
1 277.2	5.8	46.4
1 339.2	5.9	47.1
1 432.6	6.0	47.8
1 530.4	6.1	48.7

□ 扩展概念

调整 r^2 r^2，即判定系数的计算依赖于数据对的数目和自变量的个数。r^2 的一个调整值可以根据自由度计算。

$$r_{adj}^2=1-\left[\frac{(1-r^2)(n-1)}{n-k-1}\right]$$

式中，n 是数据对的数目；k 是自变量的个数。

在习题7中，在计算出 r_{adj}^2 后，据此判断 y 的波动有多少是由自变量与 y 的关系引起的，再和根据 r^2 得到的结果进行比较。

7. 计算习题5的 r_{adj}^2。

本章测验

在习题1～8中，利用下表中美国近11年来个人收入和个人花费（单位均为万亿美元）的数据。

个人收入，x	个人花费，y
6.5	5.5
6.9	5.8
7.4	6.1
7.8	6.5

续前表

个人收入，x	个人花费，y
8.4	7.0
8.7	7.4
8.9	7.6
9.2	8.0
9.7	8.5
10.2	9.1
10.9	9.6

1. 构建数据的散点图。这些数据看起来正相关、负相关或不相关吗？请解释。

2. 计算相关系数 r。你能得出什么结论？

3. 检验相关系数 r 的显著性，给定 $\alpha=0.05$。

4. 求数据的回归方程。在散点图上画出回归线。

5. 利用回归方程预测个人收入为 6.2 万亿美元时的个人花费。

6. 求判定系数 r^2 并解释结果。

7. 求估计标准差 s_e 并解释结果。

8. 当个人收入是 7.6 万亿美元时，构建关于个人花费的 95% 置信区间。解释结果。

9. 以下方程可用于预测向日葵的产量（磅）

$$\hat{y}=924-0.604x_1+0.813x_2$$

式中，x_1 是种植的亩数（千亩）；x_2 是收获的亩数（千亩）。给定下列自变量时，利用回归方程预测相应的 y 值。判断哪个变量对 y 值影响更大。

(a) $x_1=2\,643$，$x_2=2\,518$。

(b) $x_1=3\,506$，$x_2=3\,383$。

(c) $x_1=1\,894$，$x_2=1\,726$。

(d) $x_1=2\,344$，$x_2=2\,197$。

现实中的统计——真实的决策

婴儿发展中心，美国丹佛大学心理学部的分支，是一个研究婴儿从 2 个月到 3 岁的直觉和感觉发展的机构。研究人员（包括研究生、博士后等）通过对动作进行研究，观察婴儿在特定环境下如何思考和行动。

你是这个研究机构的一名工作人员，对确定婴儿是在较冷还是较热的环境下能更快学会爬行感兴趣。你记录了每个婴儿能够爬行时的年龄（周）和对应的环境温度（华氏）。你想要确定平均年龄和平均温度之间是否有明确的关系。

练 习

1. 分析数据

(a) 下表给出了每月的平均温度（华氏）和这该月内学会爬行的婴儿的平均年龄（周）。利用所给数据绘制散点图。根据该图确定平均温度与平均年龄是线性正相关、线性负相关，还是根本不相关。

平均温度	平均年龄
33	33.64
30	32.82
33	33.83
37	33.35
48	33.38
57	32.32
66	29.84
73	30.52
72	29.70
63	31.84
52	28.58
39	31.44

资料来源：Janette Benson Infant Behavior and Development.

(b) 计算相关系数，检验你在 (a) 中所得的结论。

(c) 给定 $\alpha=0.05$，检验 (b) 中所求相关系数的显著性。

(d) 求出婴儿能够爬行时的平均年龄和平均温度的回归方程，将其添加到你在(a) 中绘制的散点图上。这条回归线拟合得好吗？

(e) 给定平均温度，你能利用所得的回归方程求出婴儿能够爬行时的平均年龄吗？为什么？

(f) 求判定系数 r^2 和估计标准差 s_e，并解释结果。

2. 你怎么看

根据你的分析，你是否同意下述论断，给出你的理由。

> 因为平均温度和平均年龄之间显著线性相关，父母可以根据所处环境的温度决定让婴儿何时学会爬行。

第10章 卡方检验和 F 分布

回顾

高速安全保险协会每年都会买购新的交通工具，然后以 40 英里每小时的速度撞到障碍物上，以对比在正面偏置实验中驾驶者受保护的情况有何不同。在这个测试中，40%的撞击强度都在驾驶员一侧。这些过程中的力量和效果都作用在车内的假人上。撞击测试结果包括头部、胸部和腿部受伤的数据。如果撞击测试的数目少，受伤的可能性就小。如果撞击测试的数目多，受伤的可能性就高。利用第 8 章的技术，你可以断定敞篷小型运输卡车和小型货车的胸部受伤潜力均值相等（假定总体方差相等）。样本数据如下表所示。（资料来源：Insurance Institute for Highway Safety）

交通工具	数目	胸伤均值	标准差
敞篷小型运输卡车	$n_1=25$	$\bar{x}_1=33.0$	$s_1=6.75$
小型货车	$n_2=20$	$\bar{x}_2=29.6$	$s_2=4.60$

对于胸伤均值，检验假设 $\mu_1=\mu_2$ 的 P 值为 0.061。在 $\alpha=0.05$ 下，你不能拒绝原假设。因此，你没有足够的证据表明在 40 英里每小时的正面偏置实验中敞篷小型运输卡车和小型货车的胸伤均值有显著差异。

预习

在第 8 章中，我们学习了基于样本数据和分布去检验两个总体的不同。本章中，我们将学习如何检验关于三个或多总体比较的假设。

例如，除了敞篷小型运输卡车和小型货车的撞击测试，第三组交通工具也被测试。三种交通工具的测试结果如下表所示。

交通工具	数目	胸伤均值	标准差
敞篷小型运输卡车	$n_1=25$	$\bar{x}_1=33.0$	$s_1=6.75$
小型货车	$n_2=20$	$\bar{x}_2=29.6$	$s_2=4.60$
中型 SUV	$n_3=43$	$\bar{x}_3=35.0$	$s_3=5.33$

是否有足够证据表明三种车型在 40 英里每小时的正面偏置实验中胸伤均值有显著差异？

本章中，我们将学习如何通过检验三个总体均值是否相等去回答这些问题。对于胸伤均值的例子，检验 $\mu_1=\mu_2=\mu_3$ 的 P 值为 0.03。在 $\alpha=0.05$ 下，你可以拒绝原假设。因此，你可以判定三种被测试的车型中，至少有一种车型在 40 英里每小时的正面偏置实验中胸伤均值和其他车型不同。

10.1　拟合优度

10.1.1　卡方拟合优度检验

假设一位市场部员工正在策划一个新的广告，他想判断一个特定广播区域的音乐听众喜好六类音乐的比例。要判断这些比例，他可以进行一个多项试验。**多项试验**（multinomial experiment）是一个概率实验，它包含了多个数目的实验，在每次独立实验中可能出现多于两种结果。每个结果出现的概率是混合的，而且每个结果被分为不同的**类别**（categories）。（在 4.2 节中，一个**二项**（binomial）试验有且仅有两个结果）。

现在，假定这位市场部员工要检验某个电台的说法和音乐偏好比例的分布。为解决这个问题，这位员工可以比较多项试验的比例分布和电台预先给定的分布。他该如何比较这些分布呢？答案是，进行卡方拟合优度检验。

定义

卡方拟合优度检验（chi-square goodness-of-fit test）用于检验频率分布和预期分布是否一致。

要进行拟合优度检验，首先，你要规定一个原假设和备择假设。一般说来，原假设是频率分布符合给定分布；备择假设是频率分布不符合给定分布。

例如，假定电台声称该广播区域听众的音乐偏好分布如下表所示。

音乐偏好分布	
古典 4%	老歌 2%
乡村 36%	流行 18%
福音 11%	摇滚 29%

要检验电台的说法，该员工可以进行原假设和备择假设如下的卡方拟合优度检验。

H_0：该区域的音乐偏好分布是 4%古典，36%乡村，11%福音，2%老歌，18%流行，29%摇滚

H_a：音乐偏好分布异于给定或预期分布

要计算卡方拟合优度检验的检验统计量，可以利用观测频率和期望频率。要计算期望频率，一定要假定原假设为真。

定义

某一类别的**观测频率 O**（observed frequency O）是该类别在样本中观测到的频率。

某一类别的**期望频率 E**（expected frequency E）是该类别的计算频率。期望频率由假定给定分布为真得到。某一类别的期望频率为：

$$E_i = np_i$$

式中，n 为试验次数（样本容量）；p_i 是该类别的假定概率。

例 1 求观测频率和期望频率

一位市场部员工从该广播区域随机选择了 500 名电台音乐听众，并询问他们喜好古典、乡村、福音、老歌、流行还是摇滚音乐。结果如下表所示。找到每类音乐的观测频率和期望频率。

调查结果（n=500）	
古典	8
乡村	210
福音	72
老歌	10
流行	75
摇滚	125

解答：

每类音乐的观测频率是选择该类音乐的电台听众数目。每类音乐的期望频率是调查中听众数目与每类音乐被选概率的乘积。观测频率与期望频率如下表所示。

音乐类型	听众比例	观测频率	期望频率
古典	4%	8	500×0.04=20
乡村	36%	210	500×0.36=180
福音	11%	72	500×0.11=55
老歌	2%	10	500×0.02=10
流行	18%	75	500×0.18=90
摇滚	29%	125	500×0.29=145

▶试一试 1

假定该员工在该区域随机抽取了 300 名电台听众。求每类音乐的期望频率。

将每类音乐被选的可能乘以 300 即可。

要使用卡方拟合优度检验，必须满足以下条件：

1. 观测频率由随机样本得到。
2. 每个期望频率必须大于等于 5。

如果有些期望频率小于 5，可以将该项合并到其他项目中，以满足要求。

卡方拟合优度检验

如果满足上述条件，关于拟合优度检验的抽样分布接近一个自由度为 $k-1$ 的卡方分布，其中，k 为类别的数目。卡方拟合优度检验的检验统计量是

$$\chi^2=\sum\frac{(O-E)^2}{E}$$

式中，O 是每个类别的观测频率；E 代表每个类别的期望频率。

当观测频率接近期望频率时，O 和 E 的差异小，卡方检验的检验统计量会接近零。同样，原假设不容易被拒绝。可是，当观测频率和期望频率偏差很多时，O 和 E 的差异大，导致卡方检验统计量较大。一个较大的卡方检验统计量是拒绝原假设很好的证据。因此，卡方拟合优度检验总是右尾的。

指南

文字描述	公式
1. 明确论断，陈述原假设和备择假设。	陈述 H_0 和 H_a
2. 确定显著性水平。	确定 α
3. 确定自由度。	d. f. $=k-1$
4. 确定临界值。	利用附录 B 中的表 6
5. 确定拒绝域。	
6. 计算检验统计量。	$\chi^2=\sum\frac{(O-E)^2}{E}$
7. 决定是否拒绝原假设。	如果 χ^2 在拒绝域内，拒绝 H_0；否则，不能拒绝 H_0
8. 得出结论并进行解释。	

例 2　进行卡方拟合优度检验

特定广播区域听众喜好音乐类型的分布如下表所示。你在该广播区域随机抽取了 500 位电台听众并询问他们喜好古典、乡村、福音、老歌、流行还是摇滚音乐。这些结果也列示如下。

给定 $\alpha=0.01$，用卡方拟合优度检验判断分布是否存在差异。

音乐类型偏好分布			
古典	4%	老歌	2%
乡村	36%	流行	18%
福音	11%	摇滚	29%

调查结果（$n=500$）			
古典	8	老歌	10
乡村	210	流行	75
福音	72	摇滚	125

解答：

观测频率和期望频率如下表所示。例 1 已经计算过期望频率。因为观测频率由随机样本得到，且每个期望频率大于等于 5，所以你可以使用卡方拟合优度检验。原假设和备择假设如下。

H_0：该区域的音乐偏好分布是 4%古典，36%乡村，11%福音，2%老歌，18%流行，29%摇滚

H_a：音乐偏好分布异于给定或预期分布

音乐类型	观测频率	期望频率
古典	8	20
乡村	210	180
福音	72	55
老歌	10	10
流行	75	90
摇滚	125	145

因为有 6 个类别，所以卡方分布的自由度为 $k-1=6-1=5$。自由度为 5，$\alpha=0.01$，因此临界值为 $\chi_0^2=15.086$。由观测频率和期望频率得卡方检验统计量为：

$$\begin{aligned}\chi^2 &= \sum\frac{(O-E)^2}{E}\\ &=\frac{(8-20)^2}{20}+\frac{(210-180)^2}{180}+\frac{(72-55)^2}{55}+\frac{(10-10)^2}{10}\\ &\quad+\frac{(75-90)^2}{90}+\frac{(125-145)^2}{145}\\ &\approx 22.713\end{aligned}$$

下图显示了拒绝域的位置和卡方检验统计量。因为 χ^2 在拒绝域内，所以你可以拒绝原假设。

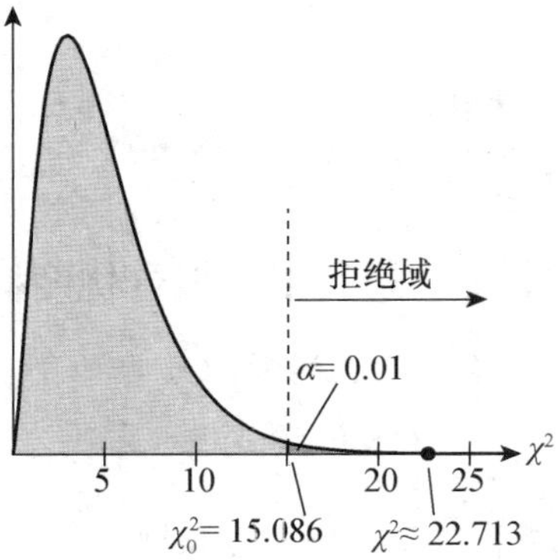

解释：

在 1%的显著性水平下，有足够证据认为音乐偏好分布异于给定或预期分布。

▶试一试 2

一位社会学家认为一个特定城市居民的年龄分布与 10 年前不同。10 年前的年龄分布如下表所示。你随机抽取 400 名居民并记录他们的年龄。在 $\alpha=0.05$ 下，用卡方拟合优度检验判断分布是否改变。

年龄（岁）	之前分布	调查结果
0～9	16%	76
10～19	20%	84
20～29	8%	30
30～39	14%	60
40～49	15%	54
50～59	12%	40
60～69	10%	42
70+	5%	14

a. 检查每个类别的期望频率是否至少为 5。

b. 明确论断，陈述 H_0 和 H_a。

c. 确定显著性水平 α。

d. 确定自由度。

e. 判断临界值和拒绝域。

f. 计算卡方检验统计量。

g. 决定是否拒绝原假设。如有必要，使用图表。

h. 得出结论并进行解释。

例 3　进行卡方拟合优度检验

下图显示了关于积蓄对于什么更重要的两个分布。你供职于一家金融服务公司，想检验男性的意见分布。你随机抽取了 400 名男性，并询问下列哪个更重要——退休或孩子的大学教育。在 $\alpha=0.05$ 下，检验给定或预期的分布。

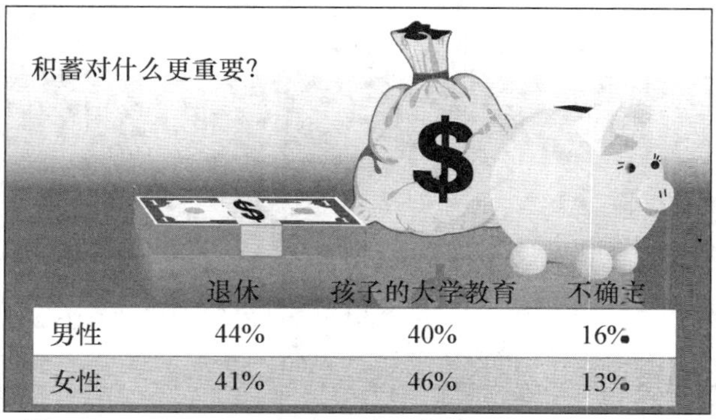

资料来源：Adapted from *Rasmussen Reports*.

男性的调查结果（$n=400$）	
退休	186
孩子的大学教育	143
不确定	71

解答：

观测频率和期望频率如下表所示。因为观测频率由随机样本得到，且每个期望频率大于等于 5，所以你可以使用卡方拟合优度检验。

回答	观测频率	期望频率
退休	186	400×0.44=176
孩子的大学教育	143	400×0.40=160
不确定	71	400×0.16=64

原假设和备择假设如下。

H_0：男性的意见分布是44%退休，40%孩子的大学教育，16%不确定

H_a：男性的意见分布异于给定或预期分布

因为有3个类别，所以卡方分布的自由度为 $k-1=3-1=2$。自由度为2，$\alpha=0.05$，因此临界值为 $\chi_0^2=5.991$。由观测频率和期望频率得卡方检验统计量如下。

O	E	$O-E$	$(O-E)^2$	$\frac{(O-E)^2}{E}$
186	170	10	100	0.568 182
143	160	−17	289	1.806 25
71	64	7	49	0.765 625

$$\chi^2=\sum\frac{(O-E)^2}{E}\approx 3.140$$

解释：

下图显示了拒绝域和卡方检验统计量的位置。因为 χ^2 不在拒绝域内，所以你没有足够证据拒绝原假设。

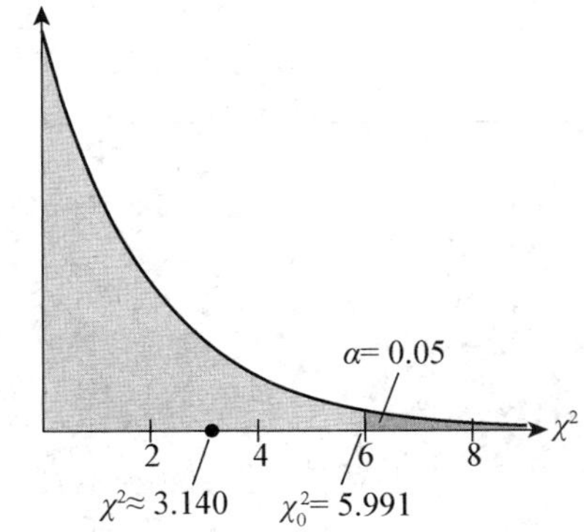

▶试一试3

你想检验女性的意见分布。为了检验这个分布，你随机抽取了300名女性，并询问下列哪个更重要——退休或孩子的大学教育。结果如下表所示。在 $\alpha=0.01$ 下，检验给定或预期分布。你能总结出什么？

女性调查结果（n=400）	
退休	129
孩子的大学教育	149
不确定	22

a. 检查每个类别的期望频率是否至少为5。

b. 明确论断，陈述 H_0 和 H_a。

c. 确定显著性水平 α。
d. 确定自由度。
e. 判断临界值和拒绝域。
f. 计算卡方检验统计量。
g. 决定是否拒绝原假设。如有必要，使用图表。
h. 得出结论并进行解释。

卡方拟合优度检验经常用于检验一个分布是否均匀一致。对于这些检验，每类的期望频率相等。当检验一个均匀分布时，用每类的数目除以样本容量可得到期望频率。例如，假定一家公司相信一周五天的工作中，销售人员的销售能力是均匀的。如果样本有 1 000 个销售员，每天的期望销售人员数量为 1 000/5=200。

例 4　进行卡方拟合优度检验

M&M 糖果制造商声称每袋黑巧克力中不同颜色的糖果数量均匀分布。为了检验这个说法，你随机选择了一袋含 500 粒糖果的黑巧克力。结果如下表所示。在 α=0.10 下，检验给定或预期分布。你能总结出什么？

颜色	频率
棕色	80
黄色	95
红色	88
蓝色	83
橙色	76
绿色	78

解答：

这个说法认为分布是均匀的，即期望频率相等。要求得期望频率，将样本容量除以颜色数目即可。因此，对于每种颜色，$E=500/6\approx 83.33$。因为每个类别的期望频率至少为 5，且该样本为随机抽取所得，所以你可以使用卡方拟合优度检验。原假设和备择假设如下。

H_0：每袋黑巧克力中不同颜色糖果均匀分布

H_a：每袋黑巧克力中不同颜色糖果非均匀分布

因为有 6 个类别，所以卡方分布的自由度为 $k-1=6-1=2$。自由度为 2，α=0.10，因此临界值为 $\chi_0^2=9.236$。由观测频率和期望频率得卡方检验统计量如下。

O	E	$O-E$	$(O-E)^2$	$\frac{(O-E)^2}{E}$
80	83.33	−3.33	11.09	0.133 085 323 4
95	83.33	11.67	136.19	1.634 345 374
88	83.33	4.67	21.81	0.261 730 469 2
83	83.33	−0.33	0.11	0.001 320 052 8

续前表

O	E	$O-E$	$(O-E)^2$	$\frac{(O-E)^2}{E}$
76	83.33	−7.33	53.73	0.644 785 791 4
78	83.33	−5.33	28.41	0.340 933 637 3

$$\chi^2=\sum\frac{(O-E)^2}{E}\approx 3.016$$

下图显示了拒绝域和卡方检验统计量的位置。因为 χ^2 不在拒绝域内，所以你没有足够证据拒绝原假设。

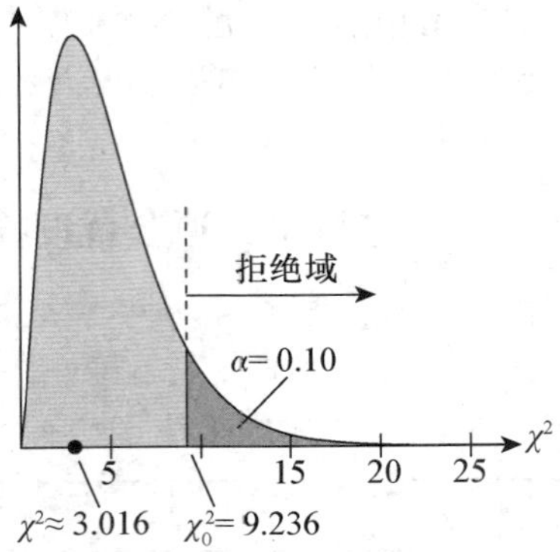

解释：

在10%的显著性水平下，没有足够证据怀疑袋装黑巧克力不同颜色的糖果分布异于给定或预期分布。

▶试一试 4

M&M 糖果制造商声称每袋黑巧克力中不同颜色的糖果数目均匀分布。为检验这个说法，你随机选择了一袋含180粒糖果的黑巧克力。结果如下表所示。在 $\alpha=0.05$ 下，用卡方拟合优度检验检验给定或预期分布。你能总结出什么？

颜色	频率
棕色	22
黄色	27
红色	22
蓝色	41
橙色	41
绿色	27

a. 检查每个类别的期望频率是否至少为5。

b. 明确论断，陈述 H_0 和 H_a。

c. 确定显著性水平 α。

d. 确定自由度。

e. 判断临界值和拒绝域。

f. 计算卡方检验统计量。

g. 决定是否拒绝原假设。如有必要，使用图表。

h. 得出结论并进行解释。

练习 10.1

□ 基础技能训练和术语

1. 多项试验是什么？

求期望频率　在习题 3，5 中，根据给定的数据求期望频率。

3. $n=150$，$p_i=0.30$。

5. $n=230$，$p_i=0.25$。

□ 应用和解释概念

卡方拟合优度检验　在习题 7，9，11 中：

（a）确定原假设 H_0 和备择假设 H_a；

（b）确定临界值和拒绝域；

（c）计算检验统计量 χ^2；

（d）判断是否拒绝原假设。解释你的结论。

7. **信用卡**　两年前一项调查询问了大学新生使用信用卡的最主要动机，其结果如下图所示。要判断这个分布是否已改变，你随机选择了 425 名大学生，并询问他们使用信用卡的最主要动机。结果如下表所示。你是否能判断出分布有变？给定 $\alpha=0.05$。

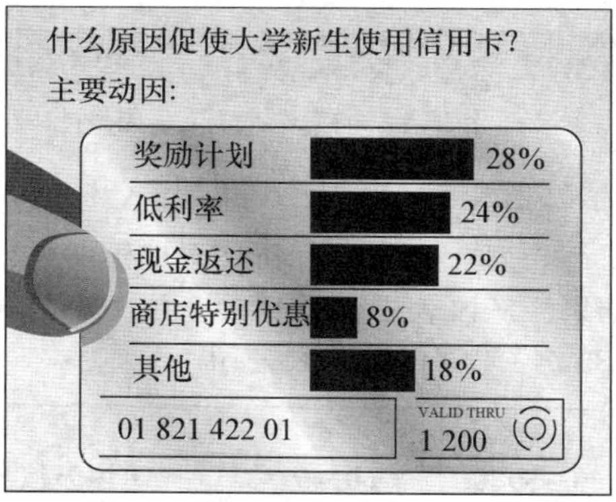

资料来源：Experience. com 2006 College Life-Finances & Banking survey of 4891 college students. Margin of error ±2 percentage points.

调查结果	
回答	频率
奖励计划	112
低利率	98
现金返还	107
商店特别优惠	46
其他	62

9. **减税和津贴**　一名经济学家认为，美国成年人对减税和津贴项目重要性的意见分布与下图所示不同。该经济学家随机选取了 600 名成年人，并询问他们下列哪项更重要——医疗保险、社会安全和医疗补助计划或减税。结果如下表所示。在 $\alpha=0.10$ 下，分布是否不同？

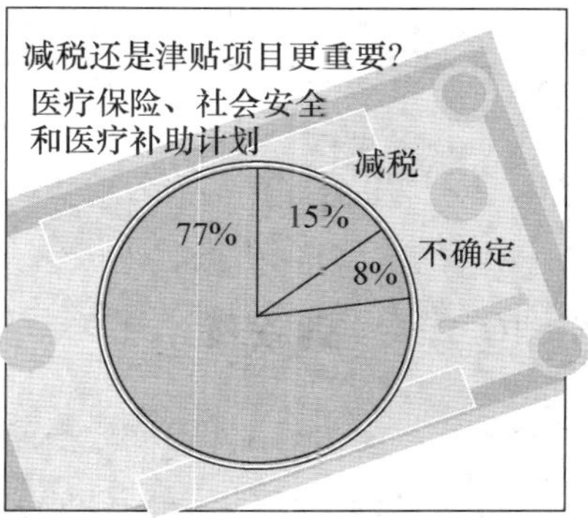

资料来源：The Harris Polls，a Harris interactive® online survey of 2,179 adults. Marg.n of error±3 percentage points.

调查结果	
回答	频率
医疗保险、社会安全和医疗补助计划	431
减税	107
不确定	62

11. **每天的自行车事故**　自行车安全组织发表声明称，致命的自行车事故在一周内会均匀地发生。下表显示了 782 起随机选择的致命自行车事故发生在一周内的哪一天。在 $\alpha=0.10$ 下，你能拒绝声明中的观点吗？（资料来源：National Highway Traffic Safety Administration）

发生日	频率	发生日	频率
星期日	108	星期四	123
星期一	112	星期五	105
星期二	105	星期六	118
星期三	111		

□ **扩展概念**

正态性检验 使用卡方拟合优度检验和一定的自由度，你可以判断一个变量是否服从正态分布。在所有关于正态性的卡方拟合优度检验中，原假设和备择假设如下。

H_0：变量服从正态分布

H_a：变量不服从正态分布

当进行关于正态性的卡方拟合优度检验时，要判断期望频率，首先要求频率分布的均值和标准差。利用均值和标准差去计算每组的 z 分。利用 z 分计算每组在标准正态曲线下的面积。将这些面积乘以样本量得到每组的期望频率。

在习题 19 中：(a) 求期望频率；(b) 确定临界值和拒绝域；(c) 计算检验统计量 χ^2；(d) 决定是否拒绝原假设。解释你的结论。

19. **测试得分** 下述频率分布显示了 200 个人的测试得分。测试得分服从正态分布吗？给定 $\alpha=0.01$。

分组	49.5～58.5 分	58.5～67.5 分	67.5～76.5 分	76.5～85.5 分	85.5～94.5 分
频率	19	61	82	34	4

10.2 独立性

10.2.1 列联表

在 3.2 节中，我们学习了如果一个事件的发生并不影响另一事件发生的可能性，则两事件**独立**（independent）。例如，抛硬币结果为正面还是背面是独立的。但是，假如一个医学研究员想要判断咖啡因摄入量与心脏病发作风险是否存在一定关系。它们之间独立还是相关？在这一节中，我们将学习如何利用卡方独立性检验来回答这个问题。要进行卡方独立性检验，你要把样本数据整理到列联表中。

定义

$\boldsymbol{r\times c}$ **列联表**（$r\times c$ contingency table）展示两个变量的观测频率。观测频率排列在 r 行 n 列中。行列交叉处成为一个**格**（cell）。

例如，下面是一个 2×5 列联表。它有 2 行 5 列，并从年龄和公司规模两方面展示了从 550 家公司 CEO 中随机抽取的样本结果。从该表中你看到 108 位中小公司的 CEO 年龄介于 50～59 岁之间，该年龄层的 85 名 CEO 任职于大公司。

公司规模	年龄				
	39 岁及以下	40～49 岁	50～59 岁	60～69 岁	70 岁及以上
中小型	42	69	108	60	21
大型	5	18	85	120	22

假定研究的两个变量在列联表中独立，你可以利用列联表找到每格的期望频率。计算每格期望频率的公式如下。

求列联表中每格的期望频率

列联表中，格 $E_{r,c}$ 的期望频率是

$$\text{期望频率 } E_{r,c}=\frac{r\text{ 行行和}\times c\text{ 列列和}}{\text{样本量}}$$

计算列联表中每行的行和与每列的列和，就能求出**边际频率**（marginal frequencies）。边际频率是变量某一完整类别的发生频率。例如，上表中 40～49 岁 CEO 的边际频率为 69+18=87。列联表内部的观测频率称为**联合频率**（joint frequencies）。

例 1 **求期望频率**

求列联表中每格的期望频率。假设这些变量，即年龄和公司规模独立。

公司规模	年龄					
	39 岁及以下	40～49 岁	50～59 岁	60～69 岁	70 岁及以上	总数
中小型	42	69	108	60	21	300
大型	5	18	85	120	22	250
总数	47	87	193	180	43	550

解答：

在计算出边际频率后，利用公式

$$\text{期望频率 } E_{r,c}=\frac{r\text{ 行行和}\times c\text{ 列列和}}{\text{样本量}}$$

可求每格的期望频率。

$$E_{1,1}=\frac{300\times 47}{550}\approx 25.64 \quad E_{1,2}=\frac{300\times 87}{550}\approx 47.45 \quad E_{1,3}=\frac{300\times 193}{550}\approx 105.27$$

$$E_{1,4}=\frac{300\times 180}{550}\approx 98.18 \quad E_{1,5}=\frac{300\times 43}{550}\approx 23.45 \quad E_{2,1}=\frac{250\times 47}{550}\approx 21.36$$

$$E_{2,2}=\frac{250\times 87}{550}\approx 39.55 \quad E_{2,3}=\frac{250\times 193}{550}\approx 87.73 \quad E_{2,4}=\frac{250\times 180}{550}\approx 81.82$$

$$E_{2,5}=\frac{250\times 43}{550}\approx 19.55$$

▶试一试 1

一个旅游代理的市场顾问想要判断某些旅游顾虑是否和旅游目的有关。有一个样本量为 300 的游客样本，他们被问及最初的旅游顾虑。这些回答归类后如下表所示。假定旅游顾虑和旅游目的独立，求每格的期望频率。

旅游目的	旅游顾虑			
	酒店房间	飞机座位前伸空间	租用车型大小	其他
商业	36	108	14	22
闲暇	38	54	14	14

a. 计算边际频率。

b. 判断样本量。

c. 利用公式求每格的期望频率。

10.2.2 卡方独立性检验

求得期望频率后，你可以用卡方独立性检验测量变量是否独立。

定义

卡方独立性检验（chi-square independence test）用于检验两个变量的独立性，即一个事件的发生是否影响另一个事件发生的可能性。

要进行卡方独立性检验，必须满足下列条件：

1. 观测频率由随机样本得到。
2. 每个期望频率必须大于等于 5。

卡方独立性检验

如果满足上述条件，且卡方独立性检验的抽样分布接近自由度为 $(r-1)(c-1)$ 的卡方分布，r 和 c 分别为一个列联表的行数和列数，则卡方独立性检验的检验统计量为：

$$\chi^2=\sum\frac{(O-E)^2}{E}$$

式中，O 是观测频率；E 代表期望频率。

要进行卡方独立性检验，首先，你要明确原假设和备择假设。对于一个卡方独立性检验，其原假设和备择假设一般如下。

H_0：变量独立

H_a：变量不独立

期望频率基于两变量独立的假设计算得到。如果两变量独立，你可以预期观测频率和期望频率之间差异很小。当观测频率接近期望频率时，O 和 E 之间的差异小，卡方检验统计量接近零。同时，原假设不太可能被拒绝。

可是，如果两变量独立，观测频率和期望频率之间差异会很大。当 O 和 E 的差异较大时，卡方检验统计量也会较大，这将是拒绝原假设的有力证据。因此，卡方独立性检验总是右尾的。

指南

文字描述	公式
1. 明确论断，陈述原假设和备择假设。	陈述 H_0 和 H_a
2. 确定显著性水平。	确定 α
3. 确定自由度。	d. f. $=(r-1)(c-1)$
4. 确定临界值	利用附录 B 中的表 6
5. 确定拒绝域。	
6. 计算检验统计量。	$\chi^2=\sum\frac{(O-E)^2}{E}$
7. 决定是否拒绝原假设。	如果 χ^2 在拒绝域内，拒绝 H_0；否则，不能拒绝 H_0
8. 得出结论并进行解释。	

例 2　进行卡方独立性检验

2×5 列联表从年龄和公司规模两方面展示了从 550 家公司 CEO 中随机抽取的样本结果。期望频率在圆括号内。给定 $\alpha=0.01$，你是否能总结出 CEO 的年龄和公司规模有关？

公司规模	年龄					
	39 岁及以下	40～49 岁	50～59 岁	60～69 岁	70 岁及以上	总数
中小型	42 (25.64)	69 (47.45)	108 (105.27)	60 (98.18)	21 (23.45)	300
大型	5 (21.36)	18 (39.55)	85 (87.73)	120 (81.82)	22 (19.55)	250
总数	47	87	193	180	43	550

解答：

期望频率在例 1 中计算过。因为每格的期望频率大于 5，CEO 样本为随机抽取所得，所以可以使用卡方独立性检验去检验变量是否独立。原假设和备择假设如下。

H_0：CEO 年龄与公司规模独立

H_a：CEO 年龄与公司规模不独立(论断)

因为列联表有 2 行 5 列，所以卡方分布的自由度为 $(r-1)(c-1)=(2-1)\times(5-1)=4$。因为 d.f. $=4$，$\alpha=0.01$，所以临界值为 $\chi_0^2=13.277$。卡方检验统计量如下所示。

O	E	$O-E$	$(O-E)^2$	$\frac{(O-E)^2}{E}$
42	25.64	16.36	267.649 6	10.438 8
69	47.45	21.55	464.402 5	9.787 2
108	105.27	2.73	7.452 9	0.070 8
60	98.18	−38.18	1 457.712 4	14.847 3
21	23.45	−2.45	6.002 5	0.256 0
5	21.36	−16.36	267.649 6	12.530 4
18	39.55	−21.55	464.402 5	11.742 2
85	87.73	−2.73	7.452 9	0.085 0
120	81.82	38.18	1 457.712 4	17.816 1
22	19.55	2.45	6.002 5	0.307 0

$$\chi^2=\sum\frac{(O-E)^2}{E}\approx 77.881$$

下图显示了拒绝域的位置和卡方检验统计量。因为 $\chi^2\approx 77.881$ 在拒绝域内，所以你应该拒绝原假设。

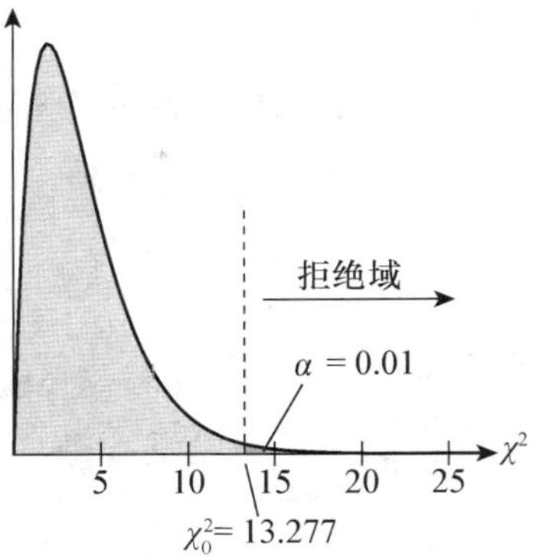

解释：

在1%的显著性水平下，有足够证据认为CEO的年龄和公司规模有关。

▶试一试 2

一个旅游代理的市场顾问想要判断某些旅游顾虑是否和旅游目的有关。有一个样本量为300的游客样本，他们被问及最初的旅游顾虑。这些回答归类后如下表所示。给定 $\alpha=0.01$，该顾问是否能总结出旅游顾虑依赖于旅游目的？

旅游目的	旅游顾虑				
	酒店房间	飞机座位前伸空间	租用车型大小	其他	总数
商业	36 (44.4)	108 (97.2)	14 (16.8)	22 (21.6)	180
闲暇	38 (29.6)	54 (64.8)	14 (11.2)	14 (14.4)	120
总数	74	162	28	36	300

a. 明确论断，陈述 H_0 和 H_a。

b. 确定显著性水平 α。

c. 确定自由度。

d. 判断临界值和拒绝域。

e. 利用观测频率和期望频率计算卡方检验统计量。

f. 决定是否拒绝原假设。如有必要，使用图表。

g. 得出结论并进行解释。

例 3　利用技术工具进行卡方独立性检验

一个健康俱乐部经理想要确定每周学生花在锻炼上的时间（天）是否与性别有关。他选择了一个275名学生组成的随机样本并且对结果进行了分类。在 $\alpha=0.05$ 下，是否有足够的证据推断每周学生花在锻炼上的时间与性别有关？

性别	每周锻炼天数				
	0～1	**2～3**	**4～5**	**6～7**	**总计**
男性	40	53	26	6	125
女性	34	68	37	11	150
总计	74	121	63	17	275

解答：

原假设和备择假设如下。

H_0：每周学生花在锻炼上的时间与学生的性别相互独立

H_a：每周学生花在锻炼上的时间与学生的性别不相互独立

利用TI-83/84，输入观测频率到矩阵A，输入期望频率到矩阵B，并确保每一个期望频率大于等于5。选择菜单栏的卡方检验。下图显示了选择“计算”（calculate）和“画图”（draw）的结果。d. f. $=3$，$\alpha=0.05$，临界值是$\chi_0^2=7.815$，拒绝域是$\chi^2>7.815$。因为检验统计量$\chi^2\approx3.493$不在拒绝域中，所以不能拒绝原假设。

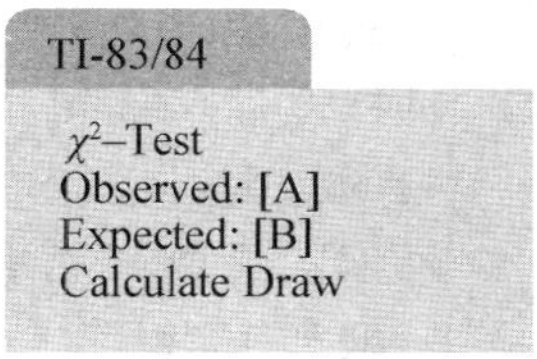

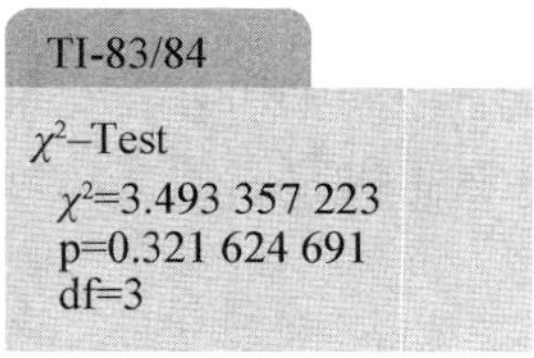

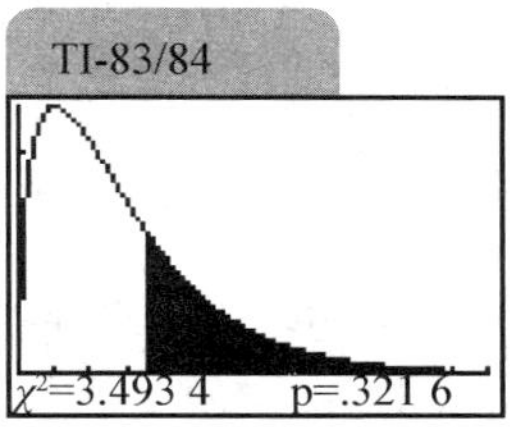

解释：

没有足够的证据断定每周学生花在锻炼上的时间与学生的性别是相关的。

▶试一试3

一个研究者想要确定每天成年人花在网上的时间（分钟）与性别是否相关。他选择了一个450人的随机样本，结果如下表所示。在$\alpha=0.05$下，是否有足够的证据推断每天成年人花在网上的时间与性别是相关的。

性别	每天的上网时间（分钟）					
	0～15	15～30	30～45	45～60	60及以上	总计
男性	19	36	75	90	55	275
女性	21	72	45	19	18	175
总计	40	108	120	109	73	450

a. 明确论断，陈述H_0和H_a。

b. 输入观测频率和期望频率到矩阵中。

c. 确定临界值和拒绝域。

d. 求卡方检验统计量。

e. 决定是否拒绝原假设。如有必要，使用图表。

f. 得出结论并进行解释。

练习 10.2

基础技能训练和术语

1. 解释如何求得列联表中一格的期望频率。

判断 对于习题 3，5，判断陈述是否正确，如果错误，请写出正确的陈述。

3. 为了进行卡方独立性检验，每个观测频率都应大于等于 5。

5. 如果卡方独立性检验中两个变量相关，你可以预期观测频率和期望频率之间几乎无差异。

应用和解释概念

进行卡方独立性检验 在习题 13，15 中，用下列步骤进行卡方独立性检验。

(a) 明确论断，陈述 H_0 和 H_a。

(b) 确定自由度，找到临界值和拒绝域。

(c) 计算卡方检验统计量。如果方便，使用技术工具。

(d) 决定是否拒绝原假设，得出结论并进行解释。

13. **学生成绩和学校位置** 不同科目基本技能水平的获得是否和学校位置有关？下表显示了一个随机抽取的学生样本所获得的三个科目基本技能水平的结果。

	科目		
学校位置	阅读	数学	科学
城市	43	42	38
郊区	63	66	65

15. **领导等级** 下表显示了随机抽取的大一新生对三类机构领导的评分情况。在 $\alpha=0.05$ 下，你能否总结出评分等级和所属机构有关？

	等级				
机构	A	B	C	D	E
军队	25	46	19	5	3
宗教	18	44	24	7	5
媒体、出版	5	23	37	21	12

扩展概念

比例齐性检验 另外一个涉及列联表的卡方检验是**比例齐性检验**（homcgeneity of proportions test）。这个检验用于判断当样本取自不同总体时几类比例是否相等。在从这些总体抽样之前，列联表已制定，抽样规模也已确定。在对不同总体进行随机抽样之后，你可以根据进行卡方独立性检验的指南，检验在不同总体的某类中一个元素的比例是否相同。原假设和备择假设一般如下。

H_0：比例相等

H_a：至少有一个比例与其他不同

进行比例齐性检验要求观测频率由随机样本得到，每个期望频率必须大于等于 5。

25. **机动车事故死亡情况** 下表从年龄和性别两方面展示了对机动车事故死亡情况的抽样结果。在 $\alpha=0.05$ 下，用比例齐性检验对涉及各个年龄层的男性与女性机动车事故死亡比例进行检验。

	年龄			
性别	16～24 岁	25～34 岁	35～44 岁	45～54 岁
男	101	73	64	60
女	38	23	24	23

	年龄			
性别	55～64 岁	65～74 岁	75～84 岁	85 岁及以上
男	38	24	20	8
女	18	14	15	6

列联表和相应频率 在习题 27，29 中，利用以下信息。

列联表中的频率除以样本量可以得出相应频率。下面的列联表从就业数据和受教育程度展示了 25 岁及以上美国成年人的构成（百万）。

	年龄			
	非高中毕业生	高中毕业生	一些学院，无文凭	学士及以上
受雇	11.5	35.9	21.3	51.4
失业	1.1	2.1	1.0	1.4
不在劳动力范围内	15.4	22.7	9.4	15.4

27. 用相应频率重写该列联表。

29. 有多大比例 25 岁及以上的美国成年人有学位但不在劳动力范围内？

10.3　两方差比较

10.3.1　*F* 分布

在第 8 章中，我们学习了用假设检验去比较总体均值和总体比例，两样本均值的 t 检验依赖于总体方差是否相等。要判断总体方差是否相等，你可以进行两样本 F 检验。

本节中，我们将学习 F 检验和如何利用 F 检验比较两个方差。

定义

用 s_1^2 和 s_2^2 代表两个总体的样本方差。如果两个总体呈正态分布且总体方差 σ_1^2 和 σ_2^2 相等，则抽样分布 $F=\frac{s_1^2}{s_2^2}$ 称作 **F 分布**（*F*-distribution）。*F* 分布的几个性质如下所示。

1. F 分布是一族曲线，每支曲线由两类自由度决定：对应于分子方差的自由度 **d. f.** $_{\mathbf{N}}$ 和对应于分母方差的自由度 **d. f.** $_{\mathbf{D}}$。
2. F 分布呈正偏态分布。
3. F 分布曲线下面积之和为 1。
4. F 值总是大于等于 0。
5. 对于所有的 F 分布，F 的均值大约等于 1。

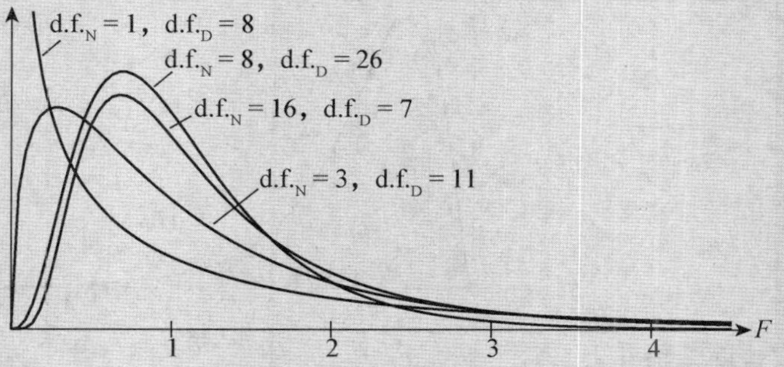

F 分布

附录 B 中的表 7 列举了给定显著性水平 α 和自由度 d. f. $_{\mathrm{N}}$，d. f. $_{\mathrm{D}}$ 的 F 分布的临界值。

指南

求 F 分布的临界值

1. 确定显著性水平 α。
2. 判断分子的自由度 $d.f._N$。
3. 判断分母的自由度 $d.f._D$.
4. 从附录 B 的表 7 中找到临界值。
a. 如果假设检验是单尾的，使用 αF 表。
b. 如果假设检验是双尾的，使用 $\frac{1}{2}\alpha F$ 表。

例 1

求右尾检验的 F 临界值

当 $\alpha=0.05$，$d.f._N=6$，$d.f._D=29$ 时，求右尾检验的 F 临界值。

解答：

附录 B 中表 7 的一部分如下所示。利用 $\alpha=0.05$，$d.f._N=6$，$d.f._D=29$ 的 F 表，你可以找到临界值。

$d.f._D$：分母的自由度	$\alpha = 0.05$							
	$d.f._N$：分子的自由度							
	1	2	3	4	5	6	7	8
1	161.4	199.5	215.7	224.6	230.2	234.0	236.8	238.9
2	18.51	19.00	19.16	19.25	19.30	19.33	19.35	19.37
26	4.23	3.37	2.98	2.74	2.59	2.47	2.39	2.32
27	4.21	3.35	2.96	2.73	2.57	2.46	2.37	2.31
28	4.20	3.34	2.95	2.71	2.56	2.45	2.36	2.29
29	4.18	3.33	2.93	2.70	2.55	2.43	2.35	2.28
30	4.17	3.32	2.92	2.69	2.53	2.42	2.33	2.27

由上表得，临界值为 $F_0=2.43$。下图所示的 F 分布为 $\alpha=0.05$，$d.f._N=6$，$d.f._D=29$，$F_0=2.43$。

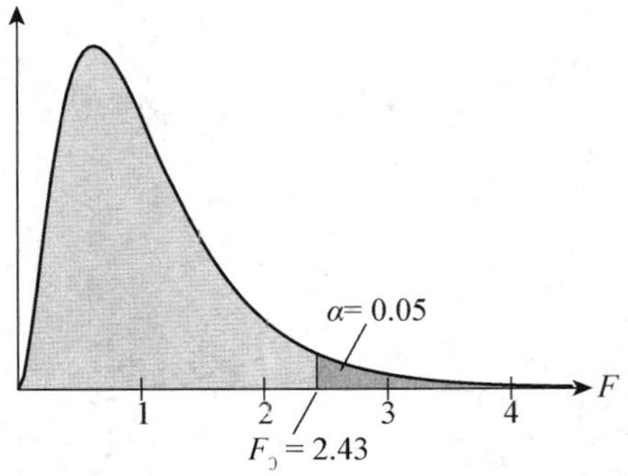

▶**试一试 1**

当 $\alpha=0.01$，$d.f._N=3$，$d.f._D=15$ 时，找到右尾检验的 F 临界值。

a. 确定显著性水平 α。

b. 从附录 B 的表 7 中找到临界值。

用 F 分布进行双尾检验时，你只要找到右尾的临界值。但是，你一定要记得使用$\frac{1}{2}\alpha F$ 表。

例 2 求双尾检验的 F 临界值

当 $\alpha=0.05$，d. f.$_N=4$，d. f.$_D=8$ 时，求双尾检验的 F 临界值。

解答：

附录 B 中表 7 的一部分如下所示。利用 $\frac{1}{2}\alpha=\frac{1}{2}\times 0.05=0.025$，d. f.$_N=4$，d. f.$_D=8$ 的 F 表，你可以找到临界值。

d.f.$_D$: 分母的自由度	α = 0.025							
	d.f.$_N$: 分子的自由度							
	1	2	3	4	5	6	7	8
1	647.8	799.5	864.2	899.6	921.8	937.1	948.2	956.7
2	38.51	39.00	39.17	39.25	39.30	39.33	39.36	39.37
3	17.44	16.04	15.44	15.10	14.88	14.73	14.62	14.54
4	12.22	10.65	9.98	9.60	9.36	9.20	9.07	8.98
5	10.01	8.43	7.76	7.39	7.15	6.98	6.85	6.76
6	8.81	7.26	6.60	6.23	5.99	5.82	5.70	5.60
7	8.07	6.54	5.89	5.52	5.29	5.12	4.99	4.90
8	7.57	6.06	5.42	5.05	4.82	4.65	4.53	4.43
9	7.21	5.71	5.08	4.72	4.48	4.32	4.20	4.10

由上表得，临界值为 $F_0=5.05$。下图所示的 F 分布为 $\frac{1}{2}\alpha=0.025$，d. f.$_N=4$，d. f.$_D=8$，$F_0=5.05$。

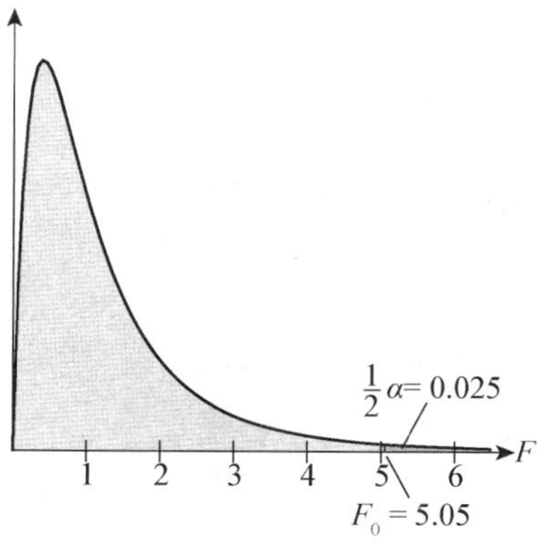

▶试一试 2

当 $\alpha=0.01$，d. f.$_N=2$，d. f.$_D=5$ 时，找到双尾检验的 F 临界值。

a. 确定显著性水平 α。

b. 从附录 B 的表 7 中找到$\frac{1}{2}\alpha F$ 临界值。

10.3.2 两样本方差 F 检验

在本节的剩余部分，我们将学习如何用两样本 F 检验比较两总体方差。进行这个检验要满足三个条件。

1. 样本随机选得。
2. 样本之间独立。
3. 每个总体都服从正态分布。

如果满足这些条件，你可以用 F 检验比较总体方差 σ_1^2 和 σ_2^2。

两样本方差 F 检验

当每个样本分别随机选自各个总体时，两样本 F 检验可用于比较两个总体方差 σ_1^2 和 σ_2^2。这些总体独立并服从正态分布。检验统计量是

$$F=\frac{s_1^2}{s_2^2}$$

式中，s_1^2 和 s_2^2 代表样本方差，且 $s_1^2 \geqslant s_2^2$；分子的自由度为 $\text{d.f.}_N=n_1-1$；分母的自由度为 $\text{d.f.}_D=n_2-1$；n_1 是方差为 s_1^2 的样本的规模；n_2 是方差为 s_2^2 的样本的规模。

指南

用两样本 F 检验比较两总体方差

文字描述	公式
1. 明确论断，陈述原假设和备择假设。	陈述 H_0 和 H_a
2. 确定显著性水平。	确定 α
3. 确定自由度。	$\text{d.f.}_N=n_1-1$ $\text{d.f.}_D=n_2-1$
4. 确定临界值。	利用附录 B 中的表 6
5. 确定拒绝域。	
6. 计算检验统计量。	$F=\frac{s_1^2}{s_2^2}$
7. 决定是否拒绝原假设。	如果 F 在拒绝域内，拒绝 H_0；否则，不能拒绝 H_0
8. 得出结论并进行解释。	

例 3

进行两样本 F 检验

一个餐馆经理想设计一个可以减少客人等待上菜时间方差的系统。在旧系统下，一个由 10 位顾客组成的随机样本的方差为 400。在新系统中，一个由 21 位顾客组成的随机样本的方差为 256。在 $\alpha=0.10$ 下，是否有足够证据表明经理要转换成新系统？假设两个总体都服从正态分布。

解答：

因为 $400>256$，$s_1^2=400$，$s_2^2=256$，所以可用 s_1^2 和 σ_1^2 代表旧系统的样本和总体方差，s_2^2 和 σ_2^2 代表新系统。论断是“新系统等待时间的方差比旧系统等待时间的方差小”，因此，原假设和备择假设是

H_0：$\sigma_1^2 \leqslant \sigma_2^2$

H_a：$\sigma_1^2 > \sigma_2^2$（论断）

检验是右尾检验，$\alpha=0.10$，$\text{d. f.}_{N}=n_1-1=10-1=9$，$\text{d. f.}_{D}=n_2-1=21-1=20$，临界值为：

$$F=\frac{s_1^2}{s_2^2}=\frac{400}{256}\approx 1.56$$

下图显示了拒绝域的位置和检验统计量。因为 F 不在拒绝域为，所以你不能拒绝原假设。

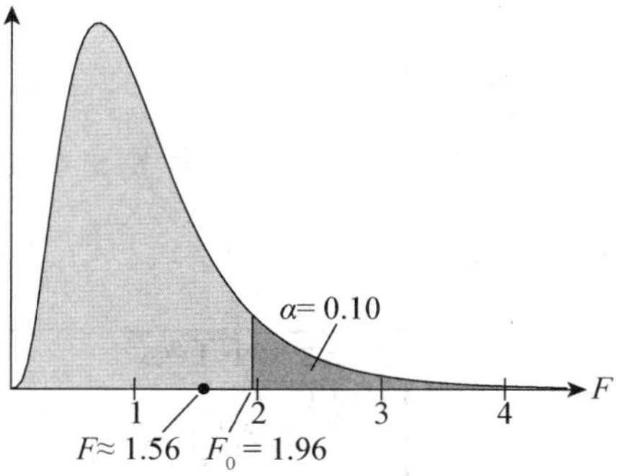

解释：

没有足够证据说服经理换成新系统。

▶试一试 3

一个医学研究员认为一种特殊的静脉注射治疗方法可以减少营养进入血流的时间方差。从每类方法中随机抽取独立样本，结果如下表所示。在 $\alpha=0.10$ 下，是否有足够证据支持这个研究员的结论？假定总体服从正态分布。

正常方法	特殊方法
$n=25$	$n=20$
$s^2=180$	$s^2=56$

a. 明确论断，陈述 H_0 和 H_a。

b. 确定显著性水平 α。

c. 确定自由度。

d. 判断临界值和拒绝域。

e. 利用 F 检验计算检验统计量 F。

f. 决定是否拒绝原假设。如有必要，使用图表。

g. 得出结论。

例 4　进行两样本 F 检验

你想购买一家公司的股票，有两种股票可供选择。股票的风险与其日收盘价的标准差有关。你随机选取了每只股票的日收盘价的样本，结果如下表所示。在 $\alpha=0.05$ 下，你可否判断出其中一只股票更有风险？假设股票日收盘价服从正态分布。

股票 A	股票 B
$n_2=30$	$n_1=31$
$s_2=3.5$	$s_1=5.7$

解答：

因为$5.7^2>3.5^2$，$s_1^2=5.7^2$，$s_2^2=3.5^2$，所以可用s_1^2和σ_1^2代表股票B的样本和总体方差，s_2^2和σ_2^2代表股票A。论断是“其中一只股票的风险更高”，因此，原假设和备择假设是

H_0：$\sigma_1^2=\sigma_2^2$

H_a：$\sigma_1^2\neq\sigma_2^2$（论断）

检验是双尾检验，$\frac{1}{2}\alpha=\frac{1}{2}\times 0.05=0.025$，$\text{d.f.}_N=n_1-1=31-1=30$，$\text{d.f.}_D=n_2-1=30-1=29$，临界值为$F_0=2.09$。$F$检验的检验统计量为：

$$F=\frac{s_1^2}{s_2^2}=\frac{5.7^2}{3.5^2}\approx 2.65$$

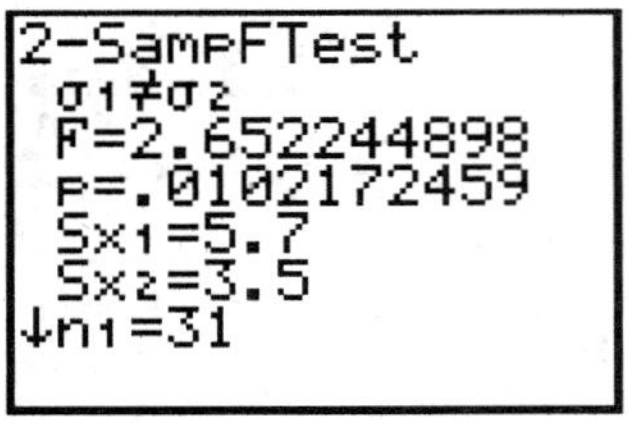

下图显示了拒绝域的位置和检验统计量。因为F在拒绝域内，所以你应该拒绝原假设。

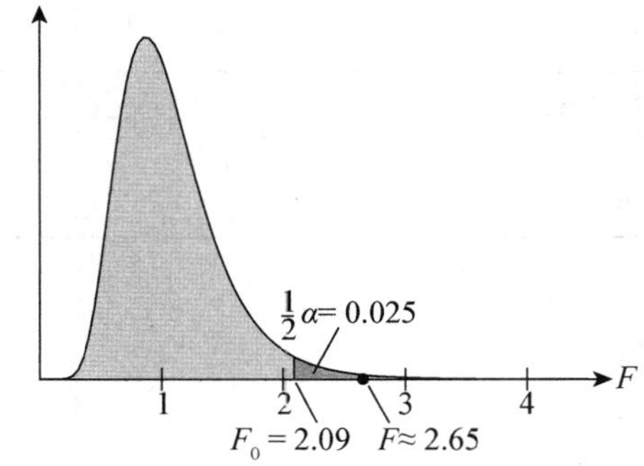

解释：

有足够证据表明其中一只股票风险更高。

▶试一试 4

一个生物学家声称两个地方土壤的pH值有相同的标准差。独立的样本分别从两地选取，结果如下表所示。在$\alpha=0.01$下，是否有足够证据拒绝该生物学家的看法？假定pH值服从正态分布。

地点 A	地点 B
$n=16$	$n=22$
$s=0.95$	$s=0.78$

a. 明确论断，陈述H_0和H_a。

b. 确定显著性水平α。

c. 确定分子、分母的自由度。

d. 判断临界值和拒绝域。

e. 利用 F 检验计算检验统计量 F。

f. 决定是否拒绝原假设。如有必要，使用图表。

g. 得出结论并进行解释。

练习 10.3

基础技能训练和术语

1. 解释如何找到 F 检验的临界值。

3. 列出使用两样本 F 检验必须满足的三个条件。

在习题 11，13 中，检验关于两个人口数据的方差 σ_1^2 和 σ_2^2 在给定显著性水平 α 下的样本统计量。假设样本统计量来自随机性选取的独立样本，并且每个人口数据服从正态分布。

11. 论断：$\sigma_1^2>\sigma_2^2$，$\alpha=0.10$。样本统计量：$s_1^2=773$，$n_1=5$，$s_2^2=765$，$n_2=6$。

13. 论断：$\sigma_1^2\leqslant\sigma_2^2$，$\alpha=0.01$。样本统计量：$s_1^2=842$，$n_1=11$，$s_2^2=836$，$n_2=10$。

应用和解释概念

两方差比较 在习题 17，19 中：

(a) 明确论断，陈述 H_0 和 H_a；

(b) 找到临界值和拒绝域；

(c) 计算检验统计量；

(d) 决定是否拒绝原假设；

(e) 得出结论并进行解释。如果方便，使用技术工具解决这个问题。在每个习题中，假定样本独立，且每个总体服从正态分布。

17. **电器的寿命** A 公司认为其电器寿命的方差比 B 公司电器寿命的方差小。我们得到一个包含 A 公司 20 件电器寿命的随机样本，方差为 2.6；一个包含 B 公司 25 件电器寿命的随机样本，方差为 2.8。在 $\alpha=0.05$ 下，你能否支持这个结论？

19. **科学评估测试** 在一项最近的调查中，一所州立学校的管理员声明，八年级学生科学评估测试得分的标准差在 1 区和 2 区相同。从 1 区随机抽取一个包含 12 个测试得分的样本，方差为 36.8；从 2 区抽取一个包含 14 个测试得分的样本，方差为 32.5。你能否拒绝管理员的观点？给定 $\alpha=0.10$。

扩展概念

求左尾检验的 F 临界值 当 s_1^2 大于 s_2^2 时，你只需计算右尾检验的 F 临界值即可得到双尾检验的 F 临界值。对于其他 F 分布的应用，你需要计算左尾检验的 F 临界值。可通过以下几步求左尾检验的 F 临界值。

(1) 交换 d.f._N 和 d.f._D 的值。

(2) 在附录 B 的表 7 中找到相应的 F 值。

(3) 计算该 F 值的倒数，得到左尾检验的 F 临界值。

在习题 25 中，根据给定的 α，d.f._N 和 d.f._D，求一个双尾检验的右尾和左尾 F 临界值。

25. $\alpha=0.05$，$\text{d.f.}_N=6$，$\text{d.f.}_D=3$。

σ_1^2/σ_2^2 的置信区间 当 s_1^2 和 s_2^2 是从正态总体抽取到的独立随机样本的方差时，σ_1^2/σ_2^2 的一个置信区间是

$$\frac{s_1^2}{s_2^2}F_L<\frac{\sigma_1^2}{\sigma_2^2}<\frac{s_1^2}{s_2^2}F_R$$

式中，F_L 是左尾检验的 F 临界值；F_R 是右尾检验的 F 临界值。

在习题 27 中，构建 σ_1^2/σ_2^2 的置信区间，假定样本独立且每个总体服从正态分布。

27. **胆固醇含量** 在最近一个关于快

餐店供应的烤鸡肉三明治胆固醇含量研究中，一位营养学家从汉堡王和麦当劳得到一个三明治的随机样本，结果下表所示。构建一个关于 σ_1^2/σ_2^2 的 95% 置信区间。其中，σ_1^2 和 σ_2^2 分别是抽取自汉堡王和麦当劳的烤鸡肉三明治的胆固醇含量的方差。

烤鸡肉三明治胆固醇含量		
	汉堡王	麦当劳
样本方差	$s_1^2=10.89$	$s_2^2=9.61$
样本量	$n_1=16$	$n_2=12$

10.4 方差分析

10.4.1 单因素方差分析

假设一个医学研究员正在分析三种镇痛剂的有效性，并想判断其起效时间的均值是否有差别。要判断差异是否存在，该研究员使用了 F 分布和一种名为方差分析的技术。因为只研究一个独立变量，所以这个过程称为单因素方差分析。

定义

单因素方差分析（one-way analysis of variance）是一项用于比较三个或以上总体均值的假设检验技术。方差分析一般缩写为 **ANOVA**。

要进行单因素方差分析检验，首先，你要明确原假设和备择假设。对于单因素方差分析检验，其原假设和备择假设一般如下。

H_0：$\mu_1=\mu_2=\mu_3=\cdots=\mu_k$（所有总体均值相等）

H_a：至少一个总体的均值与其他总体不同

当你拒绝单因素方差分析检验的原假设时，你认为至少有一个总体的均值与其他总体不同。如果不进行进一步的统计检验，你将无法判断哪个均值是不同的。

在单因素方差分析检验中，必须满足以下条件：

1. 每个样本随机抽取自正态或近似正态分布的总体。
2. 各个样本相互独立。
3. 各个总体方差相等。

单因素方差分析检验的检验统计量是两个方差的比率：样本间方差和样本内方差。

$$检验统计量=\frac{样本间方差}{样本内方差}$$

1. 样本间方差 MS_B 度量了不同处理导致的样本差异，有时称为**组间均方**（mean square between）。

2. 样本内方差 MS_W 度量了相同样本内不同个体的差异，有时称为**组内均方**（mean square within），这一般源于抽样误差。

单因素方差分析检验

如果满足单因素方差分析检验，那么这个检验的抽样分布接近于 F 分布。检验统计量为：

$$F=\frac{MS_B}{MS_W}$$

F 检验的自由度为：

$$\text{d. f.}_N=k-1$$
$$\text{d. f.}_D=N-k$$

式中，k 是样本的数目；N 是样本量的和。

如果均值之间几乎无差异，MS_B 会非常接近 MS_W，检验统计量接近于 1。F 值接近于 1 表明你不能拒绝原假设。可是，如果其中一个均值和其他均值具有显著差异，MS_B 会比 MS_W 大很多，检验统计量会比 1 大。F 值显著大于 1 表明你要拒绝原假设。同时，所有单因素方差分析检验都是右尾检验，即如果检验统计量大于临界值，H_0 就会被拒绝。

指南

单因素方差分析检验

文字描述	公式
1. 计算每个样本的均值和方差。	$\bar{x}=\frac{\sum x}{n}$　$s^2=\frac{\sum(x-\bar{x})^2}{n-1}$
2. 计算所有样本的均值（总均值）。	$\bar{\bar{x}}=\frac{\sum x}{N}$
3. 计算样本间平方和。	$SS_B=\sum n_i(\bar{x}_i-\bar{\bar{x}})^2$
4. 计算样本内平方和。	$SS_W=\sum(n_i-1)s_i^2$
5. 计算样本间方差。	$MS_B=\frac{SS_B}{k-1}=\frac{SS_B}{\text{d. f.}_N}$
6. 计算样本内方差。	$MS_W=\frac{SS_W}{N-k}=\frac{SS_W}{\text{d. f.}_D}$
7. 计算检验统计量。	$F=\frac{MS_B}{MS_W}$

符号 SS_B 代表组间平方和。

$$SS_B=n_1(\bar{x}_1-\bar{\bar{x}})^2+n_2(\bar{x}_2-\bar{\bar{x}})^2+\cdots+n_k(\bar{x}_k-\bar{\bar{x}})^2$$
$$=\sum n_i(\bar{x}_i-\bar{\bar{x}})^2$$

符号 SS_W 代表组内平方和。

$$SS_W = (n_1 - 1)s_1^2 + (n_2 - 1)s_2^2 + \cdots + (n_k - 1)s_k^2$$
$$= \sum (n_i - 1)s_i^2$$

指南

进行单因素方差分析检验

文字描述	公式
1. 明确论断，陈述原假设和备择假设。	陈述 H_0 和 H_a
2. 确定显著性水平。	确定 α
3. 确定自由度。	$d.f._N = k - 1$ $d.f._D = N - k$
4. 确定临界值。	利用附录 B 中的表 7
5. 确定拒绝域。	
6. 计算检验统计量。	$F = \dfrac{MS_B}{MS_W}$
7. 决定是否拒绝原假设。	如果 F 在拒绝域内，拒绝 H_0；否则，不能拒绝 H_0
8. 得出结论并进行解释。	

表格是总结单因素方差分析结果的方便途径。方差分析总结表如下所示。

方差分析总结表

偏差	平方和	自由度	均方	F
组间	SS_B	$d.f._N$	$MS_B = \dfrac{SS_B}{d.f._N}$	$\dfrac{MS_B}{MS_W}$
组内	SS_W	$d.f._D$	$MS_W = \dfrac{SS_W}{d.f._D}$	

例 1　进行单因素方差分析检验

假设一个医学研究员正在分析三种头痛镇痛剂的有效性，并想判断其起效时间的均值是否有差别。几个头痛患者被随机选取和给予三种药物之一。每个头痛患者药物的起效时间（分钟）如下表所示。在 $\alpha=0.01$ 下，你是否能得出时间均值有差异的结论？假定每个起效时间总体服从正态分布，且总体的方差相等。

药物 1	药物 2	药物 3
12	16	14
15	14	17
17	21	20
12	15	15
	19	
$\bar{x}_1 = \dfrac{56}{4} = 14$	$\bar{x}_2 = \dfrac{85}{5} = 17$	$\bar{x}_3 = \dfrac{66}{4} = 16.5$
$s_1^2 = 6$	$s_2^2 = 8.5$	$s_3^2 = 7$

解答：

原假设和备择假设如下。

$H_0: \mu_1=\mu_2=\mu_3$

H_a：至少一个总体的均值与其他总体不同（论断）

因为有$k=3$个样本，所以$\text{d.f.}_N=k-1=3-1=2$。样本量的和为$N=n_1+n_2+n_3=4+5+4=13$。因此，$\text{d.f.}_D=N-k=13-3=10$。要利用$\text{d.f.}_N=2$，$\text{d.f.}_D=10$，$\alpha=0.01$，临界值为$F_0=7.56$得到检验统计量，首先得计算$\overline{\overline{x}}$，$MS_B$和$MS_W$。

$$\overline{\overline{x}}=\frac{\sum x}{N}=\frac{56+85+66}{13}\approx 15.92$$

$$\begin{aligned}MS_B&=\frac{SS_B}{\text{d.f.}_N}=\frac{\sum n_i(\overline{x}_i-\overline{\overline{x}})^2}{k-1}\\&\approx\frac{4\times(14-15.92)^2+5\times(17-15.92)^2+4\times(16.5-15.92)^2}{3-1}\\&\approx\frac{21.92}{2}=10.96\end{aligned}$$

$$\begin{aligned}MS_W&=\frac{SS_W}{\text{d.f.}_D}=\frac{\sum(n_i-1)s_i^2}{N-k}\\&=\frac{(4-1)\times 6+(5-1)\times 8.5+(4-1)\times 7}{13-3}=\frac{73}{10}=7.3\end{aligned}$$

利用$MS_B=10.96$，$MS_W=7.3$，检验统计量为：

$$F=\frac{MS_B}{MS_W}=\frac{10.96}{7.3}\approx 1.50$$

下图显示了拒绝域的位置和检验统计量。因为F不在拒绝域内，所以你不能拒绝原假设。

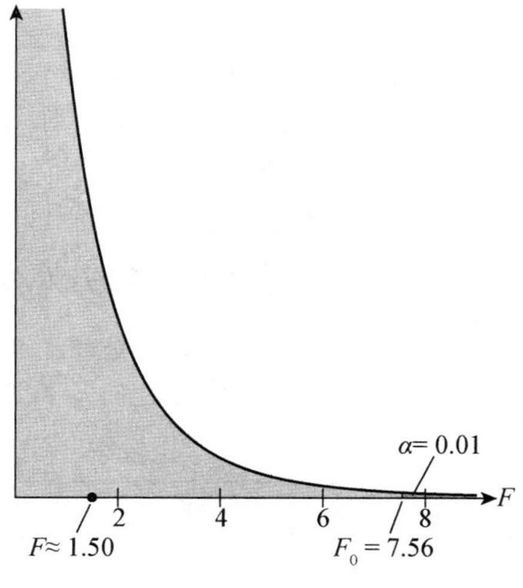

解释：

在1%的显著性水平下，我们没有足够的证据判断药物起效时间的均值有差异。

例1的方差分析总结表如下。

偏差	平方和	自由度	均方	F
组间	21.92	2	10.96	1.50
组内	73	10	7.3	

▶试一试 1

一个销售分析员想要判断公司四个地区的月销售量均值是否有差异。从每个销售地区随机选取几名销售人员，他们提供了之前月份的销售量（千美元）。结果如下表所示。在 $\alpha=0.05$ 下，这个销售分析员能判断公司四个地区的月销售量均值有差异吗？假定每个销售总体服从正态分布，且总体方差相等。

北	东	南	西
34	47	40	21
28	36	30	30
18	30	41	24
24	38	29	37
	44		23
$\bar{x}_1=26$	$\bar{x}_2=39$	$\bar{x}_3=35$	$\bar{x}_4=27$
$s_1^2\approx45.33$	$s_2^2\approx45$	$s_3^2\approx40.67$	$s_4^2=42.5$

a. 明确论断，陈述 H_0 和 H_a。
b. 确定显著性水平 α。
c. 确定分子、分母的自由度。
d. 判断临界值和拒绝域。
e. 计算检验统计量 F。
f. 决定是否拒绝原假设。如有必要，使用图表。
g. 得出结论并进行解释。

利用技术工具可大大简化方差分析的过程。当用诸如 Excel，MINITAB 或 TI-83/84 这样的工具去进行单因素方差分析时，你可以利用 P 值判断是否拒绝原假设。如果 P 值小于 α，你应该拒绝原假设。

例 2　运用技术工具进行方差分析

三家航空公司提供克罗伊登到林肯镇的航班。随机选择的航班时间（分钟）如下表所示。在 $\alpha=0.01$ 下，你能推断航班时间均值存在区别吗？使用技术工具回答问题。

航空公司 1	航空公司 2	航空公司 3
122	119	120
135	133	158
126	143	155
131	149	126
125	114	147

续前表

航空公司 1	航空公司 2	航空公司 3
116	124	164
120	126	134
108	131	151
142	140	131
113	136	141

解答：

原假设和备择假设如下。

H_0：$\mu_1=\mu_2=\mu_3$

H_a：至少一个均值和其他两个不同(论断)

通过在 TI-83/84 上执行检验得到如下结果。从中可以看出，$P\approx 0.006$。因为 $P<\alpha$，所以拒绝原假设。

解释：

有足够的证据支持论断，所以你能推断在航班均值上存在区别。

▶试一试 2

下表中的数据代表了随机选择的大一、大二、大三、大四学生的学分积。在 $\alpha=0.05$ 下，你能推断学分积的均值存在差异吗？假设人数服从正态分布，并且方差相等。使用技术工具回答问题。

大一	2.34	2.38	331	2.39	3.40	2.70	2.34		
大二	3.26	2.22	3.26	3.29	2.95	3.01	3.13	3.59	2.84	3.00
大三	2.80	2.60	2.49	2.83	2.34	3.23	3.49	3.03	2.87	
大四	3.31	2.35	3.27	2.86	2.78	2.75	3.05	3.31		

a. 输入数据。

b. 进行方差分析测验。

c. 按照给定的显著性水平检验 P 值。

d. 得出结论并进行解释。

10.4.2　双因素方差分析

想要检验两个独立变量或者因素对于一个独立变量的影响时，可以使用**双因素方差分析检验**（two way analysis of variance test）。例如，假设一个医学研究员想要检验性别和医疗方式对镇痛剂起效平均时间的影响。要进行这样一个实验，这个研究员需要使用下面的双因素方差分析区组设计。

医疗方式	性别：男性	性别：女性
I	男性方式I	女性方式I
II	男性方式II	女性方式II
III	男性方式III	女性方式III

一个双因素方差分析检验有三个原假设——关于每个主效应和关于交互效应。**主效应**（main effect）是一个独立变量作用于响应变量上的效应，**交互效应**（interaction effect）是两个独立变量作用于响应变量上的效应。例如，镇痛剂实验的假设如下。

主效应的假设：

H_0：性别对镇痛剂起效平均时间没有影响

H_a：性别对镇痛剂起效平均时间有影响

H_0：治疗方式对镇痛剂起效平均时间没有影响

H_a：治疗方式对镇痛剂起效平均时间有影响

交互效应的假设：

H_0：性别和治疗方式对镇痛剂起效平均时间的影响不存在交互作用

H_a：性别和治疗方式对镇痛剂起效平均时间的影响存在交互作用

要检验这些假设，你需要进行双因素方差分析检验。利用 F 分布，双因素方差分析计算每个假设的 F 检验统计量。因此，你有可能拒绝零个、一个、两个或所有原假设。双因素方差分析涉及的统计超出了本书的范围。你可以利用像 MINITAB 这样的技术工具进行双因素方差分析检验。

练习 10.4

□ 基础技能训练和术语

1. 陈述单因素方差分析检验的原假设和备择假设。

3. 描述 MS_B 和 MS_W 的差别。

□ 应用和解释概念

进行单因素方差分析检验　在习题 5，7 中，进行指定的单因素方差分析检验。

a. 明确论断，陈述 H_0 和 H_a。

b. 确定分子、分母的自由度，判断临界值和拒绝域。

c. 计算检验统计量 F。

d. 决定是否拒绝原假设，得出结论并进行解释。

5. **牙膏**　下表显示了牙膏每盎司价格（美元）的随机样本，这些牙膏分为很好、较好和一般三类。在 $\alpha=0.05$ 下，你能判断出这些价格的均值不同吗？

很好	较好	一般
0.47	0.60	0.34
0.49	0.64	0.46
0.33	1.05	1.31
1.52	2.73	0.44
0.64	0.58	0.60
0.36	0.75	
0.41	0.22	
0.37	0.33	
0.48	0.42	
0.50	0.46	
0.51	0.98	
0.35	1.16	

7. **外部甲板处理** 下表显示了每加仑外部甲板处理费用（美元）的随机样本。在 $\alpha=0.10$ 下，你能拒绝三种处理的平均价格一样的说法吗？

半透明处理	轻着色处理	纯色处理
24	51	13
23	14	13
22	21	10
17	16	12
21		22
17		

□ 扩展概念

利用技术工具进行双因素方差分析检验 在习题 17，19 中，利用技术工具和给定的区组设计进行双因素方差分析检验。给定 $\alpha=0.10$。解释得到的结果。

17. **广告** 一项正在进行的研究得到一个由 20 个成年人对广告效应评估的结果组成的随机样本。每个成年人对一个持续 30 或 60 秒的电台或电视广告进行评估。区组设计展示了这些结果（评估范围为 1～5，5 为最有效）。

广告长度 \ 播出平台	电台	电视
30 秒	2, 3, 5, 1, 3	3, 5, 4, 1, 2
60 秒	1, 4, 2, 2, 5	2, 5, 3, 4, 4

19. **学分积** 一项研究从高中生中获取了一个样本量为 24 的随机样本，这些学生被问及他们的学分积。区组设计展示了来自四个不同年龄组的男生和女生的学分积。

性别 \ 年龄	15岁以下	15～16岁	17～18岁	18岁以上
男生	2.5, 2.1, 3.8	4.0, 1.4, 2.0	3.5, 2.2, 2.0	3.1, 0.7, 2.8
女生	4.0, 2.1, 1.9	3.5, 3.0, 2.1	4.0, 2.2, 1.7	1.6, 2.5, 3.6

本章测验

对于每道习题，按照以下要求作答：

(a) 明确论断，陈述 H_0 和 H_a。

(b) 确定显著性水平 α。

(c) 确定临界值。

(d) 判断拒绝域。

(e) 计算检验统计量。

(f) 决定是否拒绝原假设。如有必要，使用图表。

(g) 得出结论并进行解释。如果方便，利用技术工具解决问题。

在习题 1，2 中，利用下列数据。数据列出了从三个城市随机选取的成年人的收入（千美元）。假定收入服从正态分布且样本独立。（资料来源：Adapted from U. S. Bureau of Labor Statistics）

加利福尼亚州圣何塞：65.2，78.5，36.4，51.8，42.1，74.9，64.0，65.5，34.2，74.3，97.7，42.7，93.4

得克萨斯州达拉斯：42.9，56.4，29.7，34.0，28.4，35.2，20.3，36.9，

30.5，62.6，50.7，34.4，46.5，38.C，45.3，35.5

密歇根州安娜堡：31.3，29.3，35.4，32.6，55.8，38.1，37.4，47.2，41.6，31.7，39.4，62.1，31.9，47.3

1. 在 $\alpha=0.01$ 下，是否有足够证据判断圣何塞、达拉斯和安娜堡的年收入不同？

2. 三个城市年收入的均值是否相等？给定 $\alpha=0.10$，假定总体方差相等。

在习题 3，4 中，利用下表。表中列出了美国 25 岁及以上人口的受教育程度，同时列出了另两个年龄层的随机调查结果。（资料来源：Adapted from U. S. Census Bureau）

	25 岁及以上	35～44 岁	65～74 岁
低于高中文化	14.8%	35	91
高中毕业	32.2%	95	151
一些学院，无学位	16.8%	51	58
副学士学位	8.6%	30	23
学士学位	18.1%	61	50
更高学位	9.5%	29	33

3. 美国 25 岁及以上人口受教育程度的分布与 35～44 岁人口受教育程度的分布不同吗？给定 $\alpha=0.01$。

4. 美国 25 岁及以上人口受教育程度的分布与 65～74 岁人口受教育程度的分布不同吗？给定 $\alpha=0.05$。

现实中的统计——真实的决策

美国国家诈骗信息中心（NFIC）在 1992 年由美国国家消费者联盟（NLC）建立，旨在通过预防和强制措施来与日益增长的电话诈骗进行斗争。NCL 成立于 1899 年，一直致力于保护和推进美国国内外消费者的社会和经济公平。

你现在是 NFIC 的数据分析师，正在研究电话诈骗的数据。你所进行的研究包括测试吻合度、测试独立性、比较差异和进行方差分析。

□ 练　习

1. 吻合度

电话诈骗受害者的年龄分布如下表所示。随机选择 1 000 个电话诈骗受害者进行研究，结果也显示在下表中。给定 $\alpha=0.01$，用卡方拟合优度检验测试其年龄分布。你能够得到什么结论？你认为这个分布是有效的吗？说明原因。

年龄	分布	研究结果
20 以下	1%	30
20～29	14%	200
30～39	17%	300
40～49	18%	270
50～59	18%	150
60～69	12%	40
70 以上	20%	10

2. 独立性

下表显示了任意抽取的 2 000 个电话诈骗受害者进行年龄和诈骗类型分类的结果。诈骗者多通过虚假中奖或提供信用卡的方式进行犯罪。

(a) 计算列联表中每格的期望频率。假设年龄和诈骗类型相互独立。

(b) 你能否总结出受害人年龄与诈骗类型的关系？给定 $\alpha=0.01$。

诈骗类型	年龄								
	20 岁以下	20～29 岁	30～39 岁	40～49 岁	50～59 岁	60～69 岁	70～79 岁	80 岁及以上	总计
中奖	10	60	70	130	90	160	280	200	1 000
信用卡	20	180	260	240	180	70	30	20	1 000
总计	30	240	330	370	270	230	310	220	2 000

第11章 非参数检验

回顾

在本章之前，我们已经学习了很多在决策过程中可以用到的统计公式和检验。在使用这些公式和检验时一定要满足具体的条件。

人们普遍相信，学历越高的人，收入会越多。这个观点是否能被实际数据支持？下面的数据展示了近一年来在50个州中拥有学士或以上学位的人的百分比，以及相应的个人收入。

学士学位或以上（%）	19.8	28.7	27.9	17.5	30.4	35.4	36.9	25.6	25.5	26.9	30.6	25.9	29.5	22.5
个人收入（千美元）	29.1	35.6	30.3	26.9	37.0	37.9	47.8	37.1	33.2	31.1	34.5	28.2	36.1	31.3
学士学位或以上（%）	24.5	30.4	19.0	19.7	24.2	36.3	36.8	24.6	34.3	21.9	24.9	25.4	25.1	23.5
个人收入（千美元）	32.3	32.8	28.5	24.8	31.3	41.8	44.3	33.1	37.4	25.3	31.9	29.4	33.6	35.9
学士学位或以上（%）	32.8	36.3	27.2	30.3	25.4	27.2	22.9	24.0	29.1	25.8	29.2	24.2	25.1	21.6
个人收入（千美元）	38.4	43.8	27.6	40.5	30.6	31.4	32.5	29.3	32.1	34.9	36.2	28.4	31.6	31.1
学士学位或以上（%）	25.4	29.8	15.1	34.4	30.7	30.9	25.1	22.0						
个人收入（千美元）	32.5	28.1	27.2	33.3	38.4	35.4	33.6	36.8						

预习

本章中，我们将学习其他的统计检验。这些检验不要求总体分布符合任何特定的条件。在现实应用中，这些检验都很有用。

有了上面的数据，P%的拥有学士或以上学位的人和个人收入 I 的关系可以表达成回归方程 $I=0.736P+13.612$。相关系数约为 0.768。由附录 B 中的表 11 你可以判断出两者显著相关，但是，I 值不符合正态性要求。

因此，即使一个简单的相关检验暗示了每个州拥有学士或以上学位的人数比例与收入具有一定关系，数据也不一定符合检验的要求。本章中，我们将学习相似的检验，例如，Spearman 秩相关检验，这些检验会给你更多的信息。以上数据的 Spearman 秩相关系数接近 0.697。在 $\alpha=0.05$ 下，每个州拥有学士或以上学位的人数比例与收入显著相关。

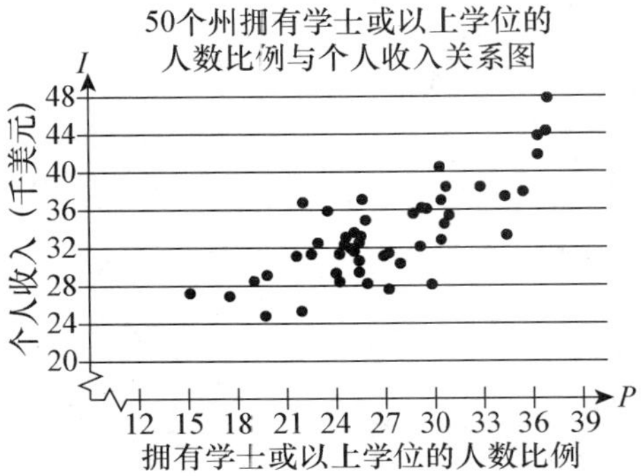

11.1　符号检验

11.1.1　总体中位数的符号检验

到目前为止，我们学习的很多假设检验都对总体分布有一个或更多的要求。例如，一些检验要求总体服从正态分布，其他一些检验要求总体方差相等。倘若对于一个给定的检验，这些条件并不满足，我们该怎么办？对于这些情况，统计学家发展了一些对分布无要求的假设检验。这样的检验称为非参数检验。

定义

非参数检验（nonparametric tests）是一种对总体形状和参数没有任何特定要求的假设检验。

非参数检验一般都比相应的参数检验容易进行。但是，它们一般没有参数检验有效。使用非参数检验去拒绝原假设需要充足的证据。因此，在任何可能的情况下，你都应优先考虑参数检验。最简单的非参数检验是符号检验。

定义

符号检验（sign test）是用于检验总体中位数是否为假定参数值 k 的假设检验。

关于总体中位数的符号检验可以是左尾、右尾或者双尾的。每类检验的原假设和备择假设如下。

左尾检验：

H_0：中位数$\geq k$

H_a：中位数$<k$

右尾检验：

H_0：中位数$\leq k$

H_a：中位数$>k$

双尾检验：

H_0：中位数$=k$

H_a：中位数$\neq k$

要进行符号检验，首先要将样本的所有输入和假定中位数 k 进行比较。如果输入小于中位数，将其记为一个－号；如果输入大于中位数，将其记为一个＋号；如果输入等于中位数，将其记为一个 0。然后比较＋号和－号的数目。（0 会被忽略。）如果＋号和－号的数目存在很大差异，那么，中位数应该不同于假定值，原假设应该被拒绝。

附录 B 中的表 8 列出了给定显著性水平和样本量的符号检验的临界值。使用符号检验时，样本量 n 是＋号和－号的总数。如果样本量大于 25，你可以使用标准正态分布去求临界值。

符号检验的检验统计量

当 $n\leq 25$ 时，符号检验的检验统计量 x 是＋号和－号的数目的较小值。

当 $n>25$ 时，符号检验的检验统计量为：

$$z=\frac{(x+0.5)-0.5n}{\frac{\sqrt{n}}{2}}$$

式中，x 是＋号和－号的数目的较小值；n 是样本量，即＋号和－号的总数。

因为 x 被定义为＋号和－号的数目的较小值，所以拒绝域总是在左尾。因此，总体中位数的符号检验总是左尾检验或双尾检验。当检验是双尾时，只需用到左尾检验的临界值。（如果 x 被定义为＋号和－号的数目的较大值，拒绝域总是在右尾。右尾符号检验将在本节练习中给出。）

指南

进行总体中位数的符号检验

文字描述	公式
1. 明确论断，陈述原假设和备择假设。	陈述 H_0 和 H_a
2. 确定显著性水平。	确定 α
3. 用＋号和－号的总数判断样本量。	n 为＋号和－号的总数
4. 确定临界值。	如果 $n\leq 25$，利用附录 B 中的表 8 如果 $n>25$，利用附录 B 中的表 4

5. 计算检验统计量。	如果 $n \leqslant 25$，用 x 如果 $n>25$，用 $z=\dfrac{(x+0.5)-0.5n}{\frac{\sqrt{n}}{2}}$
6. 判断是否拒绝原假设。	如果检验统计量小于或等于临界值，拒绝 H_0；否则，不能拒绝 H_0
7. 得出结论并进行解释。	

例 1 **符号检验**

一个银行经理声称每天顾客数量的中位数不大于750。一个出纳员怀疑这种说法的准确性。随机抽取的16天的日顾客量如下所示。在 $\alpha=0.05$ 下，这个出纳员能拒绝经理的说法吗？

775	765	801	742
754	753	739	751
745	750	777	769
756	760	782	789

解答：

这个出纳员想要驳斥银行经理"日顾客量中位数不大于750"的说法。因此，原假设和备择假设是

H_0：中位数 $\leqslant 750$（论断）

H_a：中位数 >750

下面是每个输入与假定值750的比较结果。

+	+	+	−
+	+	−	+
−	0	+	+
+	+	+	+

从中你可以看出，有3个一号和12个十号。因此，$n=3+12=15$。因为 $n \leqslant 25$，所以用附录B中的表8去找临界值。因为 $\alpha=0.05$，$n=15$，所以临界值是3。因为 $n \leqslant 25$，检验统计量是十号和一号的数目的较小值，所以 $x=3$。因为 $x=3$ 等于临界值，所以该出纳员应该拒绝原假设。

解释：

在5%的显著性水平下，这个出纳员可以拒绝银行经理"日顾客量中位数不大于750"的说法。

▶试一试 1

一个超市经理声称日顾客量的中位数大于2 500。一个供应商想要证实这个说法。随机选取了超市24天的日顾客量，结果如下表所示。在 $\alpha=0.025$ 下，这个供应商能拒绝超市经理的说法吗？

超市 24 天的日顾客量							
2 174	2 491	2 682	2 510	2 557	2 418	2 709	2 562
2 390	2 467	2 500	2 205	2 246	2 054	2 243	2 627
1 949	2 500	2 592	2 567	2 478	2 348	2 692	2 580

a. 确认给定的分布，明确 H_0 和 H_a。

b. 给定显著性水平 α。

c. 确认样本量 n。

d. 判断临界值。

e. 计算检验统计量 x。

f. 决定是否拒绝原假设。

g. 得出结论并进行解释。

例 2　符号检验

一个车辆特许供应商声称给顾客的折扣价格中位数至少为 6 000 美元。我们得到一个包含 103 单交易的随机样本，其中 60 辆车的折扣价格小于 6 000 美元，40 辆车的折扣价格大于 6 000 美元。在 $\alpha=0.01$ 下，你能拒绝特许供应商的说法吗？

解答：

要拒绝特许供应商的说法，你要驳斥的观点是“折扣价格中位数至少为 6 000 美元”。原假设和备择假设是

H_0：中位数$\geqslant$6 000（论断）

H_a：中位数$<$6 000

因为 $n>25$，使用附录 B 中的表 4 找临界值。检验是左尾检验，显著性水平 $\alpha=0.01$，临界值是 -2.33。在 103 单交易中，有 60 个－号，40 个＋号。当 0 被忽略时，样本量为 $n=60+40=100$，$x=40$。

根据这些值，检验统计量为：

$$z=\frac{(40+0.5)-0.5\times100}{\frac{\sqrt{100}}{2}}$$

$$=\frac{-9.5}{5}$$

$$=-1.9$$

下图显示了拒绝域和检验统计量 z 的位置。因为 z 大于临界值，所以 z 并不在拒绝域内，你不能拒绝原假设。

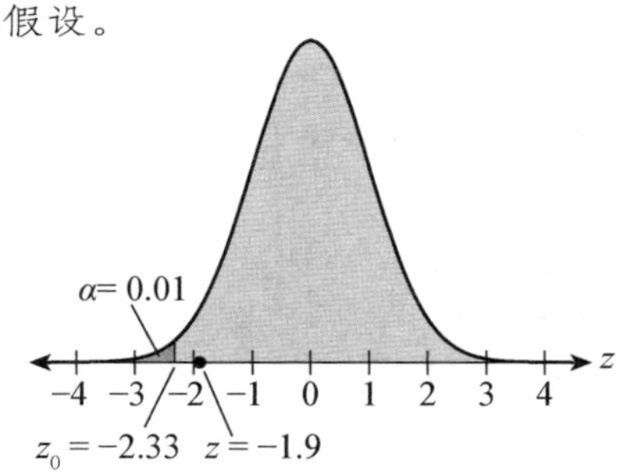

解释：

在 1%的显著性水平下，你不能拒绝特许供应商声称给顾客的折扣价格中位数至少为 6 000 美元的说法。

▶试一试 2

一名房地产经纪人声称一个特定区域的房屋销售价格中位数为 134 500 美元。随机抽取一个含 85 宗房屋销售的样本，其中 30 宗低于 134 500 美元售出，51 宗高于 134 500 美元售出。在 $\alpha=0.10$ 下，你能拒绝房地产经纪人的说法吗？

a. 明确论断，陈述 H_0 和 H_a。

b. 确定显著性水平 α。

c. 确定样本量 n。

d. 判断临界值。

e. 计算检验统计量 z。

f. 决定是否拒绝原假设。

g. 得出结论并进行解释。

11.1.2 成对样本的符号检验

在 8.3 节中，我们学习了用 t 检验对独立样本均值的差异进行检验。这个检验要求两个总体均服从正态分布。如果不能满足参数的正态条件，你可以用成对样本的符号检验去检验两个总体中位数的差异。要对两总体中位数的差异进行成对样本的符号检验，必须满足以下条件。

1. 样本从总体中随机抽取。
2. 样本必须相依（成对）。

成对样本的符号检验可以是左尾、右尾或双尾的。这个检验与关于单个总体中位数的符号检验相似。可是，与将每个数据输入对比假定中位数值并记录＋，－，0 的数目不同，你要找到相应数据输入的差异并将其符号记录下来。一般来说，要找到这个差异，可将第一个变量的输入减去第二个变量的输入。然后，比较＋，－号的数目。（0 被忽略。）如果＋号数目大约等于－号数目，不能拒绝原假设。但如果＋，－号数目有较大差异，原假设则应被拒绝。

指南

成对样本的符号检验

文字描述	公式
1. 明确论断，陈述原假设和备择假设。	陈述 H_0 和 H_a
2. 确定显著性水平。	确定 α
3. 通过求每对数据的差异判断样本量。用＋号标记正的差异，－号标记负的差异，0 标记无差异。	n 为＋号和－号的总数
4. 确定临界值。	利用附录 B 中的表 8

5. 计算检验统计量。　x 为十号和一号数目的较小值

6. 决定是否拒绝原假设。　如果检验统计量小于或等于临界值，拒绝 H_0；否则，不能拒绝 H_0

7. 得出结论并进行解释。

例 3　成对样本的符号检验

一名心理学家声称如果首次犯罪罪犯完成一门特殊的改善课程，重复犯罪罪犯的数目将会减少。你随机抽取了 10 个监狱，并记录了两年间重复犯罪罪犯的数目。结果如下表所示。在 $\alpha=0.025$ 下，你能支持心理学家的观点吗？

监狱	1	2	3	4	5	6	7	8	9	10
之前	21	34	9	45	30	54	37	36	33	40
之后	19	22	16	31	21	30	22	18	17	21

解答：

要支持心理学家的说法，你要用到以下原假设和备择假设。

H_0：重复犯罪罪犯的数目不会减少

H_a：重复犯罪罪犯的数目会减少（论断）

下表展示了之前和之后符号差异的情况。

监狱	1	2	3	4	5	6	7	8	9	10
之前	21	34	9	45	30	54	37	36	33	40
之后	19	22	16	31	21	30	22	18	17	21
符号	+	+	−	+	+	+	+	+	+	+

你可以看到有 1 个一号和 9 个十号。因此，$n=1+9=10$。$\alpha=0.025$（单尾），$n=10$，在附录 B 的表 8 中，临界值为 1。因为 x 为十号和一号数目的较小值，所以 $x=1$。因为 x 等于临界值，所以你应该拒绝原假设。

解释：

在 2.5%的显著性水平下，你应该支持心理学家的说法，即重复犯罪罪犯的数目会减少。

▶试一试 3

一名医学研究员声称一种疫苗可以降低成年人感冒的次数。你随机抽取了 14 名成年人并记录了他们一年内感冒的次数。结果如下表所示。在 $\alpha=0.05$ 下，你能支持该研究员的观点吗？

成年人	之前	之后
1	3	2
2	4	1
3	2	0
4	1	1
5	3	1
6	6	3
7	4	3
8	5	2
9	2	2
10	0	2
11	2	3
12	5	4
13	3	3
14	3	2

a. 明确论断，陈述 H_0 和 H_a。
b. 确定显著性水平 α。
c. 确定样本量 n。
d. 判断临界值。
e. 计算检验统计量 x。
f. 决定是否拒绝原假设。
g. 得出结论并进行解释。

练习 11.1

□ 基础技能训练和术语

1. 什么是非参数检验？非参数检验和参数检验有何不同？使用非参数检验的好处和坏处有哪些？

□ 应用和解释概念

进行符号检验　在习题 3，5 中：

(a) 用数学语言陈述论断，明确 H_0 和 H_a；

(b) 确定临界值和拒绝域；

(c) 计算检验统计量；

(d) 判断是否拒绝原假设；

(e) 得出结论并进行解释。

3. **信用卡资费**　为了估计前一个月新信用卡资费的中位数，一名金融服务助理随机抽取了 12 个信用卡账户并记录了每个账户前一个月的新信用卡资费。数据列示如下。在 $\alpha=0.01$ 下，这个助理能判断新信用卡资费的中位数大于 300 美元吗？

346.71	382.59	255.03	202.17	309.80	265.88
299.41	270.38	296.54	318.46	245.92	309.47

5. **房屋销售价格**　一个房地产代理认为去年私有单户型新居销售价中位数小于等于 210 000 美元。随机抽选 8 个该型房屋，其销售价格如下所示。在 $\alpha=0.05$ 下，有

足够证据拒绝代理的看法吗？

230 000	193 250	149 300	204 400
135 600	221 000	209 000	291 800

□ 扩展概念

进一步学习符号检验　$n>25$ 时，可以使用符号检验，对于左尾检验，一旦检验统计量

$$z=\frac{(x+0.5)-0.5n}{\frac{\sqrt{n}}{2}}$$

小于或等于左尾临界值，你就可以拒绝原假设，其中 x 是+号和一号数目的较小值。对于右尾检验，一旦检验统计量

$$z=\frac{(x-0.5)-0.5n}{\frac{\sqrt{n}}{2}}$$

大于或等于右尾临界值，你就可以拒绝原假设，其中 x 是+号和一号数目的较大值。

在习题 21，23 中：

(a) 用数学语言陈述论断，明确 H_0 和 H_a；

(b) 确定临界值和拒绝域；

(c) 计算检验统计量；

(d) 决定是否拒绝原假设；

(e) 得出结论并进行解释。

21. **周收入**　一个劳工组织声称女工周收入的中位数小于等于 585 美元。要对此进行检验，你随机抽取了 50 名女工并询问了她们的周收入。结果如下表所示。在 $\alpha=0.01$ 下，你能拒绝该组织的说法吗？

周收入	女工数目
少于 585 美元	18
585 美元	3
多于 585 美元	29

23. **新娘年龄**　一名婚姻顾问估计新娘首次结婚的年龄中位数大于 25.5 岁。在样本量为 65 的随机样本中，22 人结婚年龄小于 25.5 岁，38 人大于 25.5 岁，5 人等于 25.5 岁。在 $\alpha=0.05$ 下，你能支持这个顾问的观点吗？

11.2　Wilcoxon 检验

11.2.1　Wilcoxon 符号秩检验

本节中，我们将学习 Wilcoxon 符号秩检验和 Wilcoxon 秩和检验。和符号检验不同，这两个非参数检验着重于考虑输入数据的量值和大小。

在 8.3 节中，我们用 t 检验和独立样本来判断两个总体是否有差异。要使用 t 检验判断这样的差异，你一定要假定或已知独立样本随机抽取自服从正态分布的总体。但倘使这样的假设不成立呢？我们可以用 Wilcoxon 符号秩检验代替两样本 t 检验。

定义

Wilcoxon 符号秩检验（Wilcoxon signed-rank test）是一个用于判断两个选自总体的独立样本是否服从相同分布的非参数检验。

指南

进行 Wilcoxon 符号秩检验

文字描述	公式
1. 明确论断，陈述原假设和备择假设。	陈述 H_0 和 H_a
2. 确定显著性水平。	确定 α
3. 通过求差异不为 0 的数据对数判断样本量 n。	
4. 确定临界值。	利用附录 B 中的表 9
5. 计算检验统计量 w_s。	
a. 完成一张表头如右的表。	表头：样本 1，样本 2，差异，绝对值，秩，符号秩
b. 分别找到正的秩和与负的秩和。	符号秩和相应差异的符号相同
c. 选择绝对值较小的秩和。	
6. 决定是否拒绝原假设。	如果检验统计量 w_s 小于或等于临界值，拒绝 H_0；否则，不能拒绝 H_0
7. 得出结论并进行解释。	

例 1 进行 Wilcoxon 符号秩检验

一名运动心理学家相信听音乐会影响运动员的锻炼时间。10 名运动员的锻炼时间长度（分钟），包含听音乐和不听音乐两种情况，如下表所示。在 $\alpha=0.05$ 下，你能支持运动心理学家的论断吗？

有音乐	45	38	28	39	41	47	62	54	33	44
无音乐	38	40	33	36	42	41	54	47	28	35

解答：

论断是“听音乐影响运动员锻炼时间的长度”。要对此进行检验，利用如下的原假设和备择假设。

H_0：运动员的锻炼无差异

H_a：运动员的锻炼有差异（论断）

这个 Wilcoxon 符号秩检验是双尾检验，$\alpha=0.05$。因为每组数据的差异都非 0，所以 $n=10$。从附录 B 中的表 9 得临界值是 8。完成下表找到检验统计量 w_s。

有音乐	无音乐	差异	绝对值	秩	符号秩
45	38	7	7	7.5	7.5
38	40	−2	2	2	−2
28	33	−5	5	4.5	−4.5
39	36	3	3	3	3
41	42	−1	1	1	−1
47	41	6	6	6	6
62	54	8	8	9	9
54	47	7	7	7.5	7.5
33	28	5	5	4.5	4.5
44	35	9	9	10	10

负的秩和为：

$$-1+(-2)+(-4.5)=-7.5$$

正的秩和为：

$$(+3)+(+4.5)+(+6)+(7.5)+(+7.5)+(+9)+(+10)=47.5$$

检验统计量的值是上面两个秩和绝对值的较小值。因为 $|-7.5|<|47.5|$，所以检验统计量为 $w_s=7.5$。因为检验统计量小于临界值，即 $7.5<8$，所以你应该拒绝原假设。

解释：

在 5%的显著性水平下，你有足够的证据支持论断“听音乐对运动员的锻炼有影响”。

▶试一试 1

一个质量控制监察员想要检验一种喷涂式防水剂是否有效。他选择了 12 片织物，每片织物上喷上水并测量其耐水量（百万升）。然后他喷上防水剂并重新实验。结果如下表所示。在 $\alpha=0.01$ 下，他能得出防水剂有效的结论吗？

不喷防水剂	8	7	7	4	6	10	9	5	9	11	8	4
喷防水剂	15	12	11	6	6	8	8	6	12	8	14	8

a. 明确论断，陈述 H_0 和 H_a。
b. 确定显著性水平 α。
c. 确定样本量 n。
d. 判断临界值。
e. 利用一张表计算检验统计量 w_s，找到正的秩和、负的秩和与每项的绝对值。
f. 判断是否拒绝原假设。如有必要，使用图表。
g. 得出结论并进行解释。

11.2.2 Wilcoxon 秩和检验

在 8.1 节和 8.2 节中，我们使用 z 检验或 t 检验及独立样本判断两个总体间是否存在差异。要使用这些检验，我们要对每个总体分布进行假定。但是如果这些假定并不成立该怎么办？你依然可以用 Wilcoxon 秩和检验来比较这些总体。

定义

Wilcoxon 秩和检验（Wilcoxon rank sum test）是一种用于判断两个独立样本是否来自同一总体的非参数检验。

Wilcoxon 秩和检验的一个要求是两个样本的样本量至少为 10。计算 Wilcoxon 秩和检验的检验统计量时，用 n_1 代表较小样本的样本量，用 n_2 代表较大样本的样本量。如果两个样本样本量相同，n_1，n_2 可以任意选取。

计算秩和 R 时，要用两个样本中较小样本的秩和。如果两个样本样本量一样，你可以使用任一样本的秩和，但是你使用的秩和必须与样本量为 n_1 的样本有关。

Wilcoxon 秩和检验的检验统计量

给定两个独立样本，Wilcoxon 秩和检验的检验统计量为：

$$z=\frac{R-\mu_R}{\sigma_R}$$

式中，R 是较小样本的秩和；$\mu_R=\frac{n_1(n_1+n_2+1)}{2}$；$\sigma_R=\sqrt{\frac{n_1 n_2(n_1+n_2+1)}{12}}$。

指南

进行 Wilcoxon 秩和检验

文字描述	公式
1. 明确论断，陈述原假设和备择假设。	陈述 H_0 和 H_a
2. 确定显著性水平。	确定 α
3. 确定临界值。	利用附录 B 中的表 4
4. 判断样本量。	$n_1<n_2$
5. 找到较小样本的秩和。 a. 列出升序排列的混合数据。 b. 对混合数据求秩。 c. 加总较小样本的秩和。	R
6. 计算检验统计量。	$z=\frac{R-\mu_R}{\sigma_R}$
7. 决定是否拒绝原假设。	如果检验统计量 z 小于或等于临界值，拒绝 H_0；否则，不能拒绝 H_0
8. 得出结论并进行解释。	

例 2　进行 Wilcoxon 秩和检验

下表显示了 10 个男性和 12 个女性医药销售代表收入（千美元）的随机样本。给定$\alpha=0.10$，你能判断男女销售代表的收入不同吗？

男性收入	58	73	94	81	78	74	66	75	97	79		
女性收入	66	57	81	73	65	78	71	67	64	77	80	70

解答：

观点是“男女销售代表的收入不同”。这个检验的原假设和备择假设如下。

H_0：男女收入代表的收入并无不同

H_a：男女收入代表的收入不同(论断)

这是一个双尾检验，$\alpha=0.10$，临界值是$-z_0=-1.645$ 和 $z_0=1.645$，拒绝域是$z\leqslant-1.645$ 和 $z\geqslant-1.645$。

在计算检验统计量之前，你要求得 R，μ_R 和 σ_R 的值。下表显示了升序的混合数据和相应的秩。

数据	样本	秩
57	F	1
58	M	2
64	F	3
65	F	4
66	M	5.5
66	F	5.5
67	F	7
70	F	8
71	F	9
73	M	10.5
73	F	10.5
74	M	12
75	M	13
77	F	14
78	M	15.5
78	F	15.5
79	M	17
80	F	18
81	M	19.5
81	F	19.5
94	M	21
97	M	22

因为男性的样本较小，所以 R 是男性秩和。

$$R=2+5.5+10.5+12+13+15.5+17+19.5+21-22$$
$$=138$$

利用 $n_1=10$ 和 $n_2=12$，你可以得到 μ_R 和 σ_R。

$$\mu_R=\frac{n_1(n_1+n_2+1)}{2}=\frac{10\times(10+12+1)}{2}=\frac{230}{2}=115$$

$$\sigma_R=\sqrt{\frac{n_1n_2(n_1+n_2+1)}{12}}=\sqrt{\frac{10\times12\times(10+12+1)}{12}}=\sqrt{\frac{2\,760}{12}}=\sqrt{230}$$
$$\approx15.17$$

当 $R=138$，$\mu_R=115$，$\sigma_R=15.17$ 时，检验统计量

$$z=\frac{R-\mu_R}{\sigma_R}=\frac{138-115}{15.17}\approx1.52$$

由下图可知，检验统计量 z 不在拒绝域中。所以，你不能拒绝原假设。

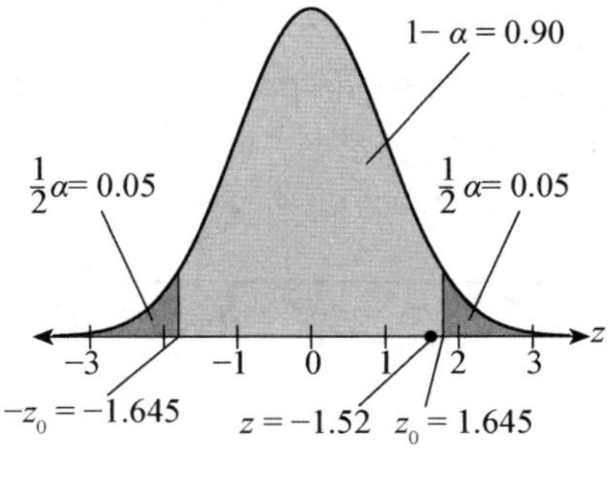

解释：

在 10%的显著性水平下，你不能认为男女销售代表的收入不同。

▶试一试 2

你想研究两个保险公司汽车险的索赔（千美元）。下表显示了两个保险公司 12 次索赔的独立随机样本。$\alpha=0.05$，你能否判断保险公司的索赔不同？

A公司	6.2	10.6	2.5	4.5	6.5	7.4	9.9	3.0	5.8	3.9	6.0	6.3
B公司	7.3	5.6	3.4	1.8	2.2	4.7	10.8	4.1	1.7	3.0	4.4	5.3

a. 明确论断，陈述 H_0 和 H_a。

b. 确定显著性水平 α。

c. 判断临界值。

d. 确认样本量 n_1 和 n_2。

e. 将混合数据升序排列，求数据的秩，求较小样本的秩和。

f. 计算检验统计量。

g. 决定是否拒绝原假设。如有必要，使用图表。

h. 得出结论并进行解释。

练习 11.2

基础技能训练和术语

1. 你如何判断应该使用 Wilcoxon 符号秩检验，还是 Wilcoxon 秩和检验？

应用和解释概念

进行 Wilcoxon 检验 在习题 3，5 中：

(a) 用数学语言陈述论断，明确 H_0 和 H_a。

(b) 判断使用 Wilcoxon 符号秩检验还是 Wilcoxon 秩和检验。

(c) 确定临界值和拒绝域。

(d) 计算检验统计量。

(e) 决定是否拒绝原假设。

(f) 得出结论并进行解释。

3. **钙供给和血压** 一项研究检验人体内钙供给对血压的影响。随机抽取 12 个人，然后给予 12 周的钙供给。每个人在处理前后的舒张压测量结果如下表所示。在 $\alpha=0.01$ 下，你能拒绝舒张压没有降低这种论断吗？

病人	1	2	3	4	5	6	7	8	9	10	11	12
处理前	108	109	120	129	112	111	117	135	124	118	130	115
处理后	99	115	105	116	115	117	108	122	120	126	128	106

5. **学位与收入** 一个学院管理者相信有学士学位的人和有副学士学位的人收入不同。下表显示了一个 11 个学士和 10 个副学士收入的随机样本。在 $\alpha=0.05$ 下，是否有足够证据支持管理员的观点？

学位	收入（千美元）									
学士	49	45	58	71	65	45	39	51	47	55	47
副学士	32	35	43	29	34	34	34	37	41	41	

☐ **扩展概念**

***n*>30 Wilcoxon 符号秩检验**　如果你进行一个 Wilcoxon 符号秩检验，且样本量大于 30，就可以使用标准正态表格和以下公式找到检验统计量。

$$z=\frac{w_s-\frac{n(n+1)}{4}}{\sqrt{\frac{n(n+1)(2n+1)}{24}}}$$

在习题 9 中，进行指定的 Wilcoxon 符号秩检验，利用 $n>30$ 时的检验统计量。

9. **燃料添加剂**　一个石油工程师想知道一定的燃料添加剂是否能改善一辆车的油耗。为此这个工程师记录了 33 辆车的油耗（mpg）。在 $\alpha=0.10$ 下，这个工程师能判断油耗改善了吗？

车	1	2	3	4	5	6	7	8	9	10	11
有添加	36.4	36.4	36.6	36.6	36.8	36.9	37.0	37.1	37.2	37.2	36.7
无添加	36.7	36.9	37.0	37.5	38.0	38.1	38.4	38.7	38.8	38.9	36.3

车	12	13	14	15	16	17	18	19	20	21	22
有添加	37.5	37.6	37.8	37.9	37.9	38.1	38.4	40.2	40.5	40.9	35.0
无添加	38.9	39.0	39.1	39.4	39.4	39.5	39.8	40.0	40.0	40.1	36.3

车	23	24	25	26	27	28	29	30	31	32	33
有添加	32.7	33.6	34.2	35.1	35.2	35.3	35.5	35.9	36.0	36.1	37.2
无添加	32.8	34.2	34.7	34.9	34.9	35.3	35.9	36.4	36.6	36.6	38.3

11.3　Kruskal-Wallis 检验

11.3.1　Kruskal-Wallis 检验

在 10.4 节中，我们学习了如何利用单因素方差分析技术比较三个或以上总体的均值。在使用单因素方差分析时，需要验证每个独立样本抽取自服从或近似服从正态分布的总体。如果不能证实总体服从正态分布，你仍可使用 Kruskal-Wallis 检验来比较三个或以上总体的分布。

定义

Kruskal-Wallis 检验（Kruskal-Wallis test）是一个用于判断三个或以上独立样本是否选自分布相同总体的非参数检验。

Kruskal-Wallis 检验的原假设和备择假设如下。

H_0：总体的分布没有区别

H_a：总体的分布有区别（论断）

使用 Kruskal-Wallis 检验的两个条件是每个样本必须随机选取，且每个样本的样本量至少为 5。如果满足这些条件，Kruskal-Wallis 检验的抽样分布接近自由度为 $k-1$ 的卡方分布，k 是样本的个数。你可以利用以下公式计算 Kruskal-Wallis 检验的检验统计量。

Kruskal-Wallis 检验的检验统计量

给定三个或以上的独立样本，Kruskal-Wallis 检验的检验统计量 H 是

$$H=\frac{12}{N(N+1)}\left(\frac{R_1^2}{n_1}+\frac{R_2^2}{n_2}+\cdots+\frac{R_k^2}{n_k}\right)-3(N+1)$$

式中，k 是样本的数目；n_i 是第 i 个样本的样本量；N 是所有样本量之和；R_i 是第 i 个样本的秩和。

进行 Kruskal-Wallis 检验由对样本数据进行混合和求秩构成。然后，将样本数据按照不同样本分开，并计算每个样本的秩和。

这些计算结果稍后用于计算检验统计量 H。检验统计量 H 其实是秩和方差的一个近似值。如果样本选自分布相同的总体，H 就会较小，我们不应该拒绝原假设。

因为只有当 H 显著大时，原假设才会被拒绝，所以，Kruskal-Wallis 检验总是右尾检验。

指南

进行 Kruskal-Wallis 检验

文字描述	公式
1. 明确论断，陈述原假设和备择假设。	陈述 H_0 和 H_a
2. 确定显著性水平。	确定 α
3. 确定自由度。	d. f. $=k-1$
4. 判断临界值和拒绝域。	利用附录 B 中的表 6
5. 找到每个样本的秩和。	
a. 列出升序排列的混合数据。	
b. 对混合数据求秩。	
6. 计算检验统计量。	$H=\frac{12}{N(N+1)}\left(\frac{R_1^2}{n_1}+\frac{R_2^2}{n_2}+\cdots+\frac{R_k^2}{n_k}\right)-3(N+1)$
7. 决定是否拒绝原假设。	如果检验统计量 H 在拒绝域内，拒绝 H_0；否则，不能拒绝 H_0
8. 得出结论并进行解释。	

例 1　**进行 Kruskal-Wallis 检验**

你想比较加利福尼亚州（CA）、印第安纳州（IN）、马里兰州（MD）精算师的每小时工资率。你在每个州随机选择了几个精算师并记录下他们的每小时工资率，如下表所示。在 $\alpha=0.01$ 下，这些州精算师的每小时工资率分布是否不同？

每小时工资率样本		
样本 1 (CA)	样本 2 (IN)	样本 3 (MD)
40.50	33.45	49.68
44.98	40.12	44.96
47.78	38.65	48.80
43.20	35.98	49.20
37.10	35.97	40.37
49.88	45.70	48.79
42.05	42.05	53.82
52.94	35.97	45.35
41.70	38.25	53.25
43.85		43.57

解答：

你要检验论断"精算师的每小时工资率在加利福尼亚州、印第安纳州、马里兰州有差异"。原假设和备择假设如下。

H_0：精算师每小时工资率在三个州没有区别

H_a：精算师每小时工资率在三个州有区别(论断)

这是个右尾检验，$\alpha=0.01$，d.f. $=k-1=3-1=2$。从附录 B 中的表 6 可得，临界值是 $\chi_0^2=9.210$。在计算检验统计量之前，你要找到每个样本的秩和。下表显示了升序排列的混合数据相应的秩。

顺序数据	样本	秩
33.45	IN	1
35.97	IN	2.5
35.97	IN	2.5
35.98	IN	4
37.10	CA	5
38.25	IN	6
38.65	IN	7
40.12	IN	8
40.37	MD	9
40.50	CA	10
41.70	CA	11
42.05	IN	12.5
42.05	CA	12.5
43.20	CA	14
43.57	MD	15
43.85	CA	16
44.94	MD	17
44.98	CA	18
45.35	MD	19
45.70	IN	20
47.78	CA	21
48.79	MD	22
48.80	MD	23
49.20	MD	24
49.68	MD	25
49.88	CA	26
52.94	CA	27
53.25	MD	28
53.82	MD	29

每个样本的秩和如下：

$$R_1=5+10+11+12.5+14+16+18+21+26+27=160.5$$
$$R_2=1+2.5+2.5+4+6+7+8+12.5+20=63.5$$
$$R_3=9+15+17+19+22+23+24+25+28+29=211$$

利用这些求和与 $n_1=10$，$n_2=9$，$n_3=10$，$N=29$，检验统计量是

$$H=\frac{12}{29\times(29+1)}\times\left(\frac{160.5^2}{10}+\frac{63.5^2}{9}+\frac{211^2}{10}\right)-3\times(29+1)\approx 13.119$$

由下图可知，检验统计量 H 在拒绝域内。因此，你应该拒绝原假设。

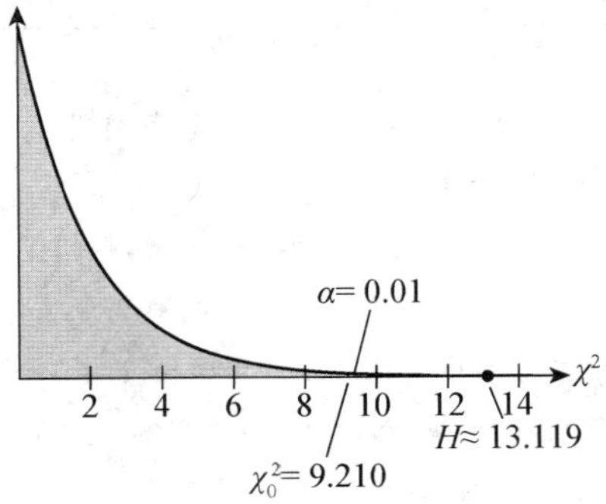

解释：

在1%的显著性水平下，你能判断精算师的每小时工资率在加利福尼亚州、印第安纳州、马里兰州有差异。

▶试一试 1

你想比较科罗拉多州（CO）、密歇根州（MI）和北卡罗来纳州（NC）三地药剂师的收入。为此，你从每个州中随机抽取了10个药剂师并记录下他们的收入（千美元），如下表所示。在 $\alpha=0.10$ 下，你能判断这三个州药剂师的收入分布不同吗？

收入样本		
样本1（CO）	样本2（MI）	样本3（NC）
89.75	93.92	105.77
91.55	106.78	98.34
98.99	98.21	89.92
96.24	93.76	87.25
91.17	89.65	95.36
92.85	94.42	96.02
87.70	95.10	94.72
93.12	86.85	94.75
94.55	94.45	110.99
97.35	96.31	100.27

a. 明确论断，陈述 H_0 和 H_a。

b. 确定显著性水平 α。

c. 确定自由度。

d. 判断临界值和拒绝域。

e. 列出升序排列的混合数据，求数据的秩，找到每个样本的秩和。

f. 计算检验统计量。

g. 决定是否拒绝原假设。

h. 得出结论并进行解释。

练习 11.3

□ 基础技能训练和术语

1. 进行 Kruskal-Wallis 检验需要满足什么条件？

□ 应用和解释概念

进行 Kruskal-Wallis 检验　在习题 3，5 中：

(a) 明确论断，陈述 H_0 和 H_a；

(b) 判断临界值；

(c) 找到每个样本的秩和，计算检验统计量；

(d) 决定是否拒绝原假设；

(e) 得出结论并进行解释。

3. **家庭保险**　下表是亚利桑那州、佛罗里达州和路易斯安那州家庭保险政策中家庭年保费的一个随机样本。在 $\alpha=0.05$ 下，你能判断三个州的家庭年保费分布有区别吗？

州	年保费（美元）						
亚利桑那	642	750	579	495	836	610	725
佛罗里达	1 225	1 139	929	897	944	1 079	835
路易斯安那	1 369	1 115	1 289	920	995	870	1 025

5. **年收入**　下表显示了佐治亚州、内华达州、俄亥俄州和宾夕法尼亚州工人年收入的随机样本。在 $\alpha=0.10$ 下，你能判断这些州工人年收入分布不同吗？

州	年收入（千美元）						
佐治亚	31.4	40.5	35.9	24.7	46.9	37.5	42.3
内华达	52.7	39.1	29.5	34.5	38.8	37.1	46.2
俄亥俄	27.1	36.4	49.9	55.2	32.9	30.1	33.9
宾夕法尼亚	37.3	29.5	50.9	49.8	40.2	36.9	37.5

□ 扩展概念

比较两个检验　在习题 7 中，进行指定的检验。

(a) Kruskal-Wallis 检验。

(b) 单因素方差分析检验，假定每个总体服从正态分布且方差相等。

(c) 比较这些结果。

如果方便，使用技术工具解决这些问题。

7. **医院病人停留时间**　一个保险业者报告病人住院天数与其在美国居住的区域有关。下表显示了美国四个区域中病人住院天数的随机样本。在 $\alpha=0.01$ 下，你能支持这个保险业者的观点吗？

地区	天数								
东北部	8	6	6	3	5	11	3	8	1	6
中西部	5	4	3	9	1	4	6	3	4	7
南部	5	8	1	5	8	7	5	1		
西部	2	3	6	6	5	4	3	6	5	

11.4 秩相关

11.4.1 Spearman 秩相关系数

在 9.1 节中，我们学习了用 Pearson 相关系数 r 衡量两个变量间的关系强度。

Pearson 相关系数的要求有两个：第一，变量线性相关；第二，变量所代表的总体服从正态分布。如果这些要求不能满足，你需要用等价于 Pearson 相关系数检验的非参数方法——Spearman 秩相关系数，检验这两个变量之间的关系。

与 Pearson 相关系数相比，Spearman 秩相关系数有几个好处。例如，Spearman 秩相关系数能用于描述线性或者非线性的数据。而且，Spearman 秩相关系数手工计算起来比 Pearson 相关系数简单。

定义

Spearman 秩相关系数 r_s（Spearman rank correlation coefficient）是一种关于两变量间关系强度的测量。Spearman 秩相关系数用成对的样本数据计算。其计算公式为：

$$r_s = 1 - \frac{6\sum d^2}{n(n^2-1)}$$

式中，n 是成对样本数据的数目；d 是每对样本数据的秩之差。

r_s 取值于 -1～1 之间，包含 -1 和 1。如果相应数据对的秩完全相等，r_s 等于 1；如果这些秩刚好相反，r_s 等于 -1。如果相应数据对的秩没有关系，则 $r_s=0$。

在计算出 Spearman 秩相关系数后，你可以判断变量间的相关是否显著。为此，你可以对总体相关系数 ρ_s 进行假设检验。这个检验的原假设和备择假设如下。

H_0：$\rho_s=0$（变量不相关）

H_a：$\rho_s\neq 0$（变量相关）（论断）

附录 B 中的表 10 列出了 Spearman 秩相关系数的临界值，还列出了样本量小于或等于 30 时给定显著性水平下的临界值。这个检验的检验统计量是 Spearman 秩相关系数 r_s。

指南

检验 Spearman 秩相关系数的显著性

文字描述	公式
1. 明确论断，陈述原假设和备择假设。	陈述 H_0 和 H_a
2. 确定显著性水平。	确定 α
3. 确定临界值。	利用附录 B 中的表 10
4. 计算检验统计量。	$r_s = 1 - \frac{6\sum d^2}{n(n^2-1)}$
5. 决定是否拒绝原假设。	如果 $\lvert r_s \rvert$ 大于临界值，则拒绝 H_0；否则，不能拒绝 H_0
6. 得出结论并进行解释。	

例 1　**Spearman 秩相关系数**

下表展示了 1999—2005 年美国农民给出的牛肉和羊肉的价格（美元每 100 磅）。在 $\alpha=0.05$ 下，你能判断牛肉和羊肉的价格相关吗？

年份	牛肉	羊肉
1999	63.4	74.5
2000	68.6	79.8
2001	71.3	66.9
2002	66.5	74.1
2003	79.7	94.4
2004	85.8	101.0
2005	89.7	110.0

解答：

原假设和备择假设如下。

H_0：$\rho_s=0$（牛肉和羊肉价格不相关）

H_a：$\rho_s\neq0$（牛肉和羊肉价格相关）（论断）

每个数据集有 7 个输入。从附录 B 中的表 10 可知，$\alpha=0.05$，$n=7$，临界值为 0.786。在计算检验统计量之前，首先要找到数据集中秩的差异 $\sum d^2$ 。你可以利用下表计算 d^2。

牛肉价格	秩	羊肉价格	秩	d	d^2
63.4	1	74.5	3	−2	4
68.6	3	79.8	4	−1	1
71.3	4	66.9	1	3	9
66.5	2	74.1	2	0	0
79.7	5	94.4	5	0	0
85.8	6	101.0	6	0	0
89.7	7	110.0	7	0	0
					$\sum d^2=14$

当 $n=7$，$\sum d^2=14$ 时，检验统计量

$$r_s=1-\frac{6\sum d^2}{n(n^2-1)}=1-\frac{6\times14}{7\times(7^2-1)}=0.75$$

因为 $|0.75|<0.786$，所以你不能拒绝原假设。

解释：

在 5% 的显著性水平下，你不能判断 1999—2005 年牛肉和羊肉的价格显著相关。

▶试一试 1

下表列示了 1998—2006 年美国农民给出的燕麦和小麦价格（美元每蒲式耳）。在 $\alpha=0.05$ 下，你能判断燕麦和小麦的价格相关吗？

年份	1998	1999	2000	2001	2002	2003	2004	2005	2006
燕麦	1.10	1.12	1.10	1.59	1.81	1.48	1.48	1.63	1.85
小麦	2.65	2.48	2.62	2.78	3.56	3.40	3.40	3.42	4.25

a. 明确论断，陈述 H_0 和 H_a。
b. 确定显著性水平 α。
c. 判断临界值。
d. 用一张表计算 $\sum d^2$ 。
e. 计算标准化检验统计量。
f. 决定是否拒绝原假设。
g. 得出结论并进行解释。

练习 11.4

□ 基础技能训练和术语

1. 与 Pearson 相关系数对比，Spearman 秩相关系数有何优点？

□ 应用和解释概念

检验论断 在习题 3，5 中：

(a) 明确论断，陈述 H_0 和 H_a；
(b) 利用附录 B 中的表 10 判断临界值；
(c) 找到标准化检验统计量 r_s；
(d) 决定是否拒绝原假设；
(e) 得出结论并进行解释。

3. **农业：债务与收入** 在一份农业报告中，一个商品分析员提出农业贸易的债务和收入相关。下表显示了近一年 7 个州农场的总债务和总收入。在 $\alpha=0.01$ 下，有足够证据支持该分析员的观点吗？（资料来源：Adapted from U. S. Department of Agriculture）

州	债务（百万美元）	收入（百万美元）
加利福尼亚	19 955	28 926
伊利诺伊	10 480	8 630
爱荷华	14 434	12 942
明尼苏达	9 982	8 807
内布拉斯加	10 085	11 028
北卡罗来纳	4 235	7 008
得克萨斯	13 286	15 268

5. **洗碗机清洁剂** 下表中列出了 8 种洗碗机清洁剂的总得分和价格。总得分代表了洗碗机清洁剂的清洁测试结果。在 $\alpha=0.01$ 下，你能判断总得分和价格相关吗？（资料来源：*Consumer Reports*）

总得分	87	86	86	84	74	69	67	63
价格（美分）	17	17	19	19	10	5	21	14

测试得分和国民生产总值（GNP） 在习题 7，9 中，利用下表。表中展示了近一年来 9 个国家的 GNP 及其 15 岁人口在科学和数学科目的平均成绩。（资料来源：Adapted from Organization for Economic Cooperation and Development; World Bank）

国家	科学平均得分	数学平均得分	GNP（百万美元）
澳大利亚	525	524	437
加拿大	519	533	774
捷克	523	517	73
法国	511	511	1 522
意大利	487	466	1 243
日本	548	534	4 361
墨西哥	405	385	637
西班牙	487	485	701
美国	491	483	11 013

7. **科学得分与 GNP**　在 $\alpha=0.05$ 下，你能判断科学得分与 GNP 之间相关吗？

9. **科学得分与数学得分**　在 $\alpha=0.05$ 下，你能判断科学得分与数学得分相关吗？

□ 扩展概念

$n>30$ 时检验秩相关系数　样本量 $n>30$ 时，如果你要检验 Spearman 秩相关系数的显著性，可以用以下公式找到临界值。

$$\frac{\pm z}{\sqrt{n-1}}$$

z 对应于显著性水平。

11. **工伤**　下表显示了近一年美国产业的一个随机样本，样本展示了每周平均工时与在职工伤的数目。在 $\alpha=0.05$ 下，你能判断每周平均工时与在职工伤的数目相关吗？（资料来源：Adapted from U. S. Bureau of Labor Statistics；National Safety Council）

工时	47.6	44.1	45.6	45.5	44.5	47.3		45.9	45.5	43.7	44.8	42.5
受伤	16	33	25	33	18	20	21	18	21	28	15	26
工时	46.5	42.3	45.5	41.8	43.1	44.4	44.5	43.7	44.9	47.8	46.6	45.5
受伤	34	32	26	28	22	19	23	20	28	24	26	29
工时	43.5	42.8	44.8	43.5	47.0	44.5	50.1	46.7	43.1			
受伤	21	28	23	26	24	20	28	26	25			

11.5　游程检验

11.5.1　随机游程检验

在得到数据的一个样本时，非常重要的一点是数据为随机选得。但是你如何知道数据是真正随机的呢？检验一个数据集随机性的方式是随机游程检验。

在使用游程检验之前，你首先要知道如何判断数据集中的游程数。

定义

一个**游程**（run）是数据中一个含有相同字符的序列。每个游程前后连接不一样的字符，或者前后完全无字符。游程中数据的数目称为游程的**长度**（length）。

例 1　**求游程的数目**

一台液体配药机被设计为装满 1 升的瓶子。一名质量控制监察员想知道每个瓶子被灌满的水平能通过检查（P）还是不能通过检查（F）。判断每个序列游程的数目并找到每个游程的长度。

1. PPPPPPPPFFFFFFFF
2. PFPFPFPFPFPFPFPF
3. PPFFFFFPFFFFPPPPPP

解答：

1. 这里有两个游程。前 8 个 P 构成一个游程，后 8 个 F 构成另一个游程，如下图所示。

$$\underbrace{\text{PPPPPPPP}}_{\text{游程1}} \qquad \underbrace{\text{FFFFFFFF}}_{\text{游程2}}$$

2. 这里有16个游程，每个游程的长度为1，如下图所示。

$$\underbrace{\text{P}}_{\text{游程1}}\ \underbrace{\text{F}}_{\text{游程2}}\ \cdots\ \text{P F P F P F P F P F P F P}\ \cdots\ \underbrace{\text{F}}_{\text{游程16}}$$

3. 这里有5个游程，第一个的长度为2，第二个的长度为4，第三个的长度为1，第四个的长度为3，第五个的长度为6，如下图所示。

$$\underbrace{\text{PP}}_{\text{游程1}}\ \underbrace{\text{FFFF}}_{\text{游程2}}\ \underbrace{\text{P}}_{\text{游程3}}\ \underbrace{\text{FFF}}_{\text{游程4}}\ \underbrace{\text{PPPPPP}}_{\text{游程5}}$$

▶试一试 1

一台机器生产发动机零件。一个监察员测试每个发动机零件的直径并想判断该零件能（P）否（F）通过检测。结果如下所示。判断序列中游程的数目并求每个游程的长度。

PPPFPFPPPPFFPFPPFFFPPPFPPP

a. 在每次字符改变处分开数据。

b. 数出分得的组数并判断游程的数目。

c. 数出每个游程内数据的数目并判断长度。

当数据集中每个值可以分为两类中的一类时，你可以用随机游程检验去判断数据是否随机。

定义

随机游程检验（runs test for randomness）是一个用于判断样本序列是否随机的非参数检验。

随机游程检验考虑一个样本序列中的游程数目以检验一个序列是否随机。如果一个序列的游程过多或过少，它通常是非随机的。例如，例1中的序列PPPPPPPP FFFFFFFF的游程太少（只有2个游程）。另一个例1的序列PFPFPFPFPFP FPFPF的游程数太多（有16个游程）。因此，这些样本数据可能是非随机的。

你可以使用假设检验判断一个样本序列的游程数过多或过少。游程检验是一个双尾检验，原假设和备择假设如下。

H_0：这个数据序列是随机的

H_a：这个数据序列是非随机的

使用游程检验时，n_1 代表含有第一个字符的数据数目，n_2 代表含有第二个字符的数据数目，其中 n_1 代表哪个字符都没有关系。G 代表游程的数目。

n_1 = 含有第一个字符的数据数目

n_2 = 含有其他字符的数据数目

G＝游程的数目

附录 B 中的表 12 列出了给定 n_1，n_2 值，$\alpha=0.05$ 时游程检验的临界值。（本书中，使用随机游程检验时你只会用到 $\alpha=0.05$）。如果 n_1 或 n_2 大于 20，你可以使用标准正态分布去求临界值。

你可以使用如下公式计算游程检验的检验统计量。

游程检验的检验统计量

当 $n_1 \leqslant 20$ 且 $n_2 \leqslant 20$ 时，游程检验的检验统计量是游程数目 G。

当 $n_1 > 20$ 或 $n_2 > 20$ 时，游程检验的检验统计量是

$$z=\frac{G-\mu_G}{\sigma_G}$$

式中，$\mu_G=\dfrac{2n_1n_2}{n_1+n_2}+1$；$\sigma_G=\sqrt{\dfrac{2n_1n_2(2n_1n_2-n_1-n_2)}{(n_1+n_2)^2(n_1+n_2-1)}}$。

指南

进行随机游程检验

文字描述	公式
1. 明确论断，陈述原假设和备择假设。	陈述 H_0 和 H_a
2. 确定显著性水平（随机游程检验使用 $\alpha=0.05$）。	确定 α
3. 判断含有每类字符的数据数目及游程数目。	判断 n_1，n_2 和 G
4. 确定临界值。	如果 $n_1 \leqslant 20$ 且 $n_2 \leqslant 20$，利用附录 B 中的表 12；如果 $n_1 > 20$ 或 $n_2 > 20$，利用附录 B 中的表 4
5. 计算检验统计量。	当 $n_1 \leqslant 20$ 且 $n_2 \leqslant 20$ 时，使用 G；当 $n_1 > 20$ 或 $n_2 > 20$ 时，使用 $z=\dfrac{G-\mu_G}{\sigma_G}$
6. 决定是否拒绝原假设。	如果 G 小于等于下临界值，或者 G 大于等于上临界值，则拒绝 H_0；否则，不能拒绝 H_0。或者当 z 在拒绝域时，拒绝 H_0；否则，不能拒绝 H_0
7. 得出结论并进行解释。	

例 2

进行随机游程检验

一个建筑公司的工头记录了工人在轮班期间上报的受伤情况。下列序列展示了近一年来每个月受伤是否上报。I 代表一个月内至少有一宗受伤上报，N 代表一个月内没有受伤上报。在 $\alpha=0.05$ 下，你能判断每个月伤害的发生是非随机的吗？

IINNNINIINNN

解答：

论断是“受伤发生是非随机的”。要检验这个论断，利用以下原假设和备择假设。

H_0：受伤发生是随机的

H_a：受伤发生是非随机的（论断）

要找到临界值，首先要判断 I 的个数 n_1，N 的个数 n_2，游程的个数 G。

$$\underbrace{\text{II}}_{\text{游程1}}\ \underbrace{\text{NNN}}_{\text{游程2}}\ \underbrace{\text{I}}_{\text{游程3}}\ \underbrace{\text{N}}_{\text{游程4}}\ \underbrace{\text{II}}_{\text{游程5}}\ \underbrace{\text{NNN}}_{\text{游程6}}$$

因为 $n_1 \leqslant 20$ 且 $n_2 \leqslant 20$，$\alpha=0.05$，利用附录 B 中的表 12 找到下临界值为 3，上临界值是 11。检验统计量是游程的数目 $G=6$。因为检验统计量 G 介于 3～11 之间，所以你不能拒绝原假设。

解释：

在 5%的显著性水平下，你没有足够证据支持论断“受伤发生是非随机的”。因此，工人在该工头当班期间上报的受伤看起来是随机发生的。

▶试一试 2

进入教室的 14 名学生的性别如下，F 代表女性，M 代表男性。在 $\alpha=0.05$ 下，你能判断这个性别序列是非随机的吗？

FFFMMFFMFMMFFF

a. 明确论断，陈述 H_0 和 H_a。

b. 确定显著性水平 α。

c. 确定样本量 n_1，n_2 和 G。

d. 判断临界值。

e. 计算检验统计量 G。

f. 决定是否拒绝原假设。

g. 得出结论并进行解释。

例 3　使用随机游程检验

你想要判断一个公司最近聘用员工的性别是否随机。下列序列展示了最近雇用的 36 名雇员的性别。在 $\alpha=0.05$ 下，你能判断这些选择是非随机的吗？

MMFFFFFMMMMMM
FFFFFMMMMMMM
FFFMMMMFMMFM

解答：

论断是“这些选择是非随机的”。要检验这个论断，利用以下原假设和备择假设。

H_0：雇员的选择是随机的

H_a：雇员的选择是非随机的（论断）

要求临界值，首先要判断 F 的数目 n_1，M 的数目 n_2，游程的数目 G。

$$\underbrace{\text{MM}}_{\text{游程1}}\ \underbrace{\text{FFFF}}_{\text{游程2}}\ \underbrace{\text{MMMMMM}}_{\text{游程3}}$$

$$\underbrace{\text{FFFFF}}_{\text{游程4}}\ \underbrace{\text{MMMMMMM}}_{\text{游程5}}$$

$$\underbrace{\text{FFF}}_{\text{游程6}}\ \underbrace{\text{MMMM}}_{\text{游程7}}\ \underbrace{\text{F}}_{\text{游程8}}\ \underbrace{\text{MM}}_{\text{游程9}}\ \underbrace{\text{F}}_{\text{游程10}}\ \underbrace{\text{M}}_{\text{游程11}}$$

$n_2>20$，利用附录 B 中的表 4 求显著性水平 $\alpha=0.05$ 的临界值 $-z_0=-1.96$ 和 $z_0=1.96$。

在计算检验统计量之前，找到 μ_G，σ_G 的值，如下。

$$\begin{aligned}\mu_G &= \frac{2n_1n_2}{n_1+n_2}+1\\ &= \frac{2\times14\times22}{14+22}+1\\ &= \frac{616}{36}+1\\ &\approx 18.11\end{aligned}$$

$$\begin{aligned}\sigma_G &= \sqrt{\frac{2n_1n_2(2n_1n_2-n_1-n_2)}{(n_1+n_2)^2(n_1+n_2-1)}}\\ &= \sqrt{\frac{2\times14\times22\times(2\times14\times22-14-22)}{(14+22)^2(14+22-1)}}\\ &\approx 2.81\end{aligned}$$

你可以找到如下检验统计量：

$$\begin{aligned}z &= \frac{G-\mu_G}{\sigma_G}\\ &= \frac{11-18.11}{2.81}\\ &\approx -2.53\end{aligned}$$

从下图可以看出，检验统计量 z 在拒绝域中。因此，你可以拒绝原假设。

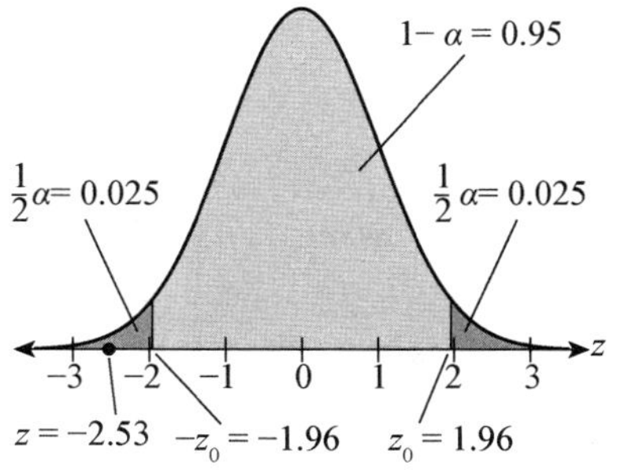

解释：

在 5% 的显著性水平下，你有足够证据支持论断“员工选择与性别无关”。

▶试一试 3

用 S 代表一个小镇下雪的日子，用 N 代表同一个镇不下雪的日子。如下是 1 月全月的结果。在 $\alpha=0.05$ 下，你能判断这个序列是非随机的吗？

NNNSSNNSNSNNNNNS
NSNSNNSNSSNNNNN

a. 明确论断，陈述 H_0 和 H_a。
b. 确定显著性水平 α。
c. 确定样本量 n_1，n_2 和 G。
d. 判断临界值。
e. 计算检验统计量 G。
f. 决定是否拒绝原假设。
g. 得出结论并进行解释。

当 n_1 或 n_2 大于 20 时，你也可以用一个假设检验的 P 值检验数据的随机性。在例 3 中，你计算得 P 值为 0.011。因为 $P<\alpha$，所以可以拒绝原假设。

练习 11.5

□ 基础技能训练和术语

找到游程的数目　在习题 1，3 中，判断给定序列的游程数目，然后找到每个游程的长度。

1. TFTFTTTFFFTF
3. MFMFMFFFFFFMMMFFMMMM

□ 应用和解释概念

进行游程检验　在习题 13，15 中，利用游程检验完成以下任务。

(a) 明确论断，陈述 H_0 和 H_a。

(b) 利用附录 B 中的表 4 或表 12 判断临界值。

(c) 计算检验统计量。

(d) 决定是否拒绝原假设。

(e) 得出结论并进行解释。给定 $\alpha=0.05$。

13. **抛硬币**　一个教练记录了每个赛季每场球赛开场时抛硬币的结果。结果如下所示，其中 H 代表正面，T 代表背面。这个教练认为结果非随机。利用游程检验检验教练的观点。

HTTTHTHHTTTTHTHH

15. **号码生成器**　一个号码生成器输出的数字序列如下所示，O 代表奇数，E 代表偶数。检验论断“数字非随机产生”。

OOOEEEEOOOOOEEEE
OOEEEEOOOOEEEEOO

□ 扩展概念

数量数据的游程检验　在习题 19 中，利用下列数据进行游程检验。你也可以利用游程检验对数量数据的随机性进行检验。首先，计算中位数，然后把大于中位数的标记为+，小于中位数的标记为−。忽略那些等于中位数的值。

19. **日最高气温**　下列数据集展示了一个城市 7 月的日最高气温（℉）。检验论断“日最高温度非随机出现”。给定 $\alpha=0.05$。

84	87	92	93	95	84	82	83
81	87	92	98	99	93	84	85
86	92	91	95	84	92	83	81
87	92	98	89	93	84	85	

21. 利用一种技术工具产生一个取值于 1～99 的含 30 个数字的数据集。检验论断“数字非随机产生”。

本章测验

对于每道习题，按照以下要求作答：

(a) 明确论断，陈述 H_0 和 H_a。

(b) 判断使用哪个检验。

(c) 确认临界值。

(d) 判断拒绝域。

(e) 计算检验统计量。

(f) 决定是否拒绝原假设。如有必要，使用图表。

(g) 得出结论并进行解释。

1. 一个女性组织声称州政府和当地政府中男女收入不同。你得到一个从州政府和当地政府抽取的、含 10 男 10 女的随机样本，他们的收入如下表所示。在 $\alpha=0.10$ 下，你能支持这个组织的说法吗？（资料来源：Adapted from U. S. Equal Employment Opportunity Commission）

性别	收入（千美元）									
女	36.2	35.8	35.4	39.0	30.8	41.3	31.8	32.6	29.8	36.9
男	53.9	45.3	30.4	41.3	48.8	40.7	41.8	37.3	42.4	46.1

2. 社区组织声称志愿者每年的志愿服务时长是 50 小时。在一个 24 人的随机样本中，他们去年均参加过志愿服务，13 个人少于 50 小时，9 个人多于 50 小时，2 个人为 50 小时。在 $\alpha=0.05$ 下，你能拒绝这个组织的观点吗？（资料来源：Adapted from U. S. Bureau of Labor Statistics）

3. 一个公寓协会想判断新公寓每月租金是否因该公寓所属区域不同而有异。下表列示了美国四个区域的一个随机样本中公寓的每月租金（美元）。在 $\alpha=0.05$ 下，这个协会能判断这些区域的新公寓的租金不同吗？（资料来源：Adapted from U. S. Census Bureau）

区域	月租金（美元）						
东北部	1 075	1 025	1 225	1 050	1 100	950	950
中西部	1 050	650	750	725	800	800	775
南部	1 000	1 100	950	775	975	900	800
西部	1 300	875	950	825	1 075	1 150	1 225

4. 气象学家要判断其家乡 4 月有雨的日子是否为随机的。为达目的，气象学家记录了 4 月每天是否降雨。结果如下，R 代表该天下雨，N 代表该天不下雨。在 $\alpha=0.05$ 下，这个气象学家能判断有雨的日子是非随机的吗？

NRRNNNNRNRRNRRR
NRRRRNNNNRNRNNR

现实中的统计——真实的决策

近年来，根据劳工统计局的数据统计，工人为他们现在雇主的工作时间（称为员工任期）平均为 4 年。从 20 世纪 50 年代早期开始，劳工统计局就通过当前人口调查(CPS)的方式收集员工任期的相关信息。在这个历时一个月的调查中，会有大约 6 000 个家庭提供信息，这些信息提供了关于雇用、解雇、收入、人口和其他一些不小于 16 岁美国人的特征。需要注意的是，关于员工任期，这些数据反映的是工人为他们现在的雇主已工作了多长时间，而不是计划工作多长时间。

□ 练　习

1. 你会怎么做

（a）对当前人口调查，你会用什么抽样技术来选择样本？

（b）你认为在（a）中的技术能给你一个代表美国人口的样本吗？说明原因。

（c）指出（a）中的技术可能存在的缺陷和不足。

2. 有区别吗

一个议员宣称从某地来的工人平均任期低于全国 4 年的平均任期。这个论断基于下表的数据做出。（假定工人是随机选取的。）

20 个工人的员工任期		
4.6	2.6	3.3
2.8	1.5	1.9
4.0	5.0	3.9
5.1	3.7	5.4
3.6	3.9	6.2
1.7	4.6	3.1
4.4	3.6	

（a）这个论断有可能是真的吗？你对收集到的数据有什么疑问？

（b）如何检验这位议员的论断？你需要使用参数检验还是非参数检验？

（c）陈述原假设和备择假设。

（d）给定 $\alpha=0.05$，检验这个论断。你能得出什么结论？

3. 比较男女工人的任期

国会议员宣称男工人的平均任期要比女工人的平均任期长。这个论断基于下表的数据做出。（假定工人是随机选取的。）

男工人的任期	女工人的任期
3.9	4.4
4.4	4.9
4.7	5.4
4.3	4.3
4.9	4.0
3.8	1.8
3.6	5.1
4.7	5.1
2.3	3.3
6.5	2.2
0.9	5.2
5.1	3.0
	1.3
	4.0

（a）如何检验这位议员的论断？你需要使用参数检验还是非参数检验？

（b）陈述原假设和备择假设。

（c）给定 $\alpha=0.05$，检验这个论断。你能得出什么结论？

中国人民大学出版社工商管理类翻译版教材

序号	书名	作者	定价	出版年份	ISBN 978-7-300-

（一）工商管理经典译丛

序号	书名	作者	定价	出版年份	ISBN 978-7-300-
1	管理学（第13版）	罗宾斯（Stephen P. Robbins）	75	2017	23460-1
2	罗宾斯《管理学（第13版）》学习指导	罗宾斯（Stephen P. Robbins）	42	2017	24217-0
3	管理学（精要版第9版）	孔茨（Harold Koontz） 韦里克（Heinz Weihrich）	58	2014	18405-0
4	管理学（第3版）	贝特曼（Thomas S. Bateman）	58	2014	20098-9
5	商学精要（第8版）	埃伯特（Ronald J. Ebert）	55	2013	17581-2
6	管理经济学（第8版）	贝叶（Michael R. Baye）	65	2017	24850-9
7	管理经济学（第4版修订版）	彼得森（H. Craig Petersen）	69	2009	11367-8
8	管理经济学（第7版）	基特（Paul G. Keat）	65	2015	20416-1
9	组织行为学（第16版）	罗宾斯（Stephen P. Robbins）	78	2016	23166-2
10	组织行为学（第2版）	麦克沙恩（Steven L. McShane）	52	2015	20492-5
11	组织行为学（第9版）	格林伯格（Jerald Greenberg）	75	2011	13603-5
12	战略管理：概念与案例（第12版）	希特（Michael A. Hitt）	69	2017	24489-1
13	战略管理：概念与案例（第13版·全球版）	戴维（Fred R. David）	68	2012	15855-6
14	战略过程：概念、情境、案例（第4版）	明茨伯格（Henry Mintzberg）	69	2012	16331-4
15	人力资源管理（第14版）	德斯勒（Gary Dessler）	79	2017	23844-9
16	会计学（第10版）	亨格瑞（Charles T. Horngren）	85	2016	22753-5
17	公司理财：核心原理与应用（第3版）	罗斯（Stephen A. Ross）	76	2013	18161-5
18	项目管理：管理新视角（第7版）	梅雷迪思（Jack R. Meredith）	78	2011	12977-8
19	MBA运营管理（第5版）	梅雷迪思（Jack R. Meredith）	56	2015	21627-0
20	运作管理（第10版）	海泽（Jay Heizer）	89	2012	14890-8
21	运作管理（精要版第3版）	蔡斯（Richard B. Chase）	59	2014	18408-1
22	供应链管理（第6版）	乔普拉（Sunil Chopra）	69	2017	24293-4
23	市场营销：原理与实践（第16版）	科特勒（Philip Kotler）	79	2015	21339-2
24	营销管理（第13版·中国版）	科特勒（Philip Kotler）	59	2012	16254-6
25	营销信息系统（精要版·第9版）	劳东（Kenneth C. Laudon）	59	2012	16254-6
26	管理信息系统（第13版）全球版	劳东（Kenneth C. Laudon）	68	2016	20282-2
27	质量管理与卓越绩效（第9版）	埃文斯（James R. Evans）	75	2015	19776-0
28	数据、模型与决策（第4版）	埃文斯（James R. Evans）	59	2011	13605-9
29	电子商务（第7版）全球版	特伯恩（Efraim Turban）	79	2016	22533-3
30	电子商务导论（第2版）	特伯恩（Efraim Turban）	59	2011	13747-6
31	电子商务——商务、技术与社会（第7版）	劳东（Kenneth C. Laudon）	72	2014	18478-4
32	商务与经济统计学（精编版第5版）	威廉斯（Thomas A. Williams）	69	2014	19503-2
33	基础统计学（第4版）	拉森（Ron Larson）	52	2013	18479-1
34	商务统计学（第7版）	莱文（David M. Levine）	68	2017	24940-7
35	管理沟通——以案例分析为视角（第4版）	奥罗克（James S. O'Rourke）	49	2011	12920-4
36	商务谈判（第5版）	汤普森（Leigh L. Thompson）	55	2013	17837-0
37	管理思想史（第6版）	雷恩（Daniel A. Wren）	62	2012	14821-2
38	企业管理研究方法（第10版）	库珀（Donald Cooper）	79	2013	17645-1
39	商业伦理：概念与案例（第7版）	贝拉斯克斯（Manuel G. Velasquez）	52	2013	17376-4
40	企业伦理学（第10版）	费雷尔（O. C. Ferrell）	53	2016	22285-1
41	职业生涯发展与规划（第4版）	里尔登（Robert C. Reardon）	49	2016	22755-9
42	商法（第7版）	亚当斯（Alix Adams）	59	2014	20311-9
43	领导学——领导的艺术与科学（第7版）	纳哈雯蒂（Afsaneh Nahavandi）	55	2016	22758-0

（二）工商管理经典译丛·市场营销系列

序号	书名	作者	定价	出版年份	ISBN 978-7-300-
1	市场营销学（第9版）	阿姆斯特朗（Gary Armstrong）	65	2010	12524-4
2	市场营销学基础（第18版）	佩罗（William D. Perreault, Jr.）	65	2012	15644-6
3	市场营销学（第3版）	格雷瓦尔（Dhruv Grewal）	65	2015	21338-5
4	营销管理（第5版·全球版）	科特勒（Philip Kotler）	39	2012	15367-4
5	营销管理（亚洲版·第5版）	科特勒（Philip Kotler）	75	2010	11369-2

6	营销管理：知识与技能（第 10 版）	彼得（J. Paul Peter）	65	2012	15751-1
7	消费者行为学（第 10 版）	所罗门（Michael R. Solomon）	68	2014	18249-0
8	消费者行为学（第 11 版）	希夫曼（Leon G. Schiffman）	69	2015	20402-4
9	战略品牌管理（第 4 版）	凯勒（Kevin Line Keller）	79	2014	19869-9
10	现代品牌管理	拉福雷（Sylvie Laforet）	55	2012	16015-3
11	商务谈判（第 6 版）	列维奇（Roy J. Lewicki）	65	2015	22006-2
12	营销调研（第 7 版）	伯恩斯（Alvin C. Burns）	65	2015	21107-7
13	基于 Excel 的营销调研（第 3 版）	伯恩斯（Alvin C. Burns）	58	2014	18621-4
14	营销调研精要	马尔霍特拉（Naresh K. Malhotra）	65	2016	22656-9
15	网络营销（第 7 版）	斯特劳斯（Judy Strauss）	65	2015	21036-0
16	服务营销（第 6 版）	洛夫洛克（Christopher Lovelock）	68	2010	12155-0
17	国际市场营销学（第 10 版）	钦科陶（Michael R. Czinkota）	69	2015	20986-9
18	全球营销	阿隆（Ilan Alon）	69	2016	23463-2
19	营销渠道：管理的视野（第 8 版）	罗森布洛姆（Bert Rosenbloom）	68	2014	18654-2
20	营销渠道（第 7 版）	科兰（Anne T. Coughlan）	59	2008	09525-7
21	广告学	阿伦斯（William Arens）	68	2014	18655-9
22	广告学：原理与实务（第 9 版）	维尔斯（William Wells）	75	2013	17868-4
23	广告与促销：整合营销传播视角（第 9 版）	贝尔奇（George E. Belch）	78	2014	19002-0
24	销售管理（第 10 版）	科恩（William L. Cron）	65	2017	23887-6
25	销售管理——塑造未来的销售领导者	坦纳（John F. Tanner Jr.）	48	2010	11767-6
26	客户关系管理	毛卡尔（Urvashi Makkar）	42	2014	19254-3
27	零售管理（第 11 版）	伯曼（Barry Berman）	79	2011	13093-4
28	战略营销：教程与案例（第 11 版）	凯琳（Roger A. Kerin）	65	2011	13868-8
29	营销战略与竞争定位（第 5 版）	胡利（Graham Hooley）	65	2014	07898-4
30	组织间营销管理（第 10 版）	赫特（Michael D. Hutt）	59	2011	13027-9
31	社会化媒体营销	塔腾（Tracy L. Tuten）	49	2014	20063-7
32	定价策略	史密斯（Tim J. Smith）	52	2015	21001-8

（三）工商管理经典译丛·会计与财务系列

1	会计学：管理会计分册（第 25 版）	里夫（James M. Reeve）	42	2016	22481-7
2	会计学：财务会计分册（第 25 版）	沃伦（Carl S. Warren）	72	2015	21597-6
3	会计学原理（第 21 版）	怀尔德（John J. Wild）	68	2015	20097-2
4	成本与管理会计（第 15 版）	亨格瑞（Charles T. Horngren）	99	2016	23024-5
5	管理会计	达塔（Srikant M. Datar）	78	2015	20847-3
6	高级会计学（第 10 版）	比姆斯（Floyd A. Beams）	69.8	2011	14636-2
7	审计学原理（第 19 版）	惠廷顿（O. Ray Whittington）	76	2015	22008-6
8	审计学：一种整合方法（第 14 版）	阿伦斯（Alvin A. Arens）	72	2013	16828-9
9	公司理财（第 2 版）	科尼特（Marcia Millon Cornett）	49	2015	20475-8
10	财务报表分析（第 11 版）	苏布拉马尼亚姆(K. R. Subramanyam)	75	2015	21598-3
11	个人理财（第 3 版）	吉特曼（Lawrence Gitman）	59	2016	23025-2
12	业绩评价与控制系统	西蒙斯（Robert Simons）	89	2016	23114-3

（四）工商管理经典译丛·运营管理系列

1	运营与供应链管理（第 3 版）	博扎思（Cecil C. Bozarth）	65	2014	20047-7
2	运营管理：供需匹配的视角（第 2 版）	卡桑（Gerard Cachon）	55	2013	17106-7
3	供应链设计与管理（第 3 版）	辛奇-利维（David Simchi-Levi）	55	2010	11614-3
4	物流管理	格兰特（David B. Grant）	49	2016	22839-6
5	物流学（第 11 版）	墨菲（Paul R. Murphy，Jr.）	49	2015	21056-8
6	质量管理：整合供应链（第 4 版）	福斯特（S. Thomas Foster）	59	2013	17142-5
7	供应管理（第 8 版）	伯特（David Burt）	68	2012	15794-8

（五）人力资源管理译丛

1	人力资源管理：赢得竞争优势（第 7 版）	诺伊（Raymond A. Noe）	79	2013	17773-1
2	人力资源管理基础（第 2 版）	德斯勒（Gary Dessler）	65	2014	19505-6
3	薪酬管理（第 11 版）	米尔科维奇（George T. Milkovich）	69	2014	20048-4
4	战略性薪酬管理（第 7 版）	马尔托奇奥（Joseph J. Martocchio）	49	2010	11213-8

5	绩效管理（第 3 版）	阿吉斯（Herman Aguinis）	45	2013	18106-6
6	雇员培训与开发（第 6 版）	诺伊（Raymond A. Noe）	55	2015	22322-3
7	国际人力资源管理（第 5 版）	赵曙明 道林（Peter J. Dowling）	45	2012	14734-5
8	员工招聘与录用（第 5 版）	阿瑟（Diane Arthur）	45	2015	21108-4
9	工作分析——实用指南	普里恩（Erich P. Prien）	39	2015	21758-1
10	组织中的人际沟通（第 5 版）	杰纳兹（Suzanne C. De Janasz）	59	2016	22283-7
11	谈判与冲突管理	科尔韦特（Barbara A. Budiac Corvette）	39.8	2009	10388-4
12	人力资源管理：案例、练习与技能训练（第 7 版）	恩科莫（Stella M. Nkomo）	45	2015	21626-3
13	劳动经济学（第 10 版）	麦康奈尔（Campbell R. McConnel）	65	2018	25333-6

（六）工商管理经典译丛·国际化管理系列/国际商务经典译丛

1	国际贸易（第 15 版）	普格尔（Thomas A. Pugel）	49	2014	19001-3
2	国际金融（第 15 版）	普格尔（Thomas A. Pugel）	42	2014	19329-8
3	全球商务（第 3 版）	彭维刚（Mike Peng）	68	2016	22417-6
4	国际商务（第 9 版）	希尔（Charles W. L. Hill）	75	2013	10660-1
5	国际企业管理（第 6 版）	约翰·卡伦（John Cullen）	62	2018	24851-6
6	国际管理（第 5 版）	包铭心（Paul W. Beamish）	75	2013	10660-1
7	国际管理——跨国与跨文化管理（第 8 版）	德雷斯凯（Helen Deresky）	65	2015	20938-8
8	国际商务谈判	塞利奇（Claude Cellich）	42	2013	18404-3
9	全球营销（第 6 版）	基根（Warren J. Keegan）	72	2015	20471-0
10	国际企业伦理（第 2 版）	克兰（John M. Kline）	39	2013	18089-2
11	跨文化商务沟通（第 6 版）	钱尼（Lillian H. Chaney）	42	2014	19139-3
12	国际商务谈判：原理与实务	莫德（Barry Maude）	48	2016	23387-1

（七）管理科学与工程经典译丛

1	数据、模型与决策（第 10 版）	泰勒（Bernard W. Taylor Ⅲ）	78	2011	14005-6
2	创新管理（第 4 版）	蒂德（Joe Tidd）	59	2012	15657-6
3	工程经济学（第 5 版）	帕克（Chan S. Park）	75	2012	16014-6
4	管理信息系统（第 15 版）	奥布赖恩（James A. O'Brien）	65	2012	16779-4
5	管理信息系统案例（第 4 版）	米勒（M. Lisa Miller）	49	2013	18076-2
6	现代数据库管理（第 10 版）	霍弗（Jeffrey A. Hoffer）	68	2013	17076-3
7	知识管理：一种集成方法（第 2 版）	贾夏帕拉（Ashok Jashapara）	48	2013	17172-2
8	管理科学	史蒂文森（William J. Stevenson）	55	2013	17681-9
9	现代系统分析与设计（第 6 版）	霍弗（Jeffrey A. Hoffer）	59	2013	15844-0
10	决策支持与商务智能系统（第 9 版）	特伯恩（Efraim Turban）	62	2015	21400-9

（八）工商管理经典译丛·旅游管理系列

1	旅游学（第 12 版）	格德纳（Charles R. Goeldner）	65	2014	20229-7
2	旅游服务业市场营销（第 4 版）	莫里森（Alastair M. Morrison）	54	2012	16351-2
3	饭店经营管理（第 2 版）	海斯（David K. Hayes）	52	2013	17035-0
4	饭店业战略管理（第 3 版）	奥尔森（Michael D. Olsen）	45	2013	18013-7
5	饭店前厅管理（第 5 版）	巴尔迪（James A. Bardi）	49	2014	18628-3
6	会展业概论（第 3 版）	费尼奇（George Fenich）	55	2016	23161-7

（九）工商管理经典译丛·创业与创新管理系列

1	中小企业创业管理（第 3 版）	卡茨（Jerome A. Katz）	75	2012	14271-5
2	创业学（第 9 版）	库特科（Donald F. Kuratko）	52	2014	20022-4
3	创业计划（第 9 版）	希杜克（Gail P. Hiduke）	59	2017	24215-6

（十）其他教材

1	创业学（亚洲版）	弗雷德里克（Howard H. Frederick）	55	2011	13506-9
2	商务沟通——数字世界的沟通技能（第 12 版）	伦茨（Kathryn Rentz）	49	2012	15331-5
3	组织变革管理（第 5 版）	卡纳尔（Collin A. Carnall）	45	2015	21954-7
4	战略管理——制定、实施和控制（第 12 版）	皮尔斯二世（John A. Pearce Ⅱ）	65	2015	21111-4
5	案例学习指南：阅读、分析、讨论案例和撰写案例报告	埃利特（William Ellet）	39	2009	10202-3

Pearson

尊敬的老师：

您好！

为了确保您及时有效地获得培生整体教学资源，请您务必完整填写如下表格，加盖学院的公章后以电子扫描件等形式发我们，我们将会在2～3个工作日内为您处理。

请填写所需教辅的信息：

采用教材			□ 中文版 □ 英文版 □ 双语版
作　者		出版社	
版　次		ISBN	
课程时间	始于　　年　月　日	学生人数	
	止于　　年　月　日	学生年级	□ 专科　□ 本科 1/2 年级 □ 研究生　□ 本科 3/4 年级

请填写您的个人信息：

学　校			
院系/专业			
姓　名		职　称	□ 助教 □ 讲师 □ 副教授 □ 教授
通信地址/邮编			
手　机		电　话	
传　真			
official email（必填） （eg：×××@ruc. edu. cn）		email （eg：×××@163. com）	
是否愿意接受我们定期的新书讯息通知：　□ 是　□ 否			

系/院主任：________________（签字）

（系 / 院办公室章）

____年____月____日

资源介绍：

——教材、常规教辅资源（PPT、教师手册、题库等）：请访问 www. pearson. com/us/higher-education。　（免费）

——MyLabs/Mastering 系列在线平台：适合老师和学生共同使用；访问需要 Access Code。　（付费）

地址：北京市东城区北三环东路 36 号环球贸易中心 D 座 1208 室（100013）

Please send this form to：copub. hed@pearson. com

Website：www. pearson. com

教师教学服务说明

中国人民大学出版社工商管理分社以出版经典、高品质的工商管理、财务会计、统计、市场营销、人力资源管理、运营管理、物流管理、旅游管理等领域的各层次教材为宗旨。

为了更好地为一线教师服务，近年来工商管理分社着力建设了一批数字化、立体化的网络教学资源。教师可以通过以下方式获得免费下载教学资源的权限：

在“人大经管图书在线”（www. rdjg. com. cn）注册，下载“教师服务登记表”，或直接填写下面的“教师服务登记表”，加盖院系公章，然后邮寄或传真给我们。我们收到表格后将在一个工作日内为您开通相关资源的下载权限。

如您需要帮助，请随时与我们联络：

中国人民大学出版社工商管理分社

联系电话：010－62515735，62515987，62515782，82501048

传　　真：010－62515732，62514775　　　　电子邮箱：rdcbsjg@crup. com. cn

通讯地址：北京市海淀区中关村大街甲 59 号文化大厦 1501 室（100872）

教师服务登记表

<table>
<tr><td>姓 名</td><td></td><td>□先生　□女士</td><td>职　　称</td><td colspan="2"></td></tr>
<tr><td>座机/手机</td><td colspan="2"></td><td>电子邮箱</td><td colspan="2"></td></tr>
<tr><td>通讯地址</td><td colspan="2"></td><td>邮　　编</td><td colspan="2"></td></tr>
<tr><td>任教学校</td><td colspan="2"></td><td>所在院系</td><td colspan="2"></td></tr>
<tr><td rowspan="3">所授课程</td><td>课程名称</td><td>现用教材名称</td><td>出版社</td><td>对象（本科生/研究生/MBA/其他）</td><td>学生人数</td></tr>
<tr><td></td><td></td><td></td><td></td><td></td></tr>
<tr><td></td><td></td><td></td><td></td><td></td></tr>
<tr><td colspan="2">需要哪本教材的配套资源</td><td colspan="4"></td></tr>
<tr><td colspan="2">人大经管图书在线用户名</td><td colspan="4"></td></tr>
<tr><td colspan="6">院/系领导（签字）：
院/系办公室盖章</td></tr>
</table>